# Johann Peter Hebel

## Werke

Mit Holzschnitten von Ludwig Richter
H. Stauber und E. H. Schmolze

Carl Hanser Verlag München

Ausgewählt und mit einem Nachwort versehen
von Paul Alverdes

ISBN 3-446-11902-7
Sonderausgabe

Gesamtherstellung:
Druck- und Buchbinderei-Werkstätten
May & Co Nachf., Darmstadt
Printed in Germany

# Inhalt

# Schatzkästlein
# des Rheinländischen Hausfreundes

# Denkwürdigkeiten aus dem Morgenlande

## I

In der Türkei, wo es bisweilen etwas ungerade hergehen soll, trieb ein reicher und vornehmer Mann einen Armen, der ihn um eine Wohltat anflehte, mit Scheltworten und Schlägen von sich ab, und als er ihn nicht mehr erreichen konnte, warf er ihn noch mit einem Stein. Die es sahen, verdroß es, aber niemand konnte erraten, warum der arme Mann den Stein aufhob und, ohne ein Wort zu sagen, in die Tasche steckte, und niemand dachte daran, daß er ihn von nun an bei sich tragen würde. Aber das tat er. Nach Jahr und Tag hatte der reiche Mann ein Unglück, nämlich er verübte einen Spitzbubenstreich, und wurde deswegen nicht nur seines Vermögens verlustig, son-

dern er mußte auch nach dortiger Sitte zur Schau und Schande, rückwärts auf einen Esel gesetzt, durch die Stadt reiten. An Spott und Schimpf fehlte es nicht, und der Mann mit dem rätselhaften Stein in der Tasche stand mit den Zuschauern eben auch da, und erkannte seinen Beleidiger. Jetzt fuhr er schnell mit der Hand in die Tasche; jetzt griff er nach dem Stein; jetzt hob er ihn schon in die Höhe, um ihn wieder nach seinem Beleidiger zu werfen, und wie von einem guten Geiste gewarnt, ließ er ihn wieder fallen, und ging mit einem bewegten Gesicht davon.

Daraus kann man lernen: Erstens, man soll im Glück nicht übermütig, nicht unfreundlich und beleidigend gegen geringere und arme Menschen sein. Denn es kann vor Nacht leicht anders werden, als es am frühen Morgen war, und, „wer dir als Freund nichts nützen kann, der kann vielleicht als Feind dir schaden." Zweitens, man soll seinem Feind keinen Stein in der Tasche und keine Rache im Herzen nachtragen. Denn als der arme Mann den seinen auf die Erde fallen ließ und davonging, sprach er zu sich selber so: „Rache an dem Feind ausüben, solange er reich und glücklich war, das war töricht und gefährlich; jetzt, wo er unglücklich ist, wäre es unmenschlich und schändlich."

2

Ein anderer meinte, es sei schön Gutes zu tun an seinen Freunden und Böses an seinen Feinden. Aber noch ein anderer erwiderte: das sei schön, an den Freunden Gutes zu tun und die Feinde zu Freunden zu machen.

3

Es ist doch nicht alles so uneben, was die Morgenländer sagen und tun. Einer, namens Lockmann, wurde gefragt, wo er seine feinen und wohlgefälligen Sitten gelernt habe? Er antwortete: Bei lauter unhöflichen und groben Menschen. Ich habe immer das Gegenteil von demjenigen getan, was mir an ihnen nicht gefallen hat.

4

Ein anderer entdeckte seinem Freund das Geheimnis, durch dessen Kraft er mit den zanksüchtigen Leuten immer im guten Frieden ausgekommen sei. Er sagte so: Ein verständiger Mann und ein törichter Mann können nicht einen Strohhalm miteinander zerreißen. Denn wenn der Tor zieht, so läßt der Verständige nach, und wenn jener nachläßt, so zieht dieser. Aber wenn zwei Unverständige zusammenkommen, so zerreißen sie eiserne Ketten.

## Kindesdank und Undank

Man findet gar oft, wenn man ein wenig aufmerksam ist, daß Menschen im Alter von ihren Kindern wieder ebenso behandelt werden, wie sie einst ihre alten und kraftlosen Eltern behandelt haben. Es geht auch begreiflich zu. Die Kinder lernens von den Eltern; sie sehens und hörens nicht anders und folgen dem Beispiel. So wird es auf die natürlichsten und sichersten Wege wahr, was gesagt wird und geschrieben ist, daß der Eltern Segen und Fluch auf den Kindern ruhe und sie nicht verfehle.

Man hat darüber unter anderen zwei Erzählungen, von denen die erste Nachahmung, und die zweite große Beherzigung verdient.

Ein Fürst traf auf einem Spazierritt einen fleißigen und frohen Landmann an dem Ackergeschäft an, und ließ sich mit ihm in ein Gespräch ein. Nach einigen Fragen erfuhr er, daß der Acker nicht sein Eigentum sei, sondern daß er als Taglöhner täglich um 15 Kreuzer arbeite. Der Fürst, der für sein schweres Regierungsgeschäft freilich mehr Geld brauchte und zu verzehren hatte, konnte es in der Geschwindigkeit nicht ausrechnen, wie es möglich sei, täglich mit 15 Kreuzer auszureichen, und noch so frohen Mutes dabei zu sein, und verwunderte sich darüber. Aber der brave Mann im Zwilchrock erwiderte ihm: „es wäre mir übel gefehlt, wenn ich so viel brauchte. Mir muß ein Drittel davon genügen; mit einem Dritteil zahle ich meine Schulden ab, und den übrigen Dritteil lege ich auf Kapitalien an." Das war dem guten Fürsten ein neues Rätsel. Aber der fröhliche Landmann fuhr fort und sagte: „Ich teile meinen Verdienst mit meinen alten Eltern, die nicht mehr arbeiten können, und mit meinen Kindern, die es erst lernen müssen; jenen vergelte ich die Liebe, die sie mir in meiner Kindheit erwiesen haben, und von diesen hoffe ich, daß sie mich einst in meinem müden Alter auch nicht verlassen werden." War

das nicht artig gesagt, und noch edler und schöner gedacht und gehandelt? Der Fürst belohnte die Rechtschaffenheit des wackeren Mannes, sorgte für seine Söhne, und der Segen, den ihm seine sterbenden Eltern gaben, wurde ihm im Alter von seinen dankbaren Kindern durch Liebe und Unterstützung redlich entrichtet.

Aber ein anderer ging mit seinem Vater, welcher durch Alter und Kränklichkeit freilich wunderlich geworden war, so übel um, daß dieser wünschte, in ein Armenspital gebracht zu werden, das im nämlichen Orte war. Dort hoffte er wenigstens bei dürftiger Pflege von den Vorwürfen frei zu werden, die ihm daheim die letzten Tage seines Lebens verbitterten. Das war dem undankbaren Sohne ein willkommenes Wort. Ehe die Sonne hinter den Bergen hinabging, war dem armen alten Greis sein Wunsch erfüllt. Aber er fand im Spital auch nicht alles, wie er es wünschte. Wenigstens ließ er seinen Sohn nach einiger Zeit bitten, ihm die letzte Wohltat zu erweisen und ihm ein paar Leintücher zu schicken, damit er nicht alle Nacht auf bloßem Stroh schlafen müsse. Der Sohn suchte die zwei schlechtesten, die er hatte, heraus, und befahl seinem zehnjährigen Kind, sie dem alten Murrkopf ins Spital zu bringen. Aber mit Verwunderung bemerkte er, daß der kleine Knabe vor der Tür eines dieser Tücher in einen Winkel verbarg, und folglich dem Großvater nur eines davon brachte. „Warum hast du das getan?" fragte er den Jungen bei seiner Zurückkunft. „Zur Aushülfe für die Zukunft", erwiderte dieser kalt und bösherzig, „wenn ich euch, Vater! auch einmal in das Spital schicken werde."

Was lernen wir daraus? Ehre Vater und Mutter, auf daß es dir wohl gehe!

## Das wohlfeile Mittagessen

Es ist ein altes Sprichwort: Wer anderen eine Grube gräbt, fällt selber darein. Aber der Löwenwirt in einem gewissen Städtlein war schon vorher darin. Zu diesem kam ein wohlgekleideter Gast. Kurz und trotzig verlangte er für sein Geld eine gute Fleischsuppe. Hierauf forderte er auch ein Stück Rindfleisch und ein Gemüs für sein Geld. Der Wirt fragte ganz höflich: ob ihm nicht auch ein Glas Wein beliebe? „O freilich ja", erwiderte der Gast, „wenn ich etwas Gutes haben kann für mein Geld." Nachdem er sich alles wohl hatte schmecken lassen, zog er einen abgeschliffenen Sechser aus der Tasche und sagte: „Hier, Herr Wirt, ist mein Geld." Der Wirt sagte: „Was soll das heißen? Seid ihr mir nicht einen Taler schuldig?" Der Gast erwiderte: „Ich habe für keinen Taler Speise von euch verlangt, sondern für mein Geld. Hier ist mein Geld. Mehr hab ich nicht. Habt ihr mir zuviel dafür gegeben, so ist's eure Schuld." – Dieser Einfall war eigentlich nicht weit her. Es gehörte nur Unverschämtheit dazu und ein unbekümmertes Gemüt, wie es am Ende ablaufen werde. Aber das Beste kommt noch. „Ihr seid ein durchtriebener Schalk", erwiderte der Wirt, „und hättet wohl etwas anderes verdient. Aber ich schenke euch das Mittagessen und hier noch ein Vierundzwanzig-Kreuzerstück dazu. Nur

seid stille zur Sache, und geht zu meinem Nachbarn, dem Bärenwirt, und macht es ihm ebenso." Das sagte er, weil er mit seinem Nachbarn, dem Bärenwirt, aus Brotneid in Unfrieden lebte und einer dem anderen jeglichen Tort und Schimpf gerne antat und erwiderte. Aber der schlaue Gast griff lächelnd mit der einen Hand nach dem angebotenen Geld, mit der anderen vorsichtig nach der Türe, wünschte dem Wirt einen guten Abend, und sagte: „Bei eurem Nachbarn, dem Herrn Bärenwirt, bin ich schon gewesen, und eben der hat mich zu euch geschickt und kein anderer."

So waren im Grunde beide hintergangen, und der dritte hatte den Nutzen davon. Aber der listige Kunde hätte sich noch obendrein einen schönen Dank von beiden verdient, wenn sie eine gute Lehre daraus gezogen, und sich miteinander ausgesöhnt hätten. Denn Frieden ernährt, aber Unfrieden verzehrt.

## Das Mittagessen im Hof

Man klagt häufig darüber, wie schwer und unmöglich es sei, mit manchen Menschen auszukommen. Das mag denn freilich auch wahr sein. Indessen sind viele von solchen Menschen nicht schlimm, sondern nur wunderlich, und wenn man sie nur immer recht kennte, inwendig und auswendig, und recht mit ihnen umzugehen wüßte, nie zu eigensinnig und nie zu nachgebend, so wäre mancher wohl und leicht zur Besinnung zu bringen. Das ist doch einem Bedienten mit seinem Herrn gelungen. Dem konnte er manchmal gar nichts recht machen und mußte vieles entgelten, woran er unschuldig war, wie es oft geht. So kam einmal der Herr sehr verdrießlich nach Hause und setzte sich zum Mittagessen. Da war die Suppe zu heiß oder zu kalt oder keines von beiden; aber genug, der Herr war verdrießlich. Er faßte daher die Schüssel mit dem, was darinnen war, und warf sie durch das offene Fenster in den Hof hinab. Was tat der Diener? Kurz besonnen warf er das Fleisch, welches er eben auf den Tisch stellen wollte, mir nichts, dir nichts, der Suppe nach, auch in den Hof hinab, dann das Brot, dann den Wein, und endlich das Tischtuch mit allem, was noch darauf war. „Verwegener, was soll das sein?" fragte der Herr und fuhr mit drohendem Zorn von dem Sessel auf. Aber der Bediente erwiderte kalt und ruhig: „Verzeihen Sie mir, wenn ich Ihre Meinung nicht erraten habe. Ich glaubte nicht anders, als Sie wollten heute in dem Hof speisen. Die Luft ist so heiter, der Himmel so blau, und sehen Sie nur, wie lieblich der Apfelbaum blüht, und wie fröhlich die Bienen ihren Mittag halten." Diesmal die Suppe hinabgeworfen und nimmer! Der Herr erkannte seinen Fehler, heiterte sich im Anblick des schönen Frühlingshimmels auf, lächelte heimlich über den schnellen Einfall seines Aufwärters und dankte ihm im Herzen für die gute Lehre.

# Der kluge Richter

Daß nicht alles so uneben sei, was im Morgenlande geschieht, das haben wir schon einmal gehört. Auch folgende Begebenheit soll sich daselbst zugetragen haben: Ein reicher Mann hatte eine beträchtliche Geldsumme, welche in ein Tuch eingenäht war, aus Unvorsichtigkeit verloren. Er machte daher seinen Verlust bekannt, und bot, wie man zu tun pflegt, dem ehrlichen Finder eine Belohnung, und zwar von hundert Talern an. Da kam bald ein guter und ehrlicher Mann dahergegangen. „Dein Geld habe ich gefunden. Dies wird's wohl sein! So nimm Dein Eigentum zurück!" So sprach er mit dem heitern Blick eines ehrlichen Mannes und eines guten Gewissens, und das war schön. Der andere machte auch ein fröhliches Gesicht, aber nur, weil er sein verloren geschätztes Geld wieder hatte. Denn wie es um seine Ehrlichkeit aussah, das wird sich bald zeigen. Er zählte das Geld und dachte unterdessen geschwinde nach, wie er den treuen Finder um seine versprochene Belohnung bringen könnte. „Guter Freund", sprach er hierauf, „es waren eigentlich 800 Taler in dem Tuch eingenäht. Ich finde aber nur noch 700 Taler. Ihr werdet also wohl eine Naht aufgetrennt und Eure 100 Taler Belohnung schon herausgenommen haben. Da habt Ihr wohl daran getan. Ich danke Euch." Das war nicht schön, aber wir sind noch nicht am Ende. Ehrlich währt am längsten, und Undank schlägt seinen eigenen Herrn. Der ehrliche Finder, dem es weniger um die 100 Taler als um seine unbescholtene Rechtschaffenheit zu tun war, versicherte, daß er das Päcklein so gefunden habe, wie er es bringe, und es so bringe, wie er's gefunden habe. Am Ende kamen sie vor den Richter. Beide bestanden auch hier noch auf ihren Behauptungen, der eine, daß 800 Taler eingenäht gewesen seien, der andere, daß er von dem Gefundenen nichts genommen und das Päcklein nicht versehrt habe. Da war guter Rat teuer. Aber der kluge Richter, der die Ehrlichkeit des einen und die schlechte Gesinnung des anderen zum Voraus zu kennen schien, griff die Sache so an: er ließ sich von beiden über das, was sie aussagten, eine feste und feierliche Versicherung geben und tat hierauf folgenden Ausspruch: „Demnach, wenn der eine von

Euch 800 Taler verloren, der andere aber nur ein Päcklein mit 700 Talern gefunden hat, so kann auch das Geld des letzteren nicht das nämliche sein, auf welches der erstere ein Recht hat. Du, ehrlicher Freund, nimmst also das Geld, welches Du gefunden hast, wieder zurück und behältst es in guter Verwahrung, bis der kommt, welcher nur 700 Taler verloren hat. Und Dir da weiß ich keinen Rat, als, Du geduldest Dich, bis derjenige sich meldet, der Deine 800 Taler findet." So sprach der Richter, und dabei blieb es.

## Zwei Erzählungen

Wie leicht sich manche Menschen oft über unbedeutende Kleinigkeiten ärgern und erzürnen, und wie leicht die nämlichen oft durch einen unerwarteten spaßhaften Einfall wieder zur Besinnung können gebracht werden, das haben wir an dem Herrn gesehen, der die Suppenschüssel aus dem Fenster warf, und an seinem witzigen Bedienten. Das nämliche lehren folgende zwei Beispiele.

Ein Gassenjunge sprach einen gut und vornehm gekleideten Mann, der an ihm vorbeiging, um einen Kreuzer an, und als dieser seiner Bitte kein Gehör geben wollte, versprach er, ihm um einen Kreuzer zu zeigen, wie man zu Zorn und Schimpf und Händeln kommen könnte. Mancher, der dies liest, wird denken, das zu lernen sei keinen Heller, noch weniger einen Kreuzer wert, weil Schimpf und Händel etwas Schlimmes und nichts Gutes sind. Aber es ist mehr wert, als man meint. Denn wenn man weiß, wie man zu dem Schlimmen kommen kann, so weiß man auch, vor was man sich zu hüten hat, wenn man davor bewahrt bleiben will. So mag dieser Mann auch gedacht haben, denn er gab dem Knaben den Kreuzer. Allein dieser forderte jetzt den zweiten, und als er den auch erlangt hatte, den dritten und vierten, und endlich den sechsten. Als er aber noch immer mit dem Kunststück nicht herausrücken wollte, ging doch die Geduld des Mannes aus. Er nannte den Knaben einen unverschämten Burschen und Betteljungen, drohte, ihn mit Schlägen fortzujagen, und gab ihm am Ende auch wirklich ein paar Streiche. „Ihr grober Mann, der Ihr seid," schrie der Junge, „schon so alt und noch so unverständig! Hab ich Euch nicht versprochen zu lehren, wie man zu Schimpf und Händeln kommt? Habt Ihr mir nicht sechs Kreuzer dafür gegeben? Das sind ja jetzt Händel, und so kommt man dazu. Was schlagt Ihr mich denn?" So un-

angenehm dem Ehrenmann dieser Vorfall war, so sah er doch ein, daß der listige Knabe Recht und er selber Unrecht hatte. Er besänftigte sich, nahm sich's zur Warnung, nimmer so aufzufahren, und glaubte, die gute Lehre, die er da erhalten habe, sei wohl sechs Kreuzer wert gewesen.

In einer andern Stadt ging ein Bürger schnell und ernsthaft die Straße hinab. Man sah ihm an, daß er etwas Wichtiges an einem Ort zu tun habe. Da ging der vornehme Stadtrichter an ihm vorbei, der ein neugieriger und dabei ein gewalttätiger

Mann muß gewesen sein, und der Gerichtsdiener kam hinter ihm drein. „Wo geht Ihr hin so eilig," sprach er zu dem Bürger. Dieser erwiderte ganz gelassen: „Gestrenger Herr, das weiß ich selber nicht." – „Aber Ihr seht doch nicht so aus, als ob Ihr nur für Langeweile herumgehen wolltet. Ihr müßt etwas Wichtiges an einem Ort vorhaben." „Das mag sein," fuhr der Bürger fort, „aber wo ich hingehe, weiß ich wahrhaftig nicht." Das verdroß den Stadtrichter sehr. Vielleicht kam er auf den Verdacht, daß der Mann an einem Ort etwas Böses ausüben wollte, das er nicht sagen dürfe. Kurz, er verlangte jetzt ernsthaft, von ihm zu hören, wo er hingehe, mit der Bedrohung, ihn sogleich von der Straße weg in das Gefängnis führen zu lassen. Das half alles nichts, und der Stadtrichter gab dem Gerichtsdiener zuletzt wirklich den Befehl, diesen widerspenstigen Menschen wegzuführen. Jetzt aber sprach der verständige Mann: „Da sehen Sie nun, hochgebietender Herr, daß ich die lautere Wahrheit gesagt habe. Wie konnte ich vor eine Minute noch wissen, daß ich in den Turm gehen werde, – und weiß ich denn jetzt gewiß, ob ich dreingehe?" „Nein," sprach jetzt der Richter, „das sollt Ihr nicht." Die witzige Rede des Bürgers brachte ihn zur Besinnung. Er machte sich stille Vorwürfe über seine Empfindlichkeit und ließ den Mann ruhig seinen Weg gehen.

Es ist doch merkwürdig, daß manchmal ein Mensch, hinter welchem man nicht viel sucht, einem andern noch eine gute Lehre geben kann, der sich für erstaunend weise und verständig hält.

## Der schlaue Husar

Ein Husar im letzten Kriege wußte wohl, daß der Bauer, dem er jetzt auf der Straße entgegenging, hundert Gulden für geliefertes Heu eingenommen hatte und heimtragen wollte. Deswegen bat er ihn um ein kleines Geschenk zu Tabak und Branntwein. Wer weiß, ob er mit ein paar Batzen nicht zufrieden gewesen wäre. Aber der Landmann versicherte und beteuerte bei Himmel und Hölle, daß er den eigenen letzten Kreuzer im nächsten Dorf ausgegeben und nichts mehr übrig habe. „Wenn's nur nicht so weit von meinem Quartier wäre", sagte hierauf der Husar, „so wäre uns beiden zu helfen, aber wenn du hast nichts, ich hab nichts, so müssen wir den Gang zum heiligen Alfonsus doch machen. Was er uns heute beschert, wollen wir brüderlich teilen." Dieser Alfonsus stand in Stein ausgehauen in einer alten, wenig besuchten Kapelle am Feldweg. Der Landmann hatte

anfangs keine große Lust zu dieser Wallfahrt. Aber der Husar nahm keine Vorstellung an und versicherte unterwegs seinen Begleiter so nachdrücklich, der heilige Alfonsus habe ihn noch in keiner Not steckenlassen, daß dieser selbst anfing, Hoffnung zu gewinnen. Vermutlich war in der abgelegenen Kapelle ein Kamerad und Helfershelfer des Husaren verborgen? Nichts weniger! Es war wirklich das steinerne Bild des Alfonsus, vor welchem sie jetzt niederknieten, während der Husar gar andächtig zu beten schien. „Jetzt", sagte er seinem Begleiter ins Ohr, „jetzt hat mir der Heilige gewinkt." Er stand auf, ging zu ihm hin, hielt die Ohren an die steinernen Lippen und kam gar freudig zu seinem Begleiter zurück. „Einen Gulden hat er mir geschenkt, in meiner Tasche müsse er schon stecken." Er zog auch wirklich zum Erstaunen des anderen einen Gulden heraus, den er aber schon vorher bei sich hatte und teilte ihn versprochenermaßen brüderlich zur Hälfte. Das leuchtete dem Landmann ein, und es war ihm gar recht, daß der Husar die Probe noch einmal machte. Alles ging das zweitemal wie zuerst. Nur kam der Kriegsmann diesmal viel freudiger von dem Heiligen zurück. „Hundert Gulden hat uns jetzt der gute Alfonsus auf einmal geschenkt. In deiner Tasche müssen sie stecken." Der Bauer wurde todesblaß, als er dies hörte, und wiederholte seine Versicherung, daß er gewiß keinen Kreuzer habe. Allein der Husar redete ihm zu, er sollte doch nur Vertrauen zu dem heiligen Alfonsus haben und nachsehen. Alfonsus habe ihn noch nie getäuscht. Wollte er wohl oder übel, so mußte er seine Taschen umkehren und leer machen. Die hundert Gulden kamen richtig zum Vorschein, und hatte er vorher dem schlauen Husaren die Hälfte von seinem Gulden abgenommen, so mußte er jetzt auch seine hundert Gulden mit ihm teilen, da half kein Bitten und kein Flehen.

Das war fein und listig, aber eben doch nicht recht, zumal in einer Kapelle.

## Der Zahnarzt

Zwei Tagdiebe, die schon lange in der Welt miteinander herumgezogen, weil sie zum Arbeiten zu träg oder zu ungeschickt waren, kamen doch zuletzt in große Not, weil sie wenig Geld mehr übrig hatten, und nicht geschwind wußten, wo nehmen. Da gerieten sie auf folgenden Einfall: sie bettelten vor einigen Haustüren Brot zusammen, das sie nicht zur Stillung des Hungers genießen, sondern zum Betrug mißbrauchen wollten. Sie kneteten nämlich und drehten aus demselben lauter kleine Kügelein oder Pillen und bestreuten sie mit Wurmmehl aus zerfressenem Holz, damit sie völlig aussahen wie die gelben Arznei-Pillen. Hierauf kauften sie für ein paar Batzen einige Bogen rotgefärbtes Papier bei dem Buchbinder (denn eine schöne Farbe muß gewöhnlich bei dem Betrug mithelfen). Das Papier zerschnitten sie alsdann und wickelten die Pillen darein, je sechs bis acht

Stücke in ein Päcklein. Nun ging der eine voraus in einen Flekken, wo eben Jahrmarkt war, und in den roten Löwen, wo er viele Gäste anzutreffen hoffte. Er forderte ein Glas Wein, trank aber nicht, sondern saß ganz wehmütig in einem Winkel, hielt die Hand an den Backen, winselte halblaut für sich und kehrte sich unruhig bald so her, bald so hin. Die ehrlichen Landleute und Bürger, die im Wirtshaus waren, bildeten sich wohl ein, daß der arme Mensch ganz entsetzlich Zahnweh haben müsse. Aber was war zu tun? Man bedauerte ihn, man tröstete ihn, daß es schon wieder vergehen werde, trank sein Gläslein fort und machte seine Marktaffären aus. Indessen kam der andere Tagdieb auch nach. Da stellten sich die zwei Schelme, als ob noch keiner den anderen in seinem Leben gesehen hätte. Keiner sah den anderen an, bis der zweite durch das Winseln des ersteren, der im Winkel saß, aufmerksam zu werden schien. „Guter Freund", sprach er, „Ihr scheint wohl Zahnschmerzen zu haben?" und ging mit großen und langsamen Schritten auf ihn zu. „Ich bin der Doktor Schnauzius Rapunzius von Travalgar", fuhr er fort. Denn solche fremde volltönige Namen müssen auch zum Betrug behilflich sein, wie die Farben. „Und wenn Ihr meine Zahnpillen gebrauchen wollt", fuhr er fort, „so soll es mir eine schlechte Kunst sein, Euch mit einer, höchstens zweien, von Eurem Leiden zu befreien." „Das wolle Gott", erwiderte der andere Halunk. Hierauf zog der saubere Doktor Rapunzius eines von seinen roten Päcklein aus der Tasche und verordnete dem Patienten ein Kügelein daraus auf den bösen Zahn zu legen und herzhaft darauf zu beißen. Jetzt steckten die Gäste an den anderen Tischen die Köpfe herüber, und einer um den anderen kam herbei, um die Wunderkur mit anzusehen. Nun könnt Ihr Euch vorstellen, was geschah. Auf diese erste Probe wollte zwar der Patient wenig rühmen, vielmehr tat er einen entsetzlichen Schrei. Das gefiel dem Doktor. Der Schmerz, sagte er, sei jetzt gebrochen, und gab ihm geschwind die zweite Pille zu gleichem Gebrauch. Da war nun plötzlich aller Schmerz verschwunden. Der Patient sprang vor Freuden auf, wischte den Angstschweiß von der Stirne weg, obgleich keiner daran war, und tat, als ob er seinem Retter zum Danke etwas Namhaftes in die Hand drücke. – Der Streich war schlau angelegt, und tat seine Wirkung. Denn jeder Anwesende wollte nun auch von diesen vortrefflichen Pillen haben. Der Doktor bot das Päcklein für 24 Kreuzer, und in wenig Minuten waren alle verkauft. Natürlich gingen jetzt die zwei Schelme wieder einer nach dem anderen weiters, lachten, als sie wieder zusammenkamen, über die Einfalt dieser Leute und ließen sich's wohl sein von ihrem Geld.

Das war teures Brot. So wenig für 24 Kreuzer bekam man noch in keiner Hungersnot. Aber der Geldverlust war nicht ein-

mal das Schlimmste. Denn die Weichbrot-Kügelein wurden natürlicherweise mit der Zeit steinhart. Wenn nun so ein armer Betrogener nach Jahr und Tag Zahnweh bekam und in gutem Vertrauen mit dem kranken Zahn einmal und zweimal darauf biß, da denke man an den entsetzlichen Schmerz, den er, statt geheilt zu werden, sich selbst für 24 Kreuzer aus der eigenen Tasche machte. Daraus ist also zu lernen, wie leicht man kann betrogen werden, wenn man den Vorspiegelungen jedes herumlaufenden Landstreichers traut, den man zum erstenmal in seinem Leben sieht, und vorher nie, und nachher nimmer; und mancher, der dieses liest, wird vielleicht denken: „So einfältig bin ich zu meinem eigenen Schaden auch schon gewesen." Merke: Wer so etwas kann, weiß an anderen Orten Geld zu verdienen, lauft nicht auf den Dörfern und Jahrmärkten herum mit Löchern im Strumpf, oder mit einer weißen Schnalle im rechten Schuh und am linken mit einer gelben.

## Das wohlbezahlte Gespenst

In einem gewissen Dorfe, das ich wohl nennen könnte, geht ein üblicher Fußweg über den Kirchhof und von da durch den Acker eines Mannes, der an der Kirche wohnt, und es ist ein Recht. Wenn nun die Ackerwege bei nasser Witterung schlüpfrig und ungangbar sind, ging man immer tiefer in den Acker hinein und zertrat dem Eigentümer die Saat, so daß bei anhaltend feuchter Witterung der Weg immer breiter und der Acker immer schmäler wurde, und das war kein Recht. Zum Teil wußte nun der beschädigte Mann sich wohl zu helfen. Er gab untertags, wenn er sonst nichts zu tun hatte, fleißig acht, und wenn ein unverständiger Mensch diesen Weg kam, der lieber seine Schuh als seines Nachbars Gerstensaat schonte, so lief er schnell hinzu und pfändete ihn oder tat's mit ein paar Ohrfeigen kurz ab. Bei Nacht aber, wo man noch am ersten einen guten Weg braucht und sucht, wars nun desto schlimmer, und die Dornenäste und Rispen, mit welchen er den Wandernden verständlich machen wollte, wo der Weg sei, waren allemal in wenig Nächten niedergerissen oder ausgetreten, und mancher tats vielleicht mit Fleiß. Aber da kam dem Mann etwas anderes zustatten. Es wurde auf einmal unsicher auf dem Kirchhofe, über welchen der Weg ging. Bei trockenem Wetter und etwas hellen Nächten sah man oft ein langes weißes Gespenst über die Gräber wandeln. Wenn es regnete oder sehr finster war, hörte man im Beinhaus bald ein ängstliches Stöhnen und Winseln, bald ein Klappern, als wenn alle Totenköpfe und Totengebeine darin lebendig werden wollten. Wer das hörte, sprang bebend wieder zur nächsten Kirchhoftüre hinaus, und in kurzer Zeit sah man, sobald der

Abend dämmerte und die letzte Schwalbe aus der Luft verschwunden war, gewiß keinen Menschen mehr auf dem Kirchhofwege, bis ein verständiger und herzhafter Mann aus einem benachbarten Dorfe sich an diesem Ort verspätete und den nächsten Weg nach Haus doch über diesen verschrieenen Platz und über den Gerstenacker nahm. Denn ob ihm gleich seine Freunde die Gefahr vorstellten und lange abwehrten, so sagte er doch am Ende: „Wenn es ein Geist ist, geh ich mit Gott als ein ehrlicher Mann den nächsten Weg zu meiner Frau und zu meinen Kin-

dern heim, habe nichts Böses getan, und ein Geist, wenn's auch der schlimmste unter allen wäre, tut mir nichts. Ist's aber Fleisch und Bein, so habe ich zwei Fäuste bei mir, die sind auch schon dabei gewesen." Er ging. Als er aber auf den Kirchhof kam und kaum am zweiten Grab vorbei war, hörte er hinter sich ein klägliches Ächzen und Stöhnen, und als er zurückschaute, siehe, da erhob sich hinter ihm, wie aus einem Grabe herauf, eine lange weiße Gestalt. Der Mond schimmerte weiß über die Gräber. Totenstille war ringsumher, nur ein paar Fledermäuse flatterten vorüber. Da war dem guten Manne doch nicht wohl zumute, wie er nachher selber gestand, und wäre gerne wieder zurückgegangen, wenn er nicht noch einmal an dem Gespenst hätte vorbeigehen müssen. Was war nun zu tun? Langsam und stille ging er seines Weges zwischen den Gräbern und manchem schwarzen Totenkreuz vorbei. Langsam und immer ächzend folgte zu seinem Entsetzen das Gespenst ihm nach, bis an das Ende des Kirchhofs, und das war in der Ordnung, und bis vor den Kirchhof hinaus, und das war dumm.

Aber so geht es. Kein Betrüger ist so schlau, er verratet sich. Denn sobald der verfolgte Ehrenmann das Gespenst auf dem Acker erblickte, dachte er bei sich selber: Ein rechtes Gespenst muß wie eine Schildwache auf seinem Posten bleiben, und ein Geist, der auf den Kirchhof gehört, geht nicht auf's Ackerfeld. Daher bekam er auf einmal Mut, drehte sich schnell um, faßte die weiße Gestalt mit fester Hand und merkte bald, daß er unter einem Leintuch einen Burschen am Brusttuch habe, der noch nicht auf dem Kirchhof daheim sei. Er fing daher an, mit der anderen Faust auf ihn loszutrommeln, bis er seinen Mut an ihm gekühlt hatte, und da er vor dem Leintuch selber nicht sah, wo er hinschlug, so mußte das arme Gespenst die Schläge annehmen, wie sie fielen.

Damit war nun die Sache abgetan, und man hat weiter nichts mehr davon erfahren, als daß der Eigentümer des Gerstenackers ein paar Wochen lang mit blauen und gelben Zieraten im Gesicht herumging und von dieser Stunde an kein Gespenst mehr auf dem Kirchhof zu sehen war. Denn solche Leute, wie unser handfester Ehrenmann, das sind allein die rechten Geisterbanner, und es wäre zu wünschen, daß jeder andere Betrüger und Gaukelhans ebenso sein Recht und seinen Meister finden möchte.

## Der vorsichtige Träumer

Es gibt doch einfältige Leute in der Welt. In dem Städtlein Witlisbach im Kanton Bern war einmal ein Fremder übernachtet, und als er ins Bett gehen wollte und ganz bis auf das Hemd ausgekleidet war, zog er noch ein Paar Pantoffeln aus dem Bündel, legte sie an, band sie mit den Strumpfbändeln an den Strümpfen fest und legte sich also in das Bette. Da sagte zu ihm ein anderer Wandersmann, der in der nämlichen Kammer übernachtet war: „Guter Freund, warum tut ihr das?“ Darauf erwiderte der Erste: „Wegen der Vorsicht. Denn ich bin einmal im

Traum in eine Glasscherbe getreten. So habe ich im Schlaf solche Schmerzen davon empfunden, daß ich um keinen Preis mehr barfuß schlafen möchte."

## Mißverstand

Im 90er Krieg, als der Rhein auf jener Seite von französischen Schildwachen, auf dieser Seite von schwäbischen Kreis-Soldaten besetzt war, rief ein Franzos zum Zeitvertreib zu der deutschen Schildwache herüber: „Filu! Filu!" Das heißt auf

gut deutsch: Spitzbube. Allein der ehrliche Schwabe dachte an nichts so Arges, sondern meinte, der Franzose frage: „Wieviel Uhr?" und gab gutmütig zur Antwort: „Halber vieri."

## Schlechter Gewinn

Ein junger Kerl tat vor einem Juden gewaltig groß, was er für einen sichern Hieb in der Hand führe und wie er eine Stecknadel der Länge nach spalten könne mit einem Zug. „Ja gewiß, Mauschel Abraham", sagte er: „es soll einen Siebzehner gelten,

ich haue dir in freier Luft das Schwarze vom Nagel weg auf ein Haar und ohne Blut." Die Wette galt, denn der Jude hielt so etwas nicht für möglich, und das Geld wurde ausgesetzt auf den Tisch. Der junge Kerl zog sein Messer und verlor's, denn er hieb dem armen Juden in der Ungeschicklichkeit das Schwarze und das Weiße vom Nagel und das vordere Gelenk mit einem Zug rein von dem Finger weg. Da tat der Jude einen lauten Schrei, nahm das Geld und sagte: „Au weih, ich hab's gewonnen!"

An diesen Juden soll jeder denken, wenn er versucht wird, mehr auf einen Gewinn zu wagen, als derselbe wert ist.

Wie mancher Prozeßkrämer hat auch schon so sagen können! Ein General meldete einmal seinem Monarch den Sieg mit folgenden Worten: „Wenn ich noch einmal so siege, so komme ich allein heim." Das heißt mit anderen Worten auch: O weih, ich hab's gewonnen!

## Der wohlbezahlte Spaßvogel

Wie man in den Wald schreit, so schreit es wieder heraus. Ein Spaßvogel wollte in den neunziger Jahren einen Juden in Frankfurt zum Besten haben. Er sprach also zu ihm: „Weißt du auch, Mauschel, daß in Zukunft die Juden in ganz Frankreich auf Eseln reiten müssen?" Dem hat der Jude also geantwortet: „Wenn das ist, artiger Herr, so wollen wir Zwei auf dem deutschen Boden bleiben, wenn schon Ihr kein Jude seid."

## Eine sonderbare Wirtszeche

Manchmal gelingt ein mutwilliger Einfall, manchmal kostet's den Rock, oft sogar die Haut dazu. Diesmal aber nur den Rock. Denn obgleich einmal drei lustige Studenten auf einer Reise keinen roten Heller mehr in der Tasche hatten, alles war verjubelt, so gingen sie doch noch einmal in ein Wirtshaus und dachten, sie wollten sich schon wieder hinaushelfen und doch nicht wie Schelmen davonschleichen, und es war ihnen gar recht, daß die junge und artige Wirtin ganz allein in der Stube war. Sie aßen und tranken gutes Mutes und führten miteinander ein gar gelehrtes Gespräch, als wenn die Welt schon viele tausend Jahre alt wäre und noch ebensolange stehen würde, und daß in jedem Jahr, an jedem Tag und in jeder Stunde des Jahres alles wieder so komme und sei, wie es am nämlichen Tag und in der nämlichen Stunde vor sechstausend Jahren auch gewesen sei. Ja, sagte endlich einer zur Wirtin, die mit einer Strickerei seitwärts am Fenster saß und aufmerksam zuhörte, „ja, Frau Wirtin, das müssen wir aus unsern gelehrten Büchern wissen."

Und einer war so keck und behauptete, er könne sich wieder dunkel erinnern, daß sie vor sechstausend Jahren schon einmal dagewesen seien, und das hübsche freundliche Gesicht der Frau Wirtin sei ihm noch wohlbekannt. Das Gespräch wurde noch lange fortgesetzt, und je mehr die Wirtin alles zu glauben schien, desto besser ließen sich die jungen Schwenkfelder den Wein und Braten und manche Bretzel schmecken, bis eine Rechnung von 5 Gul-

den 16 Kreuzern auf der Kreide stand. Als sie genug gegessen und getrunken hatten, rückten sie mit der List heraus, worauf es abgesehen war.

„Frau Wirtin", sagte einer, „es steht diesmal um unsere Batzen nicht gut, denn es sind der Wirtshäuser zu viele an der Straße. Da wir aber an euch eine verständige Frau gefunden haben, so hoffen wir als alte Freunde hier Kredit zu haben, und wenn's euch recht ist, so wollen wir in 6000 Jahren, wenn wir wieder kommen, die alte Zeche samt der neuen bezahlen." Die verständige Wirtin nahm das nicht übel auf, war's vollkommen zufrieden und freute sich, daß die Herren so vorliebgenommen. Zu gleicher Zeit aber stellte sie sich vor die Stubentür und bat, die Herren möchten nun so gut sein, und jetzt die 5 Gulden 16 Kreuzer bezahlen, die sie vor 6000 Jahren schuldig geblieben seien, weil doch schon einmal alles so gewesen sei, wie es wieder komme. Zum Unglück trat eben der Vorgesetzte des Ortes mit ein paar braven Männern in die Stube, um miteinander ein Glas Wein in Ehren zu trinken. Das war den gefangenen Vögeln garnicht lieb. Denn jetzt wurde von Amtswegen das Urteil gefällt und vollzogen: Es sei aller Ehren wert, wenn man 6000 Jahre lang geborgt habe. Die Herren sollten also augenblicklich ihre alte Schuld bezahlen oder ihre noch ziemlich neuen Oberröcke in Versatz geben. Dies letzte mußte geschehen und die Wirtin versprach, in 6000 Jahren, wenn sie wieder kommen und besser als jetzt bei Batzen seien, ihnen alles, Stück für Stück, wieder zuzustellen.

Dies ist geschehen im Jahr 1805 am 17. April im Wirtshaus zu Segringen.

## Drei Wünsche

Ein junges Ehepaar lebte recht vergnügt und glücklich beisammen und hatte den einzigen Fehler, der in jeder menschlichen Brust daheim ist: Wenn man's gut hat, hätt' man's gerne besser. Aus diesem Fehler entstehen so viele törichte Wünsche, woran es unserm Hans und seiner Liese auch nicht fehlte. Bald wünschten sie des Schulzen Acker, bald des Löwenwirts Geld, bald des Meyers Haus und Hof und Vieh, bald einmal hunderttausend Millionen bayerische Taler kurzweg. Eines Abends aber, als sie friedlich am Ofen saßen und Nüsse aufklopften und schon ein tiefes Loch in den Stein hineingeklopft hatten, kam durch die Kammertür ein weißes Weiblein herein, nicht mehr als eine Elle lang, aber wunderschön von Gestalt und Angesicht, und die ganze Stube war voll Rosenduft. Das Licht löschte aus, aber ein Schimmer wie Morgenrot, wenn die Sonne nicht mehr fern ist, strahlte von dem Weiblein aus und überzog alle Wände. Über so etwas kann man nun doch ein wenig erschrecken, so schön es aussehen mag. Aber unser gutes Ehepaar erholte sich doch bald wieder, als das Fräulein mit wundersüßer, silberreiner Stimme sprach: „Ich bin eure Freundin, die Bergfey, Anna Fritze, die im kristallenen Schloß mitten in den Bergen wohnt, mit unsichtbarer Hand Gold in den Rheinsand streut und über siebenhundert dienstbare Geister gebietet. Drei Wünsche dürft ihr tun; drei Wünsche sollen erfüllt werden." Hans drückte den Ellenbogen an den Arm seiner Frau, als ob er sagen wollte: Das lautet nicht übel. Die Frau aber war schon im Begriff, den Mund zu öffnen und etwas von ein paar Dutzend goldgestickten Kappen, seidenen Halstüchern und dergleichen zur Sprache zu bringen, als die Bergfey sie mit aufgehobenem Zeigefinger warnte: „Acht Tage lang", sagte sie, „habt ihr Zeit. Bedenkt euch wohl und übereilt euch nicht." Das ist kein Fehler, dachte der Mann und legte seiner Frau die Hand auf den Mund. Das Bergfräulein aber verschwand. Die Lampe brannte wie vorher, und statt des Rosendufts zog wieder wie eine Wolke am Himmel der Öldampf durch die Stube.

So glücklich nun unsere guten Leute in der Hoffnung schon zum voraus waren und keinen Stern mehr am Himmel sahen, sondern lauter Baßgeigen; so waren sie jetzt doch recht übel daran, weil sie vor lauter Wunsch nicht wußten, was sie wünschen wollten, und nicht einmal das Herz hatten, recht daran zu denken oder davon zu sprechen, aus Furcht, es möchte für gewünscht passieren, ehe sie es genug überlegt hätten. „Nun", sagte die Frau, „wir haben ja noch Zeit bis am Freitag."

Des andern Abends, während die Grundbirn zum Nachtessen in der Pfanne prasselten, standen beide, Mann und Frau, vergnügt an dem Feuer beisammen, sahen zu, wie die kleinen Feuerfünklein an der rußigen Pfanne hin und her züngelten, bald angingen, bald auslöschten, und waren, ohne ein Wort zu reden, vertieft in ihrem künftigen Glück. Als sie aber die gerösteten Grundbirn aus der Pfanne auf das Plättlein anrichtete und ihr der Geruch lieblich in die Nase stieg: „Wenn wir jetzt nur ein gebratenes Würstlein dazu hätten", sagte sie in aller Unschuld und ohne an etwas anderes zu denken, und, – oh weh, da war der erste Wunsch getan. – Schnell, wie ein Blitz kommt und vergeht, kam es wieder wie Morgenrot und Rosenduft untereinander durch das Kamin herab, und auf den Grundbirn lag die schönste Bratwurst. – Wie gewünscht, so geschehen. – Wer sollte sich über einen solchen Wunsch und seine Erfüllung nicht ärgern? Welcher Mann über solche Unvorsichtigkeit seiner Frau nicht unwillig werden?

„Wenn dir doch die Wurst an der Nase angewachsen wäre", sprach er in der ersten Überraschung, auch in aller Unschuld, und ohne an etwas anderes zu denken – und wie gewünscht,

so geschehen. Kaum war das letzte Wort gesprochen, da saß die Wurst auf der Nase des guten Weibes fest, wie angewachsen im Mutterleib, und hing zu beiden Seiten hinab wie ein Husaren-Schnauzbart.

Nun war die Not der armen Eheleute erst recht groß. Zwei Wünsche waren getan und vorüber, und noch waren sie um keinen Heller und um kein Weizenkorn, sondern nur um eine böse Bratwurst reicher. Noch war ein Wunsch zwar übrig. Aber was half nun aller Reichtum und alles Glück zu einer solchen Nasenzierat der Hausfrau? Wollten sie wohl oder übel, so mußten sie die Bergfey bitten, mit unsichtbarer Hand Barbiersdienste zu leisten und Frau Liese wieder von der vermaledeiten Wurst zu befreien. Wie gebeten, so geschehen, und so war der dritte Wunsch auch vorüber, und die armen Eheleute sahen einander an, waren der nämliche Hans und die nämliche Liese nachher wie vorher, und die schöne Bergfey kam niemals wieder.

Merke: Wenn dir einmal die Bergfey also kommen sollte, so sei nicht geizig, sondern wünsche

Numero eins: Verstand, daß du wissen mögest, was du
Numero zwei: wünschen sollest, um glücklich zu werden. Und weil es leicht möglich wäre, daß du alsdann etwas wähltest, was ein törichter Mensch nicht hoch anschlägt, so bitte noch
Numero drei: um beständige Zufriedenheit und keine Reue.

Oder so:

Alle Gelegenheit, glücklich zu werden, hilft nichts, wer den Verstand nicht hat, sie zu benutzen.

## Seltsamer Spazierritt

Ein Mann reitet auf seinem Esel nach Haus und läßt seinen Buben zu Fuß nebenher laufen. Kommt ein Wanderer und sagt: „Das ist nicht recht, Vater, daß Ihr reitet und laßt Euren Sohn laufen; Ihr habt stärkere Glieder." Da stieg der Vater vom Esel herab und ließ den Sohn reiten. Kommt wieder ein Wandersmann und sagt: „Das ist nicht recht, Bursche, daß du reitest und lässest deinen Vater zu Fuß gehen. Du hast jüngere Beine." Da saßen beide auf und ritten eine Strecke. Kommt ein dritter Wandersmann und sagt: „Was ist das für ein Unverstand, zwei Kerle auf einem schwachen Tier. Sollte man nicht einen Stock nehmen, und euch beide hinabjagen?" Da stiegen beide ab und gingen selbdritt zu Fuß, rechts und links der Vater und Sohn, und in der Mitte der Esel. Kommt ein vierter Wandersmann und sagt: „Ihr seid drei kuriose Gesellen. Ist's nicht genug, wenn zwei zu Fuß gehen? Geht's nicht leichter, wenn einer von euch reitet?" Da band der Vater dem Esel die vordern Beine zusammen, und der Sohn band ihm die hintern Beine zusammen, zogen einen starken Baumpfahl durch, der an der Straße stand, und trugen den Esel auf der Achsel heim.

So weit kann's kommen, wenn man es allen Leuten will recht machen.

## Eine merkwürdige Abbitte

Das ist merkwürdig, daß an einem schlechten Menschen der Name eines ehrlichen Mannes garnicht haftet, und daß er durch solchen nur ärger geschimpft ist.

Zwei Männer saßen im benachbarten Dorf zu gleicher Zeit im Wirtshaus. Aber der eine von ihnen hatte bösen Leumund wegen allerlei, und sah ihn und den Iltis niemand gern auf seinem Hof. Aber beweisen vor dem Richter konnte man ihm nichts. Mit dem bekam der andere Zwist im Wirtshaus, und im Unwillen, und weil er ein Glas zuviel im Kopf hatte, so sagte er zu ihm: „Du schlechter Kerl!" – Damit kann einer zufrieden sein, wenn er's ist, und braucht nicht mehr. Aber der war nicht zufrieden, wollte noch mehr haben, schimpfte auch und verlangte Beweis. Da gab ein Wort das andere, und es hieß: „Du Spitzbub! du Felddieb!" Damit war er noch nicht zufrieden, sondern ging vor den Richter. Da war nun freilich derjenige, welcher geschimpft hatte, übel dran. Leugnen wollt' er nicht, beweisen konnt' er nicht, weil er für das, was er wohl wußte, keinen Zeugen hatte, sondern er mußte einen Gulden Strafe erlegen, weil er einen ehrlichen Mann Spitzbub geheißen habe, und ihm Abbitte tun, und dachte bei sich selber: teurer Wein! Als er aber die Strafe erlegt hatte, so sagte er: „Also einen Gulden kostet es, gestrenger Herr, wenn man einen ehrlichen Mann einen Spitzbuben nennt? Was kostet's denn, wenn man einmal in der Vergeßlichkeit oder sonst zu einem Spitzbuben sagt: Ehrlicher Mann?" Der Richter lächelte und sagte: „Das kostet nichts, und damit ist niemand geschimpft." Hierauf wendete sich der Beklagte zu dem Kläger um, und sagte: „Es tut mir leid, ehrlicher Mann! Nichts für ungut, ehrlicher Mann! Adies, ehrlicher Mann!" Als der erboste Gegner das hörte und wohl merkte, wie es gemeint war, wollte er nocheinmal anfangen und hielt sich jetzt für ärger beleidigt als vorher. Aber der Richter, der ihn doch auch als einen verdächtigen Menschen kennen mochte, sagte zu ihm, er könne jetzt zufrieden sein.

## Der schlaue Pilgrim

Vor einigen Jahren zog ein Müßiggänger durch das Land, der sich für einen frommen Pilgrim ausgab, gab vor, er komme von Paderborn, und laufe geradenwegs zum heiligen Grab nach Jerusalem, fragte schon in Müllheim an der Post: „Wie weit ist es noch nach Jerusalem?" Und wenn man ihm sagte: „Siebenhundert Stunden; aber auf dem Fußweg über Mauchen ist es eine Viertelstunde näher", so ging er, um auf dem langen Weg eine Viertelstunde zu ersparen, über Mauchen. Das wäre nun so übel nicht. Man muß einen kleinen Vorteil nicht verachten, sonst kommt man zu keinem großen. Man hat öfter Gelegenheit, einen Batzen zu ersparen oder zu gewinnen, als einen Gulden. Aber 15 Batzen sind auch ein Gulden, und wer auf einem Wege von 700 Stunden nur allemal an fünf Stunden weiß an eine Viertelstunde abzukürzen, der hat an der ganzen Reise gewonnen – rechnet selber aus, wieviel? Allein unser verkleideter Pilgrim dachte nicht ebenso, sondern weil er nur dem Müßiggang und guten Essen nachzog, so war es ihm einerlei, wo er war. Ein Bettler kann nach dem alten Sprichwort nie verirren, muß in ein schlechtes Dorf kommen, wenn er nicht mehr drin bekommt, als er unterwegs an den Sohlen zerreißt, zumal wenn er barfuß geht. Unser Pilgrim aber dachte doch immer darauf, sobald als möglich wieder an die Landstraße zu kommen, wo reiche Häuser stehen und gut gekocht wird. Denn der Halunke war nicht zufrieden, wie ein rechter Pilgrim sein soll, mit gemeiner Nahrung, die ihm von einer mitleidigen und frommen Hand gereicht wurde, sondern wollte nichts fressen, als nahrhafte Kieselstein-Suppen. Wenn er nämlich irgendwo ein braves Wirtshaus an der Straße liegen sah, wie zum Exempel das Posthaus in Krozingen oder den Baselstab in Schliengen, so ging er hinein und bat ganz demütig und hungrig um ein gutes Wassersüpplein von Kieselsteinen, um Gotteswillen, Geld habe er keines. – Wenn nun die mitleidige Wirtin zu ihm sagte: „Frommer Pilgram, die Kieselsteine könnten euch hart im Magen liegen!“ so sagte er: „Eben deswegen! die Kieselsteine halten länger an als Brot, und der Weg nach Jerusalem ist weit. Wenn ihr mir aber ein Gläslein Wein dazu bescheren wollt, um Gotteswillen, so könnt ich's freilich besser verdauen.“ Wenn aber die Wirtin sagte: „Aber frommer Pilgram, eine solche Suppe kann euch doch unmöglich Kraft geben!“ So antwortete er: „Ei, wenn Ihr anstatt des Wassers wolltet Fleischbrühe dazunehmen, um Gotteswillen, so wär's freilich nahrhafter.“ Brachte nun die Wirtin eine solche Suppe und sagte: „Die Tünklein sind doch nicht so gar weich geworden“, so sagte er: „Ja, und die Brühe sieht gar dünn aus. Hättet Ihr nicht ein paar Gabeln voll Gemüs darein, oder ein Stücklein Fleisch, oder beides, um Gotteswillen?“ Wenn ihm nun die mitleidige Wirtin auch noch Gemüs und Fleisch in die Schüssel legte, so sagte er: „Vergelt's Euch Gott! Gebt mir jetzt Brot, so will ich die Suppe essen.“ Hierauf streifte er die Ärmel seines Pilgergewandes zurück, setzte sich und griff an das Werk mit Freuden, und wenn er Brot und Wein und Fleisch und Gemüs und die Fleischbrühe aufgezehrt hatte bis auf den letzten Brosamen, Faser und Tropfen, so wischte er den Mund am Tischtuch oder an dem Ärmel ab oder auch gar nicht und sagte: „Frau Wirtin, Eure Suppe hat mich rechtschaffen gesättigt, so daß ich die schönen Kieselsteine nicht einmal mehr zwingen kann. Es ist schad dafür! Aber hebt sie auf. Wenn ich wieder komme, so will ich Euch eine heilige Muschel mitbringen ab dem Meeresstrand von Ascalon oder eine Rose von Jericho."

## Untreue schlägt den eigenen Herrn

Als in dem Krieg zwischen Frankreich und Preußen ein Teil der französischen Armee nach Schlesien einrückte, waren auch Truppen vom rheinischen Bundesheer dabei, und ein bayrischer oder württembergischer Offizier wurde zu einem Edelmann einquartiert und bekam eine Stube zur Wohnung, wo viele sehr schöne und kostbare Gemälde hingen. Der Offizier schien recht große Freude daran zu haben, und als er etliche Tage bei diesem Mann gewesen und freundlich behandelt worden war, verlangte er einmal von seinem Hauswirt, daß er ihm eines von diesen Gemälden zum Andenken schenken möchte. Der Hauswirt sagte, daß er das mit Vergnügen tun wollte, und stellte seinem Gast frei, dasjenige selber zu wählen, welches ihm die größte Freude machen könnte.

Nun, wenn man die Wahl hat, sich selber ein Geschenk von jemand auszusuchen, so erfordert Verstand und Artigkeit, daß man nicht gerade das Vornehmste und Kostbarste wegnehme, und so ist es auch nicht gemeint. Daran schien dieser Mann auch zu denken, denn er wählte unter allen Gemälden fast das schlechteste. Aber das war unserm schlesischen Edelmann nichts desto lieber, und er hätte ihm gern das kostbarste dafür gelassen. „Mein Herr Obrist", (so sprach er mit sichtbarer Unruhe), „warum wollen Sie gerade das geringste wählen, das mir noch dazu wegen einer anderen Ursache wert ist? Nehmen Sie doch lieber dieses hier oder jenes dort." Der Offizier gab aber darauf kein Gehör, schien auch nicht zu merken, daß sein Hauswirt immer mehr in Angst geriet, sondern nahm geradezu das gewählte Gemälde herunter. Jetzt erschien an der Mauer, wo dasselbe gewesen war, ein großer feuchter Fleck. „Was soll das sein?" sprach der Offizier wie erzürnt zu seinem totblassen Wirt, tat einen Stoß, und auf einmal fielen ein paar frisch gemauerte und übertünchte Backsteine zusammen, hinter welchen alles Geld und Gold und Silber des Edelmannes eingemauert war. Der gute Mann hielt nun freilich sein Eigentum für verloren, wenigstens erwartete er, daß der feindliche Kriegsmann eine namhafte Teilung ohne Inventarium und ohne Kommissarius vornehmen werde, ergab sich geduldig darein und verlangte nur von ihm zu erfahren, woher er habe wissen können, daß hinter diesem Gemälde sein Geld in der Mauer verborgen war. Der Offizier erwiderte: „Ich werde den Entdecker sogleich holen lassen, dem ich ohnehin eine Belohnung schuldig bin"; und in kurzer Zeit brachte sein Bedienter – sollte man's glauben – den Maurermeister selber, den nämlichen, der die Vertiefung in der Mauer zugemauert und die Bezahlung dafür erhalten hatte.

Das ist nun einer von den größten Spitzbubenstreichen, die der Teufel auf ein Sündenregister setzen kann. Denn ein Handwerksmann ist seinen Kunden die größte Treue und in Geheimnissen, wenn es nichts Unrechtes ist, so viel Verschwiegenheit schuldig, als wenn er einen Eid darauf hätte.

Aber was tut man nicht um des Geldes willen? Oft gerade das nämliche, was man um der Schläge oder um des Zuchthauses willen tut, oder für den Galgen, obgleich ein großer Unterschied dazwischen ist. So etwas erfuhr unser Meister Spitzbub. Denn der brave Offizier ließ ihn jetzt hinaus vor die Stube führen und ihm von frischer Hand 100, sage hundert Prügel bar ausbezahlen, lauter gute Valuta, und war kein einziger falsch darunter. Dem Edelmann aber gab er unbetastet sein Eigentum zurück. – Das wollen wir beides gutheißen und wünschen, daß jedem, der Einquartierung haben muß, ein so rechtschaffener Gast und jedem Verräter eine solche Belohnung zuteil werden möge.

# Jakob Humbel

Jakob Humbel, eines armen Bauern Sohn von Boneschwyl im Schweizer-Kanton Aargau, kann jedem seinesgleichen zu einem lehrreichen und aufmunternden Beispiel dienen, wie ein junger Mensch, dem es Ernst ist, etwas Nützliches zu lernen und etwas Echtes zu werden, trotz allen Hindernissen am Ende seinen Zweck durch eigenen Fleiß und Gottes Hilfe erreichen kann.

Jakob Humbel wünschte von früher Jugend an, ein Tierarzt zu werden, um in diesem Beruf seinen Mitbürgern viel Nutzen leisten zu können. Das war sein Dichten und Trachten Tag und Nacht.

Sein Vater gab ihn daher in seinem 16ten Jahr einem sogenannten Vieh-Doktor von Mummental in die Lehre, der aber kein geschickter Mann war.

Bei diesem lernte er zwei Jahre, bekam alsdann einen braven Lehrbrief und wußte alles, was sein Meister wußte, nämlich Tränklein und Salben kochen, auch Pflaster kneten für den bösen Wind, sonst nichts – und das war nicht viel.

Ich weiß einen, der wäre damit zufrieden gewesen, hätte nun auf seinen Lehrbrief und seines Meisters Wort Salben gekocht, zu Pflaster gestrichen drauf und dran für den bösen Wind, das Geld dafür genommen und selber gemeint, er sei's.

Jakob Humbel nicht also. Er ging zu einem andern Viehdoktor in Oberoltern im Emmental noch einmal in die Lehre, hielt abermal ein Jahr bei ihm aus, bekam abermal einen braven Lehrbrief, und wußte abermal – nichts, weil auch dieser Meister die wichtige Kunst selber nicht verstand, keine Kenntnisse hatte von der inneren Beschaffenheit eines Tieres im gesunden und kranken Zustand und von der Natur der Arzneimittel.

Ich weiß einen, der hätt's jetzt bleiben lassen, wär' eben wieder heimgekommen, wie er fortgegangen, und hätt' sich mit anderen getröstet, aus denen auch nichts hat werden wollen.

Fast sah es mit unserem armen Jakob Humbel ebenso aus. Mit bösen Windsalben war wenig Geld, noch weniger Kredit und Ehre zu verdienen. Was er verdiente, zog der Vater. Humbel wurde gemeiner Taglöhner, ging in armseliger Kleidung umher, ohne Geld und ohne Rat, und dennoch hatte er noch immer den Tierarzt – nicht im Kopf, denn das wäre schon recht gewesen, sondern im sehnsuchtsvollen Verlangen. Jetzt verdingte er sich als Hausbedienter bei Herrn Ringier im Klösterli zu Zofingen. Bei diesem Herrn war er drei Jahre, bekam einen guten Lohn und wurde gütig behandelt, wie ein Kind.

Ich weiß einen, der hätte die Güte eines solchen Herrn mißbraucht, wäre meisterlos geworden, den Lohn hätte bekommen der Wirt und der Spielmann.

Aber Jakob Humbel wußte mit seinem Verdienste etwas Besseres anzufangen. Oft, wann er bei dem Essen aufwartete, hörte er die Herren am Tisch französisch reden. Da kam er auf den Gedanken, diese Sprache auch zu lernen. Vermutlich hoffte er dadurch auf irgendeine Art leichter zu seinem Zweck zu kommen, noch ein geschickter und braver Tierarzt zu werden. Er ging mit seinem zusammengesparten Verdienst nach Nion in die Schulanstalt des Herrn Snell und lernte soviel, als in neun Monaten zu lernen war. Jetzt war sein Vorrat verzehrt, und ehe er seine Studien fortsetzen konnte, mußte er darauf denken, wie er wieder Geld verdiente.

Gott wird mich nicht verlassen, dachte er. Er ging zu Herrn Landvogt Bucher in Wildenstein als Kammerdiener in Diensten, erwarb sich bei diesemund nachher bei einem anderen Herrn wieder etwas Geld und befand sich im Jahre 1798, als die Franzosen in die Schweiz kamen, in seinem Geburtsort zu Boneschwyl und trieb mit seinem erworbenen Geld einen kleinen Kornhandel nach Zürich, der recht gut vonstatten ging und seine Barschaft nach Wunsch vermehrte. Jetzt war er im Begriff, ins Ausland zu gehen und von dem ehrlich erworbenen Geld endlich seine Kunst rechtschaffen zu studieren. Da wurde ein Korps von 18000 Mann helvetischer Hilfstruppen errichtet. Die Gemeinde Boneschwyl mußte acht Mann stellen. Die jungen Burschen müssen spielen, den guten Jakob Humbel trifft das Los, Soldat zu werden.

Ich weiß einen, der hätte gedacht: die Welt ist groß, und der Weg ist offen; wär' mit seiner kleinen Barschaft zum Teufel gegangen und hätte seine Mitbürger dafür sorgen lassen, wo sie statt seiner den achten Mann nehmen wollten.

Aber Jakob Humbel liebt sein Vaterland und ist ein ehrliches Blut. Er stellte einen Mann, den er zwei Jahre lang auf seine Kosten unterhalten mußte. Das Beste von seinem erworbenen Vermögen, wovon er noch etwas lernen wollte, ging zu seinen unsäglichen Schmerzen drauf und er dachte: Jetzt habe ich hohe Zeit, sonst ist's Mathäi am letzten. Mit diesem Gedanken nahm er den Rest seiner Barschaft in die Tasche, einen Stecken in die Hand und lief eines Gangs, ohne sich umzusehen, nach Karlsruhe, und als er auf der Mühlburger Straße zwischen den langen Reihen der Pappelbäume die Stadt erblickte, da dachte er, Gottlob! und Gott wird mir helfen.

Guter Jakob Humbel, Gott hilft jedem, der sich wie du von Gott will helfen lassen, und du hast es erfahren.

In Karlsruhe ist nämlich eine öffentliche Anstalt zum Unterricht in der Tierarzneikunst. Die Lehrstunden werden unentgeltlich erteilt. Die sehr geschickten Lehrer geben sich Mühe, ihre Lehrjünger gründlich zu unterrichten. Schon mancher brave Tierarzt hat in dieser nützlichen Schule sich zu seinem Beruf vorbereitet und gebildet.

Hier war nun Humbel in seinem rechten Element, an der reichen Quelle, wo er seinen lang gehaltenen Durst nach Wissenschaft befriedigen konnte, lernte ein krankes Tier mit anderen Augen anschauen als in Mummental und Emmental, konnte andere Sachen lernen als Wind machen und bösen Wind vertreiben, und war nicht viel im Bierhaus zur Stadt Berlin, oder im Wirtshaus zur Stadt Straßburg, oder in Klein-Karlsruhe im Wilhelm Tell zu sehen, ob er gleich sein Landsmann war, auch nicht einmal recht am Sonntag auf dem Paradeplatz, oder zu Mühlburg im Rappen, sondern vom frühen Morgen bis in die späte Nacht beschäftigte er sich zwanzig Monate lang unermüdet und unverdrossen mit seiner Kunst, und wenn er wieder etwas Neues, Schönes und Nützliches gelernt hatte, so machte ihn das am Abend vergnügter, als der Zapfenstreich mit der schönsten türkischen Musik; zumal wenn ihm bei derselben sein Kostgänger einfiel bei den helvetischen Hilfstruppen.

Endlich kehrte er als ein ausgelernter Tierarzt, mit den schönsten Zeugnissen seiner Lehrer aus Karlsruhe, freudig in sein Vaterland zurück, wurde von dem Sanitätsrat in dem Kanton Aargau geprüft, legte zu jedermanns Erstaunen und Freude die weitläufigsten und gründlichsten Kenntnisse an den Tag, erhielt mit wohlverdienten Lobsprüchen und Ehren das Patent auf seine Kunst – und ist nun nach allen ausgestandenen Schwierigkeiten und Mühseligkeiten am schönen Ziel seiner lebenslänglichen Wünsche, einer der geschicktesten und angesehensten Tierärzte in dem ganzen Schweizerlande.

Jetzt weiß ich vier, die denken: Wenn solcher Mut und Ernst dazu gehört, etwas Braves zu lernen, so ist's kein Wunder, daß aus mir nichts hat werden wollen.

Weißt du was? Nimm Gott zur Hilfe und probiere es noch!

## Der fechtende Handwerksbursche in Anklam

Im August des Jahres 1804 stand in der Stadt Anklam in Pommern ein reisender Handwerksbursche an einer Stubentür und bat um einen Zehrpfennig ganz fleißig. Als sich niemand sehen ließ noch rührte, öffnete er leise die Türe und ging hinein. Als er aber eine arme und kranke Witwe erblickte, die da sagte, sie habe selber nichts, so ging er wieder hinaus.

Lieber Leser, denke nicht, der hat's lassen drauf ankommen, ob jemand in der Stube ist, hat seinen Zehrpfennig selber wollen nehmen. Sonst mußt du dich schämen und in deinem Herzen einem edlen Menschen Abbitte tun. Denn der Handwerksbursche kam nach ungefähr fünf Stunden wieder. Die Frau rief ihm zwar entgegen: „Mein Gott, ich kann Euch ja nichts geben. Ich selbst lebe ja von anderer Menschen Milde und bin jetzt krank." Allein der edle Jüngling dachte bei sich selber: Eben deswegen. Anständig und freundlich trat er bis vor den Tisch, legte aus beiden Taschen viel Brot darauf, das er unterdessen gesammelt hatte, und viele auf gleiche Weise gesammelte kleine Geldstücke. „Das ist für Euch, arme, kranke Frau", sagte er mit sanftem Lächeln, ging wieder fort und zog leise die Stubentür zu.

Die Frau war die Witwe eines ehemaligen Unteroffiziers, namens Laroque, bei dem preußischen Regiment von Schönfeld.

Den Namen des frommen Jünglings aber hat ein Engel im Himmel für ein andermal aufgeschrieben. Ich kann nicht sagen, wie er heißt.

## Mißverstand

Bekanntlich klagte einst ein alter Schulz von Wasselnheim seiner Frau, daß ihn sein Französisch fast unter den Boden bringe. Er sollte nämlich einem französischen Soldaten, der ausgerissen war, den Weg zeigen, verstand ihn nicht recht, antwortete ihm verkehrt und bekam für die beste Meinung Schläge genug zum Dank, oder vielmehr zum Undank. Anders sah ein Wegweiser an der württembergischen Grenze die Sache an. Er sollte nämlich im letzten Krieg einem Zug Franzosen den Weg über das Gebirg zeigen, wußte aber kein Wort von ihrer Sprache, als Oui, welches soviel heißt als Ja, und Bougre, welches ein Schimpfname ist. Diese zwei Worte hatte er oft gehört und lernte sie nachsagen, ohne ihren Sinn zu verstehen. Anfänglich ging alles gut, solange die Franzosen nur unter sich sprachen und ihn mit seiner Laterne und drei oder vier Tornistern, die sie ihm angehängt hatten, voraus oder nebenher gehen ließen. Da er aber der Spur nach allemal mitlachte, wenn sie etwas zu lachen hatten, so fragte ihn einer französisch: ob er auch verstünde, was sie miteinander redeten? Er hätte herzhaft sagen dürfen: Nein! Aber eben weil er es nicht verstand, so kam es ihm nicht darauf an, was er antwortete. Er nahm daher all sein Französisch zusammen und antwortete: „Oui, Bougre!" (Ja, Ketzer!). Mit einem ellenlangen französischen Fluch riß der Soldat den Säbel aus der Scheide und ließ ihm denselben um den Kopf herum und nahe an den Ohren vorbei sausen. „Wie?" sagte er, „du willst einen französischen Soldaten schimpfen?" „Oui, bougre!" war die Antwort. Die anderen hatten die höchste Zeit, dem erbosten Kameraden in den Arm zu fallen, daß er dem Wegweiser, ohne welchen sie in der finsteren Nacht nicht konnten weiterkommen, nicht auf der Stelle den Kopf spaltete; doch gaben sie ihm mit manchem Fluch und Flintenstoß rechts und links zu verstehen, wie es gemeint sei, und fragten ihn alsdann, ob er jetzt wolle manierlicher sein. „Oui, Bougre!" war die Antwort. Nun wurde er jämmerlich zerschlagen, und alle seine Bitten um Verzeihung und alle seine Bitten um Schonung legte er ihnen mit lauter „Oui, Bougre" ans Herz. Endlich kamen sie auf die Vermutung, er sei verrückt (denn daß er französisch verstehe, hatte er bejaht). Sie nahmen daher auf einem Hof, wo noch ein Licht brannte, einen anderen Führer, jagten diesen fort, und er erwiderte den Abschied des einen, daß er sich zum Henker packen sollte, richtig mit Oui, Bougre. Als er aber sobald wieder nach Haus kam und sich seine Frau verwunderte, die ihn erst auf den anderen Mittag wieder erwarten konnte, so erzählte er, wie die Soldaten unterwegs viel Spaß mit ihm gehabt hätten, so daß es ihm fast sei zu arg geworden, und wie sie hernach auf dem Zirnhauser Hof einen anderen genommen und ihn wieder heimgeschickt hätten. „Die Franzosen", (setzte er treuherzig hinzu) sind nicht so schlimm, als man meint, wenn man nur mit ihnen reden kann."

## Brotlose Kunst

In der Stadt Aachen ist eine Fabrik, in welcher nichts als Nähnadeln gemacht werden. Das ist keine brotlose Kunst. Denn es werden in jeder Woche zweihundert Pfund Nadeln verfertigt, von denen 5000 Stück auf ein Pfund gehen, facit: Eine Million, und der Meister Schneider und die Näherin und jede Hausmutter weiß wohl, wieviel man für einen Kreuzer bekommt, und es ist nicht schwer auszurechnen, wieviel Geld an den Aachener Nadeln in der Fabrik selbst und durch den Handel jährlich verdient und gewonnen wird. Das Werk geht durch Maschinen, und die meisten Arbeiter sind Kinder von acht bis zehn Jahren.

Ein Fremder besichtigte einst diese Arbeiten und wunderte sich, daß es möglich sei, in die allerfeinsten Nadeln mit einem noch feineren Instrument ein Loch zu stechen, durch welches nur der allerfeinste, fast unsichtbare Faden kann gezogen werden.

Aber ein Mägdlein, welchem der Fremde eben zuschaute, zog sich darauf ein langes Haar aus dem Kopfe, stach mit einer der feinsten Nadeln ein Loch dadurch, nahm das eine Ende des Haares, bog es um, und zog es durch die Öffnung zu einer artigen Schleife, oder wie man's sonst nennt, Schlupf oder Letsch.

Das war so brotlos eben auch nicht. Denn das Mägdlein bot dieses künstlich geschlungene Haar dem Fremden zum Andenken und bekam dafür ein artiges Geschenk, und das wird mehr als einmal im Jahr geschehen sein. Solch kleiner Nebenverdienst ist einem fleißigen Kinde wohl zu gönnen.

Aber während ehrliche Eltern und Kinder allerorten etwas Nützliches arbeiten und ihr Brot mit Ehren verdienen und mit gutem Gewissen essen, zog zu seiner Zeit ein Tagdieb durch die Welt, der sich in der Kunst geübt hatte, in einer ziemlich großen Entfernung durch ein Nadelöhr kleine Linsen zu werfen. Das war eine brotlose Kunst. Doch lief es auch nicht ganz leer ab. Denn als der Linsenschütz unter anderem nach Rom kam, ließ er sich auch vor dem Papst sehen, der sonst ein großer Freund von seltsamen Künsten war, hoffte ein hübsches Stück Geld von ihm zu bekommen und machte schon ein paar wunderfreundliche Augen, als der Schatzmeister des Heiligen Vaters mit einem Säcklein auf ihn zuging, und bückte sich entsetzlich tief, als ihm der Schatzmeister das ganze Säcklein anbot.

Allein was war darin? Ein halber Becher Linsen, die ihm der weise Papst, zur Belohnung und Aufmunterung seines Fleißes, übermachen ließ, damit er sich in seiner Kunst noch ferner üben und immer größere Fortschritte darin machen könne.

## Der Kommandant und die badischen Jäger in Hersfeld

Folgende Begebenheit verdient, daß sie im Andenken bleibe; und wer keine Freude daran hat, den will ich nicht loben.

Im verflossenen Winter, als die französische Armee und ein großer Teil der bundesgenossischen Truppen in Polen und Preußen stand, befand sich ein Teil des badischen Jägerregiments in Hessen und in der Stadt Hersfeld auf ihrem Posten. Denn dieses Land hatte der Kaiser im Anfang des Feldzuges eingenommen und mit Mannschaft besetzt. Da gab es nun von Seiten der Einwohner, denen das Alte besser gefiel als das Neue, mancherlei Unordnungen, und es wurden besonders in dem Orte Hersfeld mehrere Widersetzlichkeiten ausgeübt und unter anderem ein französischer Offizier getötet. Das konnte der französische Kaiser nicht geschehen lassen, während er mit einem zahlreichen Feind im Angesicht kämpfte, daß auch hinter ihm Feindseligkeiten ausbrachen und ein kleiner Funke sich zu einer großen Feuersbrunst entzündete. Die armen Einwohner von Hersfeld bekamen daher bald Ursache, ihre unüberlegte Kühnheit zu bereuen. Denn der französische Kaiser befahl, die Stadt Hersfeld zu plündern und alsdann an vier Orten anzuzünden und in die Asche zu legen. Dieses Hersfeld ist ein Ort, der viele Fabriken und daher auch viele reiche und wohlhabende Einwohner und schöne Gebäude hat; und ein Menschenherz kann wohl empfinden, wie es nun den armen Leuten, den Vätern und Müttern zumute war, als sie die Schreckenspost vernahmen; und der arme Mann, dem sein Hab und Gut auf einmal auf dem Arm konnte weggetragen werden, war jetzt so übel dran, als der Reiche, dem man es auf vielen Wagen nicht wegführen konnte; und in der Asche sind die großen Häuser auf dem Platz und die kleinen in den Winkeln auch so gleich als die reichen Leute und die armen auf dem Kirchhof. Nun, zum Schlimmsten kam es nicht. Auf Fürbitte der französischen Kommandanten in Kassel und Hersfeld wurde die Strafe so gemildert: es sollten zwar nur vier Häuser verbrannt werden, und dies war glimpflich; aber bei der Plünderung sollte es bleiben, und das war noch hart genug. Die unglücklichen Einwohner waren auch, als sie diesen letzten Bescheid hörten, so erschrocken, so alles Mutes und aller Besinnung beraubt, daß sie der menschenfreundliche Kommandant selber ermahnen mußte, statt des vergeblichen Klagens und Bittens die kurze Frist zu benutzen und ihr Bestes noch geschwind auf die Seite zu schaffen. Die fürchterliche Stunde schlug, die Trommel wirbelte ins Klaggeschrei der Unglücklichen. Durch das Getümmel der Flüchtenden und Verzweifelten eilten die Soldaten auf ihren Sammelplatz. Da trat der brave Kommandant von Hersfeld vor die Reihen seiner badischen Jäger, stellte ihnen zuerst das traurige Schicksal der Einwohner lebhaft vor die Augen und sagte hierauf: „Soldaten! Die Erlaubnis zu plündern fängt jetzt an. Wer dazu Lust hat, der trete heraus aus dem Glied.“ So sprach der Kommandant; und wer jetzt ein Glas voll Wein hat neben sich stehen, der trinke es aus, zu Ehren der badischen Jäger. Kein Mann trat aus dem Glied. Nicht einer! Der Aufruf wurde wiederholt. Kein Fuß bewegte sich; und wollte der Kommandant geplündert haben, so hätte er müssen selber gehen. Aber es war niemand lieber als ihm, daß die Sache also ablief; das ist leicht zu bemerken. Als die Bürger das erfuhren, war es ihnen zumute, wie einem, der aus einem schweren Traum erwacht. Ihre Freude ist nicht zu beschreiben. Sie schickten sogleich eine Gesandtschaft an den Kommandanten, ließen ihm für diese Milde und Großmut danken und boten ihm aus Dankbarkeit ein großes Geschenk an. Wer weiß, was mancher getan hätte! Aber der Kommandant schlug dasselbe ab und sagte: er lasse sich keine gute Tat mit Geld bezahlen. „Nur zum Andenken von euch“, setzte er hinzu, „erbitte ich mir eine silberne Münze, auf welcher die Stadt Hersfeld vorgestellt ist und der heutige Auftritt. Dies soll das Geschenk sein, welches ich meiner künftigen Gattin aus dem Kriege mitbringen will.“ – Dies ist geschehen im Februar des Jahres 1807, und so etwas ist des Lesens zweimal wert.

## Kannitverstan

Der Mensch hat wohl täglich Gelegenheit, in Emmendingen und Gundelfingen so gut als in Amsterdam Betrachtungen über den Unbestand aller irdischen Dinge anzustellen, wenn er will, und zufrieden zu werden mit seinem Schicksal, wenn auch nicht viel gebratene Tauben für ihn in der Luft herumfliegen. Aber auf dem seltsamsten Umweg kam ein deutscher Handwerksbursche in Amsterdam durch den Irrtum zur Wahrheit und zu ihrer Erkenntnis. Denn als er in diese große und reiche Handelsstadt, voll prächtiger Häuser, wogender Schiffe und geschäftiger Menschen gekommen war, fiel ihm sogleich ein großes und schönes Haus in die Augen, wie er auf seiner ganzen Wanderschaft von Tuttlingen bis nach Amsterdam noch keines erlebt hatte. Lange betrachtete er mit Verwunderung dies kostbare Gebäude, die sechs Kamine auf dem Dach, die schönen Gesimse und die hohen Fenster, größer als an des Vaters Haus daheim die Tür. Endlich konnte er sich nicht entbrechen, einen Vorübergehenden anzureden. „Guter Freund", redete er ihn an, „könnt Ihr mir nicht sagen, wie der Herr heißt, dem dieses wunderschöne Haus gehört mit den Fenstern voll Tulipanen, Sternenblumen und Levkoien?" – Der Mann aber, der vermutlich etwas Wichtigeres zu tun hatte und zum Unglück geradesoviel von der deutschen Sprache verstand als der Fragende von der holländischen, nämlich nichts, sagte kurz und schnauzig: „Kannitverstan" und schnurrte vorüber. Dies war nun ein holländisches Wort, oder drei, wenn man's recht betrachtet, und heißt auf deutsch soviel als: Ich kann euch nicht verstehn. Aber der gute Fremdling glaubte, es sei der Name des Mannes, nach dem er gefragt hatte. Das muß ein grundreicher Mann sein, der Herr Kannitverstan, dachte er, und ging weiter. Gaß aus, Gaß ein, kam er endlich an den Meerbusen, der da heißt: Het Ey, oder auf deutsch: das Ypsilon. Da stand nun Schiff an Schiff und Mastbaum an Mastbaum, und er wußte anfänglich nicht, wie er es mit seinen zwei einzigen Augen durchfechten werde, alle diese Merkwürdigkeiten genug zu sehen und zu betrachten, bis endlich ein großes Schiff seine Aufmerksamkeit an sich zog, das vor kurzem aus Ostindien angelangt war und jetzt eben ausgeladen wurde. Schon standen ganze Reihen von Kisten und Ballen auf- und nebeneinander am Lande. Noch immer wurden mehrere herausgewälzt, und Fässer voll Zucker und Kaffee, voll Reis und Pfeffer, und salveni Mausdreck darunter. Als er aber lange zugesehen hatte, fragte er endlich einen, der eben eine Kiste auf der Achsel heraustrug, wie der glückliche Mann heiße, dem das Meer alle diese Waren an das Land bringe. „Kannitverstan" war die Antwort. Da dachte er: Haha, schauts da heraus? Kein Wunder, wem das Meer solche Reichtümer an das Land schwemmt, der hat gut solche Häuser in die Welt stellen und solcherlei Tulipanen vor die Fenster in vergoldete Scherben. Jetzt ging er wieder zurück und stellte eine recht traurige Betrachtung bei sich selbst an, was er für ein armer Teufel sei unter soviel reichen Leuten in der Welt. Aber als er eben dachte: Wenn ich's doch nur auch einmal so gut bekäme, wie dieser Herr Kannitverstan es hat, da kam er um eine Ecke und erblickte einen großen Leichenzug. Vier schwarz vermummte Pferde zogen einen ebenfalls schwarz überzogenen Leichenwagen langsam und traurig, als ob sie wüßten,

daß sie einen Toten in seine Ruhe führten. Ein langer Zug von Freunden und Bekannten des Verstorbenen folgte nach, Paar und Paar, verhüllt in schwarze Mäntel und stumm. In der Ferne läutete ein einsames Glöcklein. Jetzt ergriff unseren Fremdling ein wehmütiges Gefühl, das an keinem guten Menschen vorübergeht, wenn er eine Leiche sieht, und blieb mit dem Hut in den Händen andächtig stehen, bis alles vorüber war. Doch machte er sich an den letzten vom Zug, der eben in der Stille ausrechnete, was er an seiner Baumwolle gewinnen könnte, wenn der Zentner um zehn Gulden aufschlüge, ergriff ihn sachte am Mantel und bat ihn treuherzig um Exküse. „Das muß wohl auch ein guter Freund von Euch gewesen sein", sagte er, „dem das Glöcklein läutete, daß Ihr so betrübt und nachdenklich mitgeht." „Kannitverstan!" war die Antwort. Da fielen unserem guten Tuttlinger ein paar große Tränen aus den Augen, und es ward ihm auf einmal schwer und wieder leicht ums Herz. „Armer Kannitverstan", rief er aus, „was hast du nun von allem deinem Reichtum? Was ich einst von meiner Armut auch bekomme: ein Totenkleid und ein Leintuch, und von all' deinen schönen Blumen vielleicht einen Rosmarin auf die kalte Brust, oder eine Raute." Mit diesen Gedanken begleitete er die Leiche, als wenn er dazu gehörte, bis ans Grab, sah den vermeinten Herrn Kannitverstan hinabsenken in seine Ruhestätte, und ward von der holländischen Leichenpredigt, von der er kein Wort verstand, mehr gerührt als von mancher deutschen, auf die er nicht achtgab. Endlich ging er leichten Herzens mit den anderen wieder fort, verzehrte in einer Herberge, wo man deutsch verstand, mit gutem Appetit ein Stück Limburger Käse, und wenn es ihm wieder einmal schwerfallen wollte, daß so viele Leute in der Welt so reich seien und er so arm, so dachte er nur an den Herrn Kannitverstan in Amsterdam, an sein großes Haus, an sein reiches Schiff und an sein enges Grab.

## Schlechter Lohn

Als im letzten Krieg der Franzos nach Berlin kam, in die Residenzstadt des Königs von Preußen, da wurde unter anderem viel königliches Eigentum weggenommen und fortgeführt oder verkauft. Denn der Krieg bringt nichts, er holt. Was noch so gut verborgen war, wurde entdeckt und manches davon zur Beute gemacht; doch nicht alles. Ein großer Vorrat an königlichem Bauholz blieb lange unverraten und unversehrt. Doch kam zuletzt noch ein Spitzbube von des Königs eigenen Untertanen, dachte, da ist ein gutes Trinkgeld zu verdienen, und zeigte dem französischen Kommandanten mit schmunzelnder Miene und spitzbübischen Augen an, was für ein schönes Quantum von eichenen und tannenen Baumstämmen noch da und da beisammen liege, woraus manch tausend Gulden zu lösen wäre. Aber der brave Kommandant gab schlechten Dank für die Verräterei und sagte: Laßt Ihr die schönen Baumstämme nur liegen, wo sie sind. Man muß dem Feind nicht sein Notwendigstes nehmen. Denn wenn Euer König wieder ins Land kommt, so braucht er Holz zu neuen Galgen für so ehrliche Untertanen, wie Ihr einer seid."

Das muß der rheinländische Hausfreund loben und wollte gern aus seinem eigenen Wald ein paar Stämmlein auch hergeben, wenn's fehlen sollte.

## Der Fremdling in Memel

Oft sieht die Wahrheit wie eine Lüge aus. Das erfuhr ein Fremder, der vor einigen Jahren, mit einem Schiff aus Westindien, an den Küsten der Ostsee ankam. Damals war der russische Kaiser bei dem König von Preußen zu Besuch. Beide Potentaten standen in gewöhnlicher Kleidung, ohne Begleitung, Hand in Hand, als zwei rechte gute Freunde beieinander am Ufer. So etwas sieht man nicht alle Tage. Der Fremde dachte auch nicht dran, sondern ging ganz treuherzig auf sie zu, meinte, es seien zwei Kaufleute oder andere Herren aus der Gegend, und fing ein Gespräch mit ihnen an, war begierig, allerlei Neues zu hören, das seit seiner Abwesenheit sich zugetragen habe. Endlich, da die beiden Monarchen sich leutselig mit ihm unterhielten, fand er Veranlassung, den einen auf eine höfliche Art zu fragen, wer er sei. „Ich bin der König von Preußen", sagte der eine. Das kam nun dem fremden Ankömmling schon ein wenig sonderbar vor. Doch dachte er, es ist möglich, und machte vor dem König ein ehrerbietiges Kompliment. Und das war vernünftig. Denn in zweifelhaften Dingen muß man immer das Sicherste und Beste wählen und lieber eine Höflichkeit aus Irrtum begehen, als eine Grobheit. Als aber der König weiter sagte, und auf seinen Begleiter deutete: „Dies ist seine Majestät der russische Kaiser", da war's doch dem ehrlichen Mann, als wenn zwei lose Vögel ihn zum Besten halten wollten und sagte: „Wenn ihr Herren mit einem ehrlichen Mann Eueren Spaß haben wollt, so sucht Euch einen anderen, als ich bin. Bin ich deswegen aus Westindien gekommen, daß ich Euer Narr sei?" – Der Kaiser wollte ihn zwar versichern, daß er allerdings derjenige sei. Allein der Fremde gab kein Gehör mehr. „Ein russischer Spaßvogel möget Ihr sein", sagte er. Als er aber nachher im Grünen Baum die Sache erzählte und anderen Bericht bekam, da kam er ganz demütig wieder, bat fußfällig um Vergebung, und die großmütigen Potentaten verziehen ihm, wie natürlich, und hatten hernach viel Spaß an dem Vorfall.

## Das seltsame Rezept

Es ist sonst kein großer Spaß dabei, wenn man ein Rezept in die Apotheke tragen muß; aber vor langen Jahren war es doch einmal ein Spaß. Da hielt ein Mann von einem entlege-

nen Hof eines Tages mit einem Wagen und zwei Stieren vor der Stadtapotheke still, lud sorgsam eine große tannene Stubentür ab und trug sie hinein. Der Apotheker machte große Augen und sagte: „Was wollt ihr da, guter Freund, mit eurer Stubentür?" Dem sagte der Mann, der Doktor sei bei seiner kranken Frau gewesen und hab' ihr wollen ein Tränklein verordnen, so sei in dem ganzen Haus keine Feder, keine Tinte und kein Papier gewesen, nur eine Kreide. Da habe der Herr Doktor das Rezept an die Stubentür geschrieben, und nun soll der Herr Bachin so gut sein, und das Tränklein kochen.

Item, wenn es nur gut getan hat. Wohl dem, der sich in der Not zu helfen weiß.

## Der Barbierjunge von Segringen

Man muß Gott nicht versuchen, aber auch die Menschen nicht. Denn im vorigen Spätjahr kam in dem Wirtshaus zu Segringen ein Fremder von der Armee an, der einen starken Bart hatte und fast wunderlich aussah, also, daß ihm nicht recht zu trauen war. Der sagt zum Wirt, eh' er etwas zu essen und zu trinken fordert: „Habt ihr keinen Barbier im Ort, der mich rasieren kann?" Der Wirt sagt ja und holt den Barbierer. Zu dem sagt der Fremde: „Ihr sollt mir den Bart abnehmen, aber ich habe eine kitzliche Haut. Wenn Ihr mich nicht ins Gesicht schneidet, so bezahl ich Euch vier Kronentaler. Wenn Ihr mich aber schneidet, so stech ich Euch tot. Ihr wäret nicht der erste." Wie der erschrockene Mann das hörte, (denn der fremde Herr machte ein Gesicht, als wenn es nicht vexiert wäre, und das spitzige, kalte Eisen lag auf dem Tisch,) so springt er fort und schickt den Gesellen. Zu dem sagt der Herr das nämliche. Wie der Gesell das nämliche hört, springt er ebenfalls fort und schickt den Lehrjungen. Der Lehrjunge läßt sich blenden von dem Geld, und denkt: „Ich wag's. Geratet es, und ich schneide ihn nicht, so kann ich mir für vier Kronentaler einen neuen Rock auf die Kirchweihe kaufen und einen Schnepper. Geratet's nicht, so weiß ich, was ich tue", und rasiert den Herrn. Der Herr hält ruhig still, weiß nicht, in welcher entsetzlichen Todesgefahr er ist, und der verwegene Lehrjunge spaziert ihm auch ganz kaltblütig mit dem Messer im Gesicht und um die Nase herum, als wenn's nur um einen Sechser oder im Fall eines Schnittes um ein Stücklein Zunder oder Fließpapier darauf zu tun wäre und nicht um vier Kronentaler und um ein Leben, und bringt ihm glücklich den Bart aus dem Gesicht ohne Schnitt und ohne Blut und dachte doch, als er fertig war: „Gottlob!“

Als aber der Herr aufgestanden war und sich im Spiegel beschaut und abgetrocknet hatte und gibt dem Jungen die vier Kronentaler, sagt er zu ihm: „Aber junger Mensch, wer hat dir den Mut gegeben, mich zu rasieren, so doch dein Herr und der Gesell sind fortgesprungen? Denn wenn du mich geschnitten hättest, so hätt' ich dich erstochen.“ Der Lehrling aber bedankte sich lächelnd für das schöne Stück Geld und sagte: „Gnädiger Herr, Ihr hättet mich nicht verstochen, sondern, wenn Ihr gezuckt hättet, und ich hätt' Euch in's Gesicht geschnitten, so wär' ich Euch zuvorgekommen, hätt' Euch augenblicklich die Gurgel abgehauen, und wäre auf- und davongesprungen.“ Als aber der fremde Herr das hörte und an die Gefahr dachte, in der er gesessen war, ward er blaß vor Schrecken und Todesangst, schenkte dem Burschen noch einen Kronentaler extra und hat seitdem zu keinem Barbier mehr gesagt: „Ich steche dich tot, wenn du mich schneidest.“

## Merkwürdige Gespenstergeschichte

Verwichenen Herbst fuhr ein fremder Herr durch Schliengen, so ein schöner braver Ort ist. Den Berg hinauf ging er zu Fuß, wegen den Rossen, und erzählte einem Grenzacher folgende Geschichte, die ihm selber begegnet ist.

Als der Herr ein halbes Jahr vorher nach Dänemark reiste, kommt er auf den späten Abend in einen Flecken, wo nicht weit davon auf einer Anhöhe ein sauberes Schlößlein stand, und will über Nacht bleiben. Der Wirt sagt, er habe keinen Platz mehr für ihn, es werde morgen einer gerichtet, und seien schon drei Scharfrichter bei ihm über Nacht. So erwiderte der Herr: „Ich will denn dort in das Schlößlein gehen. Der Zwingherr, oder wem es angehört, wird mich schon hineinlassen und ein leeres Bett für mich haben." Der Wirt sagt: „Manch schönes Bett, mit seidenen Umhängen, steht aufgeschlagen in den hohen Gemächern; und die Schlüssel hab ich in Verwahrung. Aber ich will es Euch nicht raten. Der gnädige Herr ist schon vor einem Vierteljahr mit seiner Frau und mit dem Junker auf eine weite Reise gezogen, und seit der Zeit wüten im Schlößlein die Gespenster. Der Schloßvogt und das Gesinde konnten nimmer bleiben; und wer seitdem in das Schlößlein gekommen ist, der geht zum zweitenmal nimmer hinein." Darüber lächelte der fremde Herr; denn er war ein herzhafter Mann, der nichts auf die Gespenster hielt, und sagt: „Ich will's probieren." Trotz aller Widerrede mußte ihm der Wirt den Schlüssel geben; und nachdem er sich mit dem Nötigen zu einem Gespenster-Besuch versehen hatte, ging er mit dem Bedienten, so er bei sich hatte, in das Schloß. Im Schloß kleidete er sich nicht aus, wollte auch nicht schlafen, sondern abwarten, was geschieht. Zu dem Ende stellte er zwei brennende Lichter auf den Tisch, legte ein paar geladene Pistolen daneben, nahm zum Zeitvertreib den Rheinländischen Hausfreund, so in Goldpapier eingebunden an einem roten seidenen Bändelein unter der Spiegelrahme hing, und beschaute die schönen Bilder. Lange wollte sich nichts spüren lassen. Aber als die Mitternacht im Kirchturm sich rührte und die Glocke zwölf schlug, eine Gewitterwolke zog über das

Schloß weg, und die großen Regentropfen schlugen an die Fenster, da klopfte es dreimal stark an die Türe, und eine fürchterliche Gestalt mit schwarzen schielenden Augen, mit einer halbellenlangen Nase, fletschenden Zähnen und einem Bocksbart, zottig am ganzen Leib, trat in das Gemach und brummte mit fürchterlicher Stimme: „Ich bin der Großherr Mephistopheles. Willkommen in meinem Palast! Und habt Ihr auch Abschied genommen von Frau und Kind?" Dem fremden Herrn fuhr ein

kalter Schauer vom großen Zehen an über den Rücken hinauf, bis unter die Schlafkappe, und an den armen Bedienten darf man gar nicht denken. Als aber der Mephistopheles mit fürchterlichen Grimassen und hochgehobenen Knieen gegen ihn herkam, als wenn er über lauter Flammen schreiten müßte, dachte der arme Herr: In Gottes Namen, jetzt ist's einmal so, und stand herzhaft auf, hielt dem Ungetüm eine Pistole entgegen und sprach: „Halt, oder ich schieß!" Mit so etwas läßt sonst nicht jedes Gespenst sich schrecken, denn wenn man auch schießen will, so geht's nicht los, oder die Kugel fährt zurück und trifft nicht den Geist, sondern den Schütz. Aber Mephistopheles hob drohend den Zeigfinger in die Höhe, kehrte langsam um und ging mit ebensolchen Schritten, als er gekommen war, wieder fort. Als aber der Fremde sah, daß dieser Satan Respekt vor dem Pulver hatte, dachte er: Jetzt ist keine Gefahr mehr, nahm in die andere Hand ein Licht und ging dem Gespenst, das langsam einen Gang hinabschritt, ebenso langsam nach, und der Bediente sprang, so schnell er konnte, hinter ihm zum Tempel hinaus, und ins Ort, dachte, er wolle lieber bei den Scharfrichtern über Nacht sein als bei den Geistern. – Aber auf dem Gang, auf einmal verschwindet der Geist vor den Augen seines kühnen Verfolgers, und war nicht anders, als wär' er in den Boden geschlupft. Als aber der Herr noch ein paar Schritte weitergehen wollte, um zu sehen, wo er hingekommen, hörte auf einmal unter seinen Füßen der Boden auf, und er fiel durch ein Loch hinab, aus welchem ihm Feuerglast entgegenkam, und er glaubte selber, jetzt geh es an einen andern Ort. Als er aber ungefähr zehn Fuß tief gefallen war, lag er zwar unbeschädigt auf einem Haufen Heu, in einem unterirdischen Gewölb. Aber sechs kuriose Gesellen standen um ein Feuer herum, und der Mephistopheles war auch dabei. Allerlei wunderbares Gerät lag umher, und zwei Tische lagen gehäuft voll funkelnder Rößleins-Taler, einer schöner als der andere. Da merkte der Fremde, wie er daran war. Denn das war eine heimliche Gesellschaft von Falschmünzern, so alle Fleisch und Bein hatten. Diese benutzten die Abwesenheit des Zwingherrn, legten in seinem Schloß ihre verborgenen Münzstöcke an, und waren vermutlich von seinen eigenen Leuten dabei, die im Haus Bericht und Gelegenheit wußten; und damit sie ihr heimlich Wesen ungestört und unbeschrieen treiben konnten, fingen sie den Gespensterlärmen an, und wer in das Haus kam, wurde so vergälstert, daß er zum zweitenmal nimmer kam. Aber jetzt fand der verwegene Reisende erst Ursache, seine Unvorsichtigkeit zu bereuen, und daß er den Vorstellungen des Wirts im Dorf kein Gehör gegeben hatte. Denn er wurde durch ein enges Loch hinein in ein anderes finsteres Gehalt geschoben und hörte wohl, wie sie Kriegsrecht über ihn hielten und sagten: „Es wird das Beste sein, wenn wir ihn umbringen und danach verlochen." Aber einer sagte noch: „Wir müssen ihn zuerst verhören, wer er ist, und wie er heißt, und wo er sich herschreibt." Als sie aber hörten, daß er ein vornehmer Herr sei und nach Kopenhagen zum König reise, sahen sie einander mit großen Augen an; und nachdem er wieder in dem finsteren Gewölb war, sagten sie: „Jetzt steht die Sache letz. Denn wenn er gemangelt wird, und es kommt durch den Wirt heraus, daß er ins Schloß gegangen ist, und er ist nimmer herausgekommen, so kommen über Nacht die Husaren, heben uns aus, und der Hanf ist dies Jahr wohlgeraten, daß ein Strick zum Henken nicht viel kostet." Also kündigten sie dem Gefangenen Pardon an, wenn er ihnen einen Eid ablegte, daß er nichts verraten wolle, und drohten, daß sie in Kopenhagen wollten auf ihn Achtung geben lassen; und er mußte ihnen auf den Eid hin sagen, wo er wohne. Er sagte: „Neben dem wilden Mann linker Hand in dem großen Haus mit grünen Läden." Darnach schenkten sie ihm Burgunder-Wein ein zum Morgentrunk und er schaute ihnen zu, wie sie Rößlein-Taler prägten bis an den Morgen. Als aber der Tag durch die Kellerlöcher hinab schien und auf der Straße die Geißeln knallten und der Kühhirt hürnte, nahm der Fremde Abschied von den nächtlichen Gesellen, bedankte sich für die gute Bewirtung und ging mit frohem Mute wieder in das Wirtshaus, ohne daran zu denken, daß er seine Uhr und seine Tabakspfeife, und die Pistolen habe liegenlassen. Der Wirt sagte: „Gottlob, daß ich Euch wiedersehe, ich habe die ganze Nacht nicht schlafen können. Wie ist es Euch gegangen?" Aber der Reisende dachte: Ein Eid ist ein Eid, und um sein Leben zu retten, muß man den Namen Gottes nicht mißbrauchen, wenn man's nicht halten will. Deswegen sagte er nichts, und weil jetzt das Glöcklein läutete und der arme Sünder hinausgeführt wurde, so lief alles fort. Auch in Kopenhagen hielt er daher reinen Mund und dachte selber fast nicht mehr daran. Aber nach einigen Wochen kam ab der Post ein Kistlein an ihn, und waren darin ein paar neue mit Silber eingelegte Pistolen von großem Wert, eine neue goldene Uhr mit kostbaren Demant-Steinen besetzt, eine türkische Tabakspfeife mit einer goldenen Kette daran und eine seidene mit Gold gestickte Tabaksblase und ein Brieflein darin. In dem Brieflein stand: „Dies schicken wir Euch für den Schrecken, so Ihr bei uns ausgestanden, und zum Dank für Eure Verschwiegenheit. Jetzt ist alles vorbei, und Ihr dürft es erzählen, wem Ihr wollt." Deswegen hat's der Herr dem Grenzacher erzählt, und das war die nämliche Uhr, die er oben auf dem Berg herauszog, als es in Hertingen Mittag läutete, und schaute, ob die Hertinger Uhr recht geht, und sind ihm hernach im Storchen zu Basel von einem französischen General 75 neue Dublonen darauf geboten worden. Aber er hat sie nicht drum geben.

## Gute Antwort

Wer ausgibt, muß auch wieder einnehmen. Reitet einmal ein Mann an einem Wirtshaus vorbei, der einen stattlichen Schmerbauch hatte, also, daß er auf beiden Seiten fast über den Sattel herunter hängte. Der Wirt steht auf die Staffel und ruft ihm nach: „Nachbar, warum habt Ihr denn den Zwerchsack vor Euch auf das Roß gebunden und nicht hinten?" Dem rief der Reitende zurück: „Damit ich ihn unter den Augen habe. Denn hinten gibt es Spitzbuben." Der Wirt sagte nichts mehr.

## Drei andere Wünsche

Diesmal ist aber die Frau Anna Fritze nicht dabei, auch riecht es nicht nach Rosenduft und Morgenrot, sondern nach Klingelberger und Kalbfleisch in einer sauren Brühe. Drei lustige Kameraden saßen beisammen zu Kehl im Lamm, und als sie das Saueressen verzehrt hatten und noch eine Flasche Klingelberger miteinander tranken, sprachen sie von allerlei und fingen zuletzt an zu wünschen. Endlich wurden sie der Rede eins, es sollte jeder noch einen kernhaften Wunsch tun, und wer den größten Wunsch hervorbringe, der solle frei ausgehen an der Zeche.

Da sprach der Erste: „So wünsch ich dann, daß ich alle Festungsgräben von ganz Straßburg und Kehl voll feiner Nähnadeln hätte, und zu jeder Nadel einen Schneider, und jeder Schneider müßte mir ein Jahr lauter Maltersäcke nähen, und wenn ich dann jeden Maltersack voll doppelter Dublonen hätte, so wollte ich zufrieden sein."

Der zweite sagte: „So wollt ich denn, daß das ganze Straßburger Münster bis unter die Krone des Turms hinauf voll Wechselbriefe vom feinsten Postpapier läge, so viel darin Plätz haben, und wäre mir auf jedem Wechselbrief so viel Geld verschrieben, als in allen deinen Maltersäcken Platz hat, und ich hätt's."

Der dritte sagte: „So wollt ich denn, daß ihr beide hättet, was ihr wünscht, und daß euch alsdann beide in einer Nacht der Henker hole, und ich wär euer Erbe."

Der Dritte ging frei aus an der Zeche, und die zwei anderen bezahlten.

## Der Husar in Neiße

Als vor achtzehn Jahren die Preußen mit den Franzosen Krieg führten und durch die Provinz Champagne zogen, dachten sie auch nicht daran, daß sich das Blättlein wenden könnte und daß der Franzos noch im Jahre 1806 nach Preußen kommen und den ungebetenen Besuch wettmachen werde. Denn nicht jeder führte sich auf, wie es einem braven Soldaten in Feindesland wohl ansteht. Unter andern drang damals ein brauner preußischer Husar, der ein böser Mensch war, in das Haus eines friedlichen Mannes ein, nahm ihm all sein bares Geld, so viel war, und viel Geldeswert, zuletzt auch noch das schöne Bett mit nagelneuem Überzug, und mißhandelte Mann und Frau. Ein Knabe von acht Jahren bat ihn knieend, er möchte doch seinen Eltern nur das Bett wiedergeben. Der Husar stoßt ihn unbarmherzig von sich. Die Tochter lauft ihm nach, hält ihn am Dolman fest und fleht um Barmherzigkeit. Er nimmt sie und wirft sie in den Sodbrunnen, so im Hofe steht, und rettet seinen Raub. Nach Jahr und Tagen bekommt er seinen Abschied, setzt sich in der Stadt Neiße in Schlesien, denkt nimmer daran, was er einmal verübt hat, und meint, es sei schon lange Gras darüber gewachsen. Allein, was geschieht im Jahre 1806? Die Franzosen rücken in Neiße ein; ein junger Sergeant wird abends einquartiert bei einer braven Frau, die ihm wohl aufwartet. Der Sergeant ist auch brav, führt sich ordentlich auf und scheint guter Dinge zu sein. Den anderen Morgen kommt der Sergeant nicht zum Frühstück. Die Frau denkt: Er wird noch schlafen, und stellt ihm den Kaffee ins Ofenrohr. Als er noch immer nicht kommen wollte, ging sie endlich in das Stüblein hinauf, macht leise die Türe auf, und will sehen, ob ihm etwas fehlt.

Da saß der junge Mann wach und aufgerichtet im Bette, hatte die Hände ineinander gelegt und seufzte, als wenn ihm ein groß Unglück begegnet wäre, oder als wenn er das Heimweh hätte oder so etwas, und sah nicht, daß jemand in der Stube ist.

Die Frau aber ging leise auf ihn zu und fragte ihn: „Was ist Euch begegnet, Herr Sergeant, und warum seid Ihr so traurig?" Da sah sie der Mann mit einem Blick voll Tränen an und sagte, die Überzüge dieses Bettes, in dem er heute Nacht geschlafen habe, haben vor achtzehn Jahren seinen Eltern in Champagne angehört, die in der Plünderung alles verloren haben und zu armen Leuten geworden seien, und jetzt denke er an alles, und sein Herz sei voll Tränen. Denn es war der Sohn des geplünderten Mannes in Champagne, und kannte die Überzüge noch, und die roten Namens-Buchstaben, womit sie die

Mutter gezeichnet hatte, waren ja auch noch daran. Da erschrak die gute Frau und sagte, daß sie dieses Bettzeug von einem braunen Husaren gekauft habe, der noch hier in Neiße lebe, und sie könnte nichts dafür. Da stand der Franzose auf und ließ sich in das Haus des Husaren führen und kannte ihn wieder.

„Denkt Ihr noch daran", sagte er zu dem Husaren, „wie Ihr vor achtzehn Jahren einem unschuldigen Mann in Champagne Hab und Gut und zuletzt auch noch das Bett aus dem Hause getragen habt, und habt keine Barmherzigkeit gehabt, als Euch ein achtjähriger Knabe um Schonung anflehte und an meine Schwester?" Anfänglich wollte der alte Sünder sich entschuldigen, es gehe bekanntlich im Krieg nicht alles, wie es soll, und was der eine liegen lasse, hole doch ein anderer, und lieber nimmt man's selber. Als er aber merkte, daß der Sergeant der nämliche sei, dessen Eltern er geplündert und mißhandelt hatte, und als er ihn an seine Schwester erinnerte, versagte ihm vor Gewissensangst und Schrecken die Stimme, und fiel vor dem Franzosen auf die zitternden Kniee nieder, und konnte nichts mehr herausbringen, als: „Pardon!", dachte aber: Es wird nicht viel helfen.

Der geneigte Leser denkt vielleicht auch: Jetzt wird der Franzos den Husaren zusammenhauen, und freut sich schon drauf. Allein das könnte mit der Wahrheit nicht bestehen. Denn wenn das Herz bewegt ist und vor Schmerz fast brechen will, mag der Mensch keine Rache nehmen. Da ist ihm die Rache zu klein und verächtlich, sondern er denkt: Wir sind in Gottes Hand, und will nicht Böses mit Bösem vergelten. So dachte der Franzose auch und sagte: „Daß du mich mißhandelt hast, das verzeih ich dir. Daß du meine Eltern mißhandelt und zu armen Leuten gemacht hast, das werden dir meine Eltern verzeihen. Daß du meine Schwester in den Brunnen geworfen hast und ist nimmer davongekommen, das verzeihe dir Gott." Mit diesen Worten ging er fort, ohne dem Husaren das Geringste zuleide zu tun, und es ward ihm in seinem Herzen wieder wohl. Dem Husaren aber war es nachher zumute, als wenn er vor dem Jüngsten Gericht gestanden wäre und hätte keinen guten Bescheid bekommen.

Denn er hatte von dieser Zeit an keine ruhige Stunde mehr und soll nach einem Vierteljahr gestorben sein.

Merke: Man muß in der Fremde nichts tun, worüber man sich daheim nicht darf finden lassen.

Merke: Es gibt Untaten, über welche kein Gras wächst.

## Ein Wort gibt das andere

Ein reicher Herr im Schwabenland schickte seinen Sohn nach Paris, daß er solle Französisch lernen und ein wenig gute Sitten. Nach einem Jahr oder drüber kommt der Knecht aus des Vaters Haus auch nach Paris. Als der junge Herr den Knecht erblickte, rief er voll Staunen und Freude aus: „Ei, Hans, wo

führt Dich der Himmel her? Wie steht es zu Hause, und was gibts Neues?“ „Nicht viel Neues, Herr Wilhelm, als daß vor zehn Tagen Euer schöner Rabe krepiert ist, den Euch vor einem Jahr der Weidgesell geschenkt hat.“

„O das arme Tier“, erwiderte der Herr Wilhelm. „Was hat ihm denn gefehlt?“

„Drum hat er zu viel Luder gefressen, als unsere schönen Pferde verreckten, eins nach dem anderen. Ich hab's gleich gesagt.“

„Wie! Meines Vaters vier schöne Mohrenschimmel sind gefallen?" fragte der Herr Wilhelm. „Wie ging das zu?"

„Drum sind die zu sehr angestrengt worden mit Wasserführen, als uns Haus und Hof verbrannte, und hat doch nichts geholfen."

„Um Gotteswillen!" rief der Herr Wilhelm voll Schrecken aus. „Ist unser schönes Haus verbrannt? Wann das?"

„Drum hat man nicht auf's Feuer achtgegeben, an Ihres Herrn Vaters seliger Leiche, und ist bei Nacht begraben worden mit Fackeln. So ein Fünklein ist bald verzettelt."

„Unglückselige Botschaft!" rief voll Schmerz der Herr Wilhelm aus. „Mein Vater tot? Und wie geht's meiner Schwester?"

„Drum eben hat sich Ihr Herr Vater seliger zu tot gegrämt, als Ihre Jungfer Schwester ein Kindlein gebar und hatte keinen Vater dazu. Es ist ein Büblein.

Sonst gibt's just nicht viel Neues", setzte er hinzu.

## Moses Mendelssohn

Moses Mendelssohn war jüdischer Religion und Handlungsbedienter bei einem Kaufmann, der das Pulver nicht soll erfunden haben. Dabei war er aber ein sehr frommer und weiser Mann und wurde daher von den angesehensten und gelehrtesten Männern hochgeachtet und geliebt. Und das ist recht. Denn man muß um des Bartes willen den Kopf nicht verachten, an dem er wächst. Dieser Moses Mendelssohn gab unter anderem von der Zufriedenheit mit seinem Schicksal folgenden Beweis. Denn als eines Tages ein Freund zu ihm kam und er eben an einer schweren Rechnung schwitzte, sagte dieser: „Es ist doch schade, guter Moses, und ist unverantwortlich, daß ein so verständiger Kopf, wie Ihr seid, einem Manne um's Brot dienen muß, der Euch das Wasser nicht bieten kann. Seid Ihr nicht am kleinen Finger gescheiter, als er am ganzen Körper, so groß er ist?" Einen anderen hätt' das im Kopf gewurmt, hätte Feder und Tintenfaß mit ein paar Flüchen hinter den Ofen geworfen und seinem Herrn aufgekündigt auf der Stelle. Aber der verständige Mendelssohn ließ das Tintenfaß stehen, steckte die Feder hinter das Ohr, sah seinen Freund ruhig an und sprach zu ihm also: „Das ist recht gut, wie es ist, und von der Vorsehung weise ausgedacht. Denn so kann mein Herr von meinen Diensten viel Nutzen ziehn, und ich habe zu leben. Wäre ich der Herr und er mein Schreiber, ihn könnt ich nicht gebrauchen."

## Ein teurer Kopf und ein wohlfeiler

Als der letzte König von Polen noch regierte, entstand gegen ihn eine Empörung, was nichts Seltenes war. Einer von den Rebellen, und zwar ein polnischer Fürst, vergaß sich so sehr, daß er einen Preis von 20000 Gulden auf den Kopf des Königs setzte. Ja, er war frech genug, es dem König selber zu schreiben, entweder, um ihn zu betrüben oder zu erschrecken. Der König aber schrieb ihm ganz kaltblütig zur Antwort: „Euren Brief habe ich empfangen und gelesen. Es hat mir einiges Vergnügen gemacht, daß mein Kopf bei Euch noch etwas gilt. Denn ich kann Euch versichern: für den Eurigen gäb' ich keinen roten Heller."

## Teure Eier

Als zu seiner Zeit ein fremder Fürst nach Frankreich reiste, wurde es ihm unterwegs öd im Magen, und ließ sich in einem gemeinen Wirtshaus, wo sonst dergleichen Gäste nicht einkehren, drei gesottene Eier geben. Als er damit fertig war, forderte der Wirt dafür 300 Livres. Der Fürst fragte, ob denn hier die Eier so rar seien? Der Wirt lächelte und sagte: „Nein, die Eier nicht, aber die großen Herren, die so etwas dafür bezahlen können." Der Fürst lächelte auch und gab das Geld, und das war gut. Als aber der damalige König von Frankreich von der Sache hörte, (es wurde ihm als ein Spaß erzählt), nahm er's sehr übel, daß ein Wirt in seinem Reich sich unterstand, solche unverschämte Überforderungen zu machen, und sagte dem Fürsten: „Wenn Sie auf Ihrer Rückreise wieder an dem Wirtshaus vorbeifahren, werden Sie sehen, daß Gerechtigkeit in meinem Lande herrscht." Als der Fürst auf seiner Rückreise wieder an dem Wirtshaus vorbeifuhr, sah er kein Schild mehr dran, aber die Türen und Fenster waren zugemauert, und das war auch gut.

## Die drei Diebe

Der geneigte Leser wird ermahnt, nicht alles für wahr zu halten, was in dieser Erzählung vorkommt. Doch ist sie in einem schönen Buch beschrieben und zu Vers gebracht.

Der Zundel-Heiner und der Zundel-Frieder trieben von Jugend auf das Handwerk ihres Vaters, der bereits am Auerbacher Galgen mit des Seilers Tochter kopuliert war, nämlich mit dem Strick; und ein Schulkamerad, der rote Dieter, hielt's auch mit, und war der Jüngste. Doch mordeten sie nicht, und griffen keine Menschen an, sondern visitierten nur bei Nacht in den Hühnerställen, und wenn's Gelegenheit gab, in den Küchen, Kellern und Speichern, allenfalls auch in den Geldtrögen, und auf den Märkten kauften sie immer am wohlfeilsten ein. Wenn's aber nichts zu stehlen gab, so übten sie sich untereinander mit allerlei Aufgaben und Wagstücken, um im Handwerk weiterzukommen. Einmal im Wald sieht der Heiner auf einem hohen Baum einen Vogel auf dem Neste sitzen, denkt, er hat Eier, und fragt die anderen: „Wer ist imstande und holt dem Vogel dort oben die Eier aus dem Nest, ohne daß es der Vogel merkt?" Der Frieder, wie eine Katze, klettert hinauf, naht sich dem Nest, bohrt langsam ein Löchlein unten drein, läßt ein Eilein nach dem anderen in die Hand fallen, flickt das Nest wieder zu mit Moos und bringt die Eier. – „Aber wer dem Vogel die Eier wieder unterlegen kann", sagte jetzt der Frieder, „ohne daß es der Vogel merkt!" Da kletterte der Heiner den Baum hinan, aber der Frieder kletterte ihm nach, und während der Heiner dem Vogel langsam die Eier unterschob, ohne daß es der Vogel merkte, zog der Frieder dem Heiner langsam die Hose ab, ohne daß es der Heiner merkte. Da gab es ein groß Gelächter, und die beiden anderen sagten: „Der Frieder ist der Meister." Der rote Dieter aber sagte: „Ich sehe schon, mit Euch kann ich's nicht zugleich tun, und wenn's einmal zu bösen Häusern geht, und der Letzte kommt über uns, so ist's mir nimmer Angst für Euch, aber für mich." Also ging er fort, wurde wieder ehrlich und lebte mit seiner Frau arbeitsam und häuslich. Im Spätjahr, als die zwei anderen noch nicht lang auf dem Roßmarkt ein Rößlein gestohlen hatten, besuchten sie einmal den Dieter und fragten ihn, wie es ihm gehe; denn sie hatten gehört, daß er ein Schwein geschlachtet und wollten ein wenig achtgeben, wo es liegt. Es hing in der Kammer an der Wand. Als sie fort waren, sagte der Dieter: „Frau, ich will das Säulein in die Küche tragen und die Mulde draufdecken, sonst ist es morgen nimmer unser." In der Nacht kommen die Diebe, brechen, so leise sie können, die Mauer durch, aber die Beute war nicht mehr da. Der Dieter merkt etwas, steht auf und geht um das Haus und sieht nach. Unterdessen schleicht der Heiner um das andere Eck herum in's Haus bis zum Bett, wo die Frau lag, nimmt ihres Mannes Stimme an und sagt: „Frau, die Sau ist nimmer in der Kammer." Die Frau sagt: „Schwätz nicht so einfältig: Hast Du sie nicht selber in die Küche unter die Mulde getragen?" „Ja so", sagte der Heiner, „drum bin ich halber im Schlaf" und ging, holte das Schwein und trug es unbeschrieen fort, wußte in der finsteren Nacht nicht, wo der Bruder ist, dachte, er wird schon kommen an den bestellten Platz im Wald.

Und als der Dieter wieder ins Haus kam und nach dem Säulein greifen will, „Frau“, rief er, „jetzt haben's die Galgenstricke doch geholt.“ Allein, so geschwind gab er nicht gewonnen, sondern setzte den Dieben nach, und als er den Heiner einholte, (es war schon weit vom Hause weg), und als er merkte, daß er allein sei, nahm der schnell die Stimme des Frieders an und sagte: „Bruder, laß jetzt mich das Säulein tragen. Du wirst müd sein.“ Der Heiner meint, es sei der Bruder, und gibt ihm das Schwein, sagt, er wolle vorausgehen in den Wald und ein Feuer machen. Der Dieter aber kehrte hinter ihm um, sagte für sich selber: „Hab ich dich wieder, du liebes Säulein?“ und trug es heim. Unterdessen irrte der Frieder in der Nacht herum, bis er im Wald das Feuer sah, und kam und fragte den Bruder: „Hast du die Sau, Heiner?“ Der Heiner sagte: „Hast du sie denn nicht, Frieder?“ Da schauten sie einander mit großen Augen an und hätten kein so prasselndes Feuer mit buchenen Spänen gebraucht zum Nachtkochen. Aber desto schöner prasselte jetzt das Feuer daheim in Dieters Küche. Denn das Schwein wurde sogleich nach der Heimkunft verhauen und Kesselfleisch über das Feuer getan. Denn der Dieter sagte: „Frau, ich bin hungrig, und was wir nicht beizeiten essen, holen die Schelme doch.“ Als er sich aber in einen Winkel legte und ein wenig schlummerte, und die Frau kehrte mit der eisernen Gabel das Fleisch herum und schaute einmal nach der Seite, weil der Mann im Schlaf so ängstlich seufzte, kam eine zugespitzte Stange langsam durch das Kamin herab, spießt das beste Stück im Kessel an und zog's herauf; und als der Mann im Schlaf immer ängstlicher winselte und die Frau immer emsiger nach ihm sah, kam die Stange zum zweitenmal und zum drittenmal; und als die Frau den Dieter weckte: „Mann, jetzt wollen wir anrichten“, da war der Kessel leer, und wär' ebenfalls kein so großes Feuer nötig gewesen zum Nachtkochen. Als sie aber beide schon im Begriff waren, hungrig ins Bett zu gehen, und dachten: Will der Henker das Säulein holen, so können wir's ja doch nicht heben, da kamen die Diebe vom Dach herab, durch das Loch der Mauer in die Kammer und aus der Kammer in die Stube und brachten wieder, was sie gemaust hatten. Jetzt ging ein fröhliches Leben an. Man aß und trank, man scherzte und lachte, als ob man gemerkt hätte, es sei das letztemal, und war guter Dinge, bis der Mond im letzten Viertel über das Häuslein weg-ging und zum zweitenmal im Dorf die Hahnen krähten und von weitem der Hund des Metzgers bellte. Denn die Strickreiter waren auf der Spur, und als die Frau des roten Dieters sagte: „Jetzt ist's einmal Zeit in's Bett", kamen die Strickreiter von wegen des gestohlenen Rößleins und holten den Zundel-Heiner und den Zundel-Frieder in den Turm und in das Zuchthaus.

## Suwarow

Der Mensch muß eine Herrschaft über sich selber ausüben können, sonst ist er kein braver und achtungswürdiger Mensch, und was er einmal für allemal als recht erkennt, das muß er auch tun, aber nicht einmal für allemal, sondern immer. Der russische General Suwarow, den die Türken und Polacken, die Italiener und Schweizer wohl kennen, der hielt ein scharfes und strenges Kommando. Aber was das vornehmste war, er stellte sich unter sein eigenes Kommando, als wenn er ein anderer und nicht der Suwarow selber wäre, und sehr oft mußten ihm seine Adjutanten dies und jenes in seinem eigenen Namen befehlen, was er alsdann pünktlich befolgte. Einmal war er wütend aufgebracht über einen Soldaten, der im Dienst etwas versehen hatte, und fing schon an, ihn zu prügeln. Da faßte ein Adjutant das Herz, dachte, er wolle dem General und dem Soldaten einen guten Dienst erweisen, eilte herbei und sagte: „Der General Suwarow hat befohlen, man solle sich nie vom Zorn übermannen lassen." Sogleich ließ Suwarow nach und sagte: „Wenn's der General befohlen hat, muß man gehorchen."

## Kaiser Napoleon und die Obstfrau in Brienne

Der große Kaiser Napoleon brachte seine Jugend als Zögling in der Kriegsschule zu Brienne zu, und wie? Das lehrten in der Folge seine Kriege, die er führte, und seine Taten. Da er gerne Obst aß, wie die Jugend pflegt, so bekam eine Obsthändlerin daselbst manchen schönen Batzen von ihm zu lösen. Hatte er je einmal kein Geld, so borgte sie. Bekam er Geld, so bezahlte er. Aber als er die Schule verließ, um nun als kenntnisreicher Soldat auszuüben, was er dort gelernt hatte, war er ihr doch einige Taler schuldig. Und als sie das letztemal ihm einen Teller voll saftiger Pfirsiche oder süßer Trauben brachte, „Fräulein", sagte er, „jetzt muß ich fort und kann Euch nicht bezahlen. Aber Ihr sollt nicht vergessen sein." Aber die Obstfrau sagte: „O reisen Sie wegen dessen nur ruhig ab, edler junger Herr. Gott erhalte Sie gesund und mache aus Ihnen einen glücklichen Mann." – Allein auf einer solchen Laufbahn, wie diejenige war, welche der junge Krieger jetzt betrat, kann doch auch der beste Kopf so etwas vergessen, bis zuletzt das erkenntliche Gemüt ihn wieder daran erinnert. Napoleon wird in kurzer Zeit General und erobert Italien. Napoleon geht nach Ägypten, wo einst die Kinder Israel das Ziegler-Handwerk trieben, und liefert ein Treffen bei Nazareth, wo vor 1800 Jahren die hochgelobte Jungfrau wohnte. Napoleon kehrt mitten durch ein Meer voll feindlicher Schiffe nach Frankreich und Paris zurück und wird Erster Konsul. Napoleon stellt in seinem unglücklich gewordenen Vaterlande die Ruhe und Ordnung wieder her und wird französischer Kaiser, und noch hatte die gute Obstfrau in Brienne nichts als sein Wort: „Ihr sollt nicht vergessen sein!"

Aber ein Wort, noch immer so gut als bares Geld und besser. Denn als der Kaiser in Brienne einmal erwartet wurde, er war aber in der Stille schon dort und mag wohl sehr gerührt gewesen sein, wenn er da an die vorige Zeit gedachte und an die jetzige, und wie ihn Gott in so kurzer Zeit und durch so viele Gefahren unversehrt bis auf den neuen Kaiserthron geführt hatte, da blieb er auf der Gasse plötzlich stille stehen, legte den Finger an die Stirne wie einer, der sich auf etwas besinnt, nannte bald darauf den Namen der Obstfrau, erkundigte sich nach ihrer Wohnung, so ziemlich baufällig war, und trat mit einem einzigen treuen Begleiter zu ihr hinein. Eine enge Türe führte ihn in ein kleines, aber reinliches Zimmer, wo die Frau mit zwei Kindern am Kamin kniete und ein sparsames Abendessen bereitete.

„Kann ich hier etwas zur Erfrischung haben?" fragte der Kaiser. – „Ei ja!" erwiderte die Frau, „die Melonen sind reif", und holte eine. Während die zwei fremden Herren die Melone verzehrten und die Frau noch ein paar Reiser an das Feuer legte, „Kennt Ihr den Kaiser auch, der heute hier sein soll?" fragte der eine. „Er ist noch nicht da", antwortete die Frau, „er kommt erst. Warum soll ich ihn nicht kennen? Manchen Teller und manches Körbchen voll Obst hat er mir abgekauft, als er noch hier in der Schule war." – „Hat er denn auch alles ordentlich bezahlt?" – „Ja freilich, er hat alles ordentlich bezahlt." Da sagte zu ihr der fremde Herr: „Frau, Ihr geht nicht mit der Wahrheit um, oder Ihr müßt ein schlechtes Gedächtnis haben. Fürs erste, so kennt Ihr den Kaiser nicht. Denn ich bin's. Fürs andere hab ich Euch nicht so ordentlich bezahlt, als Ihr sagt, sondern ich bin Euch zwei Taler schuldig oder etwas", und in diesem Augenblick zählte der Begleiter auf den Tisch ein tausend und zweihundert Franken, Kapital und Zins. Die Frau, als sie den Kaiser erkannte und die Goldstücke auf dem Tisch klingeln hörte, fiel ihm zu Füßen und war vor Freude und Schrecken und Dankbarkeit ganz außer sich; und die Kinder schauen auch einander an und wissen nicht was sie sagen sollen. Der Kaiser aber befahl nachher, das Haus niederzureißen und der Frau ein anderes an den nämlichen Platz zu bauen. „In diesem Hause", sagte er, „will ich wohnen, so oft ich nach Brienne komme, und es soll meinen Namen führen." Der Frau aber versprach er, er wolle für ihre Kinder sorgen.

Wirklich hat er auch die Tochter derselben bereits ehrenvoll versorgt, und der Sohn wird auf kaiserliche Kosten in der nämlichen Schule erzogen, aus welcher der große Held selber ausgegangen ist.

## Fürchterlicher Kampf eines Menschen mit einem Wolf

In Frankreich ist ein Departement, heißt Goldhügel. In diesem Departement befindet sich eine kleine Landschaft, genannt Saulieu (mußt lesen Soliö). Diese Landschaft bekam im März des Jahres 1807 einen schlimmen Besuch von einem reißenden Tier, wie man noch keines daselbst gesehen hatte, hierzulande auch nicht. Es hatte Ähnlichkeit mit einem Wolf, wird auch einer gewesen sein. Doch hatte es eine kürzere Schnauze als ein gemeiner Wolf, war lang und mager und mit langen dunkelgrünen Haaren besetzt. Diese grausame und blutgierige Bestie wütete mehrere Tage lang zum Schrecken der Einwohner in dem Lande herum, griff Menschen und Tiere an, wagte sich sogar am 30. März am hellen Tag auf der Landstraße an die Reisenden, zerriß einen Conscribierten, zerfleischte zwei Mägdlein und einen Knaben und blieb selbige Nacht nahe bei dem Hause eines Landmannes, namens Machin, im Gebüsche übernacht. Der gute Machin, der an eine solche Schildwache vor seinem Hause nicht dachte, ging des Morgens früh drei Uhr, als es noch ganz finster war, aus dem Hause. Da hörte er etwas rauschen im Gebüsch, glaubte, es sei die Katze, die sich vor einigen Tagen verlaufen hatte, und rief seiner Frau, die Katze sei da. Aber in dem nämlichen Augenblicke springt das Untier wütend auf ihn los. Er wirft es zurück. Es kommt wieder, stellt sich auf die Hinterfüße, drückt ihn zwei Schritte weit an die Wand zurück und packt ihn mit einem Rachen voll scharfer, starker Zähne wütend an der linken Brust. Vergebens sucht er sich loszumachen. Das Tier setzt immer tiefer seine Zähne ein und verursacht ihm die entsetzlichsten Schmerzen. Da umfaßt es der herzhafte und starke Machin mit beiden Armen, drückt es fest an sich, ringt mit ihm, bis er es im Hause hat, wirft sich mit ihm auf einen Tisch, so daß das Tier unten lag, und rief seiner Frau, daß sie ein Licht anzünde. Aber Frau und Kinder wagten es nicht, sich zu nähern, und das Tier biß sich immer tiefer und tiefer in die Brust des unglücklichen Mannes ein, bis endlich die älteste Tochter von 22 Jahren sich ermannte, und mit einem Licht und einem Messer herbeieilte. Der Vater drückt, so stark er kann, mit seinem Körper auf das Tier, zeigt ihr mit der linken Hand, wo sie hineinstechen müsse, daß das Ungeheuer sicher getötet werde. Noch biß sich die Bestie immer tiefer und tiefer ein, während die Tochter den kühnen und glücklichen Stich tat, und ein paarmal das Messer in der Wunde umkehrte. Aber jetzt schoß das heiße schwarze Blut wie ein Strom aus der tödlichen Wunde hervor, das Biest fing an, die Augen zu verdrehen, und es war ihm nicht, als wenn es noch viele Buben und Mägdlein verreißen wollte. Aber erst nachdem es sich völlig verblutet hatte, war man imstande, die Brust des braven Machin von ihm loszumachen, so fest hatte es sich mit seinen mörderischen Zähnen eingehauen. Drauf wurde das Untier vollends tot geschlagen und verlocht. Machin aber hatte noch lange an seiner Brust zu leiden und zu heilen, und sagt, er wolle sein Leben lang dran denken.

## Merkwürdige Schicksale eines jungen Engländers

Eines Tages reiste ein junger Engländer auf dem Postwagen zum erstenmal in die große Stadt London, wo er von den Menschen, die daselbst wohnen, keinen einzigen kannte, als seinen Schwager, den er besuchen wollte, und seine Schwester, so des Schwagers Frau war. Auch auf dem Postwagen war neben ihm niemand als der Conducteur, das ist der Aufseher über den Postwagen, der auf alles achthaben und an Ort und Stelle über die Briefe und Pakete Red und Antwort geben muß; und die zwei Reisekameraden dachten damals auch nicht daran, wo sie einander das nächstemal wiedersehen würden. Der Postwagen kam erst in der tiefen Nacht in London an. In dem Posthause konnte der Fremde nicht über Nacht bleiben, weil der Postmeister daselbst ein vornehmer Herr ist und nicht wirtet, und des Schwagers Haus wußte der arme Jüngling in der ungeheuer großen Stadt bei stockfinsterer Nacht so wenig zu finden als in einem Wagen voll Heu eine Stecknadel. Da sagte zu ihm der Conducteur: „Junger Herr, kommt Ihr mit mir! Ich bin zwar auch nicht hier daheim, aber ich habe, wenn ich nach London komme, bei einer Verwandten ein Stüblein, wo zwei Betten stehen. Meine Base wird Euch schon beherbergen, und morgen könnt Ihr Euch alsdann nach Eures Schwagers Haus erkundigen, wo Ihr es besser finden werdet." Das ließ sich der junge Mensch nicht zweimal sagen. Sie tranken bei der Frau

Base nach einen Krug englisches Bier, das noch besser sein soll als das Donaueschinger oder Säckinger, so doch auch nicht schlecht ist, aßen eine Knackwurst dazu und legten sich dann schlafen. In der Nacht kam den Fremden eine Notdurft an und mußt' hinausgehen. Da war er übler dran als noch nie. Denn er wußte in seiner dermaligen Nachtherberge, so klein sie war, so wenig Bericht als ein paar Stunden vorher in der großen Stadt. Zum Glück aber wurde der Conducteur auch wach und sagte ihm, wie er gehen müsse, links und rechts und wieder links. „Die Türe", fuhr er fort, „ist zwar verschlossen, wenn Ihr an Ort und Stelle kommt, und wir haben den Schlüssel verloren. Aber nehmt in meinem Rockelor-Sack mein großes Messer mit und schiebt es zwischen dem Türlein und dem Pfosten hinein, so springt inwendig die Falle auf! Geht nur dem Gehör nach! Ihr hört ja die Themse rauschen, und zieht etwas an, die Nacht ist kalt." Der Fremde erwischte in der Geschwindigkeit und in der Finsternis das Camisol des Conducteurs statt des seinen, zog es an und kam glücklich an den Platz. Denn er schlug es nicht hoch an, daß er unterwegs einmal den Rang zu kurz genommen hatte, so, daß er mit der Nase an ein Eck anstieß und wegen dem hitzigen Bier, so er getrunken hatte, entsetzlich blutete. Allein, ob dem starken Blutverlust und der Verkältung bekam er eine Schwäche und schlief ein. Der nachtfertige Conducteur wartete und wartete, wußte nicht, wo sein Schlafkamerad solange bleibt, bis er auf der Gasse einen Lärm vernahm; da fiel ihm im halben Schlaf der Gedanken ein: Was gilt's, der arme Teufel ist an die Haustüre kommen, ist auf die Gasse hinausgegangen und gepreßt worden. Denn wenn die Engländer viel Volk auf ihre Schiffe brauchen, so gehen unversehens bestellte starke Männer nachts in den gemeinen Wirtsstuben, in verdächtigen Häusern und auf der Gasse herum, und wer ihnen alsdann in die Hände kommt und tauglich ist, den fragen sie nicht lange: „Landsmann, wer bist du? oder Landsmann wer seid ihr?", sondern machen kurzen Prozeß, schleppen ihn, – gern oder ungern, – fort auf die Schiffe, und Gott befohlen! Solch eine nächtliche Menschenjagd nennt man Pressen; und deswegen sagte der Conducteur: „Was gilt's, der arme Teufel ist gepreßt worden!" – In dieser Angst sprang er eilig auf, warf seinen Rockelor um sich und eilte auf die Gasse, um womöglich den armen Schelm zu retten. Als er aber eine Gasse und zwei Gassen weit dem Lärmen nachgegangen war, fiel er selber den Pressern in die Hände, wurde auf ein Schiff geschleppt, – ungern – und den andern Morgen weiters. Weg war er. Nachher kam der junge Mensch im Hause wieder zu sich, eilte, wie er war, in sein Bett zurück, ohne den Schlafkameraden zu mangeln, und schlief bis in den Tag. Unterdessen wurde der Conducteur, um acht Uhr, auf der Post erwartet, und als er immer und immer nicht kommen wollte, wurde ein Postbedienter abgeschickt, ihn zu suchen. Der fand keinen Conducteur, aber einen Mann mit blutigem Gewand im Bett liegen, auf dem Gang ein großes offenes Messer, Blut bis auf den Abtritt, und unten rauschte die Themse. Da fiel ein böser Verdacht auf den blutigen Fremdling, er habe den Conducteur ermordet und in das Wasser geworfen. Er wurde in ein Verhör geführt, und als man ihn visitierte und in den Taschen des Kamisols, das er noch immer anhatte, einen ledernen Geldbeutel fand mit dem wohlbekannten silbernen Petschaftring des Conducteurs am Riemen befestigt, da war es um den armen Jüngling geschehen. Er berief sich auf seinen Schwager, – man kannte ihn nicht, – auf seine Schwester, – man wußte von ihr nichts. Er erzählte den ganzen Hergang der Sache, wie er selber sie wußte. Aber die Blutrichter sagten: „Das sind blaue Nebel, und Ihr werdet gehenkt." Und wie gesagt, so geschehn, noch am nämlichen Nachmittag nach engländischem Recht und Brauch. Mit dem englischen Brauch aber ist es so: weil in London der Spitzbuben viele sind, so macht man mit denen, die gehenkt werden, kurzen Prozeß und bekümmern sich nicht viele Leute darum, weil man's oft sehen kann. Die Missetäter, soviel man auf einmal hat, werden auf einen breiten Wagen gesetzt und bis unter den Galgen geführt. Dort hängt man den Strick in den bösen Nagel ein, fahrt alsdann mit dem Wagen unter ihnen weg, läßt die schönen Gesellen zappeln, und schaut nicht um. Allein in England ist das Hängen nicht so schimpflich wie bei uns, sondern nur tödlich. Deswegen kommen nachher die nächsten Verwandten des Missetäters und ziehen solange an den Beinen, bis der Herr Vetter oben erstickt. Aber unserem Fremdling tat niemand diesen traurigen Dienst der Liebe und Freundschaft an, bis abends ein junges Ehepaar, Arm in Arm, auf einem Spaziergang von ungefähr über den Richtplatz wandelte und im Vorbeigehen nach dem Galgen schaute. Da fiel die Frau mit einem lauten Schrei des Entsetzens in die Arme ihres Mannes: „Barmherziger Himmel, da hängt unser Bruder!" Aber noch größer wurde der Schrecken, als der Gehenkte bei der bekannten Stimme seiner Schwester die Augenlider aufschlug und die Augen fürchterlich drehte. Denn er lebte noch. Der Schwager aber, der ein enschlossener Mann war, verlor die Besinnung nicht, sondern dachte in der Stille auf Rettung; der Platz war entlegen, die Leute hatten sich verlaufen, und um Geld und gute Worte gewann er ein paar beherzte und vertraute Burschen, die nahmen den Gehenkten mir nichts, dir nichts ab, als wenn sie das Recht dazu hätten, und brachten ihn glücklich und unbeschrieen in des Schwagers Haus. Dort war er in wenig Stunden wieder zu sich gebracht, bekam ein kleines Fieber und wurde unter der lieben Pflege seiner getrösteten Schwester bald wieder völlig gesund. Eines Abends aber sagte der Schwager zu ihm: „Schwager! Ihr könnt nun in dem Land nicht bleiben. Wenn Ihr entdeckt werdet, so könnt Ihr noch einmal gehenkt werden und ich dazu. Und, wenn auch nicht, so habt Ihr ein Halsband an Eurem Hals getragen, das für Euch und Eure Verwandten ein schlechter Staat war. Ihr müßt nach Amerika. Dort will ich für Euch sorgen." Das sah der gute Jüngling ein, ging bei der ersten Gelegenheit in ein vertrautes Schiff und kam nach 80 Tagen glücklich in dem Seehafen von Philadelphia an. Als er aber hier an einem landfremden Orte mit schwerem Herzen wieder an das Ufer stieg, und als er eben bei sich selber dachte: Wenn mir doch Gott auch nur einen einzigen Menschen entgegenführte, der mich kennt; siehe, da kam in armseliger Schiffskleidung der Conducteur. Aber so groß sonst die Freude des unverhofften Wiedersehens an einem solchen fremden Orte ist, so war doch hier der erste Willkomm schlecht genug. Auf der Abbildung kann man sehen: Ziffer 1 den Conducteur, wie er

mit geballter Faust auf den Ankömmling losgeht; er sagt zu ihm: „Wo führt Euch der Böse her, Ihr verdammter Nachtläufer? Wißt Ihr, daß ich wegen Euch bin gepreßt worden?" Und Ziffer 2 sieht man den jungen Engländer, der die Hand auch nicht im Sack hat, der antwortet: „Goddam! Ihr vermaledeiter Überall und Nirgends, wißt Ihr, daß man wegen Euch mich gehenkt hat?"

Ziffer 3 aber sieht man das Wirtshaus zu den drei Kronen in Philadelphia. Dort kamen sie des anderen Tags wieder zusammen, erzählten sich ihre Schicksale und wurden wieder die besten Freunde; und der junge Engländer, der in einem Handlungshause gute Geschäfte machte, ruhte nicht eher, als bis er seinen guten Freund loskaufen und nach London zurückschicken konnte. Er selbst wurde in Amerika ein reicher Kaufmann und wohnt jetzt in der Stadt Washington, in der verlängerten neuen Herrengasse, Nr. 46.

## Böser Markt

In der großen Stadt London und rings um sie her gibt es außerordentlich viel gute Narren, die an anderer Leute Geld oder Sackuhren oder kostbaren Fingerringen eine kindische Freude haben und nicht ruhen, bis sie dieselben haben. Dies bringen sie zuweg manchmal durch List und Betrug, noch öfter durch kühnen Angriff, manchmal am hellen lichten Tag und an der offenen Landstraße. Einem geratet es, dem anderen nicht. Der Kerkermeister zu London und der Scharfrichter wissen davon zu erzählen. Eine seltsame Geschichte begegnete aber eines Tages einem vornehmen und reichen Mann. Der König und viele andere große Herren und Frauen waren an einem schönen Sommertage in einem großen königlichen Garten versammelt, dessen lange gewundene Gänge sich in der Ferne in einen Wald verloren. Viele andere Personen waren auch zugegen, denen es nicht auf einen Gang und auf ein paar Stunden ankam, ihren geliebten König und seine Familie froh und glücklich zu sehen. Man aß und trank, man spielte und tanzte, man ging spazieren in den schönen Gängen und zwischen dem duftenden Rosengebüsch paarweise und allein, wie es sich traf. Da stellte sich ein Mensch, wohl gekleidet, als wenn er auch dazu gehörte, mit einer Pistole unter dem Rock, in einer abgelegenen Gegend an einen Baum, wo der Garten an den Wald grenzt, dachte, es wird schon jemand kommen. Wie gesagt, so geschehen, kommt ein Herr mit funkelndem Fingerring, mit klingenden Uhrenketten, mit diamantenen Schnallen, mit breitem Ordensband und goldenem Stern, will spazierengehen im kühlen Schatten und denkt an nichts. Indem er an nichts denkt, kommt der Geselle hinter dem Baum hervor, macht dem guten Herrn ein bescheidenes Kompliment, zieht die Pistole zwischen dem Rock und Camisol heraus, richtet ihr Maul auf des Herrn Brust und bittet ihn höflich, keinen Lärm zu machen, es brauche niemand zu wissen, was sie miteinander zu reden haben. Man muß übel dran sein, wenn man vor einer Pistole steht, weil man nicht weiß, was drin steckt. Der Herr dachte vernünftig: der Leib ist kostbarer als das Geld; lieber den Ring verloren, als den Finger; und versprach zu schweigen. „Gnädiger Herr", fuhr jetzt der Geselle fort: „wären Euch Eure zwei goldenen Uhren nicht feil für eine gute Bezahlung? Unser Schulmeister richtet die Uhr alle Tage anders, man weiß nie, wie man dran ist, und an der Sonnenuhr sind die Zahlen verwischt." Will der reiche Herr wohl oder übel, so muß er dem Halunken die Uhren verkaufen für ein paar Stüber oder etwas, so man kaum ein Schöpplein dafür kann trinken. Und so handelte ihm der Spitzbube Ring und Schnallen und Ordensstern und das goldene Herz, so er vorne auf der Brust im Hemd hatte, Stück für

Stück ab um schlechtes Geld, und immer mit der Pistole in der linken Hand. Als endlich der Herr dachte: Jetzt bin ich absolviert, Gottlob! fing der Spitzbube von neuem an: „Gnädiger Herr, weil wir so gut mit einander zurechtkommen, wolltet Ihr mir nicht auch von meinen Waren etwas abhandeln?“ Der Herr denkt an das Sprichwort, daß man müsse zu einem bösen Markt ein gutes Gesicht machen, und sagt: „Laßt sehen!“ Da zog der Bursche allerlei Kleinigkeiten aus der Tasche hervor, so er vom Zweibatzen-Krämer gekauft oder auch schon auf einer

ungewischten Bank gefunden hatte, und der gute Herr mußte ihm alles abkaufen, Stück für Stück um teures Geld. Als endlich der Spitzbube nichts mehr als die Pistole übrig hatte und sah, daß der Herr noch ein paar schöne Dublonen in dem grünen seidenen Geldbeutel hatte, sprach er noch: „Gnädiger Herr, wolltet Ihr mir für den Rest, den Ihr da in den Händen habt, nicht die Pistole abkaufen? Sie ist vom besten Büchsenschmied in London und zwei Dublonen unter Brüdern wert.“ Der Herr dachte in der Überraschung: Du dummer Dieb! und kauft die Pistole. Als er aber die Pistole gekauft hatte, kehrte er den Stiel um und sprach: „Nun halt, sauberer Geselle, und geh augenblicklich voraus, wohin ich dich heißen werde, oder ich schieße dich auf der Stelle tot." Der Spitzbube aber nahm einen Sprung in den Wald und sagte: „Schießt herzhaft los, gnädiger Herr, sie ist nicht geladen." Der Herr drückte ab, und es ging wirklich nicht los, wie nebenstehende Figur beweist; denn sonst müßte man Rauch sehen. Er ließ den Ladstock in den Lauf fallen, und es war kein Körnlein Pulver darin. Der Dieb aber war unterdessen schon tief im Wald, und der vornehme Engländer ging schamrot zurück, daß er sich also habe so in Schrekken setzen lassen, und dachte an vieles.

## Der silberne Löffel

In Wien dachte ein Offizier: Ich will doch auch einmal im roten Ochsen zu Mittag essen, und geht in den roten Ochsen. Da waren bekannte und unbekannte Menschen, Vornehme und Mittelmäßige, ehrliche Leute und Spitzbuben, wie überall. Man aß und trank, der eine viel, der andere wenig. Man sprach und disputierte von dem und jenem, zum Exempel von dem Steinregen bei Stannern in Mähren, von dem Machin in Frankreich, der mit dem großen Wolf gekämpft hat. Das sind dem geneigten Leser bekannte Sachen, denn er erfährt alles ein Jahr früher als andere Leute. – Als nun das Essen fast vorbei war, einer und der andere trank noch eine halbe Maß Ungarwein zum Zuspitzen, ein anderer drehte Kügelein aus weichem Brot, als wenn er ein Apotheker wär' und wollte Pillen machen, ein dritter spielte mit dem Messer oder mit der Gabel oder mit dem silbernen Löffel; da sah der Offizier von ungefähr zu, wie einer, in einem grünen Rocke, mit dem silbernen Löffel spielte, und wie ihm der Löffel auf einmal in den Rockärmel hineinschlüpfte und nicht wieder herauskam.

Ein anderer hätte gedacht: was geht's mich an? und wäre still dazu gewesen oder hätte großen Lärm angefangen. Der

Offizier dachte: Ich weiß nicht, wer der grüne Löffelschütz ist, und was es für einen Verdruß geben kann, und war mausstill, bis der Wirt kam und das Geld einzog. Als der Wirt kam und das Geld einzog, nahm der Offizier auch einen silbernen Löffel und steckte ihn zwischen zwei Knopflöcher im Rocke zu einem hinein, zum anderen hinaus, wie es manchmal die Soldaten im Kriege machen, wenn sie den Löffel mitbringen, aber keine Suppe. – Währenddem der Offizier seine Zeche bezahlte, und der Wirt schaute ihm auf den Rock, dachte er: Das ist ein kurioser Verdienstorden, den der Herr da anhängen hat. Der muß sich im Kampf mit einer Krebssuppe hervorgetan haben, daß er zum Ehrenzeichen einen silbernen Löffel bekommen hat, oder ist's gar einer von meinen eigenen? Als aber der Offizier dem Wirt die Zeche bezahlt hatte, sagte er mit ernsthafter Miene: „Und der Löffel geht ja drein. Nicht wahr? Die Zeche ist teuer genug dazu.“ Der Wirt sagte: „So etwas ist mir noch nicht vorgekommen. Wenn Ihr keinen Löffel daheim habt, so will ich Euch einen Patent-Löffel schenken, aber meinen silbernen laßt mir da.“ Da stand der Offizier auf, klopfte dem Wirt auf die Achsel und lächelte. „Wir haben nur Spaß gemacht“, sagte er, „ich und der Herr dort in dem grünen Rocke. Gebt Ihr Euren Löffel wieder aus dem Ärmel heraus, grüner Herr, so will ich meinen auch wieder hergeben." Als der Löffelschütz merkte, daß er verraten sei und daß ein ehrliches Auge auf seine unehrliche Hand gesehen hatte, dachte er: Lieber Spaß als Ernst, und gab seinen Löffel ebenfalls her. Also kam der Wirt wieder zu seinem Eigentum, und der Löffeldieb lachte auch – aber nicht lange. Denn als die anderen Gäste das sahen, jagten sie den verratenen Dieb mit Schimpf und Schande und ein paar Tritten unter der Türe zum Tempel hinaus, und der Wirt schickte ihm den Hausknecht mit einer Handvoll ungebrannter Asche nach. Den wackeren Offizier aber bewirtete er noch mit einer Bouteille voll Ungarwein auf das Wohlsein aller ehrlichen Leute.

Merke: Man muß keine silbernen Löffel stehlen.

Merke: Das Recht findet seinen Knecht.

## Einträglicher Rätselhandel

Von Basel fuhren elf Personen in einem Schiff, das mit allen Kommlichkeiten versehen war, den Rhein hinab. Ein Jude, der nach Schalampi wollte, bekam die Erlaubnis, sich in einen Winkel zu setzen und auch mitzufahren, wenn er sich gut aufführen und dem Schiffer achtzehn Kreuzer Trinkgeld geben wollte. Nun klingelte es zwar, wenn der Jude an die Tasche schlug, allein es war nur noch ein Dreibatzenstück darin; denn das andere war ein messingener Knopf. Dessen ungeachtet nahm der die Erlaubnis dankbar an. Denn er dachte: Auf dem Wasser wird sich auch noch etwas erwerben lassen. Es ist ja schon mancher auf dem Rhein reich worden. Am Anfang und von dem Wirtshaus zum Kopf weg war man sehr gesprächig und lustig, und der Jude in seinem Winkel und mit seinem Zwerchsack an der Achsel, den er ja nicht ablegte, mußte viel leiden, wie man's manchmal diesen Leuten macht und versündiget sich dran. Als sie aber schon weit an Hüningen und an der Schuster-Insel vorbei waren und an Märkt und an dem Isteiner Klotz und St. Veit vorbei, wurde einer nach dem anderen stille und gähnten und schauten den langen Rhein hinunter, bis wieder einer anfing: „Mausche", fing er an, „weißt du nichts, daß uns die Zeit vergeht? Deine Väter müssen doch auch auf allerlei gedacht haben in der langen Wüste." – Jetzt, dachte der Jude, ist es Zeit, das Schäflein zu scheren, und schlug vor, man sollte in der Reihe herum allerlei kuriose Fragen vorlegen, er wolle mit Erlaubnis auch mithalten. Wer sie nicht beantworten kann, solle dem Aufgeber ein Zwölfkreuzerstück bezahlen, wer sie gut beantwortet, soll einen Zwölfer bekommen. Das war der ganzen Gesellschaft recht, und weil sie sich an der Dummheit oder an dem Witz des Juden zu belustigen hofften, fragte jeder in den Tag hinein, was ihm einfiel. So fragte zum Beispiel der erste: „Wieviel weich gesottene Eier konnte der Riese Goliath nüchtern essen?" – Alle sagten, das sei nicht zu erraten, und bezahlten ihre Zwölfer. Aber der Jude sagte: „Eins, denn wer ein Ei gegessen hat, ißt das zweite nimmer nüchtern." Der Zwölfer war gewonnen.

Der andere dachte: wart', Jude, ich will dich aus dem Neuen Testament fragen, so soll mir dein Dreibätzner nicht entgehen. „Warum hat der Apostel Paulus den zweiten Brief an die Korinther geschrieben?" Der Jud sagte: „Er wird nicht bei ihnen gewesen sein, sonst hätt' er's ihnen mündlich sagen können." Wieder ein Zwölfer.

Als der dritte sah, daß der Jude in der Bibel so gut beschlagen sei, fing er's auf eine andere Art an: „Wer zieht sein Geschäft in die Länge und wird doch zu rechter Zeit fertig?" Der Jud sagte: „Der Seiler, wenn er fleißig ist."

Der vierte: „Wer bekommt noch Geld dazu und läßt sich dafür bezahlen, wenn er den Leuten etwas weiß macht?" Der Jud sagte: „Der Bleicher."

Unterdessen näherte man sich einem Dorf, und einer sagte, das ist Bamlach. Da fragte der fünfte: „In welchem Monat essen die Bamlacher am wenigsten?" Der Jud sagte: „Im Hornung, denn er hat nur 28 Tage."

Der sechste sagte: „Es sind zwei leibliche Brüder, und doch ist nur einer davon mein Vetter." Der Jud sagte: „Der Vetter ist Eures Vaters Bruder. Euer Vater ist nicht Euer Vetter."

Ein Fisch schnellt in die Höhe, so fragt der siebente: „Welche Fische haben die Augen am nächsten beisammen?" Der Jud sagte: „Die Kleinsten."

Der achte fragt: „Wie kann einer zur Sommerszeit im Schatten von Bern nach Basel reiten, wenn auch die Sonne noch so heiß scheint?" Der Jud sagt: „Wo kein Schatten ist, muß er absteigen und zu Fuß gehen."

Fragt der neunte: „Wenn einer im Winter von Basel nach Bern reitet und hat die Handschuhe vergessen, wie muß er's angreifen, daß es ihn nicht an die Hand friert?" Der Jud sagt: „Er muß aus der Hand eine Faust machen."

Fragt der zehnte: „Warum schlüpfet der Küfer in die Fässer?" Der Jud sagt: „Wenn die Fässer Türen hätten, könnte er aufrecht hineingehen."

Nun war noch der elfte übrig: Dieser fragte: „Wie können fünf Personen fünf Eier teilen, also daß jeder eins bekomme und doch eins in der Schüssel bleibe?" Der Jud sagte: „Der Letzte muß die Schüssel samt dem Ei nehmen, dann kann er es drin liegen lassen, solange er will."

Jetzt war die Reihe an ihm selber, und nun dachte er erst einen guten Fang zu machen. Mit viel Komplimenten und spitzbübischer Freundlichkeit fragte er: „Wie kann man zwei Forellen in drei Pfannen backen, also daß in jeder Pfanne eine Forelle liege?" Das brachte abermal keiner heraus, und einer nach dem anderen gab dem Hebräer seinen Zwölfer.

Der Hausfreund hätte das Herz, allen seinen Lesern von Mailand bis nach Kopenhagen die nämliche Frage aufzugeben, und wollte ein hübsches Stück Geld daran verdienen, mehr als am Kalender selber, der ihm nicht viel einträgt. Denn als die elfe verlangten, er sollte ihnen für ihr Geld das Rätsel auch auflösen, wand er sich lange bedenklich hin und her, zuckte die Achseln, drehte die Augen: „Ich bin ein armer Jüd", sagte er endlich. Die anderen sagten: „Was sollen diese Präambeln? Heraus mit dem Rätsel!" – „Nichts für ungut!" – war die Antwort, – „aß ich gar ein armer Jüd bin." – Endlich nach vielem Zureden, daß er die Auflösung nur heraus sagen sollte; sie wollten ihm nichts daran übelnehmen, griff er in die Tasche, nahm einen von seinen gewonnenen Zwölfern heraus, legte ihn auf das Tischlein, so im Schiffe war, und sagte: „Daß ich's auch nicht weiß. Hier ist mein Zwölfer!"

Als das die anderen hörten, machten sie zwar große Augen und meinten, so sei's nicht gewettet. Weil sie aber doch das Lachen selber nicht verbeißen konnten, und waren reiche und gute Leute, und der hebräische Reisegefährte hatte ihnen von Kleinen-Kems bis nach Schalampi die Zeit verkürzt, so ließen sie es gelten, und der Jud hat aus dem Schiff getragen – das soll mir ein fleißiger Schüler im Kopf ausrechnen: Wieviel Gulden und Kreuzer hat der Jud aus dem Schiff getragen? Einen Zwölfer und einen messingenen Knopf hatte er schon. Elf Zwölfer hat er mit Erraten gewonnen, elf mit seinen eigenen Rätseln, einen hat er zurückbezahlt und dem Schiffer achtzehn Kreuzer Trinkgeld entrichtet.

## Des Seilers Antwort

In Donauwörth wurde zu seiner Zeit ein Roßdieb gehenkt, und der Hausfreund hat schon manchmal gedacht: Wer an den Galgen oder heutzutag ins Zuchthaus will, wozu braucht er ein Roß zu stehlen? Kommt man nicht zu Fuß früh genug? Der Donauwörther hat auch geglaubt, der Galgen laufe ihm davon, wenn er nicht reite, und ist das Roß einem ungeschickten Dieb in die Hände gefallen, so fiel der Dieb einem ungeschickten Henkersknecht in die Hände. Denn als er ihm das hänfene Halsband hatte angelegt und stieß ihn von der Leiter vom Seigel herunter, so zuckte er noch lange mit den Augen hin und her, als wenn er sich noch ein Rößlein aussuchen wollte in der Menge. Denn unter den Zuschauern waren viele zu Pferd und auf den Leiterwagen und dachten: Man sieht's besser. Aber als das Volk anfing, laut zu murren, und der ungeschickte Henker wußte sich nicht zu helfen, so warf er sich endlich in der Angst an den Gehenkten hin, umfaßte ihn mit beiden Armen, als wenn er wollte von ihm Abschied nehmen, und zog mit aller Kraft, damit die Schlinge fest zusammengehen und ihm den Atem töten sollte. Da brach der Strick entzwei und fielen beide miteinander auf die Erde hinab, als wenn sie nie wären droben gewesen. Der Missetäter lebte noch, und sein Advokat hat ihn nachher gerettet. Denn er sagte: „der Malefikant hat nur ein Roß gestohlen, nicht zwei, so hat er auch nur einen Strick verdient", und hat hinten dran viel lateinische Buchstaben und Zahlen gesetzt, wie sie's machen. Der Henker aber, als er nachmittags den Seiler sah, fuhr ihn ungebärdig an: „Ist das auch ein Strick gewesen?" sagte er, „man hätt' Euch selber dran henken sollen."

Der Seiler aber wußte zu antworten: „Es hat mir niemand gesagt", sagte der Seiler, „daß er zwei Schelmen tragen soll. Für einen war er stark genug, du oder der Roßdieb."

## Der geheilte Patient

Reiche Leute haben trotz ihrer gelben Vögel doch manchmal auch allerlei Lasten und Krankheiten auszustehen, von denen gottlob der arme Mann nichts weiß, denn es gibt Krankheiten, die nicht in der Luft stecken, sondern in den vollen Schüsseln und Gläsern und in den weichen Sesseln und seidenen Betten, wie jener hautreiche Amsterdamer ein Wort davon reden kann. Den ganzen Vormittag saß er im Lehnsessel und rauchte Tabak, wenn er nicht zu faul war, oder hatte Maulaffen feil zum Fenster hinaus, aß aber zu Mittag doch wie ein Drescher, und die

Nachbarn sagten manchmal: „Windet's draußen, oder schnauft der Nachbar so?" Den ganzen Nachmittag aß und trank er ebenfalls bald etwas Kaltes, bald etwas Warmes, ohne Hunger und ohne Appetit, aus lauter Langerweile bis an den Abend, also daß man bei ihm nie recht sagen konnte, wo das Mittagessen aufhörte und wo das Nachtessen anfing. Nach dem Nachtessen legte er sich in's Bett und war so müd, als wenn er den ganzen Tag Steine abgeladen oder Holz gespalten hätte. Davon bekam er zuletzt einen dicken Leib, der so unbeholfen war wie ein Maltersack. Essen und Schlaf wollte ihm nimmer schmecken, und er war lange Zeit, wie es manchmal geht, nicht recht gesund und nicht recht krank; wenn man aber ihn selber hörte, so hatte er 365 Krankheiten, nämlich alle Tage eine andere. Alle Ärzte, die in Amsterdam sind, mußten ihm raten. Er verschluckte ganze Feuereimer voll Mixturen und ganze Schaufeln voll Pulver und Pillen wie Enteneier so groß, und man nannte ihn zuletzt scherzweise nur die zweibeinige Apotheke. Aber alles Doktern half ihm nichts, denn er folgte nicht, was ihm die Ärzte befahlen, sondern sagte: „Fouder, wofür bin ich ein reicher Mann, wenn ich soll leben wie ein Hund, und der Doktor will mich nicht gesund machen für mein Geld?" Endlich hörte er von einem Arzt, der hundert Stund weit wegwohnte, der sei so geschickt, daß die Kranken gesund werden, wenn er sie nur recht anschaue, und der Tod geh' ihm aus dem Weg, wo er sich sehen lasse. Zu dem Arzt faßte der Mann ein Zutrauen und schrieb ihm seinen Umstand. Der Arzt merkte bald, was ihm fehle, nämlich nicht Arznei, sondern Mäßigkeit und Bewegung, und sagte: „Wart', dich will ich bald kuriert haben." Deswegen schrieb er ihm ein Brieflein folgenden Inhalts: „Guter Freund, Ihr habt einen schlimmen Umstand, doch wird Euch zu helfen sein, wenn Ihr folgen wollt. Ihr habt ein bös Tier im Bauch, einen Lindwurm mit sieben Mäulern. Mit dem Lindwurm muß ich selber reden, und Ihr müßt zu mir kommen. Aber für's erste, so dürft Ihr nicht fahren oder auf dem Rößlein reiten, sondern auf des Schuhmachers Rappen, sonst schüttelt Ihr den Lindwurm, und er beißt Euch die Eingeweide ab, sieben Därme auf einmal ganz entzwei. Fürs andere dürft Ihr nicht mehr essen, als zweimal des Tages einen Teller voll Gemüs, mittags ein Bratwürstlein dazu, und nachts ein Ei, und am Morgen ein Fleischsüpplein mit Schnittlauch drauf. Was Ihr mehr esset, davon wird nur der Lindwurm größer, also daß er Euch die Leber verdrückt, und der Schneider hat Euch nimmer viel anzumessen, aber der Schreiner. Dies ist mein Rat, und wenn Ihr mir nicht folgt, so hört Ihr im anderen Frühjahr den Kuckuck

nimmer schreien. Tut, was Ihr wollt!" Als der Patient so mit ihm reden hörte, ließ er sich sogleich den anderen Morgen die Stiefel salben und machte sich auf den Weg, wie ihm der Doktor befohlen hatte. Den ersten Tag ging es so langsam, daß perfekt eine Schnecke hätte können sein Vorreiter sein, und wer ihn grüßte, dem dankte er nicht, und wo ein Würmlein auf der Erde kroch, das zertrat er. Aber schon am zweiten und am dritten Morgen kam es ihm vor, als wenn die Vögel schon lange nimmer so lieblich gesungen hätten wie heut, und der Tau schien ihm so frisch und die Kornrosen im Felde so rot, und alle Leute, die ihm begegneten, sahen so freundlich aus, und er auch; und alle Morgen, wenn er aus der Herberge ausging, war's schöner, und er ging leichter und munterer dahin, und als er am achtzehnten Tage in der Stadt des Arztes ankam und den anderen Morgen aufstand, war es ihm so wohl, daß er sagte: „Ich hätte zu keiner ungeschickteren Zeit können gesund werden, als jetzt, wo ich zum Doktor soll. Wenn's mir doch nur ein wenig in den Ohren brauste, oder das Herzwasser lief' mir." Als er zum Doktor kam, nahm ihn der Doktor bei der Hand und sagte ihm: „Jetzt erzählt mir denn noch einmal von Grund aus, was Euch fehlt." Da sagte er: „Herr Doktor, mir fehlt gottlob nichts, und wenn Ihr so gesund seid wie ich, so soll's mich freuen." Der Doktor sagte: „Das hat Euch ein guter Geist geraten, daß Ihr meinem Rat gefolgt habt. Der Lindwurm ist jetzt abgestanden. Aber Ihr habt noch Eier im Leib, deswegen müßt Ihr wieder zu Fuß heimgehen und daheim fleißig Holz sägen, daß niemand sieht, und nicht mehr essen, als Euch der Hunger ermahnt, damit die Eier nicht ausschlupfen, so könnt Ihr ein alter Mann werden", und lächelte dazu. Aber der reiche Fremdling sagte: „Herr Doktor, Ihr seid ein feiner Kauz, und ich versteh Euch wohl", und hat nachher dem Rat gefolgt und 87 Jahre, 4 Monate, 10 Tage gelebt, wie ein Fisch im Wasser so gesund, und hat alle Neujahr dem Arzt 20 Dublonen zum Gruß geschickt.

## Wie der Zundel-Frieder und sein Bruder dem roten Dieter abermal einen Streich spielen

Als der Zundel-Heiner und der Zundel-Frieder wieder aus dem Turm kamen, sprach der Heiner zum Frieder: „Bruder, wir wollen den roten Dieter besuchen, sonst meint er, wir sitzen ewig in dem kalten Hundsstall beim Herrn Vater in der Herberge." – „Wir wollen ihm einen Streich spielen", sagte der Frieder zum Heiner, „ob er's merkt, daß wir es sind." Also empfing der Dieter ein Brieflein ohne Unterschrift: „Roter Dieter, seid heute Nacht auf Eurer Hut, denn es haben zwei Diebsgesellen eine Wette getan: einer will Eurer Frau das Leintuch unter dem Leibe wegholen, und Ihr sollt es nicht hindern können." Der Dieter sagte: „Das sind zwei rechte Spitzbuben aneinander. Der eine wettet, er wolle das Leintuch holen, und der andere macht einen Bericht, damit sein Kamerad die Wette nicht gewinnt. Wenn ich nicht gewiß wüßte, daß der Heiner und der Frieder im Zuchthaus sitzen, so wollt ich glauben, sie seien's." In der Nacht schlichen die Schelmen durch das Hanffeld heran. Der Heiner stellte eine Leiter ans Fenster, also daß der rote Dieter es wohl hören konnte, und steigt hinauf, schiebt aber einen ausgestopften Strohmann vor sich her, der aussah wie ein Mensch. Als inwendig der rote Dieter die Leiter anstellen hörte, stand er leise auf und stellte sich mit einem dicken Bengel neben das Fenster, denn das sind die besten Pistolen, sagte er zu seiner Frau, sie sind

immer geladen; und als er den Kopf des Strohmannes heraufwackeln sah und meinte, der sei es, riß er schnell das Fenster auf und gab ihm eins auf den Kopf aus aller Kraft, also daß der Heiner den Strohmann fallen ließ und einen lauten Schrei tat. Der Frieder aber stand unterdessen mausstill hinter einem Pfosten vor der Haustüre. Als aber der rote Dieter den Schrei hörte, und es war alles auf einmal still, sagte er: „Frau, es ist mir, die Sache sei nicht gut, ich will doch hinuntergehen und schauen, wie es aussieht.“ Indem er zur Haustür hinausgeht, schleicht der Frieder, der hinter dem Pfosten war, hinein, kommt bis vor das Bett, nimmt wieder, wie im vorjährigen Kalender, des roten Dieters Stimme an, und es ist wieder ebenso wahr. „Frau“, sagt er mit ängstlicher Stimme, „der Kerl ist maustot, und denk nur, es ist des Schultheißen Sohn. Jetzt gib mir geschwind das Leintuch, so will ich ihn darin forttragen in den Wald und will ihn dort einscharren, sonst geht's zu bösen Häusern.“ Die Frau erschrickt, richtet sich auf und gibt ihm das Leintuch. Kaum war er fort, so kommt der rechte Dieter wieder und sagt ganz getröstet: „Frau, es ist nur ein dummer Bubenstreich gewesen, und der Dieb ist von Stroh.“ Als aber die Frau ihn fragte: „Wo hast du denn das Leintuch“, und lag auf dem bloßen Spreuersack, da gingen dem Dieter erst die Augen auf, und sagte: „O ihr vermaledeiten Spitzbuben! Jetzt ist's doch der Frieder gewesen und der Heiner, und kein anderer.“

Aber auf dem Heimweg sagte der Frieder zum Heiner: „Aber jetzt Bruder, wollen wir's bleibenlassen. Denn im Zuchthaus ist doch auch alles schlecht, was man bekommt, ausgenommen die Prügel, und zum Fensterlein hinaus auf der Landstraße hat man etwas vor den Augen, das auch nicht aussieht, als wenn man gerne dran hängen möchte.“ Also wurde auch der Frieder wieder ehrlich. Aber der Heiner sagte: „Ich geb's noch nicht auf.“

## Der kluge Sultan

Zu dem Großsultan der Türken, als er eben an einem Freitag in die Kirche gehen wollte, trat ein armer Teufel von seinen Untertanen mit schmutzigem Bart, zerfetztem Rock und durchlöcherten Pantoffeln, schlug ehrerbietig und kreuzweise die Arme übereinander und sagte: „Glaubst Du auch, großmächtiger Sultan, was der heilige Prophet sagt?“ Der Sultan, so ein gütiger Herr war, sagte: „Ja, ich glaube, was der Prophet sagt.“ Der arme Teufel fuhr fort: „Der Prophet sagt im Alkoran: Alle Muselmänner (das heißt, alle Mohamedaner) sind Brüder. Herr Bruder, so sei so gut, und teile mit mir das Erbe.“ Dazu lächelte der Kaiser und dachte: das ist eine neue Art ein Almosen zu betteln, und gibt ihm einen Löwentaler. Der Türke beschaut das Geldstück lang auf der einen Seite und auf der anderen Seite. Am Ende schüttelt er den Kopf und sagt: „Herr Bruder, wie komme ich zu einem schäbigen Löwentaler, so Du doch mehr Silber und Gold hast, als hundert Maulesel tragen können, und meinen Kindern daheim werden vor Hunger die Nägel blau, und mir wird nächstens der Mund ganz zuwachsen. Heißt das geteilt mit einem Bruder?" Der gütige Sultan aber hob warnend den Finger in die Höhe und sagte: „Herr Bruder, sei zufrieden, und sage ja niemand, wieviel ich Dir gegeben habe, denn unsere Familie ist groß, und wenn unsere anderen Brüder alle auch kommen und wollen ihr Erbteil von mir, so wird's nicht reichen, und Du mußt noch herausgeben." Das begriff der Bruder, ging zum Bäckermeister Abu Tlengi und kaufte ein Laiblein Brot, der Kaiser aber begab sich in die Kirche und verrichtete sein Gebet.

## Wie man aus Barmherzigkeit rasiert wird

In eine Barbierstube kommt ein armer Mann mit einem starken schwarzen Bart, und statt eines Stücklein Brotes bittet er, der Meister solle so gut sein, und ihm den Bart abnehmen um Gotteswillen, daß er doch auch wieder aussehe wie ein Christ. Der Meister nimmt das schlechteste Messer, wo er hat, denn er dachte: was soll ich ein gutes dran stumpf hacken für nichts und wieder nichts? Während er an dem armen Teufel hackt und schabt, und er darf nichts sagen, weil's ihm der Schinder umsonst tut, heult der Hund auf dem Hof. Der Meister sagt: „Was fehlt dem Mopper, daß er so winselt und heult?" Der Christoph sagt: „Ich weiß nicht." Der Hans-Frieder sagt: „Ich weiß auch nicht." Der arme Teufel unter dem Messer aber sagt: „Er wird vermutlich auch um Gotteswillen balbiert wie ich."

## Der Zirkelschmied

In einer schwäbischen Reichsstadt galt zu seiner Zeit ein Gesetz, daß, wer sich an einem verheirateten Mann vergreift und gibt ihm eine Ohrfeige, der muß fünf Gulden Buße bezahlen und kommt vierundzwanzig Stunden lang in den Turm. Deswegen dachte am Andreastag ein verlumpter Zirkelschmied im Vorstädtlein: ich kann doch auf meinen Namenstag ein gutes Mittagessen im goldenen Lamm bekommen, wenn ich schon keinen roten Heller hier und daheim habe und seit zwei Jahren nimmer weiß, ob die bayrischen Taler rund oder eckig sind. Daraufhin läßt er sich vom Lammwirt ein gutes Essen auftragen und trinkt viel Wein dazu, also, daß die Zeche zwei Gulden fünfzehn Kreuzer ausmachte, was damals auch für einen wohlhabenden Zirkelschmied schon viel war. Jetzt, dachte er, will ich den Lammwirt zornig machen und in Jast bringen. „Das war ein schlechtes Essen, Herr Lammwirt", sagte er, „für ein so schönes Geld. Es wundert mich, daß Ihr nicht schon lange ein reicher Mann seid, wovon ich doch noch nichts habe rühmen hören". Der Wirt, so ein Ehrenmann war, antwortete auch nicht glimpflich, wie es ihm der Zorn eingab, und es hatte ihm schon ein paarmal im Arm gejuckt. Als aber der Zirkelschmied zuletzt sagte: „Es soll mir eine Warnung sein, denn ich habe mein Lebenlang gehört, daß man in den schlechtesten Kneipen, wie Euer Haus eine ist, am teuersten gehalten wird", da gab ihm der Wirt eine entsetzliche Ohrfeige, die allein zwei Dukaten unter Brüdern wert war, und sagte, er solle jetzt sogleich seine Zeche bezahlen, „oder ich lasse Euch durch die Knechte bis an die Vorstadt hinaus prügeln". Der Zirkelschmied aber lächelte und sagte: „Es ist nur mein Spaß gewesen, Herr Lammwirt, und Euer Mittagessen war recht gut. Gebt mir nur für die Ohrfeige, die ich von Euch bar erhalten habe, zwei Gulden fünfundvierzig Kreuzer auf mein Mittagessen heraus, so will ich Euch nicht verklagen. Es ist besser, wir leben in Frieden miteinander als in Feindschaft. Hat nicht Eure selige Frau meiner Schwester Tochter ein Kindlein aus der Taufe gehoben?" – Zu diesen Worten machte der Lammwirt ein paar kuriose Augen, denn er war sonst ein gar unbescholtener und dabei wohlhabender Mann und wollte lieber viel Geld verlieren, als wegen eines Frevels von der Obrigkeit sich strafen lassen und nur eine Stunde des Turmhüters Hausmann sein. Deswegen dachte er: zwei Gulden und fünfzehn Kreuzer hat mir der Halunke schon mit Essen und Trinken abverdient; ringer ich gebe ihm noch zwei Gulden fünfundvierzig Kreuzer drauf, als daß ich das Ganze noch einmal bezahlen muß und werde beschimpft dazu. Also gab er ihm die 2 Gulden 45 Kreuzer, sagte aber: „Jetzt komm mir nimmer ins Haus!"

Drauf, sagt man, habe es der Zirkelschmied in anderen Wirtshäusern probiert, und die Ohrfeigen seien noch ein- oder zweimal al pari gestanden, wie die Kaufleute sagen, wenn ein Wechselbrief soviel gilt als das bare Geld, wofür er verschrieben ist.

Drauf seien sie schnell auf fünfzig Prozent heruntergesunken und am Ende, wie die Assignaten in der Revolution, so unwert worden, daß man jetzt wieder durch das ganze Schwabenland hinaus bis an die bayrische Grenze soviel unentgeltlich ausgeben und wieder einnehmen kann, als man ertragen mag.

## Heimliche Enthauptung

Hat der Scharfrichter von Landau früh den 17. Juni seiner Zeit die sechste Bitte des Vaterunsers mit Andacht gebetet, so weiß ich 's nicht. Hat er sie nicht gebetet, so kam ein Brieflein von Nanzig am geschicktesten Tag. In dem Brieflein stand geschrieben: „Nachrichter von Landau! Ihr sollt unverzüglich nach Nanzig kommen und Euer großes Richtschwert mitbringen. Was Ihr zu tun habt, wird man Euch sagen und wohl bezahlen." – Eine Kutsche zur Reise stand auch schon vor der Haustüre. Der Scharfrichter dachte: das ist meines Amts, und setzte sich in die Kutsche. Als er noch eine Stunde herwärts Nanzig war, es war schon Abend, und die Sonne ging in blutroten Wolken unter und der Kutscher hielt stille und sagte: „Wir bekommen morgen wieder schön Wetter", da standen auf einmal drei starke, bewaffnete Männer an der Straße, die setzten sich auch zu dem Scharfrichter und versprachen ihm, daß ihm kein Leids widerfahren sollte: „aber die Augen müßt Ihr Euch zubinden lassen", und als die ihm die Augen zugebunden hatten, sagten sie: „Schwager, fahr zu!" Der Schwager (das ist der Kutscher) fuhr fort, und es war dem Scharfrichter, als wenn er noch gute zwölf Stunden weiter wäre geführt worden, und konnte nicht wissen, wo er war. Er hörte die Nachteulen der Mitternacht; er hörte die Hähne rufen; er hörte die Betglocken läuten. Auf einmal hielt die Kutsche wieder still. Man führte ihn in ein Haus und gab ihm eins zu trinken und einen guten Wurstwecken dazu. Als er sich mit Speise und Trank gestärkt hatte, führte man ihn weiter im nämlichen Haus, Tür ein und aus, Treppe auf und ab, und als man ihm die Binde abnahm, befand er sich in einem großen Saal. Der Saal war zwar ringsum mit schwarzen Tüchern behängt, und auf den Tischen brannten Wachskerzen. Der Künstler aber, der nebenstehende Abbildung dazu verfertigt hat, sagt, es sei besser, er lasse das Tageslicht hinein, der Scharfrichter sehe alsdann auch besser zu seinem Geschäft. Denn in der Mitte saß auf einem Stuhl eine Person mit entblößtem Hals und mit einer Larve vor dem Gesicht und muß etwas in dem Mund gehabt haben, denn sie konnte nicht reden, sondern nur schluchzen. Aber an den Wänden standen mehrere Herren in schwarzen Kleidern und mit schwarzem Flor vor den Angesichtern, also daß der Scharfrichter keinen von ihnen gekannt hätte, wenn er ihm in der anderen Stunde wieder begegnet wäre, und einer übereicht ihm sein Schwert mit dem Befehl, dieser Person, die auf dem Stühlein saß, den Kopf abzuhauen. Da ward's dem armen Scharfrichter, als wenn er auf einmal im eiskalten Wasser stünde bis über's Herz, und sagte, das soll man ihm nicht übelnehmen; sein Schwert, das dem Dienst der Gerechtigkeit gewidmet sei, könne er mit einer Mordtat nicht entheiligen. Allein einer von den Herren hob ihm aus der Ferne ein Pistol entgegen und sagte: „Entweder, oder! Wenn Ihr nicht tut, was man Euch heißt, so seht Ihr den Kirchturm von Landau nimmermehr!" Da dachte der Scharfrichter an Frau und Kinder daheim, „und wenn's nicht anders sein kann", sagte er, „und ich vergieße unschuldiges Blut, so komme es auf Euer Haupt", und schlug mit einem Hieb der armen Person den Kopf vom Leibe weg. Nach der Tat, so gab ihm einer von den Herren einen Geldbeutel, worin zweihundert Dublonen waren. Man band ihm die Augen wieder zu und führte ihn in die nämliche Kutsche wieder zurück. Die nämlichen Personen begleiteten ihn wieder, die ihn gebracht hatten. Und als endlich die Kutsche stille hielt, und er bekam die Erlaubnis, auszusteigen und die Binde von den Augen abzulösen, stand er wieder, wo die drei Männer zu ihm gesessen waren, eine Stunde herwärts Nanzig auf der Straße nach Landau, und es war Nacht. Die Kutsche aber fuhr eiligst wieder zurück.

Das ist dem Scharfrichter von Landau begegnet, und es wäre dem Hausfreund leid, wenn er sagen könnte, wer die arme Seele war, die auf einem so blutigen Weg in die Ewigkeit hat gehen müssen. Nein, es hat niemand erfahren, wer sie war, und was sie gesündigt hat, und niemand weiß das Grab.

## Der Star von Segringen

Selbst einem Staren kann es nützlich sein, wenn er etwas gelernt hat, wieviel mehr einem Menschen. – In einem respektablen Dorf, ich will sagen, in Segringen, es ist aber nicht dort geschehen, sondern hier im Land, und derjenige, dem es begegnet ist, liest es vielleicht in diesem Augenblick, nicht der Star, aber der Mensch. In Segringen der Barbier hatte einen Star, und der wohlbekannte Lehrjung gab ihm Unterricht im Sprechen. Der Star lernte nicht nur alle Worte, die ihm sein Sprachmeister aufgab, sondern er ahmte zuletzt auch selber nach, was er von seinem Herrn hörte, zum Exempel: Ich bin der Barbier von Segringen. Sein Herr hatte sonst noch allerlei Redensarten an sich, die er bei jeder Gelegenheit wiederholte, zum Exempel: So, so, la, la; oder par Compagnie, (das heißt so viel als: in Gesellschaft mit anderen); oder: wie Gott will; oder: du Tolpatsch. So titulierte er nämlich insgemein den Lehrjungen, wenn er das halbe Pflaster auf den Tisch strich, anstatt auf's Tuch, oder wenn er das Schermesser am Rücken abzog, anstatt die Schneide, oder wenn er ein Gütterlein verheite. Alle diese Redensarten lernte nach und nach der Star auch. Da nun täglich viel Leute im Haus waren, weil der Barbier auch Branntwein ausschenkte, so gab's manchmal viel zu lachen, wenn die Gäste miteinander ein Gespräch führten, und der Star warf auch eins von seinen Wörtern drein, das sich dazu schickte, als wenn er den Verstand davon hätte, und manchmal, wenn ihm der Lehrjung rief: Hansel, was machst du? antwortete er: Du Tolpatsch! und alle Leute in der Nachbarschaft wußten von dem Hansel zu erzählen. Eines Tages aber, als ihm die beschnittenen Flügel wieder gewachsen waren, und das Fenster war offen und das Wetter schön, da dachte der Star: Ich hab jetzt schon so viel gelernt, daß ich in der Welt kann fortkommen, und husch zum Fenster hinaus. Weg war er. Sein erster Flug ging ins Feld, wo er sich unter eine Gesellschaft anderer Vögel mischte, und als sie aufflogen, flog er mit ihnen, denn er dachte: sie wissen die Gelegenheit hier im Lande besser als ich. Aber sie flogen unglücklicherweise miteinander in ein Garn. Der Star sagte: „Wie Gott will." Als der Vogelsteller kommt und sieht, was er für einen großen Fang getan hat, nimmt er einen Vogel nach dem anderen behutsam heraus, dreht ihm den Hals um und wirft ihn auf den Boden. Als er aber die mörderischen Finger wieder nach einem Gefangenen ausstreckte und denkt an nichts, schrie der Gefangene: „Ich bin der Barbier von Segringen." Als wenn er wüßte, was ihn retten muß. Der Vogelsteller erschrak anfänglich, als wenn es hier nicht mit rechten Dingen zuginge, nachher aber, als er sich erholt hatte, konnte er kaum vor Lachen zu Atem kommen; und als er sagte: „Ei, Hansel, hier hätt' ich dich nicht gesucht, wie kommst du in meine Schlinge?" da antwortete der Hansel: „Par Compagnie." Also brachte der Vogelsteller den Star seinem Herrn wieder und bekam ein gutes

Fanggeld. Der Barbier aber erwarb sich damit einen guten Zuspruch, denn jeder wollte den merkwürdigen Hansel sehen, und wer jetzt noch weit und breit in der Gegend will zur Ader lassen, geht zum Barbier von Segringen.

Merke: So etwas passiert einem Staren selten. Aber schon mancher junge Mensch, der auch lieber herumflankieren als daheim bleiben wollte, ist ebenfalls par Compagnie in die Schlinge geraten und nimmer herauskommen.

## Wie man in den Wald schreit, also schreit es heraus

Ein Mann, der etwas gleich sah, aber nicht viel Komplimente machte, kommt in ein Wirtshaus. Alle Gäste, die da waren, zogen höflich den Hut oder die Kappe vor ihm ab, bis auf einen, der ihn nicht kommen sah, weil er gerade die Striche zählte, die er im Mariaschen von seinem Nachbarn gewonnen hatte. Und als er eben das Herz-Aß durch die Finger schob und sagte: „Zweiundfünfzig und elf sind dreiundsechzig", und bemerkte immer den Fremden noch nicht, der etwas gleich sah, fragte ihn der Fremde: „Herr, für was sehet Ihr mich an?" Der Gast sagte: „Für einen honetten Mann; was weiß ich von Euch?" Der Fremde sagte: „Das dank Euch der Teufel." Da stand der Gast vom Spieltisch auf und fragte: „Für was sieht denn der Herr mich an?" Der Fremde sagte: „Für einen Flegel." Darauf sagte der Gast: „Das danke der Herr auch dem Teufel. Ich merke, daß wir einander beide für den Unrechten angesehen haben." Als aber die anderen Gäste merkten, daß doch auch in einem feinen Rock ein grober Mensch stecken könne, setzten sie alle die Hüte wieder auf, und der Fremde konnte nichts machen, als ein andermal manierlicher sein.

## Die falsche Schätzung

Reiche und vornehme Leute haben manchmal das Glück, wenigstens von ihren Bedienten die Wahrheit zu hören, die ihnen nicht leicht ein anderer sagt.

Einer, der sich viel auf seine Person und auf seinen Wert und nicht wenig auf seinen Kleiderstaat einbildete, als er sich eben zu einer Hochzeit angezogen hatte und sich mit seinen fetten roten Backen im Spiegel beschaute, dreht er sich vom Spiegel um und fragt seinen Kammerdiener, der ihn von der Seite her wohlgefällig beschaute: „Nun, Thadde", fragt er ihn, „wieviel

mag wohl ich wert sein, wie ich da stehe?" Der Thadde machte ein Gesicht, als wenn er ein halbes Königreich zu schätzen hätte, und drehte lang die rechte Hand mit ausgestreckten Fingern so her und so hin. „Doch auch fünfhundertundfünfzig Gulden", sagte er endlich, „weil doch heutzutage alles teurer ist als sonst." Da sagte der Herr: „Du dummer Kerl, glaubst Du nicht, daß mein Gewand, das ich anhabe, allein seine fünfhundert Gulden wert ist?" Da trat der Kammerdiener ein paar Schritte gegen die Stubentüre zurück, und sagte: „Verzeiht mir meinen Irrtum, ich hab's etwas höher angeschlagen, sonst hätt' ich nicht soviel herausgebracht."

## Das letzte Wort

Zwei Eheleute in einem Dorf an der Donau, herwärts Ulm, lebten miteinander, die waren nicht füreinander gemacht, und ihre Ehe ward nicht im Himmel geschlossen. Sie war verschwenderisch und hatte eine Zunge wie ein Schwert; er war karg, was nicht ewa in den eigenen Mund und Magen ging. Nannte er sie eine Vergeuderin, so schimpfte sie ihn einen Knicker, und es kam auf ihn an, wie oft er seinen Ehrentitel des Tages hören wollte. Denn wenn er hundertmal in einer Stunde Vergeuderin sagte, so sagte sie hundertundeinmal: du Knicker, und das letzte Wort gehörte allemal ihr. Einmal fingen sie es wieder miteinander an, als sie ins Bett gingen, und sollens getrieben haben bis früh um fünf Uhr, und als ihnen zuletzt vor Müdigkeit die Augen zufielen und ihr das Wort auf der Zunge einschlafen wollte, kneipte sie sich mit den Nägeln in den Arm und sagte noch einmal: „Du Knicker!" Darüber verlor er alle Liebe zur Arbeit und zur Häuslichkeit und lief fort, sobald er konnte, und wohin? In's Wirtshaus. Und was im Wirtshaus? Zuerst trinken, danach spielen, endlich saufen, anfänglich um bares Geld, zuletzt auf Borgs. Denn wenn die Frau nichts zu Rat hält und der Mann nichts erwirbt, in einer solchen Tasche darf schon ein Loch sein, es fällt nichts heraus. Als er aber im roten Rößlein den letzten Rausch gekauft hatte und konnte ihn nicht bezahlen, und der Wirt schrieb seinen Namen und seine Schuld, sieben Gulden einundfünfzig Kreuzer, an die Stubentür, und als er nachhaus kam und die Frau erblickte: „Nichts als Schimpf und Schande hat man von dir, du Vergeuderin", sagte er zu ihr. „Und nichts als Unehre und Verdruß hat man von dir, du Säufer, du der und jener, du Knicker", sagte sie. Da stieg es schwarz und grimmig in seinem Herzen auf, und die zwei bösen Geister, die in ihm wohnten, nämlich der Zorn und der Rausch, sagten zu ihm: „Wirf die Bestie in die Donau." Das ließ er sich nicht zweimal sagen. „Wart, ich will Dir zeigen, du Vergeuderin", („du Knicker", sagte sie ihm drauf), „ich will dir schon zeigen, wo du hingehörst", und trug sie in die Donau. Und als sie schon mit dem Mund im Wasser war, aber die

Ohren waren noch oben, rief der Unmensch noch einmal: „Du Vergeuderin." Da hob die Frau noch einmal die Arme aus dem Wasser empor und drückte den Nagel des rechten Daumens auf den Nagel des linken, wie man zu tun pflegt, wenn man einem gewissen Tierlein den Garaus macht, und das war ihr letztes. – Dem geneigten Leser, der auf Recht und Gerechtig-

keit hält, wird man nicht sagen dürfen, daß der unbarmherzige Mörder auch nimmer lebt, sondern er ging heim und henkte sich noch in der nämlichen Nacht an einen Pfosten.

## Der schlaue Mann

Einem anderen, als er das Wirtshaussitzen bis nach Mitternacht anfing, schloß einmal die Frau nachts um zehn Uhr die Türe zu und ging in's Bett, und wollt er wohl oder übel, so mußte er unter dem Immenstand im Garten über Nacht sein. Den andern Tag, was tut er? Der geneigte Leser gebe acht! Als er in's Wirtshaus ging, hob er die Haustüre aus den Kloben und nahm sie mit, und früh um ein Uhr, als er heimkam, hängt' er sie wieder ein und schloß sie zu, und seine Frau hat ihn nimmer ausgeschlossen und ist ins Bett gegangen, sondern hat ihn nachher mit Liebe und Sanftmut gebessert.

## Der geduldige Mann

Ein Mann, der eines Nachmittags müde nach Hause kam, hätte gern ein Stück Butterbrot mit Schnittlauch darauf gegessen oder etwas von einem geräucherten Bug. Aber die Frau, die im Haus ziemlich der Meister war und in der Küche ganz, hatte den Schlüssel zum Küchenkästlein in der Tasche und war bei einer Freundin auf Besuch. Er schickte daher die Magd und den Knecht eins um das andere, die Frau soll heimkommen, oder den Schlüssel schicken. Sie sagte allemal: „Ich komm gleich, er soll nur ein wenig warten." Als ihm aber die Geduld immer näher zusammenging und der Hunger immer weiter auseinander, trägt er und der Knecht das verschlossene Küchenkästlein in das Haus der Freundin, wo seine Frau zu Besuch war, und sagt zu seiner Frau: „Frau, sei so gut und schließ mir das Kästlein auf, daß ich etwas zum Abendessen nehmen kann, sonst halt ich's nimmer aus." Also lachte die Frau und schnitt ihm ein Stücklein Brot herab und etwas vom Bug.

## Gutes Wort, böse Tat

In Hertingen, als das Dorf noch rotbergisch war, trifft ein Bauer den Herrn Schulmeister im Felde an. „Ist's noch Euer Ernst, Schulmeister, was Ihr gestern den Kindern zergliedert habt: So dich jemand schlägt auf deinen rechten Backen, dem biete den anderen auch dar?" Der Herr Schulmeister sagt: „Ich kann nichts davon und nichts dazu tun. Es steht im Evangelium." Also gab ihm der Bauer eine Ohrfeige und die andere auch, denn er hatte schon lange einen Verdruß auf ihn. Indem reitet in einer Entfernung der Edelmann vorbei und sein Jäger. „Schau doch nach, Joseph, was die zwei dort miteinander haben." Als der Joseph kommt, gibt der Schulmeister, der ein starker Mann war, dem Bauer auch zwei Ohrfeigen, und sagte: „Es steht auch geschrieben: Mit welcherlei Maß Ihr messet, wird Euch wieder gemessen werden. Ein voll gerüttelt und überflüssig Maß wird man in Euren Schoß geben" und zu dem letzten Sprüchlein gab er ihm noch ein halbes Dutzend drein. Da kam der Joseph zu seinem Herrn zurück und sagte: „Es hat nichts zu bedeuten, gnädiger Herr; sie legen einander nur die Heilige Schrift aus."

Merke: man muß die Heilige Schrift nicht auslegen, wenn man's nicht versteht, am allerwenigsten so. Denn der Edelmann ließ den Bauern noch selbige Nacht in den Turm sperren auf sechs Tage, und dem Herrn Schulmeister, der mehr Verstand und Respekt vor der Bibel hätte haben sollen, gab er, als die Winterschule ein Ende hatte, den Abschied.

## Der Heiner und der Brassenheimer Müller

Eines Tages saß der Heiner ganz betrübt in einem Wirtshaus und dachte daran, wie ihn zuerst der rote Dieter und danach sein eigener Bruder verlassen haben, und wie er jetzt allein ist. „Nein", dachte er, „es ist bald keinem Menschen mehr zu trauen, und wenn man meint, es sei einer noch so ehrlich, so ist er ein Spitzbub." Unterdessen kommen mehrere Gäste in das Wirtshaus und trinken Neuen; „und wißt Ihr auch", sagt einer, „daß der Zundel-Heiner im Land ist, und wird morgen im ganzen Amt ein Treibjagen auf ihn angestellt, und der Amtmann und der Schreiber stehen auf dem Anstand?" Als das der Heiner hörte, wurde es ihm grün und gelb vor den Augen, denn er dachte, es kenne ihn einer, und jetzt sei er verraten. Ein anderer aber sagte: „Es ist wieder einmal ein blinder Lärm. Sitzt nicht der Heiner und sein Bruder zu Wollstein im Zuchthaus?" Darüber kommt auf einem wohlgenährten Schimmel der Brassenheimer Müller mit roten Pausbacken und kleinen freundlichen Augen dahergeritten. Und als er in die Stube kam, und tut den Kameraden, die bei dem Neuen sitzen, Bescheid und hört, daß sie von dem Zundel-Heiner sprechen, sagt er: „Ich hab schon soviel von dem Zundel-Heiner erzählen gehört, ich möcht ihn doch auch einmal sehen." Da sagte ein anderer: „Nehmt Euch in acht, daß Ihr ihn nicht zu früh zu sehen bekommt. Es geht die Rede, er sei wieder im Land." Aber der Müller mit seinen Pausbacken sagte: „Pah! ich komm noch bei guter Tageszeit durch den Friedstätter Wald, dann bin ich auf der Landstraße, und wenn's fehlen will, geb ich dem Schimmel die Sporen." Als das der Heiner hörte, fragt er die Wirtin: „Was bin ich schuldig?", und geht fort in den Friedstätter Wald. Unterwegs begegnet ihm auf der Bettelfuhr ein lahmer Mensch. „Gebt mir für ein Cäsperlein Eure Krücke", sagte er zu dem lahmen Soldaten. „Ich habe das linke Bein übertreten, daß ich laut schreien möchte, wenn ich darauf treten muß. Im nächsten Dorf, wo Ihr abgeladen werdet, macht Euch der Wagner eine neue." Also gab ihm der Bettler eine Krücke. Bald darauf gehen zwei betrunkene Soldaten an ihm vorbei und singen das Reuterlied. Wie er in den Friedstätter Wald kommt, hängt er die Krücke an einen hohen Ast, setzt sich ungefähr sechs Schritte davon weg an die Straße und zieht das linke Bein zusammen, als wenn er lahm wäre. Darüber kommt auf stattlichem Schimmel der Müller dahertrottiert und macht ein Gesicht, als wenn er sagen wollte: Bin ich nicht der reiche Müller, und bin ich nicht der schöne Müller, und bin ich nicht der witzige Müller? Als aber der witzige Müller zu dem Heiner kam, sagt der Heiner mit kläglicher Stimme: „Wolltet Ihr nicht ein Werk der Barmherzigkeit tun an einem armen lahmen Mann? Zwei betrunkene Soldaten, sie werden Euch wohl begegnet sein, haben mir all mein Almosengeld abgenommen und haben mir aus Bosheit, daß es so wenig war, die Krücke auf jenen Baum geschleudert, und ist an den Ästen hängen blieben, daß ich nun nimmer

weiter kann. Wolltet Ihr nicht so gut sein und sie mit Eurer Peitsche herabzwicken?" Der Müller sagte: „Ja, sie sind mir begegnet an der Waldspitze. Sie haben gesungen: So herzig wie mein Liesel, ist halt nichts auf der Welt." Weil aber der Müller auf einem schmalen Steg über einen Graben zu dem Baum mußte, so stieg er von dem Roß ab, um dem armen Teufel die Krücke herabzuzwicken. Als er aber an dem Baum war und schaut hinauf, schwingt sich der Heiner schnell wie ein Adler auf den stattlichen Schimmel, gibt ihm mit dem Absatz die Sporen und reitet davon: „Laßt Euch das Gehen nicht verdrießen", rief er dem Müller zurück, „und wenn Ihr heim kommt, so richtet

Eurer Frau einen Gruß aus von dem Zundel-Heiner!“ So etwas muß man selber sehen, wenn man's glauben soll; deswegen stehts hier neben abgebildet. Als er aber eine Viertelstunde nach der Betzeit nach Brassenheim und an die Mühle kam und alle Räder klapperten, daß ihn niemand hörte, stieg er vor der Mühle ab, band dem Müller den Schimmel wieder an der Haustüre an und setzte seinen Weg zu Fuß fort.

## Der falsche Edelstein

In einem schönen Garten vor Straßburg vor dem Metzgertor, wo jedermann für sein Geld hineingehen und lustig und honett sein darf, da saß ein wohlgekleideter Mann, der auch sein Schöpplein trank, und hatte einen Ring am Finger mit einem kostbaren Edelstein und spiegelte den Ring. So kommt ein Jude und sagt: „Herr, Ihr habt einen schönen Edelstein in Eurem Fingerring, dem wär' ich auch nicht feind. Glitzert er nicht wie das Urim und Thummim in dem Brustschildlein des Aharons?“ Der wohlgekleidete Fremde sagte ganz kurz und trocken: „Der Stein ist falsch; wenn er gut wäre, steckte er wohl an einem anderen Finger als an dem meinigen.“ Der Jude bat den Fremden, ihm den Ring in die Hand zu geben. Er wendete ihn hin, er wendete ihn her, dreht den Kopf rechts, dreht den Kopf links. Soll dieser Stein nicht echt sein?, dachte er, und bot dem Fremden für den Ring zwei neue Dublonen. Der Fremde sagte ganz unwillig: „Was soll ich Euch betrügen? Ihr habt es schon gehört, der Stein ist falsch.“ Der Jude bittet um Erlaubnis, ihn einem Kenner zu zeigen, und einer, der dabeisaß, sagte: „Ich stehe gut für den Israeliten, der Stein mag wert sein, was er will.“ Der Fremde sagte: „Ich brauche keinen Bürgen, der Stein ist nicht echt.“

In dem nämlichen Garten saß damals an einem anderen Tisch auch der Hausfreund mit seinen Gevatterleuten, und waren auch lustig und honett für Geld, nämlich für das Geld der Gevatterleute, und einer ist davon ein Goldschmied, der's versteht. Einem Soldaten, der in der Schlacht bei Austerlitz die

Nase verloren hatte, hatte er eine silberne angesetzt und mit Fleischfarbe angestrichen, und die Nase war gut. Nur einblasen einen lebendigen Odem in die Nase, das konnte er nicht. Zu dem Gevattermann kommt der Jude. „Herr", sagt er, „soll dieses kein echter Edelstein sein? Kann der König Salomon einen schöneren in der Krone getragen haben?" Der Gevattermann, der auch ein halber Sternseher ist, sagte: „Er glänzt, wie am Himmel der Aldebaran. Ich verschaffe Euch neunzig Dublonen für den Ring. Was Ihr ihn wohlfeiler bekommt, ist Euer Schmuhs." Der Jude kehrt zu dem Fremden zurück. „Echt oder unecht, ich gebe Euch sechs Dublonen", und zählte sie auf den Tisch, funkelnagelneu. Der Fremde steckte den Ring wieder an den Finger und sagte jetzt: „Er ist mir gar nicht feil. Ist der falsche Edelstein so gut nachgemacht, daß Ihr ihn für einen rechten haltet, so ist er mir auch so gut", und steckte die Hand in die Tasche, daß der lüsterne Israelit den Stein gar nicht mehr sehen sollte. – „Acht Dublonen!" „Nein." – „Zehn Dublonen." „Meinetwegen", sagte endlich der Fremde, „wenn Ihr mir keine Ruhe lassen und mit Gewalt wollt betrogen sein. Aber ich sage es Euch vor allen diesen Herren da, der Stein ist falsch, und ich gebe Euch kein Wort mehr dafür. Denn ich will keinen Verdruß haben. Der Ring ist Euer." Jetzt brachte der Jude voll Freude dem Gevattermann den Ring. „Morgen komm ich zu Euch und hole das Geld." Aber der Gevattermann, den noch niemand angeführt hat, machte ein paar große Augen. „Guter Freund, das ist nicht mehr der nämliche Ring, den Ihr mir vor zwei Minuten gezeigt habt. Dieser Stein ist zwanzig Kreuzer wert zwischen Brüdern. So macht man sie bei Sanct Blasien im Eieli in der Glashütte." Denn der Fremde hatte wirklich einen falschen Ring in der Tasche, der völlig wie der gute aussah, den er zuerst am Finger spiegelte, und während der Jud mit ihm handelte und er die Hand in der Tasche hatte, streifte er mit dem Daumen den echten Ring vom Finger ab und steckte den Finger in den falschen, und den bekam der Jud. Da fuhr der Betrogene, als wenn er auf einer brennenden Rakete geritten wäre, zu dem Fremden zurück. „Au weih, au weih! ich bin ein betrogener Mann, ein unglücklicher Mann, der Stein ist falsch." Aber der Fremde sagte ganz kaltblütig und gelassen: „Ich hab ihn Euch für falsch verkauft. Diese Herren hier sind Zeugen. Der Ring ist Euer. Hab ich Euch ihn angeschwätzt, oder habt Ihr ihn mir abgeschwätzt?" Alle Anwesenden mußten gestehen: „Ja, er hat ihm den Stein für falsch verkauft und gesagt, der Ring ist euer." Also mußte der Jud den Ring behalten, und die Sache wurde nachher vertuscht.

## Das schlaue Mädchen

In einer großen Stadt hatten viele reiche und vornehme Herren einen lustigen Tag. Einer von ihnen dachte: Könnt ihr heute dem Wirt und den Musikanten wenigstens 1500 Gulden zu verdienen geben, so könnt ihr auch etwas für die liebe Armut steuern. Also kam, als die Herren am fröhlichsten waren, ein hübsches und nett gekleidetes Mädchen mit einem Teller und bat mit süßen Blicken und lieben Worten um eine Steuer für die Armen. Jeder gab, der eine weniger, der andere mehr, je nachdem der Geldbeutel beschaffen war und das Herz. Denn kleiner Beutel und enges Herz gibt wenig. Weiter Beutel und großes Herz gibt viel. So ein Herz hatte derjenige, zu welchem das Mägdlein jetzt kommt. Denn als er ihm in die hellen schmeichelnden Augen schaute, ging ihm das Herz fast in Liebe auf. Deswegen legte er zwei Louisd'or auf den Teller und sagte dem Mägdlein in's Ohr: „Für deine zwei schönen blauen Augen." Das war nämlich so gemeint: „Weil Du, schöne Fürbitterin für die Armen, zwei so schöne Augen hast, so geb ich den Armen zwei so schöne Louisd'or, sonst tät's einer auch." Das schlaue Mädchen aber stellte sich, als wenn es die Sache ganz anders verstünde. Denn weil er sagte: „Für Deine zwei schönen Augen" – nahm sie ganz züchtig die zwei Louisd'or vom Teller weg, steckte sie in den eigenen Sack und sagte mit schmeichelnden Gebärden: „Schönen herzlichen Dank! Aber seid so gut und gebt mir jetzt auch noch etwas für die Armen." Da legte der Herr noch einmal zwei Louisd'or auf den Teller, kneipte das Mädchen freundlich in die Backen und sagte: „Du kleiner Schalk!" Von den anderen aber wurde er ganz entsetzlich ausgelacht, und sie tranken auf des Mägdleins Gesundheit, und die Musikanten machten Tusch.

## Ein gutes Rezept

In Wien der Kaiser Joseph war ein weiser und wohltätiger Monarch, wie jedermann weiß; aber nicht alle Leute wissen, wie er einmal der Doktor gewesen ist und eine arme Frau kuriert hat. Eine arme kranke Frau sagte zu ihrem Büblein: „Kind, hol mir einen Doktor, sonst kann ich's nimmer aushalten vor Schmerzen." Das Büblein lief zum ersten Doktor und zum zweiten, aber keiner wollte kommen, denn in Wien kostet ein Gang zu einem Patienten einen Gulden, und der arme Knabe hatte nichts als Tränen, die wohl im Himmel für gute Münze gelten, aber nicht bei allen Leuten auf der Erde. Als er aber zum dritten Doktor auf dem Weg war oder heim, fuhr langsam der Kaiser in einer offenen Kutsche an ihm vorbei; der Knabe hielt ihn wohl für einen reichen Herrn, ob er gleich nicht wußte, daß es der Kaiser ist, und dachte: ich will's probieren. „Gnädiger Herr", sagt er, „wolltet Ihr mir nicht einen Gulden schenken, seid so barmherzig!" Der Kaiser dachte: der faßt's kurz und denkt, wenn ich den Gulden auf einmal bekomme, so brauch ich nicht sechzigmal um den Kreuzer zu betteln. „Tut's ein Cäsperlein oder zwei Vierundzwanziger nicht auch?" fragt ihn der Kaiser. Das Büblein sagte: „Nein", und offenbarte ihm, wozu das Geld benötigt sei. Also gab ihm der Kaiser den Gulden und ließ sich genau von ihm beschreiben, wie seine Mutter heißt, und wo sie wohnt, und während das Büblein zum dritten Doktor springt, und die kranke Frau betet daheim, der liebe Gott wollte sie doch nicht verlassen, fährt der Kaiser zu ihrer Wohnung und verhüllt sich ein wenig in seinen Mantel, also daß man ihn nicht recht erkennen konnte, wer ihn nicht expreß darum ansah. Als er aber zu der kranken Frau in ihr Stüblein kam, und sah recht leer und betrübt darin aus, meinte sie, es ist der Doktor, und erzählte ihm ihren Umstand, und wie sie noch so arm dabei sei und sich nicht pflegen könne. Der Kaiser sagte: „Ich will Euch dann jetzt ein Rezept verschreiben", und sie sagte ihm, wo des Bübleins Schreibzeug ist. Also schrieb er das Rezept und belehrte die Frau, in welche Apotheke sie es schicken müsse, wenn das Kind heim kommt, und legte es auf den Tisch. Als er aber kaum eine Minute fort war, kam der rechte Doktor auch. Die Frau verwunderte sich nicht wenig, als sie hörte, er sei auch der Doktor, und entschuldigte sich, es sei schon so einer dagewesen und hab ihr etwas verordnet, und sie habe nur auf ihr Büblein gewartet. Als aber der Doktor das Rezept in die Hand nahm und sehen wollte, wer bei ihr gewesen sei und was für einen Trank, oder Pillelein er ihr verordnet hat, erstaunte er auch nicht wenig und sagte zu ihr: „Frau", sagte er, „Ihr seid einem guten Arzt in die Hände gefallen, denn er hat Euch fünfundzwanzig Dublonen verordnet, beim Zahlamt zu erheben, und unter dran steht: Joseph, wenn Ihr ihn kennt. Ein solches Magenpflaster und Herzsalbe und Augentrost hätt' ich Euch nicht verschreiben können." Da tat die Frau einen Blick gegen den Himmel und konnte nichts sagen vor Dankbarkeit und Rührung, und das Geld wurde hernach richtig und ohne Anstand von dem Zahlamt ausbezahlt, und der Doktor verordnete ihr eine Mixtur, und durch die gute Arznei und durch die gute Pflege, die sie sich jetzt verschaffen konnte, stand sie in wenig Tagen wieder auf gesunden Beinen. Also hat der Doktor die kranke Frau kuriert, und der Kaiser die arme, und sie lebt noch und hat sich nachgehends wieder verheiratet.

## Wie eine greuliche Geschichte durch einen gemeinen Metzgerhund ist an das Tageslicht gebracht worden

Zwei Metzger gehen miteinander aufs Gäu, kommen in ein Dorf, teilen sich, einer links an der Schwanen vorbei, einer rechts, sagen: „In der Schwanen kommen wir wieder zusammen." Sind nimmer zusammen gekommen. Denn einer von ihnen geht mit einem Bauer in den Stall, die Frau, so zwar eine Wäsche in der Küche hatte, geht auch mit, so lauft das Kind für sich selber auch nach. Stoßt der Teufel die Frau an den Ellenbogen: „Sieh, was dem Metzger eine Gurt voll Geld unter dem Brusttuch hervorschaut!“ Die Frau winkt dem Mann, der Mann winkt der Frau, schlagen im Stall den armen Metzger tot und bedecken den Leichnam in der Geschwindigkeit mit Stroh. Stoßt der Teufel die Frau noch einmal an den Ellenbogen: „Sieh, wer zuschaut!“ Wie sie umblickt, sieht sie das Kind. So gehn sie miteinander im Schrecken und Wahnsinn ins Haus zurück und schließen die Türe zu, als wenn sie im Feld wären. Da sagt die Frau, die kein Rabenherz, nein, ein höllisches Drachenherz im Busen hatte: „Kind“, sagte sie, „wie siehst du wieder aus? Komm in die Küche, ich will dich waschen.“ In der Küche steckt sie dem Kind den Kopf in die heiße Lauge und brüht es zu Tod. Jetzt meint sie, sei alles geschweigt, und denkt nicht an den Hund des ermordeten Metzgers. Der Hund des ermordeten Metzgers, der noch eine Zeitlang mit dem Kameraden gelaufen war, witterte, während das Kind gebrüht und geschwind in den Backofen gesteckt wurde, die Spur seines Herrn wieder auf, schnauft an der Stalltüre, scharrt an der Haustüre und merkt, hier sei etwas Ungerades vorgefallen. Plötzlich springt er ins Dorf zurück und sucht den Kameraden. Aber der Künstler, so die Abbildung hierneben geschnitzt hat und kurz vorher durch jene Gegend gereist war, sagt: Nein, sondern der Hund sei zu dem Metzger im Dorf gelaufen, der auch ein guter Bekannter von seinem Herrn war und jetzt eben ein Kälbchen stach. Kurz, der Hund winselt und heult, zerrt den anderen Metzger am Rock, und der Metzger merkt auch etwas. Also begleitete er den Hund an das Haus und zweifelt nicht, daß hier etwas Erschreckliches vorgefallen sei. Also winkt er zwei Männern, die von ferne vorbeigingen. Man sieht auf der Abbildung, wie er voll Schrecken ist und ihnen winket. Aber die Männer sieht man nicht, denn sie stehen noch neben dem Papier draußen in der Luft. Man muß den Kalender auf den Tisch legen und sie mit Kreide nebendran malen, wenn man sie sehen will. Aber inwendig im Haus und inwendig in der verruchten Brust des Mörders und der Kindesmörderin ging auch etwas vor, was man dem Papier nicht ansieht und mit keiner Kreide auf den Tisch malen kann. Denn als sie draußen das Winseln des Hundes und das Rufen des Metzgers hörten, kam's vor ihre Augen wie lauter Hochgericht und in ihre Herzen wie lauter Hölle. Der Mann wollte zum hinteren Fenster hinaus entspringen, die Frau hielt ihn am Rock und sagte: „Bleib da!" Der Mann sagte: „Komm mit!" Die Frau antwortete: „Ich kann nicht, ich habe Blei an den Füßen. Siehst du nicht die erschreckliche Gestalt vor dem Fenster, mit blitzenden Augen und glühendem Odem?" Unterdessen wurde die Tür eingebrochen. Man fand bald die Leichname der Ermordeten. Die Missetäter wurden handfest gemacht und dem Richter übergeben. Sechs Wochen darauf wurden sie gerädert und ihre verruchten Leichname auf das Rad geflochten, und die Raben sagen jetzt: „Das Fleisch schmeckt gut".

## Vereitelte Rachsucht

Der Amtmann in Nordheim ließ im Krieg in den neunziger Jahren fünf Jauner henken, und waren's in der ersten Viertelstunde so gut gewohnt, daß keiner mehr herab verlangte, und je nachdem der Wind ging, exerzierten sie miteinander zum Zeitvertreib, rechts um, links um, ohne Flügelmann. Aber einem seine Beiläuferin, die einen Buben von ihm hatte, sagte: „Wart', Amtmann, ich will dir's eintränken". Ein paar Tage darauf reitet die österreichische Patrouille gegen das Städtlein am Galgen vorbei; da sagt einer zu dem anderen: „Es läuft dir eine Spinne am Hut, so groß wie ein Taubenei". So zieht der andere vor den Gehenkten den Hut ab, und die Gehenkten, weil eben der Wind aus Westen ging, drehten sich und machten Front. Indem schleicht von weitem ein Büblein von der Straße ab hinter eine Hecke, wie einer, der keine guten Briefe hat. Aber das Büblein hatte gar keine, weder gute noch schlechte. Denn als einer von den Dragonern auch um die Hecke ritt, fiel der Junge vor ihm auf die Knie und sagte mit Zittern und mit Beben: „Pardon! Ich hab sie alle in's Wasser geworfen". Der Dragoner sagte: „Was hast Du in's Wasser geworfen?" – „Die Briefe". – „Was für Briefe?" „Die Briefe vom Amtmann an die Franzosen. Wenn die Österreicher in's Land kommen", sagte der Bursche, „muß ich dem Amtmann Boten laufen ins französische Lager. Diesmal hatte ich drei Briefe, einen an den Dürrmaier." Also holten die Dragoner, mir nichts, dir nichts, den Amtmann ab, wie er ging und stand, und mußte in den Pantoffeln zwischen den Pferden im Kot mitlaufen, und spritzte die Rosse nicht so sehr, aber die Rosse ihn, und der Bube mußte auch mit. Der Amtmann war so unschuldig als der römische Kaiser selbst, hätte sich für die österreichischen Waffen lebendig schinden lassen, hatte sechs Kinder, eins schöner als das andere, und eine schwangere Frau. Aber das war die Rache, die ihm die Jaunerin zugedacht hatte, als sie sagte: „Wart', Amtmann, ich will dir's gedenken!" Im Lager, als er zu dem General geführt wurde, und die Hohenzollerer-Kürassiere und Kaiser-Dragoner und Erdödi-Husaren sahen ihn vorbei führen, sagte einer von der Patrouille seinem Kameraden vom Pferd herab: „Es ist ein Spion". Der Kamerad sagte: „Strick ist sein Lohn", und der Offizier, an den sie ihn ablieferten, war auch der Meinung und bestellte spottweise schon bei ihm einen Gruß an des Teufels Großmutter. Dem Hausfreund ist's aber bei dieser Geschichte nicht halb so Angst, als dem geneigten Leser, denn ohne seinen Willen kann der Amtmann nicht sterben; sondern, als er vor das Verhör geführt wurde, schaute ihn der Hauptmann Auditor mit Verwunderung und Bedauernis an und sagte: „Seid Ihr nicht der Nämliche, der mich vor einem Jahr drei Tage lang im Keller hinter der Sauerkrautstande vor den Franzosen verborgen hat, und habt Schläge genug von ihnen bekommen, und als sie Euch oben den Speck verzehrten, aß ich unten das Sauerkraut dazu, samt den Gumbist-Äpfeln?" Der Amtmann sagte: „Gott erkennt's, ich bin so unschuldig als die Mutter Gottes in der Kirche, so doch von Lindenholz ist und ihr Lebenlang noch keinen Buchstaben geschrieben hat." Indem kamen auch mehrere gute Freunde und angesehene Bürger von Nordheim in's Hauptquartier und bezeugten seine Rechtschaffenheit und Treue, und was er schon für Drangsalierungen von den Franzosen habe ausstehen müssen, und wie auf seine Anordnung der letzte Sieg der Österreicher mit Katzenköpfen gefeiert wurde, daß der Kirchturm wackelte, und er selber habe keinen

Rausch gehabt, aber einen Stich. Der Hauptmann Auditor, der noch immer daran dachte, wie er drei Tage lang in des Amtmanns Keller in der verborgenen Garnison lag, hinter dem Schanzkorb, hinter der Sauerkrautstande, war geneigter, Ja zu glauben, als Nein. Also ließ er den Amtmann hinausführen und den Buben herein, und tat ein paar verfängliche Fragen an ihn, sagte ihm aber nicht, daß sie verfänglich sind. Deswegen war der Bursche, so sehr er die Spitzbubenmilch an der Mutter Brüsten eingesogen hatte, mit seinem Ja und Nein so unvorsichtig, daß er in wenig Minuten nimmer links, nimmer rechts auszuweichen wußte und alles gestand. Also bekam er links und rechts fünfzehn Hiebe vom Profoß und begleitete freiwillig die Mutter ins Zuchthaus nach Heiligenberg. Der Amtmann aber aß mit dem Hauptmann Auditor bei dem General-Feldmarschall zu Nacht und den andern Tag bei seiner Frau und Kindern zu Mittag, und der Hausfreund tut auch einen Freudentrunk, daß er wieder ein Exempel der Gerechtigkeit statuiert hat. Das Doneschinger Bier dazu hat er geschenkt bekommen vom Herrn Kusel.

## Seltsame Ehescheidung

Ein junger Schweizer ausBallstall kam in spanische Dienste, hielt sich gut und erwarb sich einiges Vermögen. Als es ihm aber zu wohl war, dachte er: will ich, oder will ich nicht? – Endlich wollte er, nahm eine hübsche wohlhabende Spanierin zur Frau und machte damit seinen guten Tagen ein Ende. Denn in den spanischen Haushaltungen ist die Frau der Herr, ein guter Freund der Mann, und der Mann ist die Magd.

Als nun das arme Blut der Sklaverei und Drangsalierung bald müde war, fing er an, als wenn er nichts damit meinte, und rühmte ihr das fröhliche Leben in der Schweiz und die goldenen Berge darin, er meinte die Schneeberge im Sonnenglast jenseits der Clus; und wie man lustig nach Einsiedeln wallfahrten könne und schön beten in Sasseln am Grabe des heiligen Bruders Niklas von der Flue, und was für ein großes Vermögen er daheim besitze, aber es werde ihm nicht verabfolgt aus dem Land.

Da wässerte endlich der Spanierin der Mund nach dem schönen Land und Gut, und es war ihr recht, ihr Vermögen zu Geld zu machen und mit ihm zu ziehen in seine goldene Heimat. Also zogen sie miteinander über das große Pyrenäische Gebirg bis an den Grenzstein, der das Reich Hispania von Frankreich scheidet; sie mit dem Geld auf einem Esel, er nebenher zu Fuß. Als sie aber vorüber an dem Grenzstein waren, sagte er: „Frau, wenn's Dir recht ist, bis hierher haben wirs spanisch miteinander getrieben, von jetzt an treiben wir's deutsch. Bist du von Madrid bis an den Markstein geritten, und ich bin dir zu Fuß nachgetrabt den langen Berg hinauf, so reit ich jetzt von hier weg bis gen Ballstall, Kanton Solothurn, und das Fußgehen ist an dir." Als sie sich darüber ungebärdig stellte und schimpfte und drohte und nicht von dem Tierlein herunter wollte: „Frau, das verstehst du noch nicht", sagte er, „und ich nehme dir's nicht übel", sondern hieb an dem Weg einen tüchtigen Stecken ab und las ihr damit ein Kapitel aus dem Ballstaller Ehe- und Männerrecht vor, und als sie alles wohl verstanden hatte, fragte er sie: „Willst du jetzt mit, welsche Hexe, und gut tun, oder willst du wieder hin, wo du hergekommen bist?" Da sagte sie schluchzend: „Wo ich hergekommen bin", und das war ihm auch das liebste. Also teilte mit ihr der ehrliche Schweizer das Vermögen, und trennten sich voneinander an diesem Grenzstein weiblicher Rechte, wie einmal ein bekanntes Büchlein in der Welt geheißen hat, und jedes zog wieder in seine Heimat. „Deinen Landsmann", sagte er, „auf dem du hergeritten bist, kannst du auch wieder mitnehmen."

Merke: Im Reich Hispania machen's die Weiber zu arg, aber in Ballstall doch auch manchmal die Männer. Ein Mann soll seine Frau nie schlagen, sonst verunehrt er sich selber. Denn ihr seid ein Leib.

## Der listige Steiermärker

In Steiermark, ein wenig abhanden von der Straße, dachte ein reicher Bauer im letzten Kriege: wie fang ich's an, daß ich meine Kronentaler und meine Dukätlein rette in dieser bösen

Zeit? Die Kaiserin Maria Theresia ist mir noch so lieb, tröste sie Gott, und der Kaiser Joseph, tröst ihn Gott, und der Kaiser Franz, Gott schenk ihm Leben und Gesundheit. Und wenn man meint, man habe die lieben Herrschaften noch so gut verborgen und geflüchtet, so riecht sie der Feind, sobald er die Nase ins Dorf steckt, und führt sie in die Gefangenschaft in Lothringen oder in die Champagne, daß einem armen Untertan das Herz dabei bluten möchte vor Patriotismus. Jetzt weiß ich, sagt' er, wie ich's anfange, und trug das Geld bei dunkler, blinder Nacht in den Krautgarten. Das Siebengestirn verratet mich nicht, sagte er. Im Krautgarten legte er das Geld geradezu zwischen die Gelveieleinstöcke und die spanischen Wicken. Nebendran grub er ein Loch in das Weglein zwischen den Beeten und warf allen Grund daraus auf das Geld, und zertrat rings herum die schönen Blumenstöcke und das Mangoldkraut, wie einer, der Sauerkraut einstampft. Am Montag darauf streiften schon die Chasseurs im ganzen Revier, und am Donnerstag kam eine Partie ins Dorf frisch auf die Mühle zu, und aus der Mühle mit weißen Ellenbogen zu unserem Bauern, und „Geld her, Buur", rief ihm ein Sundgauer mit blankem Säbel entgegen, „oder bet' dein letztes Vaterunser." Der Bauer sagte, sie möchten nehmen, was sie in Gottes Namen noch finden. Er habe nichts mehr, es sei gestern und vorgestern schon alles in die Rapuse gegangen. „Vor Euch kann man etwas verbergen", sagte er, „Ihr seid die Rechten." Als sie nichts fanden außer ein paar Kupferkreuzer und einen vergoldeten Sechser mit dem Bildnis der Kaiserin Theresia und ein Ringlein dran zum Anhängen, „Buur", sagte der Sundgauer, „du hast dein Geld verlochet, auf der Stelle zeig, wo du dein Geld verlocht hast, oder du gehst ohne dein letztes Vaterunser aus der Welt." „Auf der Stelle kann ichs Euch nicht zeigen", sagte der Bauer, „so sauer mich der Gang ankommt, sondern Ihr müßt mit mir in den Krautgarten gehen. Dort will ich Euch zeigen, wo ich es verborgen hatte, und wie es mir ergangen ist. Der Herr Feind ist schon gestern und vorgestern dagewesen, und habens gefunden und alles geholt." Die Chasseure nahmen den Augenschein im Garten ein, fanden alles, wie der Mann angegeben hatte, und keiner dachte daran, daß das Geld unter dem

Grundhaufen liegt, sondern jeder schaute in das leere Loch und dachte: Wär' ich nur früher gekommen. „Und hätten sie nur die schönen Gelveieleinstöcke und den Goldlack nicht so verderbt", sagte der Bauer, und so hinterging er diese und alle, die noch nachkamen, und hat auf diese Art das ganze erzherzogliche Haus, den Kaiser Franz, den Kaiser Joseph, die Kaiserin Maria Theresia und den allerhöchstseligen Herrn Leopold den Ersten gerettet und glücklich im Land behalten.

## Etwas aus der Türkei

In der Türkei ist Justiz. Ein Kaufmannsdiener, auf der Reise von der Nacht und Müdigkeit überfallen, bindet sein Pferd, so mit kostbaren Waren beladen war, nimmer weit von einem Wachthaus an einen Baum, legt sich selber unter das Obdach des Baums und schläft ein. Früh, als ihn die Morgenluft und der Wachtelschlag weckte, hatte er gut geschlafen, aber das Rößlein war fort.

Da eilte der Beraubte zu dem Statthalter der Provinz, nämlich zu dem Prinzen Carosman Oglu, der in der Nähe sich aufhielt, und klagte vor seinem Richterstuhl seine Not. Der Prinz gab ihm wenig Gehör. „So nahe bei dem Wachthaus, warum bist du nicht die fünfzig Schritt weitergeritten, so wärest du

sicher gewesen. Es ist deines Leichtsinn's Schuld." Da sagte der Kaufmannsdiener: „Gerechter Prinz, hab ich mich fürchten sollen, unter freiem Himmel zu schlafen in einem Lande, wo du regierst?" Das tat dem Prinzen Carosman wohl und wurmte ihn zugleich: „Trink heute Nacht ein Gläslein türkischen Schnaps", sagte er zu dem Kaufmannsdiener, „und schlafe noch einmal unter dem Baum." So gesagt, so getan. Des anderen Morgens, als ihn die Morgenluft und der Wachtelschlag weckte, hatte er auch gut geschlafen, denn das Rößlein stand mit allen Kostbarkeiten wieder angebunden neben ihm, und an dem Baum hing ein toter Mensch, der Dieb, und sah das Morgenrot nimmermehr.
Bäume gäb' es noch an manchen Orten, große und kleine.

## Der Rekrut

Ein Rekrut, dem schon in den ersten vierzehn Tagen das Schildwachestehen langweilig vorkam, betrachtete einmal das Schilderhaus unten und oben und hinten und vorne, wie ein Förster, der einen Baum schätzt, oder ein Metzger ein Häuptlein Vieh. Endlich sagte er: „Ich möchte nur wissen, was sie an dem einfältigen Kasten finden, daß den ganzen Tag einer da stehen und ihn hüten muß." Denn er meinte, er stehe da wegen dem Schilderhaus, nicht das Schilderhaus wegen ihm.

## Das bequeme Schilderhaus

Ein Schilderhaus hatte wie gewöhnlich auf beiden Seiten runde Öffnungen zum Durchschauen, die etwas groß waren. Dem Rekruten, der drin stand, war daher der Luftzug etwas zu lebhaft. Also ersuchte er nach der Ablösung den Unteroffizier, ob's nicht besser wäre, wenn man diese Öffnungen mit ein paar Brettlein vernagelte. Der Unteroffizier strich den Bart und sagte: „Nein, das geht nicht an, wegen dem Winter. Im Winter kommen Ärmel hinein, im Sommer ist's ein Camisol." Also streckte der Rekrut, als er wieder auf den Posten kam, die Hände hindurch und sagte, jetzt sei er erst gern Militär, weil er sehe, daß man doch auch für die Bequemlichkeit des Mannes sorge.

## Die leichteste Todesstrafe

Man hat gemeint, die Guillotine sei's. Aber nein! Ein Mann, der sonst seinem Vaterlande viele Dienste geleistet hatte und bei dem Fürsten wohl angeschrieben war, wurde wegen eines Verbrechens, das er in der Leidenschaft begangen hatte, zum Tode verurteilt. Da half nicht bitten, nicht beten. Weil er aber sonst bei dem Fürsten wohl angeschrieben war, ließ ihm derselbe die Wahl, wie er am liebsten sterben wolle, denn welche Todesart er wählen würde, die sollte ihm werden. Also kam zu ihm in den Turm der Oberamtsschreiber: „Der Herzog will Euch eine

Gnade erweisen. Wenn Ihr wollt gerädert sein, will er Euch rädern lassen, wenn Ihr wollt gehenkt sein, will er Euch henken lassen, es hängen zwar schon zwei am Galgen, aber bekanntlich ist er dreischläfrig. Wenn Ihr aber wollt lieber Rattenpulver essen, der Apotheker hat. Denn welche Todesart Ihr wählen werdet, sagt der Herzog, die soll Euch werden. Aber sterben müßt Ihr, das werdet Ihr wissen." Da sagte der Malefikant: „Wenn ich dann doch sterben muß, das Rädern ist ein biegsamer Tod, und das Henken, wenn besonders der Wind geht, ein beweglicher. Aber Ihr versteht's doch nicht recht. Meines Ort's, ich habe immer geglaubt, der Tod aus Altersschwäche sei der sanfteste, und den will ich denn auch wählen, und keinen anderen", und dabei blieb er und ließ sich's nicht ausreden. Da mußte man ihn wieder laufen und fortleben lassen, bis er an Altersschwäche selber starb. Denn der Herzog sagte: „Ich habe mein Wort gegeben, so will ich's auch nicht brechen."

Dies Stücklein ist von der Schwiegermutter, die niemand gerne umkommen läßt, wenn sie ihn retten kann.

## Wie der Zundel-Frieder eines Tages aus dem Zuchthaus entwich und glücklich über die Grenzen kam

Eines Tages, als der Frieder den Weg aus dem Zuchthaus allein gefunden hatte, und dachte: ich will so spät den Zuchtmeister nimmer wecken, und als schon auf allen Straßen Steckbriefe voranflogen, gelangte er abens noch unbeschrieen an ein Städtlein an der Grenze. Als ihn hier die Schildwache anhalten wollte, wer er sei und wie er heiße und was er im Schilde führe: „Könnt Ihr polnisch?" fragte herzhaft der Frieder die Schildwache. Die Schildwache sagt: „Ausländisch kann ich ein wenig, ja! Aber polnisch bin ich noch nicht darunter gewahr worden." „Wenn das ist", sagte der Frieder, „so werden wir uns schlecht gegeneinander explicieren können. Ob kein Offizier oder Wachtmeister am Tor sei?" Die Schildwache holt den Torwächter, es sei ein Polack an dem Schlagbaum, gegen den sie sich schlecht explicieren könne. Der Torwächter kam zwar, entschuldigte sich aber zum voraus, viel polnisch verstehe er auch nicht. „Es geht hier zu Land nicht stark ab", sagt er, „und es wird im ganzen Städtel schwerlich jemand sein, der capabel wäre, es zu dolmetschen." „Wenn ich das wüßte", sagte der Frieder und schaute auf die Uhr, die er unterwegs noch an einem Nagel gefunden hatte, „so wollte ich ja lieber noch ein paar Stunden zustrecken bis in die nächste Stadt. Um neun Uhr kömmt der Mond." Der Torhüter sagte: „Es wäre unter diesen Umständen fast am besten, wenn Ihr gerade durchpassiertet, ohne Euch aufzuhalten, das Städtel ist ja nicht groß", und war froh, daß er seiner los ward. Also kam der Frieder glücklich durch das Tor hinein. Im Städtlein hielt er sich nicht länger auf, als nötig war, einer Gans, die sich auf der Gasse verspätet hatte, ein paar gute Lehren zu geben. „In euch Gänse", sagte er, „ist keine Zucht zu bringen. Ihr gehört, wenn's Abend ist, ins Haus, oder unter gute Aufsicht." Und so packte er sie mit sicherem Griff am Hals und, mir nichts dir nichts, unter den Mantel, den er ebenfalls unterwegs von einem Unbekannten geliehen hatte. Als er aber an das andere Tor gelangte und auch hier dem Landfrieden nicht traute, drei Schritte von dem Schilderhaus, als sich inwendig

der Söldner rührte, schrie der Frieder mit herzhafter Stimme: „Wer da!" Der Söldner antwortete in aller Gutmütigkeit: „Gut Freund!" Also kam der Frieder glücklich wieder zum Städtlein hinaus und über die Grenzen.

## Die Bekehrung

Zwei Brüder im Westfälinger Land lebten miteinander in Frieden und Liebe, bis einmal der jüngere lutherisch blieb und der ältere katholisch wurde. Als der jüngere lutherisch blieb und der ältere katholisch wurde, taten sie sich alles Herzeleid an. Zuletzt schickte der Vater den katholischen als Ladendiener in die Fremde. Erst nach einigen Jahren schrieb er zum erstenmal an seinen Bruder. „Bruder", schrieb er, „es geht mir doch im Kopf herum, daß wir nicht einen Glauben haben und nicht in den nämlichen Himmel kommen sollen, vielleicht in gar keinen. Kannst du mich wieder lutherisch machen, desto besser." Also beschied er ihn in den roten Adler nach Neuwied, wo er wegen einem Geschäft durchreiste. „Dort wollen wir's ausmachen." In den ersten Tagen kamen sie nicht weit miteinander. Schalt der Katholische: „Luther ist der Widerchrist", schalt der Lutherische: „Der Papst ist der Antichrist." Berief sich der Katholische auf den heiligen Augustin, sagte der Lutherische: „Ich hab nichts gegen ihn, er mag ein gelehrter Herr gewesen sein, aber beim ersten Pfingstfest zu Jerusalem war er nicht dabei." Aber am Samstag aß schon der Lutherische mit seinem Bruder Fastenspeise. „Bruder", sagte er, „der Stockfisch schmeckt nicht giftig zu den durchgeschlagenen Erbsen", und Abends ging schon der Katholische mit seinem Bruder in die lutherische Vesper. „Bruder", sagte er, „Euer Schulmeister singt keinen schlechten Tremulant." Den anderen Tag wollten sie miteinander zuerst in die Frühmesse, darnach in die lutherische Predigt, und was sie alsdann bis von heut über acht Tage der liebe Gott vermahnt, das wollten sie tun. Als sie aber aus der Vesper und aus dem grünen Baum nach Hause kamen, ermahnte sie Gott, aber sie verstanden es nicht. Denn der Ladendiener fand einen zornigen Brief von seinem Herrn. „Augenblicklich setzt Eure Reise fort. Hab' ich Euch auf eine Tridenter Kirchenversammlung nach Neuwied geschickt, oder sollt Ihr nicht vielmehr die Musterkarte reiten?" Und der andere fand einen Brief von seinem Vater: „Lieber Sohn, komm heim, sobald Du kannst, du mußt spielen." Also gingen sie noch den nämlichen Abend unverrichteter Sache auseinander und dachten jeder für sich nach, was er von dem anderen gehört hatte! Nach sechs Wochen schreibt der jüngere dem Ladendiener einen Brief: „Bruder, deine Gründe haben mich unterdessen vollkommen überzeugt. Ich bin jetzt auch katholisch. Den Eltern ist es insofern recht. Aber dem Vater darf ich nicht mehr unter die Augen kommen." Da ergriff der Bruder voll Schmerz und Unwillen die Feder. „Du Kind des Zorn's und der Ungnade, willst du denn mit Gewalt in die Verdammnis rennen, daß du die seligmachende Religion verleugnest? Gestrigs Tags bin ich wieder lutherisch geworden." Also hat der katholische Bruder den lutherischen bekehrt, und der lutherische hat den katholischen bekehrt, und war nachher wieder wie vorher, höchstens ein wenig schlimmer.

Merke: Du sollst nicht über die Religion grübeln und düfteln, damit du nicht deines Glaubens Kraft verlierst. Auch sollst du nicht mit Andersdenkenden darüber disputieren, am wenigsten mit solchen, die es ebensowenig verstehen als du, noch weniger mit Gelehrten, denn die besiegen dich durch ihre Gelehrsamkeit und Kunst, nicht durch deine Überzeugung. Sondern du sollst deines Glaubens leben und was gerade ist, nicht krumm machen. Es sei dann, daß dich dein Gewissen selber treibt, zu schanschieren.

## Der fremde Herr

Einem Schneider in der Stadt waren seit ein paar Jahren die Nadeln ein wenig verrostet und die Schere zusammengewachsen; also nährt er sich, so gut er kann. „Gevatter", sagt zu ihm der Perückenmacher, „Ihr tragt nicht gerne schwer; wollt Ihr nicht dem Herrn Dechant in Brassenheim eine neue Perücke bringen in einer Schachtel? Sie ist leicht, und er zahlt Euch den

Gang." – „Gevatter", sagt der Schneider, „es ist ohnedem Jahrmarkt in Brassenheim. Leiht mir die Kleider, die Euch der irrende Ritter im Versatz gelassen hat, der Euch angeschmiert hat, so stell ich auf dem Jahrmarkt etwas vor."

Der Adjunkt hat die Tugend, wenn er auf drei Stunden im Revier einen Markt weiß, so ist ihm der Gang auch nicht zu weit, und ist er von dem Hausfreund wohlbezahlt, so gibt er dem Jahrmarkt viel zu lösen für neue weltliche Lieder und feine Damascener Maultrommeln. Also saß der Adjunkt auch zu Brassenheim im wilden Mann und musterte die Lieder. Erstes Lied: Ein Lämmlein trank vom frischen etc. Zweites Lied: Schönstes Hirschlein über die Maßen etc. Drittes Lied: Kein schöner Leben auf Erden etc. und probierte die Trommeln. Kommt auf einmal der Schneider herein mit rotem Rock, hirschledernen Beinkleidern, Halbstiefeln und Zotteln daran und zwei Sporen. Der Wirt zog höflich die Kappe ab, die Gäste auch, und: „Hat Euch, Herr Ritter, der Hausknecht das Pferd schon in den Stall geführt?" fragt ihn der Wirt. „Mein Normänder, der Scheck?" sagte der Schneider. „Ich hab ihn au Cerf eingestellt, im Hirschen. Ich will hier nur ein Schöpplein trinken. Ich bin der berühmte Adelstan und reise auf Menschenkenntnis und Weinkunde. – Platz da!", sagte er zum Adjunkt. „Holla", denkt der Adjunkt, „der meint auch, grob sei vornehm. Was gilt's, er ist

nicht weit her?" Als aber der Schneider die Gerte breit über den Tisch legte und räusperte sich wie ein Kamel und betrachtete die Leute mit einem Brennglas und den Adjunkt auch, steht der Adjunkt auf und sagt dem Wirt etwas leise ins Ohr. Ein Ehninger, der es hörte, sagt: „Herr Landsmann, Ihr seid auf der rechten Spur. Ich hab ihn gesehen die Stiefel am Bach abwaschen und eine Gerte schneiden. Er ist zu Fuß gekommen." Ein Scherenschleifer sagte: „Ich kenn ihn wohl, er ist einmal ein Schneider gewesen. Jetzt hat er sich zur Ruh' gesetzt und tut Botengänge um den Lohn." Also geht der Wirt ein wenig hinaus und kommt wieder herein. „So kann denn doch kein hiesiger Markt ohne ein Unglück vorübergehen", sagt er im Hereinkommen. „Da suchen die Hatschierer in allen Wirtshäusern einen Herrn in einem roten Rocke, der heute durch die Dörfer galoppiert ist und ein Kind zu Tod geritten hat." Da schauten alle Gäste den Ritter Adelstan an, der sagte in der Angst: „Mein Rock ist eher gelb als rot." Aber der Ehninger sagte: „Nein, aber Euer Gesicht ist eher blaß als gelb, und hat auf einmal viel Schweißtropfen darauf geregnet. Gesteht's, Ihr seid nicht geritten." „Doch, er ist geritten", sagt der Wirt; „ich hab' ihm eben das Roß draußen angebunden. Es ist losgerissen im Hirsch und sucht ihn. Hat nicht Euer Normänder die Mähnen unten am Hals und gespaltene Hufe, und wenn er wiehert, sollte man schier nicht meinen, daß es ein Roß ist? Zahlt Euer Schöpplein und reitet ordentlich heim." Als er aber vor das Haus kam und den Normänder sah, den ihm der Wirt an die Türe gebunden hat, wollte er nicht aufsitzen, sondern ging zu Fuß zum Flecken heraus und wurde von den Gästen entsetzlich verhöhnt.

Merke: Man muß nie mehr scheinen wollen, als man ist und als man sich zu bleiben getrauen kann, wegen der Zukunft.

## Teures Späßlein

Man muß mit Wirten keinen Spaß und Mutwillen treiben sonst kommt man unversehens an den Unrechten. Einer in Basel will ein Glas Bier trinken, das Bier war sauer, zog ihm der

Mund zusammen, daß ihm die Ohren bis auf die Backen hervor kamen. Um es auf eine witzige Art an den Tag zu legen und den Wirt vor den Gästen lächerlich zu machen, sagte er nicht: „Das Bier ist sauer", sondern „Frau Wirtin", sagte er, „könnt' ich nicht ein wenig Salat und Öl zu meinem Bier haben?" Die Wirtin sagte: „In Basel kann man für Geld alles haben", strickte aber noch ein wenig fort, als wenn sie's wenig achtete, denn sie war eben am Zwickel. Nach einigen Minuten, als unter-

dessen die Gäste miteinander diskutierten und einer sagte: „Habt Ihr gestern das Kamel auch gesehen und den Affen?" ein anderer sagte: „Es ist kein Kamel, es ist ein Trampeltier", sagte die Wirtin: „Mit Erlaubnis" und deckte eine schneeweiße Serviette vom feinsten Gebilde auf den Tisch. Jeder glaubte, der andere habe ein Bratwürstlein bestellt oder etwas, und „es ist doch ein Kamel", sagte ein dritter, „denn es ist weiß, die Trampeltiere sind braun." Unterdessen kam die Wirtin wieder mit einem Teller voll zarter Kukümmerlein aus dem markgräfischen Garten, aus dem Treibhaus, fein geschnitten, wie Postpapier, und mit dem kostbarsten genuesischen Baumöl angemacht, und sagte zu dem Gast mit spöttischem Lächeln: „Ist's gefällig?" Also lachten die anderen nicht mehr den Wirt aus, sondern den Gast, und wer wohl oder übel seinen Spaß mit zehn Batzen, fünf Rappen Basler Währung bezahlen mußte, war er.

## Der General-Feldmarschall Suwarow

Das Stücklein von Suwarow im Kalender von 1809 hat dem geneigten Leser nicht übel gefallen. Von ihm selber wäre viel Anmutiges zu erzählen.

Wenn ein vornehmer Herr nicht hochmütig ist, sondern redet auch mit geringen Leuten und stellt sich manchmal, als wenn er nur ihresgleichen wäre, so sagt man zu seinem Lob: er ist ein gemeiner Herr. Suwarow konnte manchen schimmernden Ordensstern an die Brust hängen, manchen Diamantring an den Finger stecken und aus mancher goldenen Dose Tabak schnupfen. War er nicht Sieger in Polen und in der Türkei, russischer General-Feldmarschall und Fürst, und an der Spitze von dreihunderttausend Mann so viel als seinesgleichen ein anderer? Aber bei dem allen war er ein sehr gemeiner Herr.

Wenn es nicht sein mußte, so kleidete er sich nie wie ein General, sondern wie es ihm bequem war. Manchmal, wenn er kommandierte, so hatte er nur einen Stiefel an. An dem anderen Bein hing ihm der Strumpf herunter, und die Beinkleider waren auf der Seite aufgeknöpft. Denn er hatte einen Schaden am Knie.

Oft war er nicht einmal so gut gekleidet. Morgens, wenn's noch so frisch war, ging er aus dem Bett oder von der Streue weg vor dem Zelt im Lager spazieren, nackt und bloß, wie Adam im Paradies, und ließ ein paar Eimer voll kaltes Wasser über sich herabgießen zur Erfrischung.

Er hatte keinen Kammerdiener und keinen Heiduck, nur einen Knecht, keine Kutsche und kein Roß. In dem Treffen setzte er sich aufs nächste beste. Sein Essen war gemeine Soldatenkost. Niemand freute sich groß, wenn man von ihm zur Mittagsmahlzeit eingeladen wurde. Manchmal ging er zu den gemeinen Soldaten ins Zelt und war wie ihresgleichen.

Wenn ihn auf dem Marsch oder im Lager, oder wo es war, etwas ankam, wo ein anderer an einen Baum steht oder hinter eine Hecke geht, da machte er kurzen Prozeß. Seinetwegen durfte ihm jedermann zuschaun, wer's noch nie gesehen hat.

Bei den vornehmsten Gelegenheiten, wenn er in der kostbarsten Marschalls-Uniform voll Ehrenkreuzen und Ordenssternen dastand und, wo man ihn ansah, von Gold und Silber funkelte und klingelte, trieb er's doch wie ein säuberlicher Bauer, der wegwirft, was ein Herr in die Rocktasche steckt. Er schneuzte die Nase mit den Fingern am Ärmel ab und nahm alsdann wieder eine Prise aus der goldenen Dose.

Also lebte der General und Fürst Italinsky-Suwarow.

## Die zwei Postillione

Zwei Handelsleute reisten oft auf der Extrapost von Fürth nach Hechingen oder von Hechingen nach Fürth, wie jeden sein Geschäft ermahnte, und gab der eine dem Postillion ein schlechtes Trinkgeld, so gab ihm der andere kein gutes. Denn jeder sagte: „Für was soll ich dem Postillion einen Zwölfer schenken? Ich trag ja nicht schwer daran." Die Postillione aber, der von Dinkelsbühl und der von Ellwangen, sagten: „Wenn wir nur einmal den Herren einen Dienst erweisen könnten, daß sie spendaschlicher würden!" Eines Tages kommt der Fürther in Dinkelsbühl an und will weiter. Der Postillion sagte zu seinem Kameraden: „Fahr du den Passagier." Der Kamerad sagte: „Es ist an dir." Unterdessen saß der Reisende ganz geduldig in seinem offenen Eliaswagen, bis der Postillion auffsaß. Als er sah, daß der Postillion im Sattel recht saß und die Peitsche erhob, sagte er: „Fahr zu, Schwager! Werf er mich nicht um!" Am nämlichen Nachmittag fuhr auch der Hechinger von Ellwangen ab, und der Postillion dachte bei sich selbst: Wenn jetzt nur mein Kamerad von Dinkelsbühl mit dem Fürther auch auf dem Weg wäre! Indem er fährt, bergauf, bergab, nicht weit vom Segringer Zollhaus, wo dem Hausfreund und seinem Reisekumpan in München auch einmal die Haare geschnitten worden sind, begegnen sie einander; keiner will dem anderen ausweichen. Jeder sagt: „Ich führe einen honetten Herrn, einen Schwitie, keinen Pfennigschaber wie du, dem seine Sechsbatzenstücke aussehen wie Hildburghäuser Groschen.“ Endlich legte sich der Fürther auch in den Streit: „Gott's Wunder!“ sagte er, sollen wir noch einmal vierzig Jahre in der Wüste bleiben?“ und schimpfte zuletzt den Ellwanger, daß ihm dieser mit der Peitsche einen Hieb ins Gesicht gab. Der Dinkelsbühler sagt: „Du sollst meinen Passagier nicht hauen, er ist mir anvertraut und zahlt honett, oder ich hau den deinigen auch.“ – „Untersteh dich und hau mir meinen Herrn!“ sagte der Ellwanger. Also hieb der Dinkelsbühler des Ellwangers Passagier und der Ellwanger hieb des Dünkelsbühlers Passagier und riefen einander in unaufhörlichem Zorn zu: „Willst du meinen Herrn in Frieden lassen oder soll ich dir den deinigen ganz zu einem Lungenmus zusammenhauen?“ und je schmerzlicher der eine Au und der andere Weih schrie, desto heftiger hieben die Postillione auf sie ein, bis sie des unbarmherzigen Spaßes selber müde wurden. Als sie aber auseinander waren und jeder wieder seines Weges fuhr, sagten die Postillione zu ihren Reisenden so und so: „Nicht wahr, ich hab' mich Euer rechtschaffen angenommen? Mein Kamerad wird's niemand rühmen, wie ich ihm seinen Herrn zerhauen habe. Aber diesmal kommt's Euch auch auf ein besseres Trinkgeld nicht an.“ – „Wenn's der Fürst wüßte“, sagte der Dinkelsbühler, „es wäre ihm um einen Mard'or nicht leid. Er sieht darauf, daß man die Reisenden gut hält.“

Merke: Es ist kein Geld schlechter erhaust, als was man armen Leuten am Lohn und Trinkgeld vorenthält, und wofür man gehauen oder sonst verunehrt wird. Für ein paar Groschen kann man viel Freundlichkeit und guten Willen kaufen.

Merke: Der Herr, der auf der Abbildung seitwärts steht, hat's mit angesehen und hat's dem Hausfreund vier Wochen hernach zu Karlsruhe am Mittagessen erzählt.

## Der betrogene Krämer

Ein Rubel ist in Rußland eine Silbermünze und beträgt 27 Batzen hin oder her, ein Imperial aber ist ein Goldstück und tut zehn Rubel, deswegen kann man wohl für einen Imperial einen Rubel bekommen, zum Beispiel, wenn man in den Karten neun Rubel verliert, aber nicht für einen Rubel einen Imperial.

Allein ein schlauer Soldat in Moskau sagte doch: „Was gilt's? Morgen auf dem Jahrmarkt will ich mit einem Rubel einen doppelten Imperial angeln." Als den anderen Tag in langen Reihen von Kaufläden der Jahrmarkt aufging, vor allen Ständen standen schon die Leute, lobten und tadelten, boten ab und boten zu, und die Menge ging auf und ging ab, und die Knaben grüßten die Mägdlein, kommt auf einmal der Soldat mit einem Rubel in den Händen. „Wem gehört dieser Kaisertaler, dieser Rubel? Gehört er Euch?" fragte er jeden Krämer an jedem Stand. Einer, der ohnehin nicht viel Geld löste und lange zusah, dachte endlich: wenn dich dein Geld an die Finger brennt, die meinigen sind nicht so blöde. „Hierher, Musketier, der Rubel ist mein." Der Soldat sagte: „Wenn Ihr mich nicht gerufen hättet, ich hätt' Euch schwerlich gefunden unter der Menge", und gibt ihm den Rubel. Der Kaufmann betrachtet ihn hin und her und klingelt daran, ob er gut sei; ja, er war gut, und steckt ihn in die Tasche. „Seid so gut und gebt mir dann jetzt auch meinen Imperial", sagte der Musketier. Der Kaufmann erwiderte: „Ich habe keinen Imperial von Euch, so bin ich Euch auch keinen schuldig. Da habt Ihr euren einfältigen Rubel wieder, wenn Ihr nur Spaß wollt machen." Aber der Musketier sagte: „Meinen zweifältigen Imperial gebt mir heraus, mein Spaß ist Ernst, und die Marktwache, die Polizei wird zu finden sein." Ein Wort gab das andere, das glimpfliche gab das trotzige, und das trotzige gab das schnöde, und es hängte sich an den Stand mit Leuten an, wie ein Bart an einem Bienenkorb. Auf einmal bohrt etwas wie ein Maulwurf durch die Menge. „Was geht hier vor?", fragte der Polizeisergeant, als er sich mit seinen Leuten durch die Menge durchgebohrt hatte. „Was geht hier vor? frag ich." Der Krämer wußte wenig zu sagen, aber desto mundfertiger war der Musketier. Vor keiner Viertelstunde, erzählte er, habe er diesem Mann für einen Rubel abgekauft, das und das. Als er ihn bezahlen wollte, in allen Taschen hatte er kein Geld gefunden, nur einen doppelten Imperial, den ihm sein Pate geschenkt hatte, als er gezogen wurde. So habe er ihm den Imperial als Unterpfand zurückgelassen, bis er den Rubel bringe. Wie er mit dem Rubel wieder kommen sei, hab' er den rechten Kaufladen nimmer gefunden und an allen Ständen gefragt: „Wem bin ich einen Rubel schuldig?" so habe dieser da gesagt, er sei derjenige, und sei's auch, und habe ihm auch den Rubel abgenommen, aber von dem Imperial wolle er nichts wissen. „Wollt Ihr ihn jetzt gutwillig herausgeben oder nicht?" Als aber der Polizeisergeant die Umstehenden fragte und die Umstehenden sagten: ja, der Musketier habe an allen Kaufläden gefragt, wem der Rubel gehöre, und dieser habe bekannt, er gehöre ihm, und habe ihn auch angenommen und daran geklingelt, ob er probat sei. Als der Polizei-Hauptmann das hörte, so gab er den Bescheid: „Habt Ihr Euren Rubel bekommen, so gebt dem Soldaten auch seinen Imperial zurück, oder man petschiert Euch Euren Stand mit Lattnägeln zusammen und Ihr werdet zwischen Euren eignen Brettern eingeschachtelt und eingeschindelt, und könnt Ihr alsdann lang Hunger leiden, so könnt Ihr auch lang leben." Das sagte der Anführer der Polizeiwache, und wer dem Musketier für einen Rubel einen Imperial herausgeben mußte, war der Kaufmann.

Merke: Fremdes Gut frißt das eigene, wie neuer Schnee den alten.

## Der listige Kaufherr

Der Adjunkt, der dieses schreibt, hat allemal eine große Freude, wenn er auch ein Geschichtlein einmauern kann in den Kalender. Denn was er in gelehrte Bücher hineinstiftet, lesen nicht viele Leute, am wenigsten die Gelehrten selber. Der Hausfreund aber hat nach den neuesten Zählungen 700000 Leser, ohne die, welche umsonst zuhören. Diesmal aber freut er sich insbesondere zu erzählen, wie einmal ein großer Spitzbube auch hinter das Licht geführt worden ist; denn die Wölfe beißen bisweilen auch ein gescheites Hündlein, sagt Doktor Luther.

Ein französischer Kaufherr segelte mit einem Schiff voll großen Reichtums aus der Levante heim, aus dem Morgenland, wo unser Glaube, unsere Fruchtbäume und unser Blut daheim ist, und dachte schon mit Freuden daran, wie er jetzt bald ein eigenes Schlößlein am Meer bauen und ruhig leben und alle Abend dreierlei Fische zu Nacht speisen wolle. Paff, geschah ein Schuß. Ein algierisches Raubschiff war in der Nähe, wollte uns gefangen nehmen und geradeswegs nach Algier führen in die Sklaverei. Denn hat man zwischen Wasser und Himmel gute Gelegenheit, Luftschlösser zu bauen, so hat man auch gute Gelegenheit, zu stehlen. So denken die algierischen Seeräuber auch. Hat das Wasser keine Balken, so hat's auch keine Galgen. Zum Glücke hatte der Kaufherr einen Ragusaner auf dem Schiff, der schon einmal in der algierischen Gefangenschaft gewesen war und ihre Sprache und ihre Prügel aus dem Fundament verstand. Zu dem sagte der Kaufherr: „Nicolo, hast du Lust, noch einmal algierisch zu werden? Folge mir, was ich dir sage, so kannst du dich erretten und uns." Also verbargen wir uns alle im Schiff, daß kein Mensch zu sehen war, nur der Ragusaner stellte sich oben auf das Verdeck. Als nun die Seeräuber mit ihren blinkenden Säbeln schon nahe waren und riefen, die Christenhunde sollten sich ergeben, fing der Ragusaner mit kläglicher Stimme auf algierisch an: „Tschamiana", fing er an, „tschamiana halakna bilabai monaschid ana billah anzorun min almaut – Wir sind alle an der Pest gestorben bis auf die Kranken, die noch auf ihr Ende warten, und ein deutscher Adjunkt und ich. Um Gotteswillen rettet mich." Dem algierer Seekapitän, als er hörte, daß er so nah an einem Schiff voll Pest sei, kam's grün und gelb vor die Augen. In der größten Geschwindigkeit hielt er das Schnupftuch vor die Nase, hatte aber keins, sondern den Ärmel; und lenkte sein Schiff hinter den Wind. „Lajonzork", sagte er, „Allah-orra-man arrahim atabarra laka it schanat chall – Gott helfe dir, der Gnädige und Barmherzige! Aber geh zum Henker mit deiner Pest! Ich will dir eine Flasche voll Kräuteressig reichen." Darauf ließ er ihm eine Flasche voll Kräuteressig reichen an einer langen Stange und segelte so schnell als möglich linksum. Also kamen wir glücklich aus der Gefahr, und der Kaufherr baute hernach in der Gegend von Marseille das Schlößlein und stellte den Ragusaner als Haushofmeister an auf lebenslang.

## Rettung einer Offiziersfrau

Es muß manchmal recht wild und blutig in der Welt hergehen, daß die edle Denkungsart eines Menschen bekannt werde, den man nicht drum ansieht.

In Tirol, wo es während des letzten Krieges recht wild und blutig herging, da hatten sie eben einen bayerischen Stabsoffizier ermordet, und mit noch blutigen Säbeln und Mistgabeln drangen sie in das Gemach, wo seine Gattin mit ihrem Kind im Schoß weinte und ihr Leid Gott klagte, und wollten sie auch ermorden. „Ja", fuhr sie einer von ihnen wütend an und war der allerärgste, „für Euer Leben gibt es kein Lösegeld, und Euer

Bürschlein da hat auch bayerisch Blut in den Adern. In einer Stunde müßt Ihr sterben, zuerst Euer kleiner Sadrach, hernach Ihr." „Laßt ihr eine Stunde Zeit", sagte er zu den anderen, „daß sie noch beten kann; sie ist eine katholische Christin."

Nach einer Viertelstunde aber, als sie allein war und betete, kam er wieder und sagte: „Gnädige Frau, Ihr kennt mich noch, so bitte ich Euch, Ihr wollt ob mir nicht erschrecken und nicht im Bösen aufnehmen, was ich in guter Meinung gesagt habe. Gebt mir Euer Kind unter den Mantel, so will ich es retten und zu meiner Mutter bringen und zieht unterdessen diesen Plunder an", das er unter dem Mantel hervorzog, „so will ich's probieren, ob ich Euch mit Gottes und unserer Frauen Hilfe auch kann retten." Als er das Kind in Sicherheit gebracht hatte und wiederkam, stand sie schon da, angekleidet wie ein Tiroler. Da drückte er ihr den schlappen Hut recht ins Gesicht, richtete ihr den Hosenträger besser zurecht und gab ihr eine Mistgabel in die Hand, als wenn sie auch ein Rebeller wäre und zu den Leibgardisten und Hellebardieren des Sandwirt Hofers gehörte. „Kommt denn jetzt", sagte er, „in Gottes Namen und tretet herzhaft auf, wenn Ihr hinauskommt, und macht Euch ein wenig breit." Als sie aber miteinander die Treppe hinabgingen, kamen die anderen wieder und: „Hast du ihr den Treff schon gegeben, Seppel?" fragte ihn einer. Da sagte er: „Nein, sie hat die Türe zugeschlossen und gebetet. Jetzt kann sie fertig sein. Ich hab' sie durch's Schlüsselloch gesehen, und sie stand eben auf, als ich durchsah." Also ging er mit ihr die Treppe hinab, und die anderen stürmten an ihr vorbei, die Treppe hinauf, und während sie vor der verschlossenen Türe lärmten und pochten und in das leere Gemach hinein riefen: „Seid Ihr bald fertig? Die Türe soll bald eingetreten sein", brachte er sie auch zu seiner Mutter, und gab ihr ihr Kindlein wieder, und das Kindlein lächelte, aber sie weinte und drückte es brünstig an ihr Gesicht und an ihren Busen. Also hatte sie der edle Tiroler glücklich und mit Gottes Hilfe aus den Händen ihrer Mörder errettet und hat sie hernach die Nacht hindurch auf heimlichen Wegen fortgeführt und bis an ein bayerisch Piquet gebracht, als eben die Sonne aufging.

# Unverhofftes Wiedersehen

In Falun in Schweden küßte vor guten fünfzig Jahren und mehr ein junger Bergmann seine junge hübsche Braut und sagte zu ihr: „Auf Sanct Luciä wird unsere Liebe von des Priesters

Hand gesegnet. Dann sind wir Mann und Frau und bauen uns ein eigenes Nestlein." „Und Friede und Liebe soll darin wohnen", sagte die schöne Frau mit holdem Lächeln, „denn du bist mein Einziges und Alles, und ohne dich möchte ich lieber im Grab sein als an einem anderen Ort." Als sie aber vor Sanct Luciä der Pfarrer zum zweitenmal in der Kirche ausgerufen hatte: „So nun jemand Hindernis wüßte anzuzeigen, warum diese Personen nicht möchten ehelich zusammenkommen", da meldete sich der Tod. Denn als der Jüngling den anderen Morgen in seiner schwarzen Bergmannskleidung an ihrem Haus vorbeiging, der Bergmann hat sein Totenkleid immer an, da klopfte er zwar noch einmal an ihrem Fenster und sagte ihr guten Morgen, aber keinen guten Abend mehr. Er kam nimmer aus dem Bergwerk zurück, und sie saumte vergeblich selbigen Morgen ein schwarzes Halstuch mit rotem Rand für ihn zum Hochzeitstag, sondern als er nimmer kam, legte sie es weg und weinte um ihn und vergaß ihn nie. Unterdessen wurde die Stadt Lissabon in Portugal durch ein Erdbeben zerstört, und der siebenjährige Krieg ging vorüber, und Kaiser Franz der Erste starb, und der Jesuiten-Orden wurde aufgehoben und Polen geteilt, und die Kaiserin Maria Theresia starb, und der Struensee wurde hingerichtet, Amerika wurde frei, und die vereinigte französische und spanische Macht konnte Gibraltar nicht erobern. Die Türken schlossen den General Stein in der Veteraner Höhle in Ungarn ein, und der Kaiser Joseph starb auch. Der König Gustav von Schweden eroberte russisch Finnland, und die französische Revolution und der lange Krieg fing an, und der Kaiser Leopold der Zweite ging auch ins Grab. Napoleon eroberte Preußen, und die Engländer bombardierten Kopenhagen, und die Ackerleute säeten und schnitten. Der Müller mahlte, und die Schmiede hämmerten, und die Bergleute gruben nach den Metalladern in ihrer unterirdischen Werkstatt. Als aber die Bergleute in Falun im Jahre 1809 etwas vor oder nach Johannis zwischen zwei Schachten eine Öffnung durchgraben wollten, gute dreihundert Ellen tief unter dem Boden, gruben sie aus dem Schutt und Vitriolwasser den Leichnam eines Jünglings heraus, der ganz mit Eisenvitriol durchdrungen, sonst aber unverwest und unverändert war; also daß man seine Gesichtszüge und sein Alter noch völlig erkennen konnte, als wenn er erst vor einer Stunde gestorben und ein wenig eingeschlafen wäre an der Arbeit. Als man ihn aber zu Tag ausgefördert hatte, Vater und Mutter, Gefreundete und Bekannte waren schon lange tot, kein Mensch wollte den schlafenden Jüngling kennen oder etwas von seinem Unglück wissen, bis die ehemalige Verlobte des Bergmannes kam, der eines Tages auf die Schicht gegangen war und nimmer zurückkehrte. Grau und zusammengeschrumpft kam sie an einer

Krücke an den Platz und erkannte ihren Bräutigam; und mehr mit freudigem Entzücken als mit Schmerz sank sie auf die geliebte Leiche nieder, und erst als sie sich von einer langen heftigen Bewegung des Gemüts erholt hatte, „es ist mein Verlobter", sagte sie endlich, „um den ich fünfzig Jahre lang getrauert hatte und den mich Gott noch einmal sehen läßt vor meinem Ende. Acht Tage vor der Hochzeit ist er auf die Grube gegangen und nimmer gekommen." Da wurden die Gemüter aller Umstehenden von Wehmut und Tränen ergriffen, als sie sahen die ehemalige Braut jetzt in der Gestalt des hingewelkten kraftlosen Alters und den Bräutigam noch in seiner jugendlichen Schöne, und wie in ihrer Brust nach fünfzig Jahren die Flamme der jugendlichen Liebe noch einmal erwachte; aber er öffnete den Mund nimmer zum Lächeln oder die Augen zum Wiedererkennen; und wie sie ihn endlich von den Bergleuten in ihr Stüblein tragen ließ, als die einzige, die ihm angehöre und ein Recht an ihn habe, bis sein Grab gerüstet sei auf dem Kirchhofe. Den anderen Tag, als das Grab gerüstet war auf dem Kirchhof und ihn die Bergleute holten, schloß sie ein Kästlein auf, legte ihm das schwarzseidene Halstuch mit roten Streifen um und begleitete ihn in ihrem Sonntagsgewand, als wenn es ihr Hochzeitstag und nicht der Tag seiner Beerdigung wäre. Denn als man ihn auf dem Kirchhof ins Grab legte, sagte sie: „Schlafe nun wohl, noch einen Tag oder zehn im kühlen Hochzeitbett, und laß dir die Zeit nicht lang werden. Ich habe nur noch ein wenig zu tun und komme bald, und bald wird's wieder Tag." – „Was die Erde einmal wiedergegeben hat, wird sie zum zweitenmal auch nicht behalten", sagte sie, als sie fortging und noch einmal umschaute.

## Drei Worte

Ein Jude in Endingen im Wirtshaus erblickte einen Kaufherrn, der ihm bekannt vorkam. „Seid Ihr nicht einer von den graußmütigen Herrn, daß ich hab die Gnad gehabt mit ihnen von Basel nach Schalampi zu fahren auf dem Wasser?" Der Gersauer Kaufherr, er war von Gersau, sagte: „Hast du unterdessen nichts Neues ausspintisiert, Reiskamerad?" Der Jud antwortete: „Habt Ihr gute Geschäfte gemacht auf der Messe? Wenn Ihr gute Geschäfte gemacht habt – um einen Sechsbätzner, Ihr könnt mir drei Worte nicht nachsagen." Der Gersauer dachte: Ein paar Franken hin oder her. „Laß hören!" Der Jud sagte: „Messerschmied." Der Gersauer: „Messerschmied." „Dudelsack" – „Dudelsack." Da schmunzelte der Jude und sagte: „Falsch!" – Da dachte der Gersauer hin und her, wo er könnte gefehlt haben. Aber der Jude zog eine Kreide aus der Tasche und machte damit einen Strich. „Einmal gewonnen." „Noch einmal!", sagte der Kaufherr. Der Jud sagte: „Baumöl." Der Kaufherr: „Baumöl." „Rotgerber." – „Rotgerber." Da schmunzelte der Hebräer abermal und sagte: „Falsch", und so trieben sie's zum sechstenmal. Als sie's zum sechstenmal so getrieben hatten, sagte der Kaufherr: „Nun will ich dich bezahlen, wenn du mich überzeugen kannst, wo ich gefehlt habe." Der Jude sagte: „Ihr habt mir das dritte Wort nie nachgesprochen. ‚Falsch' war das dritte Wort, das habt Ihr mir nie nachgesprochen, und also war die Wette gewonnen."

## Andreas Hofer

Als im letzten Krieg die Franzosen und Östreicher in der Nachbarschaft in Tirol alle Hände voll miteinander zu tun hatten, dachten die Tiroler: im Trüben ist gut fischen. Sie wollten nimmer bayrisch sein. Viel Köpfe, viele Sinne, manchmal gar keiner. Sie wußten zuletzt selber nimmer recht, was sie wollten. Unterdessen läuteten in allen Tälern die Sturmglocken. Von allen Bergen herab kamen die Schützen mit ihren Stutzen. Mann und Weib, jung und alt, griff zu den Waffen. Die Bayern und Franzosen hatten harten Stand; besonders in den engen Pässen, wenn Felsenstücke wie Sauerkrautstanden und Schweinställe so groß auf sie herabflogen. Bald glücklich, bald unglücklich in ihren Gefechten, nahmen die Rebellen bald Innsbruck ein, die Hauptstadt in Tirol; bald mußten sie sie wieder verlassen; bekamen sie wieder und konnten sie doch nicht behalten. Ungeheure Grausamkeiten wurden verübt, nicht nur an den bayrischen Beamten und Untertanen, nein, auch an den eigenen Landsleuten; Vogel friß oder stirb. Wer nicht mitmachen wollte, war des Lebens nicht mehr sicher. Der Jäger Henny könnte davon erzählen, wenn er noch lebte. Endlich, als manches schöne Dorf und Städtlein in der Asche lag, mancher wohlhabende Mann war ein Bettler, mancher Leichtsinnige und Rasende verlor das Leben; jedes Dorf, fast jedes Haus hatte seine Leichen, seine Wunden und seinen Jammer, da dachten sie zuletzt, es sei doch besser bayrisch sein, als sie im Anfang gemeint hatten, und unterwarfen sich wieder. Unversucht schmeckt nicht. Nur einige Tollköpfe wollten lieber zuerst ein wenig erschossen oder gehenkt sein: zum Beispiel der Andreas Hofer.

Andreas Hofer, Sandwirt im Passeyer und Viehhändler, hatte bis über sein vierzigstes Jahr, bis der Aufstand ausbrach, schon manch Schöpplein Wein ausgeschenkt, manch Stücklein Kreide an bösen Schulden verschrieben, und schätzen konnte er ein Häuplein Vieh trotz einem. Aber im Aufstand brachte er es bis zum Kommandanten, nicht bloß von einem Städtlein oder Tal, nein von der ganzen gefürsteten Grafschaft Tirol, und nahm sein Quartier nicht nur in einem Pfarrhof oder etwa in einem Amtshaus, sondern in dem großen fürstlichen Residenzschloß zu Innsbruck. An fünfzigtausend Mann Landsturm stand in kurzer Zeit unter seinem Befehl. Wer keine Flinte hatte, präsentierte das Gewehr mit der Heugabel. Was verordnet und ausgefertigt wurde, stand Andreas Hofer darunter, das galt. Sein geheimer Kriegsminister war ein geistlicher Herr, Pater Joachim genannt, sein Adjutant war der Kronenwirt von Pludenz, sein Schreiber ein entlaufener Student. Unter seiner Regierung wurden für dreißigtausend Gulden eigene Zwanzigkreuzerstücke für Tirol geprägt, der Hausfreund hat auch einen Hutvoll davon. Ja, er legte eine eigene Stückgießerei an, aber wie? Die Kanonen wurden aus Holz gebohrt und mit starken eisernen Ringen umlegt. Item, es tat gut, nur nicht dem, den's traf. In Innsbruck ließ er sich gut auftragen. Selber essen macht fett. Er sagte: „Ich bin lang genug Wirt gewesen. Jetzt will ich auch einmal Gast sein." Bei dem allen änderte er seine

Kleidertracht nie. Er ging einher wie ein gemeiner Tiroler und trug einen Bart, so lang das Haar wachsen mochte. Nur im Gürtel trug er ein Paar Terzerolen und auf dem Hut eine hohe Reiherfeder, und neben seinen schweren Regierungsgeschäften trieb er den Viehhandel fort, wie vorher. Jetzt schickte er einen Adjutanten mit Befehlen an die Armee ab, jetzt kam ein Metzger: „Wie teuer die vier Stieren, die Ihr bei Eurem Schwager eingestellt habt?" Sonst war er kein ganz roher Mann: viel Unglück hat er verhütet, wo er wehren konnte. Einem gefangenen Offizier sagte er: „Morgen werdet Ihr erschossen." Den anderen Tag sagte er: „Ich habe gehört, daß Ihr ein braver Mann seid, ich will Euch einen Paß geben, daß Ihr heim könnt." Aber größer war das Unglück, das er durch seine Hartnäckigkeit gegen alle Einladungen zum Frieden und durch seine Treulosigkeit verursachte. Jetzt schrieb er an das bayrische Kommando: „Wir wollen uns unterwerfen und bitten um Gnad. Andere Hofer, Oberkommedant in Diroll gewöster." Zugleich schrieb er an den Adjutant Kronenwirt: „Wehrt Euch, so lang Ihr könnt. Trifft's nicht, so gilt's nicht." Als sich aber endlich das verblendete Volk der angebotenen Gnade seines großmütigen Königs unterwarf und alle, welche sich nachher mit den Waffen des Aufruhrs noch blicken ließen, gehenkt wurden, mancher Baum trug solch ein Früchtlein, da war Andreas Hofer nicht daheim zu finden, und an keinem Baum; und es hieß, er sei ein wenig spazierengegangen über die Grenzen. Den Willen dazu mag er gehabt haben in seiner armen hölzernen Hirtenhütte auf einem hohen Berg im hintersten Passeyer Tal, wo er mit seinem Schreiber verborgen lag und mit sechs Fuß hohem Schnee verschanzt war. Sein Haus und sein Vermögen war von den wütenden Bauern geplündert. Dürftige Nahrung verschaffte ihm von Zeit zu Zeit seine Frau, die jetzt selber mit ihren fünf Kindern von fremden Wohltaten lebt. Da sah es anders aus als in der Burg zu Innsbruck. Schlimmeres Quartier wartete auf ihn. Einer von seinen guten Freunden verriet für Geld seinen Aufenthalt. Ein französisches Kommando umringte seine Hütte und nahm ihn gefangen. Man fand bei ihm vier geladene Kugelbüchsen, viel Geld, wenig Nahrung. Er selbst war von

Mangel, Kummer und Angst abgezehrt. Auf der Abbildung ist alles zu sehen. So wurde er von einer starken militärischen Begleitung unter Trommelschlag durch das Land nach Italien nach Mantua ins Gefängnis gebracht und daselbst erschossen. In solchen Wassern fangt man solche Fische.

Vorgetan und nachbedacht, hat manchen in groß Leid gebracht.

## Das fremde Kind

Durch den Schnee und durch die Tannen des Schwarzwalds kommt abends am 5. Dezember 1807 ein achtjähriges Mägdlein halb barfuß, halb nackt vor das Häuslein eines armen Tagelöhners im Gebirg und gesellt sich, mir nichts, dir nichts, zu den Kindern des armen Mannes, die vor dem Hause waren, und gaukelt mit ihnen, geht mit ihnen, mir nichts, dir nichts, in die Stube und denkt nimmer ans Fortgehen. Nicht anders als ein Schäflein, das sich von der Herde verlaufen hat und in der Wildnis herumirrt, wenn es wieder zu seinesgleichen kommt, so hat es keinen Kummer mehr. Der Taglöhner fragt das Kind, wo es herkomme. „Oben aben von Gutenberg.“ – „Wie heißt dein Vater?“ – „Ich habe keinen Vater.“ – „Wie heißt deine Mutter?“ – „Ich habe keine Mutter.“ – „Wem gehörst du denn sonst an?“ – „Ich gehöre niemand sonst an.“ – Aus allem, was er fragte, war nur soviel herauszubringen, daß das Kind von den Bettelleuten sei aufgelesen worden, daß es mehrere Jahre mit Bettlern und Jaunern sei herumgezogen, daß sie es zuletzt in St. Peter haben sitzen lassen, und daß es allein über St. Märgen gekommen sei und jetzt da sei. Als der Taglöhner mit den Seinigen zu Nacht aß, setzte sich das fremde Kind auch an den Tisch. Als es Zeit war zu schlafen, legte es sich auf die Ofenbank und schlief auch; so den anderen Tag, so den dritten. Denn der Mann dachte, ich kann das arme Kind nicht wieder in sein Elend hinausjagen, so schwer es mich ankommt, eins mehr zu füttern. Aber am dritten Tag sagte er zu seiner Frau: „Frau, ich will's doch auch dem Herrn Pfarrer anzeigen.“ Der Pfarrherr lobte die gute Denkungsart des armen Mannes, der Hausfreund auch; „aber das Mägdlein", sagte der Pfarrer, „soll nicht das Brot mit Euern Kindern teilen, sonst werden die Stücklein zu klein. Ich will ihm einen Vater und eine Mutter suchen." Also ging der Pfarrherr zu einem wohlhabenden und gutdenkenden Mann in seinem Kirchspiel, der selber wenig Kinder hat, und der Hausfreund weiß just nicht, wie er's dem Manne sagte: „Peter", sagt er, „wollt Ihr ein Geschenk annehmen?" – „Nach dem's ist", sagte der Mann. – „Es kommt von unserem lieben Herrgott." – „Wenn's von dem kommt, so ist's kein Fehler." Also bot ihm der Pfarrherr das verlassene Mägdlein an und erzählte ihm die Geschichte dazu, so und so. Der Mann sagte: „Ich will mit meiner Frau reden. Es wird nicht fehlen." Der Mann und die Frau nahmen das Kind mit Freuden auf. „Wenn's gut tut", sagte der Mann, „so will ich's erziehen, bis es sein Stücklein Brot selber verdienen kann. Wenn's nicht gut tut, so will ich's wenigstens behalten bis in's Frühjahr. Denn dem Winter darf man keine Kinder anvertrauen." Jetzt hat er's schon viermal überwintert und viermal übersommert auch. Denn das Kind tat gut, ist folgsam und dankbar und fleißig in der Schule, und Speise und Trank ist nicht der größte Gotteslohn, den das fromme Ehepaar an ihm ausübt, sondern die christliche Zucht, die väterliche Erziehung und die mütterliche Pflege. Wer das fremde Töchterlein unter den anderen in der Schule sieht, sollt' es nicht erkennen, so gut sieht es aus, und so sauber ist es gekleidet. So etwas tut dem Hausfreund wohl, und er könnte den braven Taglöhner und die braven Pflegeeltern des Kindes mit Namen nennen, wer sie sind und wie sie heißen. Aber über seinen Mund kommt's nicht.

## Geschwinde Reise

Ein italienischer Kaufmann, der auf die Frankfurter Messe reisen wollte, hatte sich in Stuttgart um einen Tag verspätet. Also mußte er die Extrapost anspannen lassen. Wie fang ich's an, dachte er, daß ich geschwind aus dem Feld komme und doch mit geringen Kosten? „Postillion", sagte er, als er in das Kaleschlein saß, „fahr langsam, denn ich sitze nicht nur auf dem

Kutschenkistlein, sondern auch auf einem Blutgeschwür, und meine entsetzliche Kopfwunde da auf der linken Seite wirst du hoffentlich sehen.“ Eigentlich aber war sie nicht wohl zu sehen. Denn fürs erste war der Kopf mit einem Tüchlein verbunden, das zwar blutig aussah, fürs zweite hatte er unter dem Verband keine Wunde. „Wenn du recht langsam fahrst“, sagte er, „auf der Station soll's dich nicht reuen.“ Der Postillion dachte: solchen Gefallen kann ich den Rossen tun, und was das Trinkgeld anbelangt, mir auch, und fuhr so langsam, daß die Pferde selber anfingen, eins nach dem anderen vor langer Weile zu gähnen, was doch selten geschieht. Nichtsdestoweniger schrie der Italiener unaufhörlich: „Zetter und Mordio. O mein Kopf! o mein Bein! Fahr langsam!“ Der Postillion sagte: „Wollt Ihr auf der Straße übernacht bleiben, so will ich Euch abladen. Ich kann nicht gar fahren, als wenn ich etwas anderes ausführte auf den Acker. Tu ich nicht langsam genug?“ Aber der Passagier sagte: „Ich schieß dich tot, wenn du nicht gemach fahrst.“ Auf der Station in Ludwigsburg, als er dem Postillion das Trinkgeld gab, gab er ihm zwei schäbige Zwölfer, einen Albus und ein Paar verrufene Kreuzerlein, bis es einen halben Gulden ausmachte. Andere gaben sonst wenigstens achtundvierzig Kreuzer, auch einen Gulden und darüber. Wenn's recht pressiert und wenn's recht in der Tasche klingelt, auch einen Kronentaler. Aber alle Vorstellung des Postillions und alles Protestieren half nichts. „Hab' ich Euch nicht schlecht genug geführt?“ fragte er. „Nein, du hast mich nicht langsam genug geführt. Geh zum Henker.“ Der Postillion dachte: lieber wenig als gar nichts. Aber wart' nur, dachte er, du bist noch lange nicht zu Frankfurt. Als der Ludwigsburger die Pferde einspannte, fragte er den Stuttgarter: „Ist der Weg gut?“ „Schlecht“, antwortet der Stuttgarter und winkte ihm ein wenig abseits. Ein wenig abseits sagte er ihm, was er für einen wunderlichen und geizigen Passagier führe, wie ihm noch keiner vorgekommen sei. „Fahr den Ketzer drauflos“, sagte er, „daß die Räder davonfliegen. Er hat drei Bluteisen, drei Löcher im Kopf und eine gespaltene Kniescheibe.“

Der Passagier, als der Postknecht auffaß, sagte: „Fahr langsam, Schwager. Es kommt mir auf ein gutes Trinkgeld nicht an.“

Aber der Postillion dachte: dein Trinkgeld kenn ich. „Meine Pferde sind auf gesunde Herren dressiert", sagte er, „ich kann sie nicht halten, wenn sie im Lauf sind", und fuhr drauflos, als wenn die ganze türkische Armee hinter ihm drein käme. Der Passagier im Kaleschlein bittet vor Gott und nach Gott, lamentiert, flucht, daß sich der Himmel mit Wolken überzieht. Alles vergeblich. Auf der Station in Besigheim gibt er dem Postillion dreißig Kreuzer, wie dem ersten. „Was bringst du für einen presthaften Herrn?" sagte der Besigheimer. „Fahr ihn gar tot", sagte der Ludwigsburger, „es ist ohnedem nicht mehr viel an ihm", und so rekommandierte ihn einer nach dem anderen, und einer fuhr mit ihm geschwinder davon als der andere, so, daß er noch eine Stunde früher nach Frankfurt kam, als nötig war. In Frankfurt sprang er zur Verwunderung und zum Staunen des Postillions kerngesund aus dem Kaleschlein heraus und gab ihm auch dreißig Kreuzer.

## König Friedrichs Leibhusar

Der Leibhusar König Friedrichs von Preußen muß mit seinem Herrn in gutem Vernehmen gestanden haben. Denn einmal gab ihm der König wegen eines Versehens eine Ohrfeige, daß ihm die Haarlocke, wie man sie damals noch an den Seiten des Kopfes trug, auseinanderfuhr und der weiße Puder davonflog, also daß man's ihm draußen wohl ansehen konnte, wenn er hinauskam. Der Leibhusar bat wegen seines Versehens um Verzeihung, stellte sich aber geradewegs vor des Königs großen Spiegel, der im Zimmer war, richtete seine Locke wieder zurecht und stäubte mit dem Schnupftuch den Puder vom Kleid, welches unschicklich war. Dem König kam's auch so vor, denn er sagte: „Was fällt Dir ein? Willst Du noch eine?" Der Leibhusar sagte: Nein, er habe genug an einer; „aber die anderen", sagte er, „brauchen nicht zu wissen, wenn ich hinauskomme, was zwischen uns vorgefallen ist." Da lächelte der König wieder und war nimmer böse über den Leibhusar. Item, einmal tut so etwas gut, ein andermal nicht.

## Andreas Herzeg

(Aus dem Kalender vom Jahre 1812)

Am 13. April, zwar schon vor neun Jahren, ging in Ungarn, in der Gespannschaft Neograd, ein Mann verloren namens Andreas Herzeg, und es war schade für ihr, denn er war rechtschaffen, ziemlich wohlhabend und noch nicht lange verheiratet. Man erkundigte sich nach ihm in allen Dörfern, in allen Gespanschaften, mündlich, schriftlich, im Wochenblättlein. Niemand wußte, wo er hingekommen ist. Sein Bruder in einem anderen Dorf sagte zwar, er sei selbigen Morgen bei ihm gewesen. Das wußte seine Frau auch, und als er gegen Mittag fortging, sagte er, jetzt wolle er heim. Also hielten ihn zuletzt die Seinigen für tot, legten Trauer an, nach ihrer Landesart, und veranstalteten ihm eine Seelenmesse. Er selber wußte so wenig als die anderen Leute, wo er war und wo er solange blieb. Aber am 8. August darauf zuckte etwas in einer Felsenhöhle und streckte sich, und es kam Empfindung in eine erwachte Brust und es richtete sich etwas auf, und als es auf den Beinen stand, sagte es zu sich selber: „Bin ich der Andreas Herzeg, der jüngere? Ich glaube." Als er aber schlaftrunken vor die Höhle herauskam und sah den heiteren blauen Himmel, und wie es zitterte in der Luft vor Hitze; die Bäume hingen voll Laub und reifer Früchte, die Heuschrecken und Sommervögel machten sich lustig, ein Mägdlein in der Ferne griff an einem Weinstock nach den weichen Beeren; da sagte er zu sich selbst: „Ich kann doch nicht der Andreas Herzeg sein. Denn wenn ich der Andreas Herzeg bin, so hat's geschneit und gestöbert, als ich in die Höhle ging und einschlief, sonst wär' ich nicht hineingegangen." Unterdessen kam er immer mehr zu sich, erkannte immer besser die Gegend, und als er in der Ferne den Kirchturm erblickte und die Häuser erkannte und sein eigenes auch, dachte er, jetzt will ich bald erfahren, wie ich dran bin, denn wenn ich der Andreas Herzeg bin, so muß meine Frau mich kennen. Als er aber in der freien Luft sich in Bewegung setzen wollte, da war er so kraftlos und so matt, und als er in die Tasche griff, ob er ein Pfeiflein Tabak rauchen könne, blieb ihm die ganze Tasche in den Händen, denn auf der

Seite, wo er gelegen war, waren seine Kleider mürb geworden und verfault. Doch kam er mit Not und Mühe in das Dorf, und seine Frau saß vor der Türe und schabte gelbe Rüben. Da warf sie, ihren Mann erblickend, in freudigem Schrecken das Messer weg und sprang auf ihn zu, und als sie ihn mit Tränen und Liebe umarmen wollte, sagte er: „Gemach! wirf mich nicht um!", und erkannte, daß er doch der Andreas Herzeg sei. Hierauf erzählte sie ihm, wie sie sich um ihn bekümmert und geweint und wie ihn jedermann für tot gehalten habe, und heute sei der 8. August, und fragte ihn, wo er unterdessen gewesen und was ihm zugestoßen sei. „Wenn heute der 8. August ist", sagte er, „so habe ich weiter nichts als 16 Wochen lang geschlafen in der Felsenhöhle bei Berceßno." Und so war's auch. Sechzehn Wochen hatte er geschlafen ohne Speise, ohne Trank, ohne Deckbett und ohne Pfulben, und jetzt war er wieder da. Dies ist ein merkwürdiges Ereignis und beweist, daß die Gelehrten noch lange nicht genug die Natur des menschlichen Körpers ausstudiert haben. Denn nicht jeder hätte Ja gesagt, wenn er wäre vorher gefragt worden, ob so etwas möglich sei.

Nunmehro aber wird sich der geneigte Leser freuen auf die Mahlzeit, und wie sich der ausgehungerte Mann eine Weinsuppe kochen läßt 22 Zoll im Durchmesser und 9 Zoll Tiefe, wie er ein paar Spanferkel schlachten läßt und ein Kalb und wie er jetzt hinwiederum 16 Wochen lang wachen und dem Nachtwächter den Dienst abnehmen kann um eine Kleinigkeit. Nichts nutz! (pflegt der Präsident zu sagen, der mit dem Hausfreund das Gespenst gesehen hat), sondern er war vor großen Schmerzen in den Kinnladen nicht capable, den Mund zum Essen zu öffnen, konnte nur etwas dünne kräftige Brühe zu sich bringen, ward täglich schwächer und elender und empfing am vierten Tag das heilige Abendmahl und schlief in Gottes Namen noch einmal ein, bis ihm nachher am dritten Tag ein böses Geschwür im Kopf aufging, und die Materie davon zu den Ohren herausfloß.

Als aber das Geschwür sich geöffnet und halber wieder gesäubert hatte, kam auch der Mann nach und nach wieder zu seinen völligen Kräften und in seine Ordnung, hat unterdessen mehrere Kinder erzielt, lebt noch bis auf diese Stunde und ist gesund.

Der Hausfreund verlangt nicht, daß ihm der geneigte Leser diese seltsame Geschichte auf sein Wort glauben soll, maßen er selber nicht dabei gewesen ist. Aber die Sache ist hernach gerichtlich von den Herrn der Gespanschaft und von dem Physikal untersucht und als authentisch in die Akten gebracht worden, und ein rechtschaffener Herr daselbst hat sie voriges Jahr wieder aus den Akten herausgezogen und in der Stadt Wien durch den Buchdruck bekanntgemacht.

## Der Rekrut

Ein junger schön gewachsener Bursche mit krausen rötlichen Haaren und viel Laubflecken sagte dem preußischen Offizier, der ihn hinten auf sein Gefährt aufsitzen ließ, nicht, wo er daheim sei, bis es Zeit war. Auf das Gefährtlein aber war er folgendergestalt gekommen. Als der Offizier an ihm vorbeifuhr auf der Straße, etwas langsam, weil es bergan ging und bei solcher Gelegenheit ein Pfeifchen Tabak stopfte, dachte der Rotkopf: Fahren ist ringer als laufen, wenn's geratet, und zog auch sein hölzernes Pfeiflein aus der Tasche. „Wollet Ihr nicht so gut sein, gnädiger Herr, und mir auch Tabak geben zu meiner Pfeife? Ich will Euch derweilen Feuer schlagen." Dem Offizier, der aus dem Urlaub zu seiner Garnison zurückkehrte, leuchtete das kräftige Alter und der schöne kecke Wuchs des Knaben nicht übel ein. „Wo bist du her, mein Sohn?" – „Von da und da, Ihr müßt ja durchgefahren sein, vor etwa einer Stunde. Mein Vater ist der Schwanenwirt, eigentlich aber mein Stiefvater." – „Was ist dein Geschäft auf der Straße?" – „Darum will ich dem König dienen und gehe auf den nächsten Werbplatz." – „Wieviel Jahre hast du?" – „Neunzehn seit vorgestern, und nicht viele gute darunter. Drum hat mir vorgestriges Tages die Mutter einen Kronentaler gegeben. Großer, hat sie gesagt, du wirst heute neunzehn Jahre alt, mach dir einen guten Abend dafür. Für einen Kronentaler kann man mehr als einen Rausch trinken, aber ich habe nur einen dafür getrunken. Heute früh, vor zwei Stunden, als ich noch im Bett lag, ist der Vater mit dem Geißelstecken gekommen und hat mich gewalkt. Es ist nicht das erste Mal. Und die Mutter hat er auch bearbeitet. Es ist auch nicht das erste Mal. Willst du alles an den Lümmel henken, hat er gesagt, an den rothärigen Galgenstrick?" – Der Offizier gab ihm hierauf ein wenig Tabak in die Hand und sagte: „Du kannst hinten aufsitzen, wenn wir auf der Höhe sind. Ich will dich mitnehmen." – „Ich verlange kein Handgeld", sagte der Rotkopf und schlug an die Tasche.

„Kann man den Schwanenwirt zwingen", fragte er, „daß er mir mein Väterliches verabfolgen läßt, wenn ich majorenn bin?" Der Offizier sagte: „Sobald du majorenn wirst, soll's nicht fehlen." Auf der Station, wenn die Pferde gewechselt werden, ließ er ihm gut einschenken, um ihm frohen Mut zu machen, und wenn er ausgetrunken hatte, sagte er: „Es schmeckt doch nicht recht, wie's soll, wenn man den Tag vorher etwas zu viel gehabt hat." Unterwegs saß er bald auf dem Brett, bald stellte er sich wie ein Bedienter, der hinten aufsteht, erzählte dem Offizier allerlei oder pfiff ein lustiges Stücklein. Der Offizier sagte: „Du kannst Pfeifer-Major werden bei des Königs Leibgarde. Solche gibt's nicht viel in der Armee." – „Ich kann auch die Orgel spielen." – „Gut! Du kannst auch General-Feldorgelspieler werden. Aber zuerst mußt du von unten herauf als Regimentsblasbalgtreter dienen." Wart nur, dachte er, bis ich dich in Magdeburg habe. Das Orgelspielen wird dir vergehen. Aber gegen Abend, als sie durch den Wald fuhren, stellte sich der Rotkopf wieder auf die Beine, eigentlich aber nur auf eins, denn das andere hielt er auf den Sprung parat. „Jetzt, wenn Ihr um die Waldspitze herum seid, gnädiger Herr, rechts erblickt Ihr in der Ferne ein Dorf mit einem halben Kirchturm, dort bin ich daheim. Ich bedanke mich, daß Ihr mich so weit habt lassen mitfahren." Aber als er die letzten Worte sagte, sprang er schon über den Straßengraben und husch in den Wald hinein, wie ein gejagter Hirsch; weg war er. Denn es war ihm nur ums Mitfahren zu tun.

Der Offizier schoß ihm zwar mit der Kugelbüchse nach. Aber die Kugel konnte ihn im Wald zwischen den vielen Bäumen nimmer ausfindig machen. Der Postillion aber sagte. „Es hat mich schon lang Wunder genommen, was Ihr mit dem Halunken hinten auf der Chaise tut. Ich kenne den roten Spitzbuben wohl", sagte er.

## Herr Christian Kuhmann, des geneigten Lesers Landsmann

In Rohrbach, einem badischen Dorf bei Gochsheim, wurde vor 68 Jahren einem armen Taglöhner ein Sohn geboren. Das ist derjenige, von welchem wir reden, und als er getauft wurde, dachten wir Gevatterleute auch nicht daran, daß sie einen Kaiserlich französischen Reichsbaron in die Kirche tragen. Schon in seiner Kindheit starb ihm der Vater, und man hielt es wohl für ein großes Unglück; aber der liebe Gott sagte: Laß mich nur machen, und gab ihn vor der Hand einem rechtschaffenen Mann, einem Bildweber, in Pflegschaft und nachher auch in die Lehre. Wie er aber als ausgelernter Handwerksbursche nach Straßburg in die Fremde und zu einem Meister kam, da lachte ihm vor Freuden das Herz, wenn er die schönen Regimenter sah aufmarschieren und hörte den lustigen Marsch, und wenn er wieder an seinem Webstuhl saß und das Schifflein und die Fäden durch den Zettel schoß, wenn ein Faden entzweibrach, rief er: „Bataillon halt!" Aber wenn der Faden angeknüpft war, kommandierte er wieder: „Vorwärts Marsch!" Eines Tages aber dachte er auf einmal: Was hab ich das nötig? Ich geh zu Prinz Max' Regiment Elsaß und nimm Handgeld. So gedacht, so geschehn. Merke: der Herr Baron war ein braver und geschickter Webersknecht und ist nicht aus Leichtsinn oder aus Faulheit oder wegen eines liederlichen Streiches Soldat worden oder im Rausch, sondern es ist inwendig in ihm gesessen und die Montur hat sich nur herausgekehrt. Solches wird sich alsobald offenbaren. Denn der Prinz Max, der damals ebenfalls nicht daran dachte, daß ein König in ihm stecke, nämlich der jetzige König von Bayern, ein gütiger Soldaten- und Menschenfreund, fand an ihm einen braven und ordnungsliebenden Soldaten und schenkte ihm bald seine Gunst. Eines Tages sagte er zu ihm: „Kuhmann", sagte der Prinz,

„wenn du besser schreiben und rechnen könntest, lesen ohnehin, so sollte dir eine Unteroffiziersstelle nicht fehlen." Da lernte Kuhmann bei einem Landsmann, der damals in Straßburg studierte, Schreiben und Rechnen und bracht's in kurzer Zeit bis zum Korporal, nein zum Sergeanten. Aber jetzt stand er an einem bösen Schlagbaum, über den er nicht springen konnte, weil er damals noch auf bürgerlichen Beinen stand. Denn wer damals bei dem Regiment Elsaß weiterkommen und Offizier werden wollte, mußte von adeliger Geburt und Herkunft sein, kein Weberskneckt von Rohrbach. Als aber in derselbigen Zeit ein neues leichtes Dragoner-Regiment errichtet wurde, wo man's vermutlich im Anfang nicht so genau nahm, empfahl ihn der Prinz Max dem Inhaber desselben zu einer Offiziersstelle; so gütig war der Prinz. Also wurde jetzt der Sergeant Kuhmann Offizier bei dem Dragoner-Regiment von Cevennes. Drüber brach die Revolution aus, wo eine Kundschaft so gute Dienste leisten konnte als ein Adelsbrief und noch bessere. Kuhmann nahm keinen Anteil an den Unruhen und Untaten, sondern sagte: „Wenn alles revolutioniert, so will ich meinem Kommandanten getreu bleiben." Also gehorchte er seinem Kommandanten, was er sagte und befahl, und half die Aristokraten fortjagen. In dieser Zeit also und während des Krieges stieg er durch seine Tapferkeit von einer Ehrenstufe zur anderen und war unter Napoleons Anführung nicht der letzte bei der siegreichen Schlacht bei Marengo, und Napoleon mußte ihn wohl gesehen haben, wie er mit seinen Schwadronen in die österreichischen Kugeln hineinritt. Denn als er das Veteranenfest in Paris gab, der Herr Kuhmann war bereits schon ein bejahrter Mann und hatte nimmer viel Haare im Zöpflein, da ernannte ihn der Kaiser zum Obristen, ja zum Kommandanten der neuen Militärschule in Fontainebleau, ja zum französischen Reichsbaron, und schenkte ihm den Orden der Ehrenlegion. So weit hat's der Landsmann des geneigten Lesers, der Herr Christian Kuhmann von Rohrbach, Bezirksamt Gochsheim gebracht und starb als ein hochgeehrter Mann den 18. Jänner 1811. Wenn er nicht ein edler Biedermann gewesen wäre und nicht seine Untergebenen wie Kinder geliebt hätte, so hätten sie nicht gleich verlassenen Waisen an seinem Sarge geweint und gesagt: Wir haben unseren Vater verloren. So ein Wort auf den Weg in die Ewigkeit ist noch mehr wert als der Titel Reichsbaron, meint der Hausfreund.

## Gute Geduld

Ein Franzos ritt eines Tages auf eine Brücke zu, die über ein Wasser ging und fast schmal war, also daß sich zwei Reitende kaum darauf ausweichen konnten. Ein Engländer von der anderen Seite her ritt auch auf die Brücke zu, und als sie auf der Mitte derselben zusammenkamen, wollte keiner dem anderen Platz machen. „Ein Engländer geht keinem Franzosen aus dem Wege", sagte der Engländer. „Par Dieu", erwiderte der Franzos, „mein Pferd ist auch ein Engländer. Es ist schade, daß ich keine Gelegenheit habe, es umzukehren und Euch seinen Stumpfschweif zu zeigen. Also laßt doch wenigstens Euern Engländer, auf dem Ihr reitet, meinem Engländer, wo ich darauf reite, aus dem Wege gehn. Euerer scheint ohnehin der jüngere zu sein; meiner hat noch unter Ludwig dem Vierzehnten gedient, in der Schlacht bei Käferolse Anno 1702."

Allein der Engländer machte sich wenig aus diesem Einfall, sondern sagte: „Ich habe jetzt die schönste Gelegenheit, die heutige Zeitung zu lesen, bis es Euch gefällt, Platz zu machen." Also zog er kaltblütig, wie die Engländer sind, eine Zeitung aus der Tasche, wickelte sie auseinander wie eine Handzwehle und las darin eine Stunde lang auf dem Roß und auf der Brücke, und die Sonne sah nicht aus, als wenn sie den Toren noch lange zusehen wollte, sondern neigte sich stark gegen die Berge. Nach einer Stunde aber, als er fertig war, und die Zeitung wieder zusammenlegen wollte, sah er den Franzosen an und sagte: „Eh bien!" Aber der Franzos hatte den Kopf auch nicht verloren, sondern erwiderte: „Engländer, seid so gut und gebt mir Eure Zeitung jetzt auch ein wenig, daß ich ebenfalls darin lesen kann bis es Euch gefällt auszuweichen." Als aber der Engländer diese Geduld seines Gegners sah, sagte er: „Wißt Ihr was, Franzos? Kommt, ich will Euch Platz machen!" Also machte der Engländer dem Franzosen Platz.

## Lange Kriegsfuhr

Dies ist die Geschichte, die dem Hausfreund vor einem Jahr ein unsichtbarer Freund geschenkt hat, und der Freund sagt, er kenne die Abkömmlinge des Wirts, und die Sache sei ganz gewiß.

Im dreißigjährigen Krieg, der Schwed zog durch ein namhaftes Dorf im Wiesen-Kreis, und in dem Dorf durchs Wirtshaus, und im Durchziehen durch den Hof blieb der Knecht des Wirts mit einem Wagen und vier Pferden an der Kolonne hängen. Denn er mußte Tornister führen und Offizierskisten und Weibsleute. Der Meister sagte: „Komm bald wieder heim, Jobbi!" Der Jobbi dachte: An mir soll's nicht fehlen. Die Meisterin weinte und lamentierte, aber ein schwedischer Korporal sagte: „Man wird Roß nicht fressen. Tartar frißt Roß." Indessen ging die erste Tagsstation nur bis nach Freiburg, die zweite nur bis nach Kippenheim, die dritte nur bis nach Ortenburg, die vierte nur bis nach Hornberg, die fünfte nur bis nach Villingen im Schwarzwald. Dem armen Jobbi so hoch droben bei den Wolken war schon das Leben feil, und die Pferde hätten auch gern ins Gras gebissen, aber noch lieber in den Haber. Und unter allen vieren beklagte der Jobbi am meisten sein Lieblingsroß, den Jockli, daß er schon in seinen besten Jahren ein Kriegsheld werden mußte. Aber das half alles nichts. Wo man hinkam, waren keine Fuhren zu haben, so mußte der Jobbi und der Jockli mit, ungefragt und ungebeten bis weit hinein ins Schwabenland und hinter sich und für sich, und aus so vielen Tagen wurden so viele Monate und mehr, bis er einmal zwischen einem Montag und Dienstag Gelegenheit fand, eine Spazierfahrt für sich zu machen ins Freie. Die österreichischen Vorposten riefen ihn an: „Wer da?" – „Gut Freund." – „Wer ist gut Freund?" – „Der Jobbi von da und da." – „Bassa malergi", sagte der Korporal, „bist du Jobbi von da und da?" Der Korporal hatte auch einen Schluck Branntwein oder vierundzwanzig bei seinem Meister getrunken und kannte den Jobbi, und der Vorpostenhauptmann war auch schon auf dem Jockli nach Waldshut geritten und kannte den Jockli. Also sagte der Hauptmann: „Willst du einen Paß nach Haus oder willst du bei uns bleiben und Geld genug verdienen?" Da dachte der Jobbi: Aufgegeben hat mich der Meister schon lang und einen anderen Zug gekauft. Attrappiert mich der Schwed, so geht's zu bösen Häusern oder gar zu bösen Bäumen, und der Mund stand ihm voll Wasser, wenn er sah, wie die österreichischen Dukaten flogen und auf den Boden fielen, und niemand bückte sich darnach. Denn der österreichische Krieg hatte Geld. Also blieb der Jobbi bei der Armee, hauderte hin und her bis nach Preßburg hinein im Ungarland und wieder zurück, handelte auch ein wenig und gewann Hüte voll Geld. Der Wagen zerbrach; er kaufte sich einen neuen. Ein Pferd fiel nach dem anderen, die Beute hatte andere. Nur der Jockli hielt aus bergauf und ab, durch dick und dünn. Gleichwohl dachte der alte Knabe oft an den Meister und an die Meisterin daheim, und wie er wieder einmal zurück wolle, wenn's sauber sei im Reich. Und der Meister und die Meisterin daheim dachten auch manchmal an den Jobbi selig, und wie es ihm möge ergangen sein bei den Schweden. Eines Tages, als schon alle Kanonen vom Rhein bis an die Donau und bis an die Ostsee versaust hatten, die Meisterin schnitt die Suppe ein zum Mittagessen, und der Wirt richtete den Zeiger an der Wanduhr, denn es schlug auf der Kirche, da seufzte die Frau und sagte nichts. Der Meister fragt: „Was fehlt dir?" – „He nichts", sagte sie, „ich hab an den Jobbi gedacht, Gott hab ihn selig, und an den schönen Zug, heute jährt sich's wieder." – „Es wird sich noch vielmal jähren", sagte der Mann. „Gottlob, daß wieder Ruhe im Lande ist." Indem tritt der Hausknecht herein, und sagt: „Meister, da draußen haltet ein obsolater Gesell, ein Ungar mit schneeweißem Bart und vier Rossen, der aussieht wie ein Marketender und hat auch so ein Branntweinfäßlein auf dem Wagen. Kommt mir der Sapperment frangschemang in den Stall und sagt: an diesem Platz bin ich der Meister; drauf jagt er Eure Pferde in den Hof hinaus und bindet die seinigen an. Ist noch Krieg oder ist Frieden?" Indem der Meister hinaus will, kommt der Ungar hinein und sagt: „Gemach!" – Der Wirt fragt: „Woher des Landes? Solche Gäste haben wir auch schon gehabt." „Eine Halbe will ich", sagte der Ungar, „von Euerm Besten und zwei Gläser." – „Das ist nicht von

Euerm Besten", sagte er nachher. „Von dem Krenzacher will ich, im hinteren Keller, oder von dem Laufemer hinter der Brotbahre, wo die Katz darauf sitzt." Der Wirt sagt: „Woher wißt Ihr, was ich für Wein im Keller habe?" Der Ungar sagt: „Von Euerm Knecht, dem Jobbi", und wollte sich noch lange verstellen. Als er aber seinen Namen hörte, wiewohl er ihn selber aussprach, konnte er nimmer an sich halten, sondern griff die Hand des Meisters, und die Tränen rannen ihm aus den Augen in den weißen Bart, wie der köstliche Balsam, der herabfließt in den Bart Aarons, der herabfleußt in sein Kleid und Lust und Freude erregt. „Ich bin ja der alte Jobbi", sagte der vermeinte Ungar, „wo einmal bei Euch" – aber der Wirt und die Wirtin unterbrachen ihn mit einem lauten Freudengeschrei, „und den Jockli hab ich auch wieder mitgebracht", sagte der Jobbi, „die anderen sind neu." Jetzt gings an ein Bewillkommnen und an ein Fragen, der Wirt rief die Kinder zusammen, der Jobbi sei wieder da, und die Mutter brachte die Kleinen, eins an der Hand, eins auf dem Arme; aber sie fürchteten sich und schrieen vor dem fremden Bart; und der Herr Schulmeister kam im Vorbeigehen auch herein. Als aber der Meister ein Glas zum Willkommen mit ihm getrunken hatte und wollte ihm das zweite einschenken, sagte der Jobbi: „Das Fäßlein! Wir müssen zuerst das Fäßlein abladen." Darauf brachten der Wirt, der Jobbi und der Hausknecht ein Fäßlein; aber nicht mit Branntwein, nein, voll kaiserlicher Taler und Kremnitzer Dukaten ab dem Wagen herein, so schwer sie tragen konnten. „Dies ist Euer Geld", sagte der Jobbi, „das ich Euch ehrlich verdient habe. Ich verlange nichts als für die sechs Jahre meinen Lohn und für den Jockli den Ruhestand." Der Meister sagte: „Du sollst keinen Lohn von mir bekommen, sondern du sollst das Kind im Hause sein, und zwar das älteste." Aber der Jobbi sagte: „Ihr habt unterdessen, wie ich sehe, Kinder genug bekommen. Laßt mich, wie ich bin", und ging mit einem Mund voll Brot hinaus, um nach den Pferden zu sehen und seine alten Geschäfte zu verrichten wie vorher, als wenn er nie weg gewesen wäre.

Also blieb er bis an sein Ende im Dienste seines Meisters und vermachte ihm, weil er keinen Erben hatte, noch sein Vermögen von 520 Pfund Basler Währung, tut 416 Gulden rheinisch. Der Meister aber rührte das Geld nicht an, sondern stiftete es für die Armen.

Merke: der Hausfreund kann letzteres nicht für gewiß sagen. Aber er denkt so: War der Jobbi ein guter Knecht, so war der Meister ein guter Mensch. Fromme Herrschaft zieht frommes Gesinde. Grobheit, Fluchen und Geiz ist der falsche Weg zu gutem Gesind, hinten herum. Ist also der Wirt ein raisonabler Mann gewesen, hat er auch das Geld den Armen geschenkt.

Zwei Tage nach dem Jobbi starb auch der Jockli. Merke: die Kleidertracht auf der Abbildung ist nicht, wie man sie jetzt trägt, sondern wie sie im dreißigjährigen Krieg getragen wurde, und der Mann mit dem freundlichen frohen Gesicht neben der Wirtin ist ohne Zweifel der Herr Schulmeister. Sieht er nicht aus fast wie ein Weihbischof?

## Das Bettlerkind

Zu einem betagten Herrn, der zwar wohltätig, aber fast wunderlich war, kommt ein freundliches Bettelkind und bittet ihn um ein Almosen. „Wir haben schon seit dem Samstag kein Weißbrot mehr, und das Schwarze ist so teuer, weil die Laibe so groß sind.“ Der Herr, der auf Ordnung hielt und das Betteln nicht wohl leiden konnte, sagte: „Weil du sonst so bescheiden bist, ich habe dich noch nie gesehen, und heute zum erstenmal zu mir kommst, so will ich dir zwar ein Sechskreuzerlein schenken. Aber unterstehe dich nicht, daß du dich wieder bei mir blicken lassest, sonst geht's mit einem Groschen ab.“ Also holte das Kind in Zukunft den Groschen fast über jeden anderen Tag. Als er aber des Überlaufens müde war, sagte er: „Jetzt bin ich's müde. Wenn du dich noch einmal unterstehst, so setze ich dich auf einen Kreuzer herab.“ Also kam das Kind in Zukunft alle Morgen und holte den Kreuzer. Die Köchin riet dem Herrn, er solle dem Kind garnie mehr etwas geben, so wird's schon wegbleiben. „So?“, sagte er, „das ist mir ein sauberer Rat. Seht Ihr nicht, je weniger man ihm gibt, desto öfter kommt's?“

## Das Vivat der Königin

Nicht eben so gut als der Franzos, der dem Engländer auf der Brücke zu Pferd begegnete, kam ein anderer Franzos zu Königszeiten mit einem anderen Engländer davon in einem Wirtshaus. Der Engländer saß schon über eine halbe Stunde still und stumm in einer Ecke und wartete auf einen Chirurgus, hätte gern die Zähne zusammengebissen vor Ungeduld, aber einer davon war hohl und tat ihm von Zeit zu Zeit entsetzlich weh, zum Exempel diesmal. Kommt auf einmal der Franzose, ein Perückenmacher oder so etwas, an den Tisch, wo der Engländer saß, und wollte seinen Kameraden einen Spaß zum besten geben. Denn er glaubte, der Engländer sei dumm oder noch scheu dort zu Land. Also fing er ein langes Gespräch mit ihm an, worauf der Engländer wenig antwortete, rühmte ihm, was Frankreich für ein reiches und großes Land sei, und daß einer schon ein gutes Pferd haben müsse, wenn er's in Dreivierteljahren durchreiten wolle, und wie der König so gerecht sei und die Königin so gut. „Aber auf das Wohl der Königin", sagte er, „trinkt Ihr doch eins mit mir oder noch mehr?" Als sie ausgetrunken hatten, zerriß der Franzos die Hemdkrause an seinem alten abgewaschenen Hemde und sagte: „Es lebe die Königin! Gentleman", sagte er, „Ihr müßt Eure Hemdkrause auch zerreißen auf das Wohlsein der Königin. Ich habe meine auch zerrissen." „Geht zum Henker, Ihr Sapperment", sagt der Engländer, „Euer Hemd hat nimmer weit in die Papiermühle. Meins kommt nagelneu von der Näherin weg und ist an einigen Orten noch ganz heiß vom Durchzug der Nadel." Aber der Perückenmacher sagte: „Herr, ich versteh keinen Spaß! Entweder zerreißt Ihr Euer Hemd, oder Ihr müßt Euch mit mir stechen auf Leben und Tod." Wollte der fremde Engländer keinen Spektakel haben, so mußte er seine Hemdkrause zerreißen wie der Franzose. Aber jetzt wurde er auf einmal freundlich und redselig und erzählte dem Perückenmacher viel von England und von London und von dem großen Kirchturm in London, und wie einer schon gute Augen haben müsse, wenn er unten die Stadt noch sehen wolle, bis der Chirurgus kam. Als der Chiruraus kam und fragte, was der fremde Herr befehle, „seid so gut", sagte der Engländer, „und zieht mir diesen Stockzahn da aus, den dritten, auf's Wohlsein der Königin von England!" „Herr", sagte er zu dem Perückenmacher, „Ihr bleibt da sitzen und rührt Euch nicht." Als der Zahn glücklich heraus war, sagte er zu dem Zahnarzt, „seid so gut und zieht jetzt diesem Herrn da ebenfalls einen Zahn aus, auf's Wohlsein der Königin von England. Guter Freund", sagte er, „Ihr müßt Euch auch einen ausreißen lassen, ich hab mir auch einen ausreißen lassen." Da verging dem Spaßmacher der Mutwillen und die roten Backen und protestierte zwar, die Sache sei nicht gleich. „Euer Zahn da", sagte er, „ist so hohl, daß eine Häsin drin setzen könnte. Die meinigen sind alle so kerngesund, daß ich eine Bleikugel damit breitbeißen könnte. Wenn drei Lilien drauf wären, könnt' ich Geld damit prägen." Aber der andere gab darauf kein Gehör, sondern sagte: „Herr, ich versteh keinen Spaß! Entweder laßt Ihr Euch einen Zahn ausbrechen auf der Stelle, oder Ihr könnt Euch mit mir stechen auf Leben und auf Tod, und ich bohr Euch da an die Tür hinan, daß der Degen eine Elle weit in die Kammer hineingeht." Da dachte der Perückenmacher: Ein Zahn, – Ein Leben! – Neun Kinder hab ich daheim. – Lieber ein Zahn. – Also ließ er sich wohl oder übel auch einen ausreißen, und schieden darauf in Frieden voneinander. Aber zu seinen Kameraden sagte er nachher: „Diesmal mit einem Fremden Mutwillen getrieben, den ich nicht kenne! Hört man mir nichts an, wenn ich rede?"

## Der verwegene Hofnarr

Der König hatte ein Pferd, das war ihm so lieb, daß er sagte: „Ich weiß nicht, was ich tue, wenn das Pferd mir stirbt. Aber den, der mir von seinem Tode die erste Nachricht bringt, den laß ich auch gewiß aufhenken." Item, das Rößlein starb doch, und niemand wollte dem König die erste Nachricht davon bringen. Endlich kam der Hofnarr. „Ach, gnädigster Herr", rief er aus, „Ihr Pferd! Ach das arme, arme Pferd! Gestern war es noch so" – da stotterte er, und der erschrockene König fiel ihm ins Wort und sagte: „Ist es gestorben? Ganz gewiß ist es gestorben, ich merk's schon." „Ach gnädigster Herr", fuhr der Hofnarr mit noch größerem Lamento fort, „das ist noch lange nicht das Schlimmste." „Nun, was denn?" fragte der König. „Ach, daß Sie jetzt noch sich selber müssen henken lassen. Denn Sie haben's zuerst gesagt, daß Ihr Leibpferd tot sei. Ich hab's nicht gesagt." Der König aber, betrübt über den Verlust seines Pferdes, aufgebracht über die Frechheit des Hofnarren und doch belustigt durch seinen guten Einfall, gab ihm augenblicklich den Abschied, mit einem guten Reisegeld. „Da, Hofnarr", sagte der König, „da hast du hundert Dukaten. Laß dich statt meiner dafür henken, wo du willst. Aber laß mich nichts mehr von dir sehen oder hören. Sonst, wenn ich erfahre, daß du dich nicht hast henken lassen, so tu' ich's."

## Die betrogenen Zecher

Zwei Zechbrüder besuchten oft eine Stunde weit einen Freund aufs Mittagessen, weil er guten Jochem hatte und ihm der Wein nicht überzwerch im Faß lag. An seinem Namenstag, als sie wieder kamen, und hatte jeder vorher einen Hering gegessen wegen dem Durst und schwitzten Tropfen wie Haselnuß, denn es war am 8. August, Cyriak hieß er, da dachte der Herr Cyriak, ich will doch sehen einmal, ob ich der gute Freund bin oder mein Wein. Also nahm er den einen vor dem Essen auf die Seite und sagte: „Helft mir heute meinen Gevattermann den Apotheker (das war der andere) unter den Tisch trinken. Wir wollen gelbgefärbtes Wasser trinken, und Ihr müßt ihm fleißig anstoßen, auf den Cyriak, allemal ex pleno." Das war dem Gevatter recht. Darauf nahm er den Apotheker auf die Seite und sagte: „Helft mir mir heute meinen Gevattermann zudecken", und tat ihm den nämlichen Vorschlag. Dem Apotheker war's auch recht, und jeder dachte: das gibt einen Spaß. Also tranken sie miteinander sieben Maß Wasser Durlacher Eich über der Mahlzeit und noch drei Maß stehenden Fußes auf viel nachfolgende. Als er ihnen die vierte einschenken wollte, sagte der Gevattermann: „Ich kann nimmer, es ist mir zu stark."

Der Apotheker sagte: „Ich kann auch nimmer. Ich muß noch Bärendreck kochen, wenn ich heimkomme." Doch nahmen sie noch eins zur schuldigen Danksagung. Unterwegs sagte der Gevatter des Cyriak: „Apotheker, heut habt Ihr ein Meisterstück gemacht. Ich kann nicht begreifen, wie Ihr noch aufrecht gehen könnt." Der Apotheker sagte: „Mich wundert's, daß Ihr nicht blindhagelvoll seid." „So", sagte der Gevattermann: „drum hab' ich Wasser getrunken." Da gingen dem Apotheker die Augen auf und sagte: „Ich auch". Da gingen dem Gevattermann auch die Augen auf.

## Der Lehrjunge

Eines Tages wurde in Rheinfelden ein junger Mensch wegen eines verübten Diebstahls an den Pranger gestellt, an das Halseisen, und ein wohlgekleideter Mensch blieb die ganze Zeit unter den Zuschauern stehen und verwandte kein Auge von ihm. Als aber der Dieb nach einer Stunde herabgelassen wurde von seinem Ehrenpfosten und zum Andenken noch zwanzig Prügel bekommen sollte, trat der Fremde zu dem Hatschier, drückte ihm einen kleinen Taler in die Hand und sagte: „Setzt ihm die Prügel ein wenig kräftig auf, Herr Haltunsfest! Gebt ihm die besten, die Ihr aufbringen könnt!" Und der Hatschier mochte schlagen, so stark er wollte, so rief der Fremde immer: „Besser! Noch besser!" und den jungen Menschen auf der Schranne fragte er bisweilen mit höhnischem Lachen: „Wie tut's, Bürschlein? Wie schmeckt's?"

Als aber der Dieb war zur Stadt hinausgejagt worden, ging ihm der Fremde von weitem nach, und als er ihn erreicht hatte auf dem Weg nach Degerfelden, sagte er zu ihm: „Kennst du mich noch, Gutschick?" Der junge Mensch sagte: „Euch werde ich so bald nicht vergessen. Aber sagt mir doch, warum habt Ihr an meiner Schmach eine solche Schadenfreude gehabt und an dem Paß, den mir der Hatschier mit dem Weidenstumpen geschrieben hat, so ich doch Euch nicht bestohlen, auch mein Lebenlang sonst nicht beleidigt habe." Der Fremde sagte: „Zur Warnung, weil du deine Sache so einfältig angelegt hattest, daß es notwendig herauskommen mußte. Wer unser Metier treiben will, ich bin der Zundelfrieder", sagte er, und er war's auch – „wer unser Metier treiben will, der muß sein Geschäft mit List anfangen und mit Vorsicht zu Ende bringen. Wenn du aber zu mir in die Lehre gehen willst, denn an Verstand scheint es dir nicht zu fehlen und eine Warnung hast du jetzt, und so will ich mich deiner annehmen und etwas Rechtes aus dir machen." Also nahm er den jungen Menschen als Lehrjungen an, und als es bald darauf unsicher am Rhein wurde, nahm er ihn mit sich in die spanischen Niederlande.

## Der Wasserträger

In Paris holt man das Wasser nicht am Brunnen. Wie dort alles ins Große getrieben wird, so schöpft man auch das Wasser ohmweise aus dem Strom, der hindurch fleußt, in der Seine, und hat eigene Wasserträger, arme Leute, die jahraus, jahrein das Wasser in die Häuser bringen und davon leben. Denn man müßte viel Brunnen graben für fünfmalhunderttausend Menschen in einer Stadt ohne das unvernünftige Vieh. Auch hat das Erdreich dort kein ander trinkbares Wasser; solches ist auch eine Ursache, daß man keine Brunnen gräbt.

Zwei solche Wasserträger verdienten ihr Stücklein Brot und tranken am Sonntag ihr Schöpplein miteinander manches Jahr, auch legten sie immer etwas weniges von dem Verdienst zurück und setzten's in die Lotterie.

Wer sein Geld in die Lotterie trägt, trägt's in den Rhein. Fort ist's. Aber bisweilen läßt das Glück unter viel Tausenden einen etwas Namhaftes gewinnen und trompetet dazu, damit die anderen Toren wieder gelockt werden. Also ließ es unsere zwei Wasserträger auf einmal gewinnen, mehr als 100000 Livres. Einer von ihnen, als er seinen Anteil heimgetragen hatte, dachte nach. Wie kann ich mein Geld sicher anlegen? Wieviel darf ich des Jahres verzehren, daß ich's aushalte und von Jahr zu Jahr noch reicher werde, bis ich's nimmer zählen kann? Und wie ihn seine Überlegung ermahnte, so tat er, und ist jetzt ein steinreicher Mann, und ein guter Freund des Hausfreundes kennt ihn.

Der andere sagte: „Wohl will ich mir's auch werden lassen für mein Geld, aber meine Kunden geb' ich nicht auf, dies ist unklug", sondern er nahm auf ein Vierteljahr einen an, einen Adjunkt, wie der Hausfreund, der so lang sein Geschäft verrichten mußte, als er reich war. Denn er sagte: „In einem Vierteljahr bin ich fertig." Also kleidete er sich jetzt in die vornehmste Seide, alle Tage ein anderer Rock, eine andere Farbe, einer schöner als der andere, ließ sich alle Tage frisieren, sieben Locken übereinander, zwei Finger hoch mit Puder bedeckt, mietete auf ein Vierteljahr ein prächtiges Haus, ließ alle Tage einen Ochsen schlachten, sechs Kälber, zwei Schweine für sich und seine guten Freunde, die er zum Essen einladete, und für die Musikanten. Vom Keller bis in das Speiszimmer standen zwei Reihen Bediente und reichten sich die Flaschen, wie man die Feuereimer reicht bei einem Brand, in der einen Reihe die leeren Flaschen, in der anderen die vollen.

Den Boden von Paris betrat er nimmer, sondern wenn er in die Komödie fahren wollte, oder ins Palais Royal, so mußten ihn sechs Bediente in die Kutsche hineintragen und wieder hinaus. Überall war er der gnädige Herr, der Herr Baron, der Herr Graf und der verständigste Mann in ganz Paris. Als er aber nach drei Wochen vor dem Ende des Vierteljahrs in den Geldkasten griff, um eine Handvoll Dublonen ungezählt und unbeschaut herauszunehmen, als er schon auf den Boden der Kiste griff, sagte er: „Gottlob, ich werde geschwinder fertig, als ich gemeint habe." Also bereitete er sich und seinen Freunden noch einen lustigen Tag, wischte alsdann den Rest seines Reichtums in der Kiste zusammen, schenkte es seinem Adjunkt und gab ihm den Abschied. Denn am anderen Tag ging er selber wieder an sein altes Geschäft, trägt jetzt Wasser in die Häuser wie vorher, wieder so lustig und zufrieden wie vorher. Ja, er bringt das Wasser seinem ehemaligen Kameraden, nimmt ihm aus alter Freundschaft nichts dafür ab und lacht ihn aus.

Der Hausfreund denkt etwas dabei, aber er sagt's nicht.

## Die Tabaksdose

In einer niederländischen Stadt in einem Wirtshaus waren viele Leute beisammen, die einander einesteils kannten, zum Teil auch nicht. Denn es war ein Markttag. Den Zundelfrieder kannte niemand. „Gebt mir auch noch ein Schöpplein", sagte ein dicker, bürgerlich gekleideter Mann zu dem Wirt und nahm eine Prise Tabak aus einer schweren silbernen Dose. Da sah der Zundelfrieder zu, wie ein windiger gewürfelter Gesell sich zu dem dicken Mann stellte, ein Gespräch mit ihm anfing und ein paarmal, wie von ungefähr, nach der Rocktasche schaute, in welche der Mann die Dose gesteckt hatte. Was gilt's, dachte der Frieder, der führt auch etwas im Schild? Anfänglich stand der Gesell. Hernach ließ er ein Schöpplein kommen, setzte sich auf die Bank und sprach mit dem Dicken allerlei kuriose Sachen, woran dieser Mann viel Spaß fand. Endlich kam ein Dritter. „Excüse", sagte der Dritte, „kann man auch ein wenig Platz hier haben?" Also rückte der windige Gesell ganz nahe an den dicken Mann hin und discurierte immerfort: „Ja", sagte er, „ich habe mich ein Rechtes verwundert, als ich in dieses Land kam und sah, wie die Windmühlen so flätig vom Winde umgetrieben werden. Bei mir zu Lande geht das ganze Jahr kein Lüftlein. Also muß man die Windmühlen anlegen, wo die Wachteln ihren Strich haben. Wenn nun im Frühjahr die Million tausend Wachteln kommen, vom Meer her aus Afrika, und fliegen über die Mühlenräder, so fangen die Mühlen an zu gehen, und wer in dieser Zeit nicht kann mahlen lassen, hat das ganze Jahr kein Mehl im Haus." Darüber geriet der dicke Mann so ins Lachen, daß ihm fast der Atem verging, und unterdessen hatte der schlaue Gesell die Dose. „Aber jetzt hört auf", sagte der Dicke, „es tut mir weh im Kreuz", und schenkte ihm von seinem Wein auch ein Glas ein. Als der Spitzbube ausgetrunken hatte, sagte er: „Der Wein ist gut. Er treibt. Excüse", sagte er zu dem Dritten, der vorne an ihm saß, „laßt mich einen Augenblick heraus!" Den Hut hatte er schon auf. Als er aber zur Tür hinausging und fort wollte, ging ihm der Zundelfrieder nach, nahm ihn draußen auf die Seite und sagte zu ihm: „Wollt Ihr mir auf der Stelle meines Schwagers seine silberne Dose herausgeben? Meint Ihr, ich hab's nicht gemerkt? Oder soll ich Lärm machen? Ich hab' Euch schonen wollen vor den vielen Leuten, die drin in der Stube sitzen." Als nun der Dieb sah, daß er verraten sei, gab er zitternd dem Frieder die Dose her und bat ihn vor Gott und nach Gott, stille zu sein. „Seht", sagte der Frieder, „in solche Not kann man kommen, wenn man auf bösen Wegen geht. Euer Leben lang laßt es Euch zur Warnung dienen. Unrecht Gut faselt nicht. Ehrlich währt am längsten." Den Hut hatte der Frieder auch schon auf. Also gab er dem Gesellen noch eine Prise Tabak aus der Dose und trug sie hernach zu einem Goldschmied.

## Zwei honette Kaufleute

Zwei Besenbinder hatten nebeneinander feil in Hamburg. Als der eine schon fast alles verkauft hatte, der andere noch nichts, sagte der andere zu dem einen: „Ich begreife nicht, Kamerad, wie du deine Besen so wohlfeil geben kannst. Ich stehle doch das Reis zu den meinigen auch und verdiene gleichwohl den Taglohn kaum mit dem Binden." „Das will ich dir wohl glauben, Kamerad", sagte der erste, „ich stehle die meinigen, wenn sie schon gebunden sind."

## Der listige Quäker

Die Quäker sind eine Sekte, zum Exempel in England fromme, friedliche und verständige Leute, wie hier zu Land di[e] Wiedertäufer ungefähr, und dürfen vieles nicht tun nach ihre[n] Gesetzen, nicht schwören, nicht das Gewehr tragen, vor nieman[d] den Hut abziehen, aber reiten dürfen sie, wenn sie Pferde haben. Als einer von ihnen einmal Abends auf einem gar schönen statt lichen Pferd nach Haus in die Stadt wollte reiten, wartet au[f] ihn ein Räuber mit kohlschwarzem Gesicht ebenfalls auf einem Roß, dem man alle Rippen unter der Haut, alle Knochen, al[le] Gelenke zählen konnte, nur nicht die Zähne, denn sie waren al[le] ausgebissen, nicht am Haber, aber am Stroh. „Kind Gottes", sagte der Räuber, „ich möchte meinem armen Tiere da, das sich noch dunkel an den Ausgang der Kinder Israels aus Ägypten erinnern kann, wohl auch ein gutes Futter gönnen, wie das Eurige haben muß dem Aussehen nach. Wenn's Euch recht ist, so wollen wir tauschen. Ihr habt doch keine geladene Pistole bei Euch, aber ich." Der Quäker dachte bei sich selbst: Was ist zu tun? Wenn alles fehlt, so hab ich zu Haus noch ein zweites Pferd, aber kein zweites Leben. Also tauschten sie miteinander, und der Räuber ritt auf dem Roß des Quäkers nach Haus, aber der Quäker führte das arme Tier des Räubers am Zaum. Als er aber gegen die Stadt und an die ersten Häuser kam, legte er ihm den Zaum auf den Rücken und sagte: „Geh voraus, Lazarus, du wirst deines Herrn Stall besser finden, als ich." Und so ließ er das Pferd vorausgehen und folgte ihm nach, Gasse ein, Gasse aus, bis es vor einer Stalltüre stehen blieb. Als es stehen blieb und nimmer weiterwollte, ging er in das Haus und in die Stube, und der Räuber fegte gerade den Ruß aus dem Gesicht mit einem wollenen Strumpf. „Seid Ihr wohl nach Hause gekommen?" sagte der Quäker. „Wenn's Euch recht ist, so wollen wir jetzt unseren Tausch wieder aufheben, er ist ohnedem nicht gerichtlich bestätigt. Gebt mir mein Rößlein wieder, das Eurige steht vor der Tür." Als sich nun der Spitzbube entdeckt sah, wollte er wohl oder übel, gab er dem Quäker sein gutes Pferd zurück. „Seid so gut", sagte der Quäker, „und gebt mir jetzt auch noch zwei Taler Rittlohn; ich und Euer Rößlein sind miteinander zu Fuß spaziert." Wollte der Spitzbube wohl oder übel, mußte er ihm auch noch zwei Taler Rittlohn bezahlen. „Nicht wahr, das Tierlein lauft einen sanften Trab?" sagte der Quäker.

## Blutbad in Neuburg am Rhein

Als im dreißigjährigen Krieg der Schwed am Rhein war, stachen einmal die Neuburger eine schwedische Patrouille tot und sagten: „Wenn wir nach Schweden kommen, macht's uns auch so." Darob entrüstete sich der schwedische General dergestalt, daß er einen hohen und teuren Schwur tat. „Auch kein Hund soll am Leben bleiben", schwur er hoch und teuer, und hatte etwas im Kopf, ein Gläslein Norschinger zu viel. Als solches die Neuburger hörten, schlossen sie die Tore zu. Aber am anderen Tag, als der Zorn und der Wein von dem General gewichen war, da reute es ihn, denn er war vormittags ein gar menschlicher Herr, und bekam fast große Anfechtung in seinem Gewissen, daß er mit viel unschuldigem Blut sein Wort und seinen Eid sollt' lösen. Also ließ er den Feldprediger kommen und klagte ihm seine Not. Der Feldprediger meinte zwar, maßen der Feldhauptmann einen Schwur getan hätte, der Gott leid sei, so sei brechen besser als halten. Das glaubte der Feldhauptmann nicht, denn er hielt sein Wort und seinen Schwur über alles teuer. Aber nach einigem Besinnen kam's auf einmal wie Sonnenschein in sein Angesicht und sagte: „Was ich geschworen habe, das will ich auch halten, Punktum!" Als aber die schwedischen Zimmerleute das Stadttor hatten eingehauen, und der Feldhauptmann ritt selber mit drei Fähnlein hinein, befahl er alle Hunde im Städtlein zu töten, aber die Menschen ließ er leben, und wurden selbigen Tages neunzehn große Metzgerhunde, drei Schäferhunde, vierundsechzig Pudel, acht Windspiele, zwölf Dachshunde und zwei gar feine Möpperlein jämmerlich teils zusammengehauen, teils mit Büchsen zu Tod geschossen. Also hat der Feldhauptmann das menschliche Blut verschont und doch seinen Eid gehalten. Denn er hatte den Schwur getan: kein Hund soll am Leben bleiben, und ist auch keiner dran geblieben.

## Die Schmachschrift

Als bekanntlich eine Pasquille oder Schmachschrift auf den König Friedrich in Berlin an einem öffentlichen Platz aufgeheftet wurde und sein Kammerdiener ihm davon die Anzeige machte: „Ihro Majestät", sagte der Kammerdiener, „es ist Ihnen heut nacht eine Ehre widerfahren, das und das. Alles hab' ich nicht lesen können; denn die Schrift hängt zu hoch. Aber was ich gelesen habe, ist nichts Gutes", da sagte der König: „Ich befehle daß man die Schrift tiefer hinab hänge und eine Schildwache dazu stelle, auf daß jedermann lesen kann, was es für ungezogene Leute gibt.“ Nach der Hand geschah nichts mehr.

Nicht ebenso dachte der Amtsschreiber von Brassenheim. Denn Brassenheim ist ein Amtsstädtlein. Als ihm eines Morgens eine Pasquille ins Haus gebracht wurde, die jemand mit Teig in der Nacht an die Haustüre geklebt hatte, wurde er ganz erbost und ungebärdig, fluchte wie ein Türk im Haus herum und schlug der unschuldigen Katze ein Bein entzwei, daß die Frau Amtsschreiberin ganz entrüstet wurde und fragte: „Bist du verrückt, oder was fehlt dir?“ Der Amtsschreiber sagte: „Da lies! Du hast deinen Teil auch darin.“ Als das die losen Vögel erfuhren, welche die Schandschrift angeklebt hatten, daß der Herr Amtsschreiber also im Harnisch sei, hatten sie ihre große Freude daran und sagten: „Heut nacht tun wir's wieder.“ Den zweiten Morgen, als ihm die neue Schandschrift gebracht wurde und ein Rezept für lahmgeschlagene Katzen darin, ward er noch viel wütender und warf Tische und Stühle zusammen, ja, er schrieb mit eigener Hand einen zornigen Bericht darüber an den regierenden Grafen, ob er gleich niemand nennen konnte, und als er ihn geschrieben hatte und den Sand daraufstreuen wollte, ergriff er in der Rasche statt der Sandbüchse das Tintenfaß und goß die Tinte über den Bericht und über die weißtüchenen Amtshosen.

Am Abend aber sagte er zu seinem Bedienten: „Hansstoffel“, sagte er, „vigiliere heut nacht um das Haus herum, bis der Hahn kräht, und wenn du den Cujonen attrapierst, so bekommst du einen großen Taler Fanggeld. Ich will sehen“, sagte er, „ob ich mir soll auf der Nase herumtanzen lassen.“

Etwas nach elf Uhr kam der Stoffel von seinem Posten herauf, und der Herr Amtsschreiber war auch noch auf, auf daß, wenn der Stoffel den Pasquillenmacher brächte, daß er ihn gleich auf frischer Tat erstechen könnte. „Herr Amtsschreiber“, sagte der Stoffel, „ich will nur melden, daß heute nacht nichts passiert ist, wenn Sie mir erlauben, jetzt ins Bett zu gehen. Alle Lichter im Städtlein sind ausgelöscht, die Wirtshäuser sind leer, die zwei letzten sind nach Haus gegangen, und des Wagner-Nattheisen Hahn hat zweimal hintereinander gekräht, es wird wohl morgen auch wieder einmal regnen." Da fuhr ihn der Amtsschreiber wie ein betrunkener Heide an: „Dummes Vieh, auf der Stelle begib dich auf deinen Posten, bis der Tag aufgeht, oder ich schlage dir das Gehirn im Leib entzwei", sagte er im unvernünftigen Zorn. Der geneigte Leser denkt: was gilt's, während der Stoffel bei dem Amtsschreiber war, ist die dritte Pasquille auch angepappt worden, und wenn er herab kommt, findet er sie jetzt. Nichts weniger. Sondern als der Stoffel im Fortgehen bereits an der Stubentür war und der Amtsschreiber ihm noch einmal nachsah, „Hansstoffel", rief er ihm, „komm noch ein wenig daher!" – Der Stoffel kam. „Dreh dich um! Was hast du da auf dem Rücken?" „Will's Gott, keinen Galgen", sagte der Stoffel. „Nein, vermaledeiter Dummkopf, aber wahrscheinlich ein Pasquill." – Wie gesagt, so erraten, der Stoffel trug das dritte Pasquill bereits auf dem Rücken geklebt, und standen darin noch viel mutwilligere Dinge als in dem ersten und zweiten und unter anderen ein Rezept für Tintenflecke aus den Amtshosen zu bringen. Dies war so zugegangen, als der Stoffel noch vor dem Haus gesessen war, kamen zwei lose Gesellen heran, und einer von ihnen hatte schon die dritte Pasquille auf der flachen Hand liegen, also daß die beschriebene Seite des Papiers gegen die Hand hinein lag, die äußere Seite aber war mit Teig bestrichen, daß er im Vorbeigehen die Schrift nur an die Türe hätte drücken dürfen. Als sie aber den Bedienten des Amtsschreibers vor der Türe sitzen sahen, und alle Leute kannten den Stoffel, aber nicht alle Leute kannte der Stoffel: „Ei, guten Abend", sagte der eine, „was schafft Er Guts hier, Herr Hansstoffel, was gilt's, Er kann nicht hinein", da erzählte er ihnen, warum er da sitzen müsse und bis wann, und wie ihm bereits die Zeit so lange sei, und es komme doch niemand. „Ei", sagte der eine, „die Lichter im Städtlein sind ausgelöscht, und die Wirtshäuser sind leer, und wir zwei sind die letzten, die heimgehen. Also gehe Er in Gottes Namen ins Bett." Der andere aber, der das Papier in der flachen Hand hatte, schlug ihm im Fortgehen sanft und freundlich die Hand auf den Rücken, daß das Papier am Rock hängen blieb, und sagte: „Gute Nacht, Herr Hansstoffel, schlaf Er wohl!" „Ebenfalls!" sagte der Stoffel, und als sie um die Ecke herum waren, krähte einer von ihnen zweimal, wie ein Hahn oder wie der russische Generalfeldmarschall Suwarow Fürst Italinsky im Lager. Also brachte der Stoffel dem Amtsschreiber die Pasquille selber auf dem Rücken in die Stube, und der Herr Amtsschreiber prügelte zwar den Stoffel im Zimmer herum und schlug bei dem Ausholen ein paar Spiegel entzwei, aber den Schimpf und Schaden und Zorn mußte er an sich selber haben und brachte nichts heraus. Denn die zwei Spaßvögel sagten: „Der Klügste gibt nach. Jetzt wollen wir's aufgeben, eh' es zu bösen Häusern geht", und jedermann, der davon erfuhr, lachte den Amtsschreiber aus.

Merke: Der König von Preußen hat sich in diesem Stücke klüger betragen als der Herr Amtsschreiber von Brassenheim.

## Der Prozeß ohne Gesetz

Nur weil es unter allen Ständen einfältige Leute gibt, gibt es solche auch unter dem achtungswerten Bauernstand, sonst väre es nicht nötig. Ein solcher schob eines Morgens einen chwarzen Rettig und ein Stück Brot in die Tasche, und „Frau", agte er, „gib acht im Haus, ich gehe jetzt in die Stadt." Unterwegs sagte er von Zeit zu Zeit: „Dich will ich bekommen. Mit ir will ich fertig werden", und nahm allemal eine Prise darauf, ls wenn er den Tabak meinte, mit ihm wollt' er fertig werden; r meinte aber seinen Schwager, den Ölmüller. In der Stadt ging er geradeswegs zu einem Advokaten und erzählte ihm, was r für einen Streit habe mit seinem Schwager wegen einem Stück Reben im unteren Berg, und wie einmal der Schwed am Rhein gewesen sei und seine Voreltern drauf ins Land gekommen seien, der Schwager aber sei von Enzberg im Württembergischen, und der Herr Advokat soll jetzt so gut sein und einen Prozeß daraus machen. Der Advokat mit einer Tabakspfeife im Mund, sie rauchen fast alle, tat gewaltige Züge voll Rauch, nd es gab lauter schwebende Ringlein in der Luft, der Adjunkt ann auch machen. Dabei war er aber ein aufrichtiger Mann, als Rechtsfreund und Rechtsbeistand natürlich. „Guter Mann", sagte er, „wenn's so ist, wie Ihr mir da vortragt, den Prozeß könnt Ihr nicht gewinnen", und holte ihm vom Schaft das Landrecht hinter einem porzellinen Tabakstopf hervor. „Seht da", schlug er ihm auf, „Kapitel so und so, Numero Vier, das Gesetz spricht gegen Euch unverrichteter Sachen." Indem klopft jemand an der Türe und tritt herein, und ob er einen Zwerchsack über die Schulter hängen hatte und etwas drin, genug, der Advokat geht mit ihm in die Kammer abseits. „Ich komm' gleich wieder zu Euch." Unterdessen riß der Bauersmann das Blatt aus dem Landrecht, worauf das Gesetz stand, drückte es geschwind in die Tasche und legte das Buch wieder zusammen. Als er wieder bei dem Advokaten allein war, stellte er den rechten Fuß ein wenig vor und schlotterte mit dem Knie ein paarmal ein- und auswärts, teils weil es dort zu Land zum guten Vortrag gehört, teils damit der Advokat etwas sollte klingeln hören oben in der Tasche. „Ihr Gnaden", sagte er zu dem Advokaten, „ich hab' mich unterdessen besonnen. Ich meine, ich will's doch probieren, wenn Sie sich der Sache annehmen wollten", und machte ein verschlagenes Gesicht dazu, als wenn er noch etwas wüßte und sagen wollte: Es kann nicht fehlen. Der Advokat sagte: „Ich habe aufrichtig mit Euch gesprochen und Euch klaren Wein eingeschenkt." Der Bauersmann schaute unwillkürlich auf den Tisch, aber er sah keinen. „Wenn Ihr's wollt darauf ankommen lassen", fuhr der Advokat fort, „so kommt's mir auch nicht drauf an." Der Bauersmann sagte: „Es wird nicht alles gefehlt sein."

Kurz, der Prozeß wird anhängig und der Advokat braucht das Landrecht nicht mehr weiter dazu, weil er das Gesetz aus wendig wußte, wie alle. Item, was geschieht? Der Gegenpar hatte einen saumseligen Advokaten, der Advokat verabsäum einen Termin, und unser Bauersmann gewinnt den Prozeß. Al ihm nun der Advokat den Spruch publizierte, „aber nicht wahr" sagte der Advokat, „diesen schlechten Rechtshandel hab ich gu für Euch geführt?" – „Den Kuckuck hat Er", erwiderte de Bauersmann und zog das ausgerissene Blatt wieder aus de Tasche hervor: „Sieht Er da? Kann Er gedruckt lesen? Wen ich nicht das Gesetz aus dem Landrecht gerissen hätte, Er hätt' den Prozeß lang verloren." Denn er meinte wirklich, der Prozeß sei dadurch zu seinem Vorteil ausgefallen, daß er das gefährliche Gesetz aus dem Landrecht gerissen hatte, und auf dem Heimweg, so oft er eine Prise nahm, machte er allemal ein pfiffiges Gesicht und sagte: Mit dir bin ich fertig worden, Ölmüller.

Item: So können Prozesse gewonnen werden. Wohl dem, der keinen zu verlieren hat.

## Die gute Mutter

Im Jahr 1796, als die französische Armee nach dem Rückzug aus Deutschland jenseits hinab am Rhein lag, sehnte sich eine Mutter in der Schweiz nach ihrem Kind, das bei der Armee war und von dem sie lange nichts erfahren hatte, und ihr Herz hatte daheim keine Ruhe mehr. „Er muß bei der Rheinarmee sein", sagte sie, „und der liebe Gott, der ihn mir gegeben hat, wird mich zu ihm führen", und als sie auf dem Postwagen zum St. Johannistor in Basel heraus und an den Rebhäusern vorbei in's Sundgau gekommen war, treuherzig und redselig, wie alle Gemüter sind, die Teilnehmung und Hoffnung bedürfen und die Schweizer ohnedem, erzählte sie ihren Reisegefährten bald, was sie auf den Weg getrieben hatte. „Find' ich ihn in Colmar nicht, so geh' ich nach Straßburg, find' ich ihn in Straßburg nicht, so geh' ich nacher Mainz." Die anderen sagten das dazu und jenes, und einer fragte sie: „Was ist denn Euer Sohn bei der Armee? Major?" Da wurde sie fast verschämt in ihrem Inwendigen. Denn sie dachte, er könnte wohl Major sein oder so etwas, weil er immer brav war, aber sie wußte es nicht. „Wenn ich ihn nur finde, so darf er auch etwas weniger sein, denn er ist mein Sohn." Zwei Stunden herwärts Colmar aber, als schon die Sonne sich zu den Elsässer Bergen neigte, die Hirten trieben heim, die Kamine in den Dörfern rauchten, die Soldaten in dem Lager nicht weit von der Straße standen partieweise mit dem Gewehr beim Fuß, und die Generale und Obersten standen vor dem Lager beisammen, diskurierten mit einander, und eine junge weißgekleidete Person von weiblichem Geschlecht und feiner Bildung stand auch dabei und wiegte auf ihren Armen ein Kind. Die Frau im Postwagen sagte: „Das ist auch keine gemeine Person, daß sie nahe bei den Herren steht. Was gilt's, der, wo mit ihr redet, ist ihr Mann." Der geneigte Leser fängt allbereits an, etwas zu merken, aber die Frau im Postwagen merkte noch nichts. Ihr Mutterherz hatte noch keine Ahnung, so nahe sie an ihm vorbeigefahren war, sondern bis nach Colmar hinein war sie still und redete nimmer. In der Stadt im Wirtshaus, wo schon eine Gesellschaft an der Mahlzeit saß, und die Reisegefährten setzten sich auch noch, wo Platz war, da war ihr Herz erst recht zwischen Bangigkeit und Hoffnung eingeengt, daß sie jetzt etwas von ihrem Sohn erfahren könnte, ob ihn niemand kenne, und ob er noch lebe, und ob er etwas sei, und hatte doch den Mut fast nicht zu fragen. Denn es gehört Herz dazu, eine Frage zu tun, wo man das Ja so gerne hören möchte, und das Nein ist doch möglich. Auch meinte sie, jedermann merke es, daß es ihr Sohn sei, nach dem sie frage, und daß sie hoffe, er sei etwas geworden. Endlich aber, als ihr der Diener des Wirts die Suppe brachte, hielt sie ihn heimlich an dem Rocke fest und fragte ihn: „Kennt Ihr nicht einen bei der Armee, oder habt Ihr nicht von einem gehört, so und so?" Der Diener sagt: „Das ist ja unser General, der im Lager steht. Heute hat er bei uns zu Mittag gegessen", und zeigte ihr den Platz. Aber die gute Mutter gab ihm wenig Gehör darauf, sondern meinte, es sei Spaß; der Diener ruft den Wirt. Der Wirt sagt: „Ja, so heißt der General." Ein Offizier sagte auch: „Ja, so heißt der General", und auf ihre Fragen antwortete er: „Ja, so alt kann er sein", und „Ja, so sieht er aus und ist von Geburt ein Schweizer." Da konnte sie sich nicht mehr halten vor inwendiger Bewegung und sagte: „Es ist mein Sohn, den ich suche", und ihr ehrliches Schweizergesicht sah fast ein wenig einfältig aus vor unverhoffter Freude und vor Liebe und Scham. Denn sie schämte sich, daß sie eines Generals Mutter sein sollte vor so vielen Leuten, und konnte es doch nicht verschweigen. Aber der Wirt sagte: „Wenn das so ist, gute Frau, so laßt herzhaft Eure Bagage abladen ab dem Postwagen und erlaubt mir daß ich morgen in aller Frühe ein Kaleschlein anspannen lasse und Euch hinausführe zu Eurem Herrn Sohn in das Lager." Am Morgen, als sie in das Lager kam und den General sah, ja, so war es ihr Sohn, und die junge Frau, die gestern mit ihm geredet hatte, war ihre Schwiegertochter, und das Kind war ihr Enkel. Und als der General seine Mutter erkannte und seiner Gemahlin sagte: „Das ist sie", da küßten und umarmten sie sich, und die Mutterliebe und die Kindesliebe und die Hoheit und die Demut schwammen ineinander und gossen sich in Tränen aus, und die gute Mutter blieb lange in ungewöhnlicher Rührung, fast weniger darüber, daß sie heute die Ihrigen fand, als darüber, daß sie sie gestern schon gesehen hatte. – Als der Wirt zurück kam, sagte er: Das Geld regne zwar nirgends durch das Kamin herab, aber nicht zweihundert Franken nähme er darum, daß er nicht zugesehen hätte, wie die gute Mutter ihren Sohn erkannte und sein Glück sah; und der Hausfreund sagt: „Es ist die schönste Eigenschaft weitaus im menschlichen Herzen, daß es so gerne zusieht, wenn Freunde oder Angehörige unverhofft wieder zusammenkommen, und daß es allemal dazu lächeln oder vor Rührung mit ihnen weinen muß, nicht ob es will."

## Das gute Werk

Der sogenannte Lügenprophet Mahomed hat manches gesagt und getan, was ein christliches Herz nicht gutheißen oder verantworten könnte. Aber alles ist auch nicht gefehlt, was Mahomed gesagt oder getan hat. Einmal kommt ein Araber zu ihm. „Gesandter Gottes, ich habe das Gesetz der Fasten gebrochen, das Fleisch ist schwach." Der Prophet sagte: „Hast du ein böses Werk begangen, so mußt du es mit einem guten büßen. Es gibt keine schöneren Bußen als gute Werke. Hast du einen Sklaven?" fragte ihn der Prophet, „den du freilassen kannst?" Der Araber fing an zu lachen und sagte: „Sklaven freilassen und ich! Wie komm ich mir vor!" Der Prophet fuhr fort: „Kannst du die Fasten noch einmal vor vorne anfangen?" Der Araber erwiderte: „Ich bin's nicht kapabel. Wer für Frau und

Kinder arbeiten soll, muß auch gehörig essen." Der Prophet fuhr fort: „Kannst du sechzig Arme speisen?" Der Araber erwiderte: „Nicht sechzig Mäuse, auch nicht vierzig, auch nicht zwanzig." Da brachte man dem Propheten seine Mahlzeit, Datteln und ein Stück Fleisch, und er sagte dem Araber: „So nimm dieses Stück Fleisch und bring's in deinem Namen einem Ärmeren, als du bist, zum Almosen." Der Araber erwiderte: „Gibt's noch einen Ärmeren, als ich bin? Ich weiß keinen." Da fuhr der Prophet fort: „Weißt du was, so bring's deinen Kindern, die sollen es essen. Deine Kinder sind noch ärmer, als du bist." – So hat Mahomed gesagt und getan.

## Das letzte Wort

Sonst sagt man, der Horcher an der Wand hört seine eigene Schand. Manchmal kann man auch sagen: „Der Schreiber an die Wand schreibt seine eigene Schand", zum Beispiel der weiland Herr Kanzler Hans Kurz von Württemberg. Ob derselbe mit den Geschäften seiner Herrn Räte und Schreiber zufrieden war oder nicht zufrieden, genug, er ergriff eines Tages ein Stücklein Kreide und schrieb an die Tür der Kanzleistube:

„Allhier geht's wunderlich zue."

Bald darauf, als der Herzog selber diese Zeile erblickte, ob derselbe sonst mit dem Kanzler zufrieden war oder nicht zufrieden, genug, er suchte ebenfalls ein Stücklein Kreide und schrieb darunter die zweite Zeile:

„Hans Kurz hilft auch dazue."

Bald darauf, als wieder diese Worte der Kanzler erblickte, ob er gemerkt hat, daß sie eine vornehmere Hand geschrieben hat, als die seinige war, oder ob er's nicht gemerkt hat, genug, er ließ es darauf ankommen und setzte unter die zweite Zeile die dritte Zeile:

„Das hat eine ungewaschene Hand geschrieben."

Und zum Trumpfaus schrieb er seinen Namen darunter: „Hans Kurz". Jetzt komm! – Als der Herzog wieder las, war der Kanzler geschrieben hatte, dachte er: Wart Kurz, diesmal sollst du das letzte Wort haben. Nämlich, er netzte einen Finger, und löschte nur die zweite Zeile, die er selber geschrieben hatte, wieder aus, also daß jetzt unter des Kanzlers eigener Schrift die Worte standen: „Das hat eine ungewaschene Hand geschrieben."

Als hernach der Kanzler wieder sah, was für eine Veränderung vorgegangen war, hatte er keine Wahl mehr, sondern er netzte ebenfalls einen Finger und löschte seine eigenen zwei Zeilen auch wieder aus, und hat nachgehends keiner zum anderen gesagt: das habt Ihr getan, oder: das hab ich getan, oder so.

Merke: Man muß sich nie an vornehmeren, aber auch nicht an witzigeren Leuten reiben wollen, als man selber einer ist, ausgenommen, wenn man eine Unehre davontragen will.

Merke: Gemeine und grobe Naturen schlagen alsogleich mit Scheltworten und Fäusten drein, wenn etwas gesagt wird, was auf sie will gemünzt scheinen. Verständige und feine Leute wissen den Mutwillen und die Grobheit auf eine spitzige und witzige Art heimzuweisen und ihren Respekt zu erhalten. Der Kanzler hat dem Herzog nichts mehr an die Tür geschrieben.

## Das heimliche Gericht

In einer großen Stadt, wo unter mehr als 20000 Dächern so viel Leid und so viel Freude wohnt, und wo neben allen Tugenden alle Laster feilhaben, schlug zu seiner Zeit auch ein leichtfertiges und verdorbenes Herz und zwar unter dem seidenen Kamisol eines vornehmen jungen Mannes, eines Barons. Das Schuldenmachen verstand er trotz einem, und das Schuldigbleiben noch viel besser. Schön von Angesicht und Wuchs, lieblich in seinem Tun und Wesen, glatt und einschmeichelnd in seinen Reden, verschwenderisch mit dem eigenen reichen Geld und dem Geborgten, hatte er alle Mittel in den Händen, die arme schwache Unschuld zu verführen, und sparte keines. Manche Träne klagte ihn an. Manche Ehe und Familie hat er um ihre Ehre und um ihren Frieden gebracht und lachte dazu. Ja, er war so frech und nannte die Namen tugendhafter Personen, als wenn sie ihm zu Willen gelebt hätten, und war doch nicht dem also. Aber wie lang geht der Krug zum Brunnen? Das Sprichwort gibt Auskunft. Als er einmal auf gleiche Weise eine sehr vornehme Frau in der ganzen Stadt in ein unehrbares Gerede gebracht hatte, – die Frau war edel und stolz – „das soll er nicht umsonst getan haben“, sagte sie mit ernsthaftem Angesicht. Spät eines Abends, als er in seinem Kaleschlein ganz allein in eine lustige Nachtgesellschaft fahren wollte, – man kannte seine Wege – da umringte ihn auf einmal ein Trupp von bewaffneten Reutern, und man gab ihm mit Zeichen zu verstehen, daß er ihnen folgen solle, wenn er nicht wolle niedergestochen sein auf der Stelle. Der junge Leichtsinn dachte: das sind ein paar von meinen lustigen Kameraden, die wollen mir einen Spaß bereiten, und läßt willig einen von ihnen zu sich sitzen und das Leitseil in die Hand nehmen, läßt sich auch willig die Augen verbinden. Ich merke schon, dachte er, ich soll nicht wissen, wohin sie mich führen. Aber wenn sie mir die Binde wieder abnehmen, bin ich in einem Saal voll brennender Wachskerzen und duftender Blumen, voll ausgelassener Frauen und Jungfrauen, und eine nach der anderen fällt in meine Arme. Weit gefehlt. Vor der Stadt nahm man ihm die Binde wieder ab, aber er erkannte nicht mehr, wo er war. Stumm und ernsthaft ritten die anderen Bewaffneten nebenher. Endlich ging's auf einer Zugbrücke über einen tiefen Graben, es ging zwischen hohen, dicken Mauern durch ein enges Tor über einen öden Schloßhof nach einer alten, festen Burg mit kleinen Fenstern und hohen Türmen und Zinnen. Es ging durch einen hohen Turm eine schmale Wendeltreppe hinauf, bis vor eine starke eiserne Tür und durch die Türe hinein in ein ödes Gefängnis. Wie wurde da dem armen Schächer zu Mute! Ein tannener Tisch, ein Stuhl, ein dürftiges Lager und ein düstres Lämplein waren sein ganzes Geräte, ein Totenkopf auf dem Tisch seine einzige Gesellschaft. Niemand redete mit ihm ein Wort oder eine Silbe. Nur die Schlösser und Riegel rasselten ihm fürchterlich ins Ohr, als man die Zugbrücken hinter ihm aufzog und Tore und Türen siebenfach verschloß. Nur ein vermummter Mann, wenn er ihm einen Krug voll Wasser und ein Laiblein schwarz Brot brachte, sprach zu ihm: „Geh in dich." Nur die Fledermäuse zischten und die Eulen wehklagten vor dem hohen, schmalen Fensterlein, und die Ratten und Mäuse besuchten nicht ihn, sondern das Laiblein. Da fuhr es ihm auf einmal wie ein langer, scharfer Messerstich durch das Herz, dieser lustige Spaß könne auf gut deutsch heißen furchtbarer Ernst. Gut getroffen. Den andern Tag holten ihn seine bewaffneten Begleiter wieder ab und führten ihn schweigend die schmale Treppe hinab, über den feuchten Hof, eine andere Treppe hinauf durch lange Gänge in eine große Halle zum Verhör, und statt der lieblichen Frauen und Jungfrauen erblickte er zwölf Männer in langen, schwarzen Mänteln sitzend in einem halben Kreis, und der oberste von ihnen nannte ihn mit Namen und Geschlecht und sagte: „Ihr seid vor diesem heimlichen Gericht angeklagt auf Leben und auf Tod, als ein gefährlicher Verführer der Jugend und der Unschuld, als boshafter Verleumder der weiblichen Ehre und Tugend. Verantwortet Euch oder nicht, Ihr seid gerichtet." Dagegen machte der angstvolle Mensch zwar allerlei Einwendungen, er wolle wissen, vor wem er stehe; niemand habe über seinen Lebenswandel zu richten; er habe getan, was viele andere auch; das sei nicht dem also und eines; Leichtsinn der Jugend sei kein Verbrechen zum Tode. Allein der Richter sagte: „Wißt Ihr, wo Ihr steht, und wer über Euer Leben zu sprechen hat? Das heimliche Gericht, das im Namen der ewigen Gerechtigkeit versammelt ist und schon anderen Leuten, als Ihr seid, das Urteil gesprochen hat von Rechts wegen", und ließ ihm sein ganzes Sündenregister vorlesen und sagte: „Eure Taten richten Eure Worte", und mit diesen Worten wurde er in sein Gefängnis zurückgeführt und bis zur Nacht seiner Besinnung, seinem Gewissen und seiner Reue überlassen. Aber in der Nacht wurde er wieder vor das nämliche Gericht gebracht, und da mußte er an der Türe niederknieen, und der Richter sprach: „Der Stab ist gebrochen über Euer Leben und über Eure Sünden", und kündigte ihm an, daß er eine Stunde nach Mitternacht durch des Henkers Beil enthauptet und vom Leben zum Tode sollte gebracht werden; da war es ihm, als ob der Himmel voll Gewitter über ihn herabfallen und die Erde unter ihm versinken wollte, aber alles Flehen, alle Tränen und Verwünschungen seiner angstvollen Seele gingen an taube Ohren und an kalte Herzen. Er wurde über den Hof, wo er seitwärts im Fackelschein schon sein Totengerüst erblickte, in eine schwach erleuchtete Kapelle geführt, beichtete dort einem Priester und empfing dort von ihm die Vorbereitung zum Tode und das letzte Sakrament, und neben der Türe stand sein Sarg. Als aber die Glocke ein Uhr in die schauerliche Nacht schlug, da wurde der Sarg erhoben und an das Totengerüst getragen, und er mußte hinter seinem Sarg her und daran vorbeigehen und hörte kaum mehr die Worte und den Segen des betenden Priesters, und seine einsinkenden Kniee brachten ihn kaum auf das Blutgerüste. Aber als er mit verbundenen Augen und entblößtem Hals den Kopf auf den Block gelegt hatte und den Todesstreich erwartete, rief eine barmherzige Stimme: „Gnade!" Der geneigte Leser atmet wieder. Aber der arme Sünder war so weit hinweg, daß er das Wort Gnade vor dem Todesstreich nicht mehr unterscheiden konnte, sondern er glaubte, dieses Wort habe seinen Kopf vom Leibe getrennt, und es sei jetzt seine Schuldigkeit, tot zu sein. Denn er fiel in eine so schwere und tiefe Ohnmacht, daß er in der ersten Stunde nicht wußte, was mit ihm vorging.

Als er aber nach einer Stunde wieder zu sich kam und die Augen aufschlug, es muß einem sonderbarlich zu Gemüte sein, wenn das letzte, dessen man sich besinnen kann, so viel ist, man sei vor einer Stunde geköpft worden, und weiß selber nicht anderst, als man sei tot, und lebt doch, – als aber, wie gesagt, unser Malefikant die Augen aufschlug, – erstaunte er noch mehr, denn er befand sich jetzt in einem gar artigen Stüblein, auf einem weichen guten Bett. Zwei Ärzte saßen neben ihm und fragten ihn, wie ihm sei? Man ließ ihm zur Ader, man gab ihm mit Vorsicht stärkende Mittel, er sank in einen süßen erquickenden Schlaf, und als er nach einigen Stunden aufwachte, war er völlig wieder hergestellt und fühlte keine andere Schwachheit mehr als einen leeren Magen. Man führte ihn zu einer wohlbereiteten schmackhaften Mahlzeit, und ein paar vermummte Bediente warteten ihm auf, wie er es nach seinem Stand und nach seiner Herkunft gewohnt war. Nach der Mahlzeit kam der

Gerichtsschreiber und las ihm sein zweites Urteil vor, gab's ihm auch schriftlich mit: „Der geheime Gerichtshof laßt Euch zum letztenmal Begnadigung widerfahren und hofft, er werde an Eurem künftigen Lebenswandel keine Ursache mehr finden, Euch vor seine Schranken zu laden. Siehe zu! Sündige hinfort nicht mehr, auf daß dir nicht etwas Ärgeres widerfahre." Als es endlich wieder Nacht geworden war, fuhr sein Kaleschlein wieder vor. Die nämlichen Begleiter führten ihn auf die nämliche Art, auf dem nämlichen Weg in die Stadt zurück, auf welchem sie ihn geholt hatten, und als sie ihm früh um zwei Uhr die Binde von den Augen nahmen, befand er sich auf dem nämlichen Platz, von welchem er die dritte Nacht vorher war weggeführt worden, wie zu seiner Zeit der Scharfrichter von Landau.

Solche Buße mußte der ausschweifende junge Mann für seine Sünden ausstehen. Aber wie hat der sich gebessert? Von Stund an lebte er so, daß in wenig Jahren sein eigenes Vermögen wieder in gutem Stand war und nach und nach alle seine Schulden wieder bezahlt werden konnten. Keine Unschuld war mehr durch seine Gelüsten, keine weibliche Ehre durch seine Verleumdung in Gefahr. Alle Sonntage ging er in die Messe, nicht mehr um schöne Mägdlein auszusuchen, sondern seine Sünden zu versöhnen und schöne Gesinnungen in sein Herz zu pflanzen.

## Glimpf geht über Schimpf

Ein Hebräer, aus dem Sundgau, ging jede Woche einmal in seinen Geschäften durch ein gewisses Dorf, jede Woche einmal riefen ihm die mutwilligen Büblein durch das ganze Dorf nach: „Jud! Jud! Judenmauschel!" Der Hebräer dachte: was soll ich tun? Schimpf ich wieder, schimpfen sie noch ärger, werf ich einen, werfen mich zwanzig. Aber eines Tages brachte er viele neugeprägte weißgekochte Baselrappen mit, wovon fünf so viel sind als zwei Kreuzer, und schenkte jedem Büblein, das ihm zurief: „Judenmauschel!" einen Rappen. Als er wieder kam, standen alle Kinder auf der Gasse: „Jud! Jud! Judenmauschel! Schaulem lechem!" Jedes bekam einen Rappen und so noch etliche Male, und die Kinder freuten sich von einer Woche auf die andere und fingen fast an, den gutherzigen Juden lieb zu gewinnen. Auf einmal aber sagte er: „Kinder, jetzt kann ich Euch nichts mehr geben, so gern ich möchte, denn es kommt mir zu oft, und Euer sind zu viel.“ Da wurden sie ganz betrübt, sodaß einigen das Wasser in die Augen kam, und sagten: „Wenn Ihr uns nichts mehr gebt, so sagen wir auch nicht mehr Judenmauschel.“ Der Hebräer sagte: „Ich muß mir's gefallen lassen. Zwingen kann ich Euch nicht.“ Also gab er ihnen von der Stund an keinen Rappen mehr, und von der Stund an ließen sie ihn ruhig durch das Dorf gehen.

## Wie sich der Zundelfrieder hat beritten gemacht

Als der Zundelfrieder bald alle listigen Diebesstreiche durchgemacht und fast ein Überleid daran bekommen hatte, denn der Zundelfrieder stiehlt nie aus Not oder aus Gewinnsucht oder aus Liederlichkeit, sondern aus Liebe zur Kunst und zur Schärfung des Verstandes; hat er nicht dem Brassenheimer Müller den Schimmel selber wieder an die Türe gebunden? Was will der geneigte Leser oder des Hausfreunds Reisegefährte nach Lenzkirch mehr verlangen? Eines Abends, als er, wie gesagt, fast alles durchgemacht hatte, dachte er: Jetzt will ich doch auch einmal probieren, wie weit man mit der Ehrlichkeit kommt. Also stahl er in selbiger Nacht eine Geiß, drei Schritte von der Scharwache, und ließ sich attrapieren. Den anderen Tag im Verhör gestand er alles. Wie er aber bald merkte, daß ihm der Richter fünfundzwanzig oder etwas zum Andenken wollte mitgeben lassen, dachte er: ich bin noch nicht ehrlich genug. Deswegen verschnappte er sich noch ein wenig in den Redensarten und gestand bei der weiteren Untersuchung nach kurzem Widerstand, wie er von jeher ein halber Kakerlak gewesen sei, das heißt, ein Mensch, der bei Nacht fast besser sieht als am Tag, und als ihn der Richter aufs Eis führen wollte, ob er nicht von ein paar anderen Diebstählen wisse, die kürzlich begangen worden, sagte er, allerdings wisse er davon, und er sei derjenige. Als ihm den anderen Morgen der Spruch publiziert wurde, er müsse ins Zuchthaus, und der Stadtsoldat, der ihn begleiten sollte, stand schon vor der Tür, denn es war zwanzig Stunden weit, sagte er ganz reumütig: „Recht findet seinen Knecht. Was ich verdient habe, soll mir werden." Unterwegs erzählte er dem Stadtsoldaten, er sei auch schon Militär gewesen. „Bin ich nicht sechs Jahre bei Klebeck Infantrie im Dienst gewesen? Könnt' ich Euch nicht sieben Wunden zeigen aus dem Scheldekrieg, den der Kaiser Joseph mit den Holländern führen wollte?" Der treuherzige Begleiter sagte: „Ich hab's nie weiter bringen können als zum Stadtsoldaten. Eigentlich wär' ich ein Nagelschmied. Aber die Zeiten sind schlimm." – „Im Gegenteil", sagte der Frieder, „ein Stadtsoldat ist mir respektabler als ein Feldsoldat. Denn Stadt ist mehr als Feld, deswegen avanciert der Feldsoldat in seinem Alter noch zum Stadtsoldaten. Zudem, der Stadtsoldat wacht für seiner Mitbürger Leben und Eigentum, für eigen Weib und Kind. Der Kriegssoldat zieht ins Feld und kämpft, er weiß nicht für wen und nicht für was. Zudem", sagte er, „kann ein Stadtsoldat, wenn er nichts Ungeschicktes begangen hat, mit Ehren sterben, wenn er will. Unsereiner muß sich schon drum totstechen lassen. Ich versichere Euch", fuhr er fort, „ich und meine Feinde", er meinte die Strickreiter, „wir haben wenig Ehre davon, daß ich noch lebe." Der Nagelschmied wurde über die ehrenvolle Vergleichung so gerührt, daß er bei sich selbst dachte, einen so gütigen und herablassenden Arrestanten habe er noch nicht leicht transportiert, und der Frieder ging immer mit großen Schritten voraus, um den Nagelschmied recht müde und trocken zu machen in der Sonnenhitze. „Darin unterscheiden sich die Feldsoldaten von den Stadtsoldaten", sagte er, „daß sie an einen weiten Schritt gewöhnt sind von dem Marsch." Abends um vier Uhr, als sie in ein Dörflein kamen und an ein Wirtshaus, „Kamerad", sagte der Frieder, „wollen wir nicht einen Schoppen trinken?" – „Herr Kamerad", erwiderte der Nagelschmied, „was ihm recht ist, ist mir auch recht." Also tranken sie miteinander einen Schoppen, auch eine halbe Maß, auch eine Maß, auch zwei, und Brüderschaft ohnehin, und der Frieder erzählte immerfort von seinen Kriegsaffairen, bis der Nagelschmied vor Schwere des Weins und Müdigkeit einschlief. Als er nach einigen Stunden wieder aufwachte und den Frieder nimmer sah, war sein erster Gedanke: Was gilt's, der Herr Bruder ist alsgemach vorausgegangen! Nein, er stand nur ein wenig draußen vor der Türe, denn der Frieder geht nicht leicht leer fort. Als er wieder hereinkam, sagte er: „Herr Bruder, der Mond will bald aufgehen. Wenn dir's recht ist, so bleiben wir lieber hier über Nacht." Der Nagelschmied, schläfrig und träge, sagte: „Wie der Herr Bruder meint." In der Nacht, als der Nagelschmied fest schlief und alle Töne aus dem Baß in den Diskant und wieder in den Baß durchschnarchte, der Frieder aber nicht schlafen konnte, stand der Frieder auf, visitierte für Zeitvertreib des Herrn Bruders Taschen und fand unter anderen das Schreiben, das wegen seiner dem Stadtsoldaten an den Zuchthausverwalter war mitgegeben worden. Hierauf probierte er für Zeitvertreib des Herrn Bruders Montursstiefel an. Sie waren ihm recht. Hierauf ließ er sich für Zeitvertreib durch das Fenster auf die Gasse herab und ging des geraden Wegs fort, so weit ihm der Mond leuchtete. Als der Nagelschmied früh erwachte und den Herrn Bruder nimmer gewahr wurde, dachte er: Er wird ein wenig draußen sein. Freilich war er wieder ein wenig draußen, und als er den Tag erlaufen hatte, im ersten Dorf, das ihm am Weg war, weckte er den Schulzen. „Herr Schulz, es ist mir ein Unglück passiert. Ich bin ein Arrestant, und der Stadtsoldat von da und da, der mich transportieren sollte, ist mir abhanden gekommen. Geld hab ich keins. Weg und Steg kenn' ich nicht, also laßt mir auf gemeine Kosten eine Suppe kochen und verschafft mir einen Wegweiser in die Stadt ins Zuchthaus." Der Schulz gab ihm eine Bollette an den Gemeindswirt auf eine Mehlsuppe und einen Schoppen Wein und schickte nach einem armen Mädchen. „Geh ins Wirtshaus und zeige dem Mann, der dort frühstückt, wenn er fertig ist, den Weg und die Stadt; er will ins Zuchthaus." Als der Frieder mit dem Mädchen aus dem Wald und über die letzten Hügel gekommen war und in der Ebene von weitem die Türme der Stadt erblickt hatte, sagte er zu dem Mädchen: „Geh jetzt nur nach Haus, mein Kind, jetzt kann ich nimmer verirren." In der Stadt bei den ersten Häusern fragte er ein Büblein auf der Gasse: „Büblein, wo ist das Zuchthaus?“ Und als er es gefunden und vor den Zuchthausverwalter gekommen war, übergab er ihm das Schreiben, das er dem Nagelschmied aus der Tasche genommen hatte. Der Verwalter las und las und schaute zuletzt den Frieder mit großen Augen an. „Guter Freund“, sagte er, „das ist schon recht. Aber wo habt Ihr denn den Arrestanten? Ihr sollt ja einen abliefern.“ Der Frieder antwortete ganz verwundert: „Ei, der Arrestant bin ich selber.“ Der Verwalter sagte: „Guter Freund, es scheint, Ihr wollt Spaß machen. Hier spaßt man nicht. Gesteht's, Ihr habt den Arrestanten entwischen lassen! Ich seh' es aus allem.“ Der Frieder sagte: „Wenn Sie es aus allem sehen, so will ich's nicht länger leugnen. Wenn mir aber Ihro Excellenz“, sagte er zu dem Verwalter, „einen Berittenen mitgeben wollen, so getrau ich mir den Vagabunden noch einzufangen. Denn es ist kaum eine Viertelstunde, daß er mir aus den Augen gekommen ist.“ „Einfältiger Tropf“, sagte der Verwalter, „was nützt dem Berittenen die Geschwindigkeit des Rosses, wenn er mit einem Unberittenen reiten soll. Könnt Ihr reiten?“ Der Frieder sagte: „Bin ich nicht sechs Jahre Württemberger Dragoner gewesen?“ – „Gut“, erwiderte der Verwalter, „man wird für Euch ebenfalls ein Roß satteln lassen, und zwar für Euer eigen gutes Geld, ein andermal gebt Achtung“, und verschaffte ihm in der Eile ein offenes Ausschreiben an alle Ortsvorgesetzte, auf daß, wenn er Mannschaft nötig habe zum Streif. Also ritten der Strickreiter und der Zundelfrieder miteinander dahin, um den Zundelfrieder aufzusuchen, bis an einen Scheideweg. An dem Scheideweg sagte der Frieder dem Strickreiter, auf welchem Weg der Strickreiter reiten soll, und auf welchem er selber reiten wolle. „Am Rhein an der Fahrt kommen wir wieder zusammen.“ Als sie aber einander aus den Augen verloren hatten, wendete sich der Frieder wieder rechts und machte mit seinem Ausschreiben in allen Dörfern Lärm und ließ die Sturmglocken anziehen, der Zundelfrieder sei im Revier, bis er an der Grenze war. An der Grenze aber gab er dem Rößlein einen Fitzer und ritt hinüber.

So etwas könnte hierzulande nicht passieren.

## Rettung vom Hochgericht

Eines Tages sagte zu sich selbst ein einfältiger Mensch: „Dumm bin ich; wenn ich mich nun auf pfiffige Streiche lege, so wird kein Mensch vermuten, daß ich's bin." Also legte er sich aufs Stehlen. Aber schon nach dem ersten Diebstahl wurde er als der Täter entdeckt und überwiesen, weil er die goldene Uhr, die er gestohlen hatte, selber trug und alle Augenblicke herauszog. Einige Ratsherrn meinten, man könne wegen seiner Einfalt etwas glimpflicher mit ihm verfahren als mit anderen und ihn auf ein Jahr oder etwas ins Zuchthaus schicken. „So", sagten die anderen, „ist's nicht genug, daß so viele verschmitzte Halunken das saubere Handwerk treiben? Soll man für die dummen auch noch Prämien aussetzen, damit alles stiehlt?" und sechs gegen fünf sagten: „Er muß an den Galgen." Auf der Leiter, als ihm der Henker den Hals visitierte, sagte er zu ihm: „Guter Freund, Ihr habt's ziemlich dick da herum sitzen, noch dicker als hinter den Ohren. Fast hätte ich einen längeren Strick nehmen sollen." Denn wirklich war dem armen Schelm das Kinn ziemlich stark mit dem Hals verwachsen, und als der Henker den Strick ohnehin ungeschickt angebracht hatte und den armen Sünder von der Leiter herabstieß, glitschte dieser mit dem Kopf aus der Schlinge heraus und fiel unversehrt herab auf die Erde. Einige Zuschauer lachten, aber der größte Teil erschrak und tat einen lauten Schrei, als ob sie fürchteten, es möchte dem Malefikanten, den sie doch wollten sterben sehen, etwas am Leben schaden. Aber der Henker stand einige Augenblicke wie versteinert oben auf dem Seigel und sagte endlich: „So etwas ist mir in meinem Leben noch nicht passiert." Da sagte der Malefikant unten auf der Erde kaltblütig und mit gequetschter Stimme: „Mir auch noch nicht", und alle, die es hörten, vergaßen die Ernsthaftigkeit einer Hinrichtung, und daß auf dem Weg über das Hochgericht ein armes, verschuldetes Gewissen an seinen ewigen Richter abgeliefert wird, und mußten lachen. Der Blutrichter selber hielt das Schnupftuch vor den Mund und sah auf die Seite. Die glimpflicheren Ratsherrn aber ermahnten die strengeren: „Laßt jetzt den armen Ketzer laufen. Am Galgen ist er gewesen, und mehr habt Ihr nicht verlangt, und Todesangst hat er ausgestanden." Also ließen sie den armen Ketzer laufen.

## Der große Schwimmer

Vor dem leidigen Krieg, als man noch unangefochten aus Frankreich nach England reisen und in Dover ein Schöpplein trinken oder Zeug kaufen konnte zu einem Westlein, ging wöchentlich zweimal ein großes Postschiff von Calais nach Dover durch die Meerenge und zurück. Denn dort ist das Meer zwischen beiden Ländern nur wenige Meilen breit. Aber man mußte kommen, eh' das Schiff abfuhr, wenn man mitfahren wollte. Das schien ein Franzos aus Gaskonien nicht zu wissen, denn er kam eine Viertelstunde zu spät, als man schon die Hühner eintat in Calais, und der Himmel überzog sich mit Wolken. Soll ich jetzt ein paar Tage hier sitzen bleiben und Maulaffen feil haben, bis wieder eine Gelegenheit kommt? Nein, dachte er, ringer, ich gebe einem Schiffsmann ein Zwölfsousstücklein und fahre dem Postschiff nach. Denn ein kleines Boot fährt geschwinder als ein schweres Postschiff und holt es wohl ein. Als er aber in dem offenen Fahrzeug saß, „wenn ich dran gedacht hätte", sagte der Schiffmann, „so hätt' ich ein Spanntuch mitgenommen", denn es fing an zu tröpfeln, aber wie? In kurzer Zeit strömte ein Regenguß aus der hohen Nacht herab, als wenn noch ein Meer von oben mit dem Meer von unten sich vermählen wollte. Aber der Gaskonier dachte: das gibt einen Spaß.

„Gottlob", sagte endlich der Schiffsmann, „ich sehe das Postschiff." Als er nun an demselben angelegt hatte und der Gaskonier war hinaufgeklettert und kam mitten in der Nacht und mitten im Meer auf einmal durch das Türlein hinein zu der Reisegesellschaft, die im Schiff saß, wunderte sich jeder, wo er herkomme, so spät, so allein und so naß. Denn in solchem Meerschiff sitzt man wie in einem Keller und hört vor dem Gespräch der Gesellschaft, vor dem Geschrei der Schiffsleute, vor dem Getöse, vor dem Rauschen der Segel und Brausen der Wellen nicht, was draußen vorgeht, und keinem dachte das Herz daran, daß es regnete. „Ihr seht ja aus", sagte einer, „als wenn Ihr wäret gekielholt, das heißt, unter dem Schiff durchgezogen worden." – „So? Meint Ihr", sagte der Gaskonier, „„man könne trocken schwimmen? Wenn das noch einer erfindet, so will ich's auch lernen, denn ich bin der Bote von Oleron und schwimme alle Montage mit Briefen und Bestellungen nach dem festen Lande, weil's geschwinder geht. Aber jetzt hab ich etwas in England zu verrichten. Wenn's erlaubt ist", fuhr er fort, „so will ich nun vollends mitfahren, weil ich Euch glücklicherweise getroffen habe. Es kann den Sternen nach nimmer weit sein nach Dover." – „Landsmann", sagte einer und stieß eine Wolke von Tabaksrauch aus dem Mund, (es war aber kein Landsmann, sondern ein Engländer) „wenn Ihr von Calais bis hierher geschwommen seid durch das Meer, so seid Ihr noch über den schwarzen Schwimmer in London." – „Ich gehe keinem aus dem Weg", sagte der Gaskonier. – „Wollt Ihr's mit ihm versuchen", erwiderte der Engländer, „wenn ich hundert Louisdor auf Euch setze?" Der Gaskonier sagte: „Mir an!" Reiche Engländer haben im Brauch, auf Leute, die sich in einer körperlichen Kunst hervortun, große Summen unter einander zu verwetten; deswegen nahm der Engländer im Schiff den Gaskonier auf seine Kosten mit sich nach London und hielt ihm gut zu mit Essen und Trinken, daß er bei guten Kräften bliebe. „Mylord", sagte er in London zu einem guten Freund, „ich habe einen Schwimmer mitgebracht vom Meer. Gilt's hundert Guineen; er schwimmt besser als Euer Mohr?" Der gute Freund sagte: „Es gilt!" Den anderen Tag erschienen beide mit ihren Schwimmern auf einem bestimmten Platz an dem Themsefluß, und viele hundert neugierige Menschen hatten sich versammelt und wetteten noch extra, der eine auf den Mohr, der andere auf den Gaskonier, einen Schilling, sechs Schilling; eine, zwei, fünf, zehn, zwanzig Guineen, und der Mohr schlug den Gaskonier nicht hoch an. Als sich aber beide schon ausgekleidet hatten, band sich der Gaskonier mit einem ledernen Riemen noch ein Kistlein an den Leib und sagte nicht warum, als wenn's so sein müßte. Der Mohr sagte: „Wie kommt Ihr mir vor? Habt Ihr so etwas dem großen Springer abgelernt, der Bleikugeln an die

Füße binden mußte, wenn er einen Hasen fangen wollte, damit er den Hasen nicht übersprang?" Der Gaskonier öffnete das Kistlein und sagte: „Ich habe nur eine Flasche Wein darin, ein Paar Knackwürste und ein Laiblein Brot. Ich wollte Euch eben fragen, wo Ihr Eure Lebensmittel habt. Denn ich schwimme jetzt gerades Wegs den Themsefluß hinab in die Nordsee und durch den Kanal ins Atlantische Meer nach Cadix, und wenn's nach mir geht, so kehren wir unterwegs nirgends ein, denn bis Montag, als den sechzehnten, muß ich wieder in Oleron sein. Aber in Cadix im Rößlein will ich morgen früh ein gutes Mittagessen bestellen, daß es fertig ist, bis Ihr nachkommt." Der geneigte Leser hatte kaum gedacht, daß er sich auf diese Art aus der Affäre herausziehen würde. Aber der Mohr verlor Hören und Sehen. „Mit diesem Enterich", sagte er zu seinem Herrn, „kann ich nicht um die Wette schwimmen. Tut, was Ihr wollt", und kleidete sich wieder an. Also war die Wette zu Ende, und der Gaskonier bekam von seinem Engländer, der ihn mitgebracht hatte, eine ansehnliche Belohnung, der Mohr aber wurde von jedermann ausgelacht. Denn ob man wohl merken mochte, daß es von dem Franzosen nur Spiegelfechterei war, fand doch jedermann Vergnügen an dem kecken Einfall, und an dem unerwarteten Ausgang, und er wurde nachher von allen, die auf ihn gewettet hatten, noch vier Wochen lang in allen Wirtshäusern und Bierkneipen freigehalten und bekannte, daß er noch sein Lebenlang in keinem Wasser gewesen sei.

## Kurze Station

Der Postmeister sagte zu einem Juden, der mit zwei Pferden auf die Station anfuhr: „Von hier aus müßt Ihr drei nehmen. Es geht bergauf, und die Straße ist frisch überführt. Dafür seid Ihr in drei Stunden an Ort und Stelle." Der Jud fragte: „Wie bald bin ich an Ort und Stelle, wenn ich vier nehme?" – „In zwei Stunden." – „Und wenn ich sechs nehme?" – „In einer Stunde." – „Wißt Ihr was", sagte endlich der Jude, „spannt acht an, so brauche ich gar nicht abstatt zu fahren!"

## Mittel gegen Zank und Schläge

Zwei Eheleute nicht weit von Segringen lebten miteinander in Friede und Liebe, abgerechnet, daß sie bisweilen einen kleinen Wortwechsel bekamen, wenn der Mann einen Stich hatte. Alsdann gab ein Wort das andere. Das letzte aber gab gewöhnlich blaue Flecke. Zum Beispiel: „Frau", sagte der Mann, „die Suppe ist wieder nicht genug gesalzen, und ich hab dir's doch schon so oft gesagt." Die Frau sagte: „Mir ist sie eben recht so." Der Mann bekommt etwas Röte im Gesicht: „Du unverständiges Maul, ist das eine Antwort einer Frau gegen ihren Mann? Soll ich mich nach dir richten?" Die Frau erwiderte: „Draußen in der Küche ist das Salzfaß. Ein andermal koch dir selber, oder sieh, wer dir kocht." Der Mann wird flammenrot und wirft der Frau die Suppe samt dem Teller vor die Füße. „Da, friß die Tränke selber." Jetzt geht's der Frau auf, wie wenn man ein Stellbrett aufzieht und das Wasser fließt in die Läufe und alle Mühlräder gehn an, und sie überschüttet ihn mit Schmähungen und Schimpfnamen, die kein Mann gern hört, am wenigsten von einer Frau, am allerwenigsten von seiner eigenen. Der Mann aber sagt: „Ich seh schon, ich muß dir den Rücken wieder ein wenig blau anstreichen mit dem hagebuchenen Pinsel." – Solcher Liebkosungen endlich müde, ging die Frau zu dem Pfarrherrn und klagte ihm ihre Not. Der Herr Pfarrer, der ein feiner und kluger junger Mann war, merkte bald, daß die Frau durch Widersprechen und Schimpfen gegen ihren Mann selber schuld an seinen Mißhandlungen sei. „Hat Euch mein seliger Vorfahr nie von dem geweihten Wasser gegeben?" sagte er, „kommt in einer Stunde wieder zu mir!" Unterdessen goß er reines, frisches Brunnenwasser in ein Fläschlein, das ungefähr einen Schoppen hielt, versüßte es mit Zucker und ließ ein Tröpfchen Rosenöl darein träufeln, daß es einen lieblichen Geruch gewann. „Dieses Fläschchen", sagte er zu ihr, „müßt Ihr in Zukunft immer bei Euch tragen, und so Euer Mann aus dem Wirtshaus kommt, und will Euch Vorwürfe machen, so nehmt ein Schlücklein davon und behaltet's im Munde, bis er wieder zufrieden ist. Alsdann wird seine Wunderlichkeit nie mehr in Zorn ausbrechen, und er wird Euch keine Schläge mehr geben können.“ Die Frau befolgte den Rat, das geweihte Wasser bewährte seine Kraft, und die Nachbarsleute sagten oft zusammen, unsere Nachbarn sind ganz anders geworden. Man hört nichts mehr. – Merke!

## Wie einmal ein schönes Roß um fünf Prügel feil gewesen ist

Wenn nicht in Salzwedel, doch anderswo, hat sich folgende Geschichte zugetragen, und der Hausfreund hat's schriftlich.

Ein Kavallerie-Offizier, ein Rittmeister, kam in ein Wirtshaus. Einer, der schon drin war und ihn hatte vom Pferd absteigen gesehn, ein Hebräer, sagte, „daß das gar ein schöner Fuchs ist, wo Ihro Gnaden drauf hergeritten sind.“

„Gefällt er Euch, Sohn Jakobs?“ fragte der Offizier.

„Daß ich hundert Stockprügel aushielte, wenn er mein wäre“, erwiderte der Hebräer.

Der Offizier wedelte mit der Reitpeitsche an den Stiefeln. „Was braucht's hundert“, sagte er, „Ihr könnt ihn um fünfzig haben.“

Der Hebräer sagte: „Tun's fünfundzwanzig nicht auch?“ – „Auch fünfundzwanzig“, erwiderte der Rittmeister, „auch fünfzehn, auch fünf, wenn Ihr daran genug habt.“

Niemand wußte, ob es Spaß oder Ernst ist. Als aber der Offizier sagte, „meinetwegen auch fünf“, dachte der Hebräer, hab ich nicht schon zehn Normalprügel vor dem Amtshaus in Günzburg ausgehalten und bin doch noch koscher? „Herr“, sagte er, „Sie sind ein Offizier. Offiziersparole?“ Der Rittmeister sprach: „Traut Ihr meinen Worten nicht? Wollt Ihr's schriftlich?“

„Lieber wär's mir“, sagte der Hebräer.

Also beschied der Offizier einen Notarius und ließ durch ihn dem Hebräer folgende authentische Ausfertigung zustellen: „Wenn der Inhaber dieses von gegenwärtigem Herrn Offizier fünf Prügel mit einem tüchtigen Stocke ruhig ausgehalten und empfangen hat, so wird ihm der Offizier seinen bei sich habenden Reit-Gaul, den Fuchs, ohne weitere Lasten und Nachforderung alsogleich als Eigentum zustellen. So geschehen da und da, den und den."

Als der Hebräer die Ausfertigung in der Tasche hatte, legte er sich über einen Sessel, und der Offizier hieb ihm mit einem hispanischen Rohr mitten auf das Hinterteil dergestalt, daß der Hebräer bei sich selbst dachte: Der kann's noch besser als der Gerichtsdiener in Günzburg, und laut auf Auweih schrie, so sehr er sich vorgenommen hatte, es zu verbeißen.

Der Offizier aber setzte sich und trank ruhig ein Schöpplein. „Wie tut's, Sohn Jakobs?" Der Hebräer sagte: „Na, wie tut's, gebt mir die andern auch, so bin ich absolviert."

„Das kann geschehen", sprach der Offizier und setzte ihm den zweiten auf, dergestalt, daß der erste nur eine Lockspeise dagegen zu sein schien, darauf setzte er sich wieder und trank noch ein Schöpplein.

Also tat er beim dritten Streich, also beim vierten. Nach dem vierten sagte der Hebräer: „Ich weiß nicht, soll ich's Euer Gnaden Dank wissen oder nicht, daß Sie mich einen nach dem anderen genießen lassen. Geben Sie mir zum vierten den fünften gleich, so bin ich des Genusses los, und der Fuchs weiß, an wen er sich zu halten hat."

Da sagte der Offizier: „Sohn Jakobs, auf den fünften könnt Ihr lange warten", und stellte das hispanische Rohr ganz ruhig an den Ort, wo er es genommen hatte, und alles Bitten und Betteln um den fünften Prügel war vergebens.

Da lachten alle Anwesenden, daß man fast das Haus unterstützen mußte, der Hebräer aber wendete sich an den Notarius, er solle ihm zum fünften Prügel verhelfen, und hielt ihm die Verschreibung vor. Der Notarius aber sagte: „Jekeffen, was tu' ich damit? Wenn's der Herr Baron nicht freiwillig tut, in der Verschreibung steht nichts davon, daß er muß." Kurz, der Hebräer wartet noch auf den fünften und auf den Fuchs.

Der Hausfreund aber wollt' diesen Mutwillen nicht loben, wenn sich der Hebräer nicht angeboten hätte.

Merke: Wer sich zu fünf Schlägen hergibt, um's Gewinn's

willen, der verdient, daß er vier bekommt ohne Gewinn. Man muß sich nie um's Gewinns willen freiwillig mißhandeln lassen.

## Der Bauersmann und der Visitator

Der Visitator an der Grenzstätte, wenn man verbotene Waren ins Land bringen will, merkt's gleich und sieht's dem Reisenden oder dem Fuhrmann oder dem Landmann im Gesicht an, ob er ihm trauen kann oder nicht. Er läßt zehn Unschuldige durchpassieren und nimmt's nicht genau. Den elften, der etwas hat, hält er an und visitiert ihm alle Säcke und Nähte aus, bis er's findet. Ehrlich währt am längsten. Manchmal aber hält er doch auch einen Unschuldigen ohne Not auf, weil man gleichwohl nicht wissen kann. Bisweilen tut auch ein loser Vogel dem Visitator einen Schabernack an und macht ihm vergebliche Mühe. Einer führte mit drei Pferden einen Wagen voll Haber über die Brücke. Jenseits der Brücke schoß der Visitator aus dem Häuslein heraus! „Halt! Was habt Ihr in Euren Säcken?" Der Bauersmann sagte halb leise und mit verzagter Stimme: „Haber", und schaute mit einem ängstlichen Blick nach den Pferden. Der Visitator meinte, er blicke nach den Säcken, und dachte: Holla! – „Ist sonst nichts darin, als was Ihr sagt?" – „Nein, sonst nichts." Der Eigentümer einer Ware ist nicht schuldig, daß er sie selber abladet und auseinanderlegt und wieder zusammenpackt, sondern das ist des Visitators Schuldigkeit, und er ist dafür bezahlt. Also rief der Visitator seinen Gehülfen heraus. „Hier sind verdächtige Säcke zu visitieren." Man tastete daran herum. Man stach mit spitzigen Visitierstäben hinein. Endlich lud man einen Sack nach dem andern ab und leerte ihn aus. Im ersten war nichts, im zweiten nichts, in allen nichts als lauter Haber und Haber. Zuletzt reiterte man ihn noch durch ein Sieb, ob keine heimlichen Edelsteine oder Pfefferkörner darunter seien. Es war auch nichts Heimliches darunter. Also faßten die Visitatoren den Haber wieder in die Säcke, banden sie zusammen und warfen ihn auf den Wagen und schwitzten dazu wie ein Präceptor. Weil sie aber gegen ihre Hoffnung nichts gefunden hatten, sagte der Visitator zu dem Bauersmann: „Guter Freund, Ihr seid ein ehrlicher Mann. Aber warum seid Ihr denn so verzagt und ängstlich gewesen? Daran erkennen wir sonst das böse Gewissen und haben ganz gewiß geglaubt, einen guten Fang an Euch zu machen.“ Da nahm den Visitator der Bauersmann auf die Seite und sagte wieder halb leise, aber mit schalkhafter Miene: „Ich hab's müssen, damit die Pferde nicht erfahren sollten, daß ich noch mit Haber versehen bin. Ich habe schon seit vier Monaten keinen mehr gegeben.“ Da fuhr der Visitator auf: „Daß Euch, Ihr dieser und jener – Ich hätte den besten Lust“ – Aber er konnte nicht viel machen. Denn er hatte nichts als seine Schuldigkeit getan, und auch das hatte der Bauersmann ihn nicht geheißen. „Es ist mir leid genug“, sagte dieser, „daß Ihr mich eine ganze Stunde aufgehalten habt.“

## Dankbarkeit

In der Seeschlacht von Trafalgar, während die Kugeln sausten und die Mastbäume krachten, fand ein Matrose noch Zeit, zu kratzen, wo es ihn biß, nämlich auf dem Kopf. Auf einmal streifte er mit zusammengelegtem Daumen und Zeigefinger bedächtig an einem Haare herab und ließ ein armes Tierlein, das er zum Gefangenen gemacht hatte, auf den Boden fallen. Aber indem er sich niederbückte, um ihm den Garaus zu machen, flog eine feindliche Kanonenkugel ihm über den Rücken weg, paff, in das benachbarte Schiff. Da ergriff den Matrosen ein dankbares Gefühl, und überzeugt, daß er von dieser Kugel wäre zerschmettert worden, wenn er sich nicht nach dem Tierlein gebückt hätte, hob er es schonend von dem Boden auf und setzte es wieder auf den Kopf. „Weil du mir das Leben gerettet hast“, sagte er, „aber laß dich nicht zum zweitenmal attrapieren, denn ich kenne dich nimmer.“

# Tod vor Schrecken

Als einmal der Hausfreund mit dem Doktor von Brassenheim an dem Kirchhof vorbeiging, deutete der Doktor auf ein frisches Grab und sagte: „Selbiger ist mir auch entwischt. Den haben seine Kameraden geliefert."

Im Wirtshaus, wo die Schreiber beisammen saßen bei einem lebhaften Disputat, schlug einer von ihnen auf den Tisch, „Und es gibt doch keine!" sagte er, – nämlich keine Gespenster und Erscheinungen. – „Und ein altes Weib", fuhr er fort, „ist der, der sich erschrecken läßt." Da nahm ihn ein anderer beim Wort und sagt: „Buchhalter, vermiß dich nicht, gilt's sechs Flaschen Burgunderwein, ich vergellstere dich, und sag dir's noch vorher." Der Buchhalter schlug ein: „Es gilt."

Jetzt ging der andere Schreiber zum Wundarzt: „Herr Landchirurgus, wenn Ihr einmal einen Leichnam zum Verschneiden bekommt, von dem Ihr mir einen Vorderarm aus dem Ellbogengelenk lösen könntet, so sagt mir's." Nach einiger Zeit kam der Chirurgus: „Wir haben einen toten Selbstmörder, einen Siebmacher. Der Müller hat ihn aufgefangen am Rechen", und brachte dem Schreiber den Vorderarm. „Gibt's noch keine Erscheinungen, Buchhalter?" – „Nein, es gibt noch keine." Jetzt schlich der Schreiber heimlich in des Buchhalters Schlafkammer und legte sich unter das Bett, und als sich der Buchhalter gelegt hatte und eingeschlafen war, fuhr er ihm mit seiner eigenen warmen Hand über das Gesicht. Der Buchhalter fuhr auf und sagte, da er wirklich ein besonnener und herzhafter Mann war: „Was sind das für Possen? Meinst du, ich merke nicht, daß du die Wette gewinnen willst?" Der Schreiber war mausstille. Als der Buchhalter wieder eingeschlafen war, fuhr er ihm noch einmal über das Gesicht. Der Buchhalter sagte: „Jetzt laß es genug sein, oder wenn ich dich erwische, so schaue zu, wie es dir geht." Zum drittenmal fuhr ihm der Schreiber langsam über das Gesicht: und als er schnell nach ihm haschte, und als er sagen wollte: „Hab' ich dich?" blieb ihm eine kalte tote Hand und ein abgelöster Armstümmel in den Händen, und der kalte tötende Schrecken fuhr ihm tief in's Herz und in das

Leben hinein. Als er sich wieder erholt hatte, sagte er mit schwacher Stimme: „Ihr habt, Gott sei es geklagt, die Wette gewonnen." Der Schreiber lachte und sagte: „Am Sonntag trinken wir den Burgunder." Aber der Buchhalter erwiderte: „Ich trink ihn nimmer mit." Kurz, den andern Morgen hatte er ein Fieber, und den siebenten Morgen war er eine Leiche. „Gestern früh", – sagte der Doktor zum Hausfreund, „hat man ihn auf den Kirchhof getragen; unter selbigem Grab liegt er, das ich Euch gezeigt habe."

## Franziska

In einem unscheinbaren Dörfchen am Rhein saß eines Abends, als es schon dunkeln wollte, ein armer junger Mann, ein Weber, noch an dem Webstuhl und dachte während der Arbeit unter anderen an den König Hiskias, hernach an Vater und Mutter, deren ihr Lebensfaden auch schon von der Spule abgelaufen war, hernach an den Großvater selig, dem er einst noch auf den Knieen gesessen und an das Grab gefolgt war, und war so vertieft in seinen Gedanken und in seiner Arbeit, daß er garnichts davon merkte, wie eine schöne Kutsche mit vier stattlichen Schimmeln vor seinem Häuslein anfuhr und stillehielt. Als aber etwas an der Türfalle druckte, und ein holdes jugendliches Wesen trat herein von weiblichem Ansehen mit wallenden schönen Haarlocken und in einem langen, himmelblauen Gewand, und das freundliche Wesen fragte ihn mit mildem Ton und Blick: „Kennst du mich, Heinrich?" da war es, als ob er aus einem tiefen Schlaf aufführe, und war so erschrocken, daß er nicht reden konnte. Denn er meinte, es sei ihm ein Engel erschienen, und es war auch so etwas der Art, nämlich seine Schwester Franziska, aber sie lebte noch. Einst hatten sie manches Körblein voll Holz barfuß miteinander aufgelesen, manches Binsenkörbchen voll Erdbeeren am Sonntag miteinander gepflückt und in die Stadt getragen und auf dem Heimweg ein Stücklein Brot miteinander gegessen, und jedes aß weniger davon, damit das andere genug bekäme. Als aber nach des Vaters Tod die Armut und das Handwerk die Brüder aus der elterlichen Hütte in die Fremde geführt hatte, blieb Franziska allein bei der alten gebrechlichen Mutter zurück und pflegte ihrer, also daß sie dieselbe von dem kärglichen Verdienst ernährte, den sie in einer Spinnfabrik erwarb, und in den langen schlaflosen Nächten mit ihr wachte und aus einem alten zerrissenen Buch aus Holland erzählte, von den schönen Häusern, von den großen Schiffen, von der grausamen Seeschlacht bei Doggersbank, und ertrug das Alter und die Wunderlichkeit der kranken Frau mit kindlicher Geduld. Einmal aber früh um zwei Uhr sagte die Mutter: „Bete mit mir, meine Tochter. Diese Nacht hat für mich keinen Morgen mehr auf dieser Welt." Da betete und schluchzte und küßte das arme Kind die sterbende Mutter, und die Mutter sagte: „Gott segne dich, und sei" – und nahm die letzte Hälfte ihres Muttersegens „und sei dein Vergelter!" mit sich in die Ewigkeit. Als aber die Mutter begraben und Franziska in das leere Haus zurückgekommen war und betete und weinte und dachte, was jetzt aus ihr werden sollte, sagte etwas in ihrem Inwendigen zu ihr: „Geh nach Holland", und ihr Haupt und ihr Blick richtete sich langsam und sinnend empor, und die letzte Träne für diesmal blieb ihr in den blauen Augen stehen. Als sie von Dorf zu Stadt und von Stadt zu Dorf betend und bettelnd und Gott vertrauend nach Holland gekommen war und so viel ersammelt hatte, daß sie sich ein sauberes Kleidchen kaufen konnte, in Rotterdam, als sie einsam und verlassen durch die wimmelnden Straßen wandelte, sagte wieder etwas in ihrem Inwendigen zu ihr: „Geh in selbiges Haus dort mit den vergoldeten Gittern am Fenster." Als sie aber durch den Hausgang an der marmornen Treppe vorbei in den Hof gekommen war, denn sie hoffte zuerst jemand anzutreffen, ehe sie an der Stubentür anpochte, da stand eine betagte freundliche Frau von vornehmem Ansehen in dem Hofe und fütterte das Geflügel, die Hühner, die Tauben und die Pfauen.

„Was willst du hier, mein Kind?" Franziska faßte ein Herz zu der vornehmen freundlichen Frau und erzählte ihr ihre ganze Geschichte. „Ich bin auch ein armes Hühnlein, das Eures Brotes bedarf", sagte Franziska und bat sie um Dienst. Die Frau aber gewann Zutrauen zu der Bescheidenheit und Unschuld und zu dem nassen Auge des Mädchens und sagte: „Sei zufrieden, mein Kind, Gott wird dir den Segen deiner Mutter nicht schuldig bleiben. Ich will dir Dienst geben und für dich sorgen, wenn du brav bist.“ Denn die Frau dachte: Wer kann wissen, ob nicht der liebe Gott mich bestimmt hat, ihre Vergelterin zu sein, und sie war eines reichen Rotterdamers Witwe, von Geburt aber eine Engländerin. Also wurde Franziska zuerst Hausmagd, und als sie gut und treu erfunden ward, wurde sie Stubenmagd, und ihre Gebieterin gewann sie lieb, und als sie immer feiner und verständiger ward, wurde sie Kammerjungfer. Aber jetzt ist sie noch nicht alles, was sie wird. Im Frühling, als die Rosen blühten, kam aus Genua ein Vetter der vornehmen Frau, ein junger Engländer zu ihr auf Besuch nach Rotterdam, er besuchte sie fast alle Jahre um diese Zeit, und als sie eins und das andere hinüber und herüber redeten und der Vetter erzählte, wie es aussah, als die Franzosen vor Genua in dem engen Paß in der Bocchetta standen und die Österreicher davor, trat reizend und lächelnd mit allen Reizen der Jugend und Unschuld geschmückt, Franziska in das Zimmer, um etwas aufzuräumen oder zurechtzulegen, und dem jungen Engländer, als er sie erblickte, ward so sonderbarlich um das Herz, und die Franzosen und die Österreicher verschwanden ihm aus den Sinnen. „Tante“, sagte er zu seiner Base, „Ihr habt ein bildschönes Mädchen zur Kammerjungfer. Es ist schade, daß sie nicht mehr ist als das.“ Die Tante sagte: „Sie ist eine arme Waise aus Deutschland. Sie ist nicht nur schön, sondern auch verständig, und nicht nur verständig, sondern auch fromm und tugendhaft, und ist mir lieb geworden als mein Kind.“ Der Vetter dachte, das lautet nicht bitter. Den andern oder dritten Morgen aber, als er mit der Tante im Garten spazierte: „Wie gefällt dir dieser Rosenstock?“, fragte die Tante, der Vetter sagte: „Sie ist schön, sehr schön.“ Die Tante sagte: „Vetter, du redest irr. Wer ist schön? Ich frage ja nach dem Rosenstock.“ Der Vetter erwiderte: „Die Rose, –“ „oder vielmehr die Franziska?“ fragte die Tante. „Ich hab's schon gemerkt“, sagte sie. Der Vetter gestand ihr seine Liebe zu dem Mädchen, und daß er es heiraten möchte. Die Tante sagte: „Vetter, du bleibst noch drei Wochen bei mir. Wenn es dir alsdann noch so ist, so habe ich nichts dawider. Das Mädchen ist eines braven Mannes wert." Nach drei Wochen aber sagte er: „Es ist mir nimmer wie vor drei Wochen. Es ist noch viel ärger, und ohne das Mägdlein weiß ich nicht, wie ich leben soll." Also geschah der Verspruch. Aber es gehörte viel Zureden dazu, die Demut der frommen Magd zu ihrer Einwilligung zu bewegen.

Jetzt blieb sie noch ein Jahr bei ihrer bisherigen Gebieterin, aber nicht mehr als Kammermädchen, sondern als Freundin und Verwandte in dem reichen Haus mit vergoldetem Fenstergitter, und noch in dieser Zeit lernte sie die englische Sprache, die französische, das Klavierspielen: „Wenn wir in höchsten Nöten sein" usw., „Der Herr, der aller Enden" usw., „Auf dich, mein lieber Gott, ich traue" usw. – und was sonst ein Kammermädchen nicht zu wissen braucht, aber eine vornehme Frau, das lernte sie alles. Nach einem Jahr kam der Bräutigam, noch ein paar Wochen vorher, und die Trauung geschah in dem Haus der Tante. Als aber von der Abreise des neuen Ehepaares die Rede war, schaute die junge Frau ihren Gemahl bittend an, daß sie noch einmal in ihrer lieben Heimat einkehren und das Grab ihrer Mutter besuchen und ihr danken möchte, und daß sie ihre Geschwister und Freunde noch einmal sehen möchte. Also kehrte sie jenes Tages bei ihrem armen Bruder, dem Weber, ein, und als er ihr auf ihre Frage: „Kennst du mich, Heinrich?" keine Antwort gab, sagte sie: „Ich bin Franziska, deine Schwester." Da ließ er vor Bestürzung das Schifflein aus den Händen fallen, und seine Schwester umarmte ihn. Aber er konnte sich anfänglich nicht recht freuen, weil sie so vornehm geworden war, und scheute sich vor dem fremden Herrn, ihrem Gemahl, daß sich in seiner Gegenwart die Armut und der Reichtum so geschwisterlich umarmen und zueinander sagen sollen Du, bis er sah, daß sie mit dem Gewande der Armut nicht die Demut ausgezogen und nur ihren Stand verändert hatte, nicht ihr Herz. Nach einigen Tagen aber, als sie alle ihre Verwandten und Bekannten besucht hatte, reiste sie mit ihrem Gemahl nach Genua, und beide leben vermutlich noch in England, wo ihr Gemahl nach einiger Zeit die reichen Güter eines Verwandten erbte.

Der Hausfreund will aufrichtig gestehen, was ihn selber an dieser Geschichte am meisten rührt. Am meisten rührt ihn, daß der liebe Gott dabei war, als die sterbende Mutter ihre Tochter segnete, und daß er eine vornehme Kaufmannsfrau in Rotterdam in Holland und einen braven reichen Engländer am welschen Meer bestellt hat, den Segen einer armen sterbenden Witwe an ihrem frommen Kinde gültig zu machen.

Weg hat er aller Wege,
an Mitteln fehlt's ihm nicht.

## Hochzeit auf der Schildwache

Ein Regiment, das sechs Wochen lang in einem Dorfbezirk in Kantonierung gelegen war, bekam unversehens in der Nacht um zwei Uhr den Befehl zum plötzlichen Aufbruch. Also war um drei Uhr schon alles auf dem Marsch, bis auf eine einsame Feldwache draußen im Feld, die in der Eile vergessen wurde und stehenblieb. Dem Soldaten auf der einsamen Schildwache wurde jedoch zuerst die Zeit nicht lang, denn er schaute die Sterne an und dachte: Glitzert ihr so lange, wie ihr wollt, ihr seid doch nicht so schön, als zwei Augen, welche jetzt schlafen in der unteren Mühle. Gegen fünf Uhr jedoch dachte er: es könnte jetzt bald drei sein. Allein, niemand wollte kommen, um ihn abzulösen. Die Wachtel schlug, der Dorfhahn krähte, die letzten Sterne, die selbigen Morgen noch kommen wollten, waren aufgegangen, der Tag erwachte, die Arbeit ging ins Feld, aber noch stand unser Musketier unabgelöst auf seinem Posten. Endlich sagte ihm ein Bauersmann, der auf seinen Acker wandelte, das ganze Bataillon sei ausmarschiert schon um drei Uhr, kein Gamaschenknopf sei mehr im Dorf, noch weniger der Mann dazu. Also ging der Musketier unabgelöst selber ins Dorf zurück. Des Hausfreundes Meinung wäre, er hätte jetzt den Doppelschritt angeschlagen und dem Regiment nachziehen sollen. Allein der Musketier dachte: Brauchen sie mich nimmer, so brauch ich sie auch nimmer. Zudem dachte er: Es ist nicht zu trauen. Wenn ich ungerufen komme und mich selber abgelöst habe, so kann's spanische Nudeln absetzen, er meinte Röhrlein. Zudem dachte er: Der untere Müller hat ein hübsches Mägdlein, und das Mägdlein hat einen hübschen Mund, und der Mund hat holde Küsse, und ob sonst schon etwas mochte geschehen sein, geht den Hausfreund nichts an. Also zog er das blaue Röcklein aus und verdingte sich in dem Dorf als Bauernknecht, und wenn ihn jemand fragte, so antwortete er wie jener Hüninger Deserteur, es sei ihm ein Unglück begegnet, sein Regiment sei ihm abhanden gekommen. Brav war der Bursche, hübsch war er auch, und die Arbeit ging ihm aus den Händen flink und recht. Zwar war er arm, aber desto besser schickte sich für ihn des Müllers Töchterlein, denn der Müller hatte Batzen. Kurz, die Heirat kam zustande. Also lebte das junge Paar in Liebe und Frieden glücklich beisammen und bauten ihr Nestlein. Nach Verlauf von einem Jahr aber, als er eines Tages von dem Felde heimkam, schaute ihn seine Frau bedenklich an: „Fridolin, es ist jemand dagewesen, der dich nicht freuen wird." – „Wer?" – „Der Quartiermacher von deinem Regiment; in einer Stunde sind sie wieder da." Der alte Vater lamentierte, die Tochter lamentierte und sah mit nassen Augen ihren Säugling an. Denn überall gibt es Verräter. Der Fridolin aber nach kurzem Schrecken sagte: „Laßt mich gewähren. Ich kenne den Obrist." Also zog er das blaue Röcklein wieder an, das er zum ewigen Andenken hatte aufbewahren wollen, und sagte seinem Schwiegervater, was er tun soll. Hernach nahm er das Gewehr auf die Achsel und ging wieder auf seinen Posten. Als aber das Bataillon eingerückt war, trat der alte Müller vor den Obristen. „Habt doch ein Einsehen, Herr General, mit dem armen Menschen, der vor einem Jahr auf den Posten gestellt worden ist draußen an der Waldspitze. Ist es auch permittiert, eine Schildwache ein geschlagenes Jahr lang stehen zu lassen auf dem nämlichen Fleck und nicht abzulösen?" Da schaute der Obrist den Hauptmann an, der Hauptmann schaute den Unteroffizier an, der Unteroffizier den Gefreiten, und die halbe Kompanie, alte gute Bekannte des Vermißten, liefen hinaus, die einjährige Schildwache zu sehen, und wie der arme Mensch müsse zusammengeschmoret sein, gleich einem Borstdorfer Äpfelein, das schon vier Jahre lang am Baum hängt. Endlich kam auch der Gefreite, der nämliche, der ihn vor zwölf Monaten auf den Posten geführt hatte, und löste ihn ab: „Präsentiert das Gewehr, das Gewehr auf die Schulter, Marsch“, nach soldatischem Herkommen und Gesetz. Hernach mußte er vor dem Obristen erscheinen, und seine junge hübsche Frau mit ihrem Säugling auf den Armen begleitete ihn und mußten ihm alles erzählen. Der Obriste aber, der ein gütiger Herr war, schenkte ihm einen Federntaler und half ihm hernach zu seinem Abschied.

## Der gläserne Jude

Im letzten Krieg floh ein polnischer Jude vor einem Husaren, der ihn zusammenhauen wollte, in das Haus seines Schwagers. Der Schwager, der sonst sein Freund nicht war, steckte ihn gleichwohl in einen Kornsack und legte ihn auf den Boden. „Nausel, rühr dich nicht, sonst sind wir beide kapores.“ – „Doved, ich rühr' mich nicht.“ Kommt auf einmal der Husar mit zornigem Sabel zur Tür herein, und: „wo ist der Spitzbub“, schrie er mit grimmiger Gebärde; der Schwager erwiderte: „Na, gestrenger Herr Unteroffizier! daß mein Haus keine Spitzbuben-Herberge ist. Bin ich nicht ein ehrlicher Jüd?“ Der Husar erwiderte: „Wo der Spitzbub ist, will ich wissen, der mich um vier Taler betrogen hat“, und visitierte in allen Winkeln herum. „Was habt Ihr in diesem Sacke da?“ fuhr er den Schwager an und hielt ihm den blanken Sabel über den Kopf. „Grausamer Herr Unteroffizier, was werd ich haben in dem Sack do? Glas.“ Da hieb im Zorn der Husar zuerst mit flachem Säbel hernach mit dem Rücken des Säbels aus Leibeskräften auf den Sack. So viel Hiebe, so viel Schwielen. Der Jude aber, der darin steckte, dachte: Ich will meinen Schwager nicht stecken lassen, mich noch weniger, und machte unaufhörlich mit reiner Stimme Kling, Kling, daß der Husar meinen sollte, er hör' Glas klingen. Item, es half etwas. Denn der Einfall kam dem Husaren selbst so lächerlich vor, daß schon sein halber Zorn gebrochen war. Also schlug er auch noch die andere Hälfte des selben an dem Sack heraus, und der Jud inwendig tönte immer schneller Kling, Kling, Kling. Als aber der Husar fort war und der Jude blutrünstig aus dem Sacke schlüpfte und sich beschaute: „Gottes Wunder", sagte er, „mein Leben lang will ich um vier Taler kein Glas mehr werden."

## Einer oder der andere

Es ist nichts lieblicher, als wenn bisweilen gekrönte Häupter sich unerkannt zu dem gemeinen Menschen herablassen, wie König Heinrich der Vierte in Frankreich, sei es auch nur zu einem gutmütigen Spaß.

Zu König Heinrichs des Vierten Zeiten ritt ein Bäuerlein vom Lande her des Weges nach Paris. Nicht mehr weit von der Stadt gesellt sich zu ihm ein anderer gar stattlicher Reiter, welches der König war, und sein kleines Gefolge blieb absichtlich in einiger Entfernung zurück. „Woher des Landes, guter Freund?" – „Da und dort her." – „Ihr habt wohl Geschäfte in Paris?" – „Das und das, auch möchte ich gerne unsern guten König einmal sehen, der so väterlich sein Volk liebt." – Da lächelte der König und sagte: „Dazu kann Euch heute Gelegenheit werden." – „Aber wenn ich nur auch wüßte, welcher es ist unter den vielen, wenn ich ihn sehe!" – Der König sagte: „Dafür ist Rat. Ihr dürft nur acht geben, welcher den Hut allein auf dem Kopf behaltet, wenn die anderen ehrerbietig ihr Haupt entblößen." Also ritten sie miteinander in Paris hinein, und zwar das Bäuerlein hübsch auf der rechten Seite des Königs. Denn das kann nie fehlen. Was die liebe Einfalt Ungeschicktes tun kann, sei es gute Meinung oder Zufall, das tut sie. Aber ein gerader und unverkünstelter Bauersmann, was er tut und sagt, das tut und sagt er mit ganzer Seele und sieht nicht um sich, was geschieht, wenn's ihn nichts angeht. Also gab auch der unsrige dem König auf seine Fragen nach dem Landbau, nach seinen Kindern, und ob er auch alle Sonntage ein Huhn im Topf habe, gesprächige Antwort und merkte lange nichts. Endlich aber, als er doch sah, wie sich alle Fenster öffneten und alle Straßen mit Leuten sich füllten, und alles rechts und links auswich und ehrerbietig das Haupt entblößt hatte, ging ihm ein Licht auf. „Herr", sagte er und schaute seinen unbekannten Begleiter mit Bedenklichkeit und Zweifel an, „entweder seid Ihr der König oder ich bin's. Denn wir zwei haben noch allein die Hüte auf dem Kopf." Da lächelte der König und sagte: „Ich bin's. Wenn Ihr Euer Rößlein eingestellt und Euer Geschäft versorgt habt", sagte er, „so kommt zu mir in mein Schloß. Ich will Euch alsdann mit einem Mittagssüpplein aufwarten und Euch auch meinen Ludwig zeigen."

Von dieser Geschichte her rührt auch das Sprichwort, wenn jemand in einer Gesellschaft aus Vergessenheit oder Unverstand seinen Hut allein auf dem Kopf behält, daß man ihn fragt: „Seid Ihr der König oder der Bauer?"

## Die Probe

In einer ziemlich großen Stadt, wo nicht alle Leute einander kennen, auch nicht alle Hatschiere, ging ein neu angenommener Hatschier in ein verdächtiges Wirtshäuslein hinein und hatte einen braunen Überrock an. Denn er dachte: weil ich noch nicht lange angenommen bin, so kennt mich niemand, und niemand nimmt sich vor mir in acht, vielleicht gibt's etwas zu fischen. Ein bejahrter Mann in bürgerlicher Kleidung folgt ihm nach und geht auch in das Wirtshäuslein. Der neue Hatschier fordert einen Schoppen, der betagte Mann setzt sich an den nämlichen Tisch und fordert auch einen Schoppen. Unter ihnen und ober ihnen und an anderen Tischen saßen mehrere Leute und sprachen in Friede und Eintracht von allerlei, von dem Elefant, von dem großen Diebstahl, von den Kriegsoperationen. Einer zog mit dem Finger einen Strich von Wein über den Tisch und sagte: „Zum Exempel, dies wäre die Donau." Drauf legte er ein Stücklein Käsrinde daneben und sagte: „Jetzt, das wär' Ulm." Ein anderer, als er Ulm nennen hörte, sagte zu dem betagten Mann: „Ich bin von Ulm und hätte Haus und Gewerb daselbst. Aber die alten Zeiten sind nicht mehr." Der betagte

Mann sagte: „Landsmann, Ulm ist überall, die guten Zeiten sind nirgends mehr“, und fing an zu hadern und sich zu vermessen über die Zeit und über die Abgaben und über die Obrigkeit, wie es sich nicht geziemt. Da wurde der Hatschier im braunen Überrock aufmerksam und stille und sagte endlich: „Guter Freund, ich warne Euch.“ Der betagte Mann aber sagte: „Was habt Ihr mich zu warnen?“ und trank ein Glas voll Wein nach dem andern aus und schimpfte über die Obrigkeit nur noch ärger. Der verkleidete Hatschier sagte: „Guter Freund, ich kenn Euch nicht. Aber ich will Euch noch einmal gewarnt haben.“ Der Betagte erwiderte: „Warnen hin und warnen her! Was wahr ist, muß man reden dürfen. Was bleibt einem noch übrig als die freie Rede?“, und so und so. Da schlug der verkleidete Hatschier den braunen Überrock zurück und zeigte sich vor, wie er war, in einem hechtgrauen Rocke mit roten Aufschlägen und einem Bandelier. „Jetzt, guter Freund“, sagte er, „jetzt kommt mit mir!“ Da stellte sich der Mann, als er an dem Rock den Hatschier erkannte, auf einmal wie umgewendet. „Guter Freund“, sagte er, „Ihr werdet doch meinen Spaß nicht für Ernst angesehen haben und nicht erst heute auf die Welt gekommen sein. Ich sehe schon“, sagte er, „wir müssen eine Bouteille miteinander trinken, daß Ihr mich besser kennenlernt“, und forderte noch eine Bouteille und winkte der Wirtin: „Vom Guten.“ Allein der Hatschier sagte: „Ich habe keinen Wein mit Euch zu trinken“, und faßte ihn wohl oben am Arm, und fort zur Türe hinaus. Unterwegs fuhr der Arrestant fort zu reden: „Ihr meint zum Beispiel, ich sei ein Feind von Abgaben, weil ich über die Abgaben geschimpft habe. Aber nein, ich will Euch das Gegenteil beweisen, denn Ihr seid auch eine obrigkeitliche Person, und ich habe vor Euersgleichen Respekt.“ Also zog er einen Kronentaler aus der Tasche und wollte sich damit loskaufen. Aber der Hatschier sagte: „Ihr habt mir keine Abgaben zu bezahlen.“ Eine Gasse weiter fuhr der Arrestant fort: „Was gilt's, Ihr seid noch nicht verheiratet und habt für keine Frau noch Kinder zu sorgen, weil Ihr keine Abgabe von mir braucht. Ich will Euch zu einem schönen Weibsbild führen.“ Der Hatschier erwiderte: „Ihr habt mich zu keinem Weibsbild zu führen, aber ich Euch zu einem Mannsbild." Als sie aber miteinander in den Polizeihof und vor den Herrn Stadtvogt gekommen waren, fing der Stadtvogt an laut zu lachen, dann er ein gar lustiger Mann ist, und sagte: „Welcher von euch zweien bringt den andern?" Denn es ist jetzt Zeit, dem geneigten Leser zu sagen, daß der Arrestant selber ein alter Hatschier war, und hatte sich verkleidet und war dem neuen nachgegangen, nur um ihn zu prüfen, ob er seine Pflicht tut. Deswegen sagte der Stadtvogt: „Welwer von euch zweien bringt den andern?" Der junge wollte anfangen, der alte aber, der vermeintliche Arrestant, schaute ihn gebieterisch an und sagte: „Es ist an mir zu reden, ich bin älter im Dienst. Ihro Gnaden, Herr Stadtvogt", sagte er, „dieser junge Mann ist probat, und wir können uns verlassen auf ihn, denn er hat mich arretiert mit Manier und in der Art und hat sich nicht von mir bestechen oder breitschlagen lassen, noch mit Wein, noch mit Geld, noch mit Weibsleuten." Da lächelte der Stadtvogt gar freundlich, daß ihm solches wohlgefalle, und schenkte jedem einen kleinen Taler.

Item, an einem solchen Ort mag es nicht gut sein, ein Spitzbube zu sein, wo ein Hatschier selber dem anderen nicht trauen darf.

Dies Stücklein ist noch ein Vermächtnis von dem Adjunkt, der jetzt in Dresden ist. Hat er nicht dem Hausfreund einen schönen Pfeifenkopf von Dresden zum Andenken geschickt und ist ein geflügelter Knabe darauf und ein Mägdlein und machen etwas miteinander. Aber er kommt wieder, der Adjunkt.

## Die Besatzung von Oggersheim

Zu Oggersheim gegenüber von Mannheim, um die Wahl etwas weiter oben oder unten, je nachdem man sich stellt, als im dreißigjährigen Krieg unversehens die Spaniolen vor Oggersheim anrückten, flohen fast alle Einwohner nach Mannheim. Nur zwanzig Hausväter blieben zurück und hatten das Herz, die Zugbrücke aufzuziehen und die Tore zu schließen. Es gehört nicht viel Herz zum Schließen, aber zum Öffnen. Denn als der spanische Feldhauptmann Don Gonsalvo hineintrompeten ließ: „Wenn ihr bis morgen um diese Zeit den Platz nicht übergebt", ließ er hineintrompeten, „alsdenn gebt acht, wer am Leben bleibt, wenn ich den spanischen Sturmmarsch schlagen lasse und doch hineinkomme", da sahen die Helden einander an und sagten: „Der Weg nach Mannheim ist doch der sicherste." Nur einer dachte: Was soll ich tun? Meine Frau steht an ihrem Ziel. Soll sie unterwegs oder gar auf dem Rhein ins Kindbett kommen? In Gottes Namen, ich bleibe da. – Als nun die andern alle sich geflüchtet hatten und er noch allein in dem Städtlein war, trat er mit einem weißen Fähnlein auf die Stadtmauer und rief in das spanische Lager: „Kund und zu wissen sei euch im Namen des Herrn Kommandanten von Oggersheim, der Garnison und der ehrsamen Bürgerschaft! Ihr sollt uns versprechen, das Eigentum zu schonen und die protestantische Religion unangefochten zu lassen. Wenn ihr dieses tun und halten wollt, so sollen euch in einer Stunde die Stadttore geöffnet werden. Ich, der Trompeter." – Da sahen der Feldhauptmann und seine Leute einander an. Ja, Nein – Nein, Ja. „Was sollen wir katholisches Blut vergießen lassen", sagte endlich der Feldhauptmann, „um einen ketzerischen Altar umzuwerfen, oder was werden wir in diesem Bauernstädtlein für Schätze finden?" und rief mit lauter Stimme: „Akkordiert!" Nach einer Stunde, als der Feind mit geschlossenen Reihen und Gliedern, mit fliegenden Fahnen und klingendem Spiel einzog, am äußern Tor war niemand. – „Sie werden am innern sein." Am innern Tor war auch niemand. – „Sie werden auf dem Platz sein." – Auf dem Platz stand mutterseelallein mit dem weißen Fähnlein der herzhafte Bürgersmann. „Was soll das heißen? Wo ist der Kommandant und die Besatzung, wo ist der Bürgermeister und der Rat?" Da fiel der Bürgersmann vor dem Feldhauptmann auf die Kniee nieder: „Gnädiger Herr, ich bin der einzige, der sich Eurer Großmut anvertraut hat. Die anderen sind nach Eurer Aufforderung alle nach Mannheim geflohen. Nur meine Frau ist noch bei mir im Städtlein, aber ein ellenlanger Rekrut wird nächster Tage eintreffen. Unterdessen bin ich mein eigener Kommandant und mein Trompeter, mein

Gemeiner und mein Profoß. Wenn ich seit gestern hätte desertieren wollen, ich hätte mich selber wieder einfangen und Spießruten jagen müssen." Da lächelte der Feldhauptmann und hieß ihn aufstehen, und obgleich die Spanier zur Zeit des dreißigjährigen Krieges keinen Spaß verstanden, so leistete er doch, was er versprochen hatte, und noch mehr. Denn als den andern Morgen der brave Bürgersmann wieder zu dem Feldhauptmann kam: „Ihro Gnaden", sagte er, „wolltet Ihr mir nicht auf eine Viertelstunde Euern Feldpater leihen, wenn er evangelisch taufen kann? Der ellenlange Rekrut ist angekommen und schon einquartiert", da sagte der Feldhauptmann: „Ja, braver Kamerad, und ich will Gevattermann sein und dein Kind zur Taufe halten." Also hielt der General das Kind zur Taufe und schenkte ihm ein spanisches Goldstück zum Andenken. Den folgenden Tag zogen die Spanier wieder weiter.

## Die Schlafkameraden

Eines Abends kam ein fremder Herr mit seinem Bedienten im Wirtshaus zu der goldenen Linden in Brassenheim an und ließ sich bei dem Nachtessen beiderlei wohl schmecken, nämlich das Essen selbst und das köstliche Getränk. Denn der Lindenwirt hat Guten. Der Bediente aber an einem andern Tisch dachte: Ich will meinem Herrn keine Schande machen, und trank wie im Zorn ein Glas und eine Bouteille nach der andern aus, sagend zu sich selbst: „Der Wirt soll nicht meinen, daß wir Knicker sind." Nach dem Essen sagte der Herr zu dem Lindenwirt: „Herr Wirt, ich hab' an Eurem Roten sozusagen eine gefährliche Entdeckung gemacht. Bringt mir noch eine Flasche voll in das Schlafstüblein." Der Bediente hinter dem Rücken des Herrn winkte dem Wirt: „Mir auch eine!" Denn sein Herr ließ sich vieles von ihm gefallen, weil er auf Reisen auch sein Leibgardist war und immer mit ihm in der nämlichen Stube schlafen mußte, und je einmal, wenn er sich zu viel Freiheit herausnahm, war der Herr billig und dachte: Ich will nicht wunderlich sein. Es ist ja nicht das erstemal, daß er's tut. Also trank an seinem Tisch der Herr und las die Zeitung, und am andern Tisch dachte der Bediente: Es ist ein harter Dienst, wenn man trinken muß, anstatt zu schlafen, zumal so starken. Gleichwohl, als er dem Herrn die zweite Flasche holen mußte, nahm er für sich auch noch eine mit vom nämlichen. Der Herr fing endlich an, laut mit der Zeitung zu reden, und der Bediente nahm wie ein Echo zwischen der Türe und dem Fenster auch Anteil daran, aber wie? Der Herr las von dem großen Mammutsknochen, der gefunden wurde. Der Bediente, der eben das Glas zum Munde führte, lallte für sich: „Soll leben der Mohammedsknochen." Oder als der Herr von dem Seminaristen las aus dem Seminarium in Pavia, der mit Lebensgefahr eines Schriftgießers Kind aus den Flammen rettete, ergriff er das Glas, und „Bravo", sagte er, „wackerer Seminarist!" Der Bediente stammelte für sich: „Soll leben, der wackere Seeminister", und goß richtig das halbe Glas über die Liberei hinab. „Hast du's gehört, Anton? So eine Tat wiegt viele Meriten auf", fuhr der Herr fort. – „Sollen auch leben, die Minoriten", erwiderte der Diener; und so oft jener z. B. sich räusperte oder gähnte, räusperte und gähnt der Anton auch. Endlich sagte der Herr: „Anton, jetzt wollen wir ins Bett." Der Anton sah seine Flasche an und erwiderte: „Es wird ohnehin niemand mehr auf sein in der Wirtschaft." Denn seine Flasche war leer. Aber in der Flasche des Herrn war noch ein Restlein. Früh gegen zwei Uhr weckte es den Anton, daß noch ein Restlein in der Flasche des Herrn sei. Also stand er auf und trank es aus. Sonst verriecht es, dachte er. Als er aber sich wieder legen wollte, kam er ein wenig zu weit rechts an das Bett seines Herrn. Denn beide Betten standen an der nämlichen Wand mit den Fußstätten gegeneinander. Also legte sich der Anton neben seinen Herrn, mit dem Kopf unten, und mit den Füßen oben, neben des Herrn Gesicht, weil er meinte, er liege wieder in seinem eigenen. Eine Stunde vor Tag aber, als der Herr erwachte, kam es ihm vor, er wußte selbst nicht recht, wie. Soll ich denn gestern abend haben Backsteinkäs herauf kommen lassen? dachte er. Als er aber sich umdrehen wollte, ob ein Schränklein in der Wand sei, fühlte er auf einmal neben sich etwas Lebendiges und Warmes, und das Warme und Lebendige bewegte sich auch. Jetzt rief er: „Anton, Anton", mit ängstlicher und leiser Stimme, daß der unsichere Schlafkamerad nicht aufwachen sollte, und derjenige, den er wecken wollte, war doch der Schlafkamerad. „Anton", schrie er endlich in der Herzensangst, so laut er konnte. „Was befehlen Ihro Hochwürden", erwiderte endlich der Anton. – „Komm mir zu Hilfe! Es liegt einer neben mir." – „Ich kann nicht, neben mir liegt auch einer", erwiderte der Bediente und wollte sich strecken, so zwar, daß er mit dem linken Fuß unter des Herrn Kinn kam. „Anton, Anton", rief der Herr, „meiner reißt mir den Kopf ab", und suchte ebenfalls mit den Füßen eine Habung. „Meiner will mir die Nase aufschlitzen", schrie noch viel ärger der Anton. – „Wirf deinen heraus", schrie der Herr, „und komm mir zu Hilfe." – Also faßte der Bediente seinen Mann an den Beinen, und dieser, als er Ernst sah, faßte er seinen Mann ebenfalls an den Beinen, und rangen also die beiden miteinander, daß keiner dem andern konnte zu Hilfe kommen; und der Bediente fluchte wie ein Türk, der Herr aber fluchte zwar nicht, aber doch rief er die unsichtbaren Mächte an, sie sollten seinem Gegner den Hals brechen, was auch fast hätte geschehen können, denn auf einmal hörte unten der Wirt, der schon auf war, einen Fall, daß alle Fenster zitterten, und der Perpendikel an der Wanduhr sich in die Ruhe stellte. Als er aber geschwind mit dem Licht und dem Hausschlüssel hinaufgeeilt war, ob ein Unglück sich zugetragen habe, denn er kannte seinen Roten, lagen beide miteinander ringend auf dem Boden und schrien Zeter Mordio um Hilfe. Da lächelte der Wirt in seiner Art, als ob er sagen wollte, der Rote hat gut gewirkt, die gefährliche Entdeckung. Die beiden aber schauten einander mit Verwunderung und Staunen an. „Ich glaube gar, du bist es selbst, Anton", sagte der Herr. – „So seid nur Ihr es gewesen", erwiderte der Diener, und legten sich wieder, ein jeder in sein Bett, worein er gehörte.

# Der Herr Wunderlich

Nicht nur wird die Einfalt von dem Mutwillen irregeführt, oft auch von dem Zufall. Seltener erlöst sich der Zufall wieder aus den Fangstricken des Mutwillens. Wie erging es jenem Bauersmann, der in der Stadt einem Bürger namens Wunderlich einen Wagen voll Holz verkauft hatte auf dem Marktplatz? „Fahrt jetzt nur dort die Straße hinaus", sagte der Bürger, „bis zum Eisenladen, hernach links in die Gasse, hernach beim ersten Brunnen wieder rechts, hernach beim Roten Löwen wieder links. Numero 428 ist mein Haus, Jakob Wunderlich." Und bis soweit gut. Der Bauersmann aber dachte: Ist's nicht noch früh am Vormittag, hab' ich nicht das Holz um einen guten Preis verkauft, will ich nicht zuerst noch ein Schöpplein trinken in der Kneipe da? und repetierte für sich: „Eisenladen, – links – rechts – links – Numero 428." Aber in der Kneipe saßen bei einem Saueressen auch schon ein paar lustige Gesellen, und als sie ihn sahen herein kommen, stieß einer den andern mit den Ellenbogen, und der andere fing an, als wenn er fortführe: „Drum muß man's selber gesehen haben", sagte er, „und bei den Russen gewesen sein, wenn man's glauben soll, wo der Mann im mittleren Glied, ich will vom Flügelmann nicht reden, 20 Ellen mißt, auch weniger. Jeder Finger ist eine Pistole, die Zähne sind Palisaden mit Feldschlangen dazwischen, die Nase ein Bollwerk, die Augen Bombenkugeln. Jedes Barthaar ist ein Bajonett, jedes Haupthaar ein Sabel. Ein solcher Sabel läßt sich auseinanderziehen wie ein Perspektiv, für in die Nähe zu fechten und in die Weite. Verliert ihn einer, so zieht er einen andern aus dem Haar. An den Füßen sind ihnen Schiffe gewachsen, und es ist ihnen einerlei, ob auf dem Wasser oder auf dem Land. Der Mann schultert seinen Achtundvierzigpfünder. Jeder hat sieben Leben. Tötet ihr ihm eins, so hat er noch sechs. Jeder Gemeine hat Majorsrang." Der geneigte Leser wird an diesem Müsterlein genug haben. Unserm Bauersmann aber verging Hören und Sehen, und so weit war es nicht gut. Denn als er wieder auf die Straße kam, waren ihm vor Staunen und Entsetzen der Eisenladen, die Gasse links, die Gasse rechts und der Herr Wunderlich aus dem Gedächtnis heraus verschwunden, und wen er fragte, „Guter Freund, wißt Ihr mir nicht zu sagen, wo der Herr wohnt, dem ich das Holz verkauft habe, so und so sieht er aus", der gab ihm keine Antwort oder eine falsche. Der eine sagte: „Am obern Tore Numero 1." Dort sagte ein anderer: „Nein, er ist ausgezogen und wohnt jetzt in der unteren Vorstadt Numero 916." Glücklicherweise führte ihn sein Weg nach der untern Vorstadt durch die Schulgasse, und einige Schüler standen vor der Türe. Die Bürschlein, dachte er, wissen sonst den Bescheid in der Stadt herum am besten, weil sie der Wind aus allen Gassen zusammenweht. „Junger Herr", sagte er zu einem, „wolltet Ihr mir nicht sagen, wo der Herr wohnt, der mir dieses Holz abgekauft hat", und so und so. Der Schüler, ein durchtriebener Kopf, erwiderte: „Guter Freund, ich bin noch nicht in der schwarzen Kunst, ich bin noch in der Philosophie, (so hieß die Klasse, worin er saß). Wenn Ihr aber", sagte er, „zu dem Herrn in der obern Stube gehen wollt, der das große Buch hat, wo Gribis Grabis darin steht: Tunkus, Blemsum, Schalelei, Ikmack und Norma, der schlagt's Euch auf für zwei Schillinge." In der obern Stube legte er zwei Schillinge auf den Tisch. „Herr Magister, ich habe vergessen, wie der Herr heißt und wo er wohnt, dem ich mein Holz verkauft habe. Wolltet Ihr nicht so gut sein und es mir aus Eurem Gribis Grabisbuch dort sagen." Der Schulherr aber schaute diese Zumutung mit ungemeinem Staunen an, also daß er zuletzt die Brille abhob und den baumwollenen Schlafrock übereinander nahm. „Guter Freund", wollte er sagen, „das ist wohl wunderlich von Euch, daß Ihr meint, ich könnte Euch aus meinen Büchern sagen, was Euch im Kopf fehlt." Als er aber angefangen hatte, „Guter Freund, das ist wohl wunderlich", fiel ihm der Bauersmann mit freudiger Verwunderung in die Rede. „Ganz richtig", sagte er, „es ist Herr Wunderlich. Sapperment", sagte er, „daß heiß' ich ins Schwarze getroffen gleich auf den ersten Schuß und ohne Buch", und entsetzte sich jetzt noch viel mehr über die allwissende Gelehrsamkeit des Schulherrn als vorher über die fürchterlichen Soldaten in der Kneipe. Der Schulherr aber gab ihm seine zwei Schillinge wieder und ließ ihm hernach durch ein Büblein zeigen, wo der Herr Wunderlich wohnt. Also hat dem Mann ein lächerlicher Zufall wieder auf die Spur geholfen, von welcher er abgeleitet worden durch den Mutwillen.

## Veronika Hakmann

Der geneigte Leser hat viel gute Gedanken gehabt, als er in dem Kalender des Jahres 1813 die Geschichte von jenen zehn frommen alten Dienstboten las, und kennt noch alle, wie sie heißen und aussehen. Dem Hausfreund aber ist es in diesem Augenblick zu Mute, wie wenn er im Spätjahr seinen Apfelbaum im Garten abgepflückt hat, und meint, jetzt sei nichts mehr daran. Aber nach einiger Zeit, wenn die Blätter abfallen, erblickt er unerwartet noch einen einsamen schönen Apfel an einem Zweiglein, und heimst ihn auch noch ein, und der eine macht ihm schier so große Freude als die anderen alle.

Im Jahre 1744, als der Kurfürst Karl Theodor in der Pfalz die Regierung angetreten hatte, trat in Mannheim Veronika Hakmann als Magd in das Haus eines dortigen Bürgers und trug sein Söhnlein auf den Armen herum und hütete sein, und als das Söhnlein zum Mann herangewachsen und selber wieder Vater geworden war, allbereits nach dem Hubertusburger Frieden, da war sie noch immer im Hause und trug und pflegte nun seine Kinder, wie sie ihn getragen hatte, und es geht noch lange so fort. Denn als zuletzt auch dem Urenkel ihres ersten Dienstherrn ein Sohn geboren war und lieblich heranwuchs, allbereits nach dem Frieden von Amiens, war sie auch noch im Hause, zwar nicht mehr als Dienstmagd, sondern sozusagen als ein wertgewordenes Erbstück der Familie, und eines Tages, als ihr die vergangene Zeit wie ein Traum durch die Seele ging, kam es sie wie ein Sehnen an, und „Du", sagte sie zu ihrem Brotherrn, „gib mir dein Kind ein wenig", denn sie machte nicht viel Komplimente mit ihm, und die Magd nannte den Herrn Du, der Herr aber aus Respekt vor ihrem Alter und vor ihrer Frömmigkeit und weil sie ihn erzogen hatte, sagte zur Magd Ihr. „Warum verlangt Ihr das", fragte er sie, „so doch Eure

Arme nicht mehr imstande sind, etwas zu tragen, und Eure Kniee kaum Euch selber halten können?" Sie erwiderte: „Ich habe dich und deinen Vater und deinen Großvater auf den Armen gewiegt, so möchte ich gerne auch dein Kind noch in die Arme nehmen, ehe ich sterbe." Da traten dem Vater und der Mutter des Kindes vor Rührung die Tränen in die Augen, und er hieß die alte, treue Greisin niedersitzen, und nebenstehende Figur zeigt, wie er ihr das Kind auf den Schoß legt. „Gott lohne Euch", sagte er zu ihr, „alles, was Ihr an mir und meinen Vätern getan habt." Sie sagte: „Er wird mich bald zu sich nehmen." Einundsechzig Jahre war sie im Dienst und Brot des nämlichen Hauses und starb anno 1805 im achtzigsten Jahre ihres Lebens.

## Der Friedensstifter

Wer die rechten Mittel zu wählen weiß, der kommt zum Zweck, zum Exempel der Herr Theodor. Zwei junge Burgersmänner in seiner Nachbarschaft hatten sich gegenseitig im Wirtshaus beleidigt und waren doch zu honett, einander anzugreifen, und zu eigensinnig, einander zu vergeben. Also nährten sie den Unfrieden in ihrem Herzen. Das klagte jemand dem Herrn Theodor, und wie alle Mittel vergeblich seien, sie miteinander zu versöhnen. Der Herr Theodor sagte: „Laßt mich gewähren. Ich kenne sie. Bis morgen sind sie gute Freunde." Also bat er jeden insbesondere, ob er nicht heute bei ihm zu Nacht essen wollte, und setzte sie an den Tisch nebeneinander. Keiner gönnte dem andern ein Wort oder einen Blick. Beide dupften fleißig mit dem Herrn Theodor an, aber keiner mit dem andern. Da löschte der Herr Theodor das Licht aus, als wenn er die Kerze hätte putzen wollen, und sagte: „Nichts für ungut! Ich will's gleich wieder anzünden." Indem er aber hinausging, gab er den einen von der Seite her, wo der andere saß, im Dunkeln eine Ohrfeige. Also gab dieser dem andern zwei, und also setzten sie das Multiplikationsexempel miteinander fort und zerschlugen sich, wo jeder im Finstern hintraf, bis der Herr Theodor wieder kam, der etwas lange ausblieb. Als der Herr Theodor wieder kam und traf sie an in wildem Kampf und Handgemenge, sagte er: „Das ist recht gut und löblich, ehrenwerte Nachbarn und Gäste, daß Ihr Euch gegeneinander expliziert, ich hab's schon den ganzen Abend gemerkt, daß Ihr etwas gegeneinander auf dem Herzen habt. Ich sehe, daß es Euch aufrichtig um Aussöhnung zu tun ist, weil jeder dem andern seine Meinung unverhohlen zu verstehen gibt." – „Ihr hättet nicht sagen sollen, daß ich Trumpf verleugne", sagte der eine, „so ich doch Farbe angegeben habe." Der andere sagte: „Ihr hättet nur nicht gleich schimpfen dürfen. Ein Herz ist bald für einen Eckstein angesehen. Ihr wißt, wie schmutzig die Karten sind." Drauf ließ sich der Herr Theodor den Handel von ihnen erzählen und schlichtete ihn vollends aus; den andern Tag waren sie wieder gut Freund.

## Verloren und gefunden

An einem schönen Sommerabend fuhr der Herr Vogt von Trudenbach in seinem Kaleschlein noch spät vom Brassenheimer Fruchtmarkt zurück, und das Rößlein hatte zwei zu ziehen, nämlich den Herrn Vogt und seinen Rausch. Unterwegs am Straßwirtshaus schauten noch ein paar lustige Köpfe zum Fenster heraus, ob der Herr Vogt nicht noch ein wenig einkehren und eines Bescheid tun wolle; die Nacht sei mondhell. Der Herr Vogt scheute sich weniger vor dem Bescheid als vor dem Ab- und Aufsteigen in das Kaleschlein, maßen es ihm schon am Morgen schwer wird, aber am Abend fast unmöglich. Der Herr Theodor meinte zwar: „Wir wollen das Kaleschlein auf die Seite umlegen und ihn abladen", aber kürzer war es doch, man ging mit der Flasche zu ihm hinaus. Aus einer Flasche wurden vier, und die Redensarten manquierten ihm immer mehr, bis ihm der Schlaf die Zunge und die letzte Besinnung band. Als er aber eingeschlafen war, führten die lustigen Köpfe das Rößlein in den Stall und ließen ihn auf der Straße sitzen. Früh aber, als schon vor dem Fenster des Wirts die Wachtel weckte, kam er sich kurios vor, und wußte lange nicht, wo er sei und wo er sich befinde. Denn nachdem er sich eine Zeitlang umgesehen und die

Augen ausgerieben hatte, sagte er endlich: „Jetzt kommt alles darauf an, ob ich der Vogt von Trudenbach bin oder nicht. Denn bin ich's, so hab ich ein Rößlein verloren, bin ich's aber nicht, so hab' ich ein Kaleschlein gefunden."

## Glück und Unglück

Wie hat zu einem Bauersmann ein Doktor gesagt? „Ihr Landleute", sagte er, „habt's doch immer gut. Wenn des Getreides wenig gewachsen ist, so verkauft Ihr es zu einem teuern Preis. Ist es wohlfeil, so habt Ihr viel zu verkaufen und löset auch viel Geld." – „Umgekehrt, Herr Doktor", sagte der Bauersmann, „wir kommen auf keinen grünen Zweig. Denn wenn das Getreide teuer ist, so haben wir nicht viel zu verkaufen. Wenn wir aber viel haben, ist es wohlfeil und macht uns doch nicht reich." – Auch gut gegeben.

## List gegen List

Einem namhaften Goldschmied hatten zwei vornehm geklei dete Personen für 3000 Taler kostbare Kleinode abgekauft fü auf die Krönung in Ungarn. Hernach bezahlten sie ihm tausen Taler bar, legten alles, was sie ausgesucht hatten, in ein Schäch telchen zusammen, siegelten das Schächtelchen zu und gaben e dem Goldschmied gleichsam als Unterpfand für die noch feh lende Summe wieder in Verwahrung, wenigstens kam es dem Goldschmied so vor, als wenn es das nämliche wäre. „In vier zehn Tagen", sagten sie, „bringen wir Euch die fehlende Summ und nehmen alsdann das Schächtelchen in Empfang." Alle wurde schriftlich gemacht. Allein, es vergehen drei Wochen, ni mand meldet sich. Der Krönungstag geht vorüber, es gehen no vier Wochen vorüber. Niemand will mehr nach dem Schächt lein fragen. Endlich dachte der Goldschmied: Was soll ich eu euer Eigentum hüten auf meine Gefahr und mein Kapital t darinnen liegen haben? Also wollte er das Schächtelein im Be sein einer obrigkeitlichen Person eröffnen, und die bereits em fangenen 1000 Taler hinterlegen. Als es aber geöffnet ward, „lieber, guter Goldschmied“, sagte der Aktuarius, „wie seid Ihr von den zwei Spitzbuben angeschmiert.“ Nämlich in dem Schächtelein lagen statt Edelgestein Kieselstein und Fensterblei statt Goldes. Die zwei Kaufleute waren spitzbübische Taschenspieler, böhmische Juden, brachten das wahre Schächtelein unvermerkt auf die Seite und gaben dem Goldschmied ein anderes zurück, welches ebenso aussah. „Goldschmied“, sagte der Aktuarius, „hier ist guter Rat teuer. Ihr seid ein unglücklicher Mann.“ Indem trat wohlgekleidet und ehrbar ein Fremder zur Türe herein und wollte dem Goldschmied allerlei krummgebogenes Silbergeschirr und einsechtige Schnallen* verkaufen und sah den Spektakel. „Goldschmied“, sagte er, als der Aktuarius fort war, „Euer Lebelang müßt Ihr Euch nicht mit den Schreibern einlassen. Haltet Euch an praktische Männer. Habt Ihr das Herz, eine Wurst an eine Speckseite zu setzen, Euch ist zu helfen. Wenn Euer Schächtelein oder der Wert dafür noch in der Welt ist; ich schaff' Euch die Spitzbuben wieder ins Haus.“ – „Wer seid Ihr, um Vergebung“, fragte der Goldschmied? – „Ich bin der Zundelfrieder“, erwiderte der Fremde mit Vertrauen und mit inem recht liebenswürdig freundlichen Spitzbubengesicht. Wer en Frieder nicht persönlich kennt, wie der Hausfreund, der kann ich keine Vorstellung davon machen, wie ehrlich und gutmütig r sich anstellen und dem vorsichtigsten Menschen so unwidertehlich das Herz und das Vertrauen abstehlen kann wie das Geld. Auch ist er in der Tat so schlimm nicht, als man ihn zwichen Bühl und Achern dafür hält. Ob nun der Goldschmied och überdies an das Sprichwort dachte, daß man Spitzbuben m besten mit Spitzbuben fangen könne, oder ob er an ein aneres Sprichwort dachte, daß wer das Roß geholt hat, der hole uch den Zaum (wegen einer guten Freundin will ihn der Hausreund nicht mit Namen nennen), kurz, der Goldschmied verraut sich dem Frieder an. „Aber ich bitte Euch“, sagte er, „beügt mich nicht.“ „Verlaßt Euch auf mich“, sagte der Frieder, und erschreckt nicht allzusehr, wenn Ihr morgen früh wieder m etwas klüger geworden seid!“ Vielleicht ist der Frieder auf

„einsechtige Schnallen“ sind solche, wo von dem gleichem Paar nur eine vornden ist.

einer Spur? Nein, er ist noch auf keiner. Aber wer in selbiger Nacht dem Goldschmied auch noch vier Dutzend silberne Löffel, sechs silberne Salzbüchslein, sechs goldene Ringe mit kostbaren Steinen holte, das war der Frieder. Manch geneigter Leser, der auf ihn nicht viel halten will, wird denken: Das geschah dir recht. Desto besser. Denn dem Goldschmied war es auch recht. Nämlich auf dem Tisch fand er von dem Zundelfrieder einen eigenhändigen Empfangsschein, daß er obige Artikel richtig erhalten habe, und ein Schreiben, wie sich der Goldschmied nun weiter zu verhalten habe. Nämlich er zeigt jetzt nach des Frieders Anleitung den Diebstahl bei Amt an und bat um einen Augenschein. Hernach bat er den Amtmann, die verlorenen Artikel in allen Zeitungen bekannt zu machen. Hernach bat er, auch das versiegelte Schächtelein mit seiner ganzen Beschreibung mit in das Verzeichnis zu setzen, um etwas. Der Amtmann sah ins Klare und bewilligte ihm den Wunsch. Einem honetten Goldschmied, dachte er, kann ein Mann, der eine Haushaltung führt, etwas zum Gefallen tun. Also verlauft es sich in alle Zeitungen, dem Goldschmied sei gestohlen worden das und das, unter anderen ein Schächtelein so und so, mit vielen kostbaren Edelsteinen, die alle benannt wurden. Die Nachricht kam bis nach Augsburg. „Löb", schmunzelte dort ein böhmischer Jud dem andern zu, „der Goldschmied wird nie erfahren, was in dem Schächtelein war. Weißt du, daß es ihm gestohlen ist?" – „Desto besser", sagte der Löb, „so muß er uns auch unser Geld zurückgeben und hat gar nichts." Kurz, die Betrüger gehen dem Frieder in die Falle und kommen wieder zu dem Goldschmied. „Seid so gut und gebt uns itzt das Schächtelein! Nicht wahr, wir haben Euch ein wenig lange warten lassen?" – „Liebe Herren", erwiderte der Goldschmied, „Euch ist unterdessen ein großes Unglück geschehen, das Schächtelein ist Euch gestohlen. Habt Ihr's noch in keiner Zeitung gelesen?" Der Löb erwiderte mit ruhiger Stimme: „Das wäre uns leid, aber das Unglück wird wohl auf Eurer Seite sein. Ihr liefert uns das Schächtelein ab, wie wir's Euch in die Hände gegeben haben, oder Ihr gebt uns unser vorausbezahltes Geld zurück. Die Krönung ist ohnehin vorüber." Man sprach hin, man sprach her, „und das Unglück wird eben doch auf Eurer Seite sein", nahm wieder der Goldschmied das Wort. Denn im nächsten Augenblick traten jetzt mit seiner Frau vier Hatschiere in die Stube, handfeste Männer, wie sie sind, und faßten die Spitzbuben. Das Schächtelein war nimmer aufzutreiben, aber das Zuchthaus und so viel Geld und Geldeswert, als nötig war, den Goldschmied zu bezahlen. Aus Dankbarkeit zerriß der Goldschmied hernach den Empfangsschein des Frieder. Aber der Frieder brachte ihm alles wieder und verlangte nichts für seinen guten Rat. „Wenn ich einmal etwa von Eurer Ware benötigt bin", sagte er, „so weiß ich ja jetzt den Weg in Euern Laden und zu Euren Kästlein. Wenn ich nur alle Spitzbuben zu Grunde richten könnte", sagte er, „daß ich der einzige wäre." Denn eifersüchtig ist er.

## Hilfe in der Not

Als im verwichenen Spätjahr der Zirkelschmied mit seiner Frau ungegessen ins Bett gehen wollte, – schon seit drei Tagen var kein Feuer mehr in die Küche gekommen, und das letzte Mäuslein hatte sich ausquartiert, – da schickte ihm, wie gerufen, er Barbier von Brassenheim einen fetten Schinken, so groß als nanches Säulein, was noch ganz ist, und drei Würste dazu, so ang wie Glockenseiler, und der Zirkelschmied wußte nicht warum; der geneigte Leser weiß es auch nicht. Aber er erfahrt's.

Schon vor Jahr und Tagen war in Brassenheim ein fremer Mann in das Wirtshaus zu den drei Rosen gekommen, und er Zirkelschmied saß damals auch schon drin, etwa beim driten Schöpplein oder beim vierten. Als der Fremde eine Zeitlang a war und dem Zirkelschmied weniger pfiffig als ehrlich ausah, dachte der Zirkelschmied: Ich will ein Gespräch mit ihm nfangen. Vielleicht läßt er sich über den Löffel balbieren. „Ihr eid wohl auch zum erstenmal hier, seitdem der Rosenwirt dies höne Haus gebaut hat, weil Ihr so lange an einem Nagel gecht habt für Euern Kaputrock?" Der Fremde sagte: „Ich bin uch ein Wirt, aber ich tauschte mein Haus noch nicht gegen eses, wenn eins nicht wäre." „Habt Ihr noch namhafte Schulden drauf?" – „Das nicht." – „Oder riecht der Abtritt?" – „Das auch nicht." – „Oder habt Ihr ein böses Weib im Haus?" – „Das auch nicht, aber sonst nichts Gutes." Endlich erfuhr der Zirkelschmied nach einigem Hin- und Herreden von dem Fremden, wie er das Unglück habe in seinem Haus mit einem grausamen Gespenst, das alle Nacht auf seinem Speicher erwache und Ziegel fresse, wie man an den Brosamen sehe und an den Lücken im Dach. Der wohlbelehrte Leser des Rheinländischen Hausfreundes ist darüber im Klaren, ehe man ihm sagt, daß dieses Gespenst nur ein boshafter Mensch, ein Feind des Hausbesitzers könne gewesen sein. Nämlich, es war sein eigener Schwager, der ihm das Haus verleiden und feil machen wollte. Der Zirkelschmied sagte: „Wenn Ihr mit Wissen noch kein Menschenfleisch gegessen und noch keinem Roß das Einmaleins abgehört habt, so ist Rat, wenn's Euch auf zwei große Taler nicht ankommt, einen sogleich, den andern, wenn Euch geholfen ist." Der Fremde griff sogleich in die Tasche. „Jetzt geht zum Barbier", sagte der Zirkelschmied halb leise, obgleich sonst niemand in der Stube war, „und klagt ihm Eure Not. Anfänglich wird er Euch kein Gehör geben, denn es ist ihm bei Strafe verboten. Wenn Ihr aber nicht nachlaßt, so bekommt Ihr das Mittel (oder den Buckel voll Schläge", dachte für sich der Zirkelschmied). Als aber der Fremde zu dem Barbier gekommen war, der ein gar vernünftiger Mann ist, fuhr der Barbier ihn an: „Wer hat Euch zu mir geschickt?" – „Einer in einem abgeschabenen Röcklein und in einer schwarzen Halsbinde, hinten mit einer messingenen Schnalle, drei Finger hoch über den Rockkragen, hinten auf dem Kopf hat er noch vierundzwanzig bis dreißig Härlein und doch ein Kamm drin." Da hob der Barbier drohend den Zeigefinger auf und sagte: „Wart', vermaledeiter Zirkelschmied, hab ich dich einmal ausgekundschaftet." Der Fremde aber fiel ihm ins Wort: „Stellt Euch nicht so kurios, Herr Doktor, ich weiß alles, und helft mir von meinem Ziegelfresser, von meinem Gespenst." Der Barbier bekam gute Laune, weil er den Zirkelschmied ausgekundschaftet hatte. „Ich will Euch ein stinkendes Rauchpulver geben", sagte er, „mit dem geht dem Geist auf den Leib und schlagt ihn, Ihr seid ein handfester

Mann, mit einem braven Weidenstumpen lederweich, bis er vor Euch zur Erde fällt, nur nicht zu tot, denn die Geister halten nichts darauf, wenn man sie zu totschlägt. Hernach geht Ihr Eures Weges, damit der Geist auch unbeschrien nach Hause kann."

Solchen Rat gab dem fremden Mann der Barbier und dachte nicht daran, was die Sache für ein schlimmes Ende nehmen könnte. Aber sie nimmt ein gutes Ende. Der Hausfreund weiß es schon.

Denn, wie gesagt, im verwichenen Spätjahr am Katharinentag, als der Barbier nach Oberwaldsheim gehen wollte, sechs Stunden von Brassenheim, wohin sonst sein Weg nicht war, kehrt er unterwegs ein in einem Wirtshaus, wie es einem einfallen kann, wenn man einen Schild sieht. Als er aber in der Stube war und den Wirt erblickte, erschrak er gar sehr und dachte: O weh, wie werd' ich wieder da herauskommen, und machte in der Geschwindigkeit ein krummes Maul, daß ihn niemand kennen sollte, denn der Wirt war der nämliche, dem er das Rauchpulver gegeben hatte, und er wußte nicht, wie der Handel ausgegangen war. Der Wirt aber, während er ihm ein Schöpplein holte, sann hin und her. „Den Mann sollt' ich kennen. Wenn er nicht das Maul so verdammt krumm im Gesicht hätte, so wär's der Barbier von Brassenheim, der brave Mann, der mich vom Gespenst erlöst hat. Ich will nur sehen, wie er den Wein hineinbringt." Und als er hernach die ersten Ehrenfragen an ihn getan hatte: „Woher des Landes und wohin?", sagte er: „Herr Landsmann, nehmt mir meine Neugierde nicht zum Vorwitz auf! Wenn Euer Mund besser im Blei läge, so wollt' ich glauben, Ihr seid der Gregorius (Chirurgus wollte er sagen) von Brassenheim." Dem Barbier ging der Angstschweiß aus. „Wenn Euch mein krummes Maul irre macht", sagte er, „so muß der Barbier von Brassenheim ein gerades haben, und folglich kann ich nicht der nämliche sein. Zudem so bin ich der Papiermüller von Neuhausen." Jetzt erzählte ihm der Wirt die ganze Geschichte, und unmerklich, wie sie immer besser lautete, zog sich sein Mund immer gerader in die Linie. „Und Ihr seid es doch", rief endlich der Wirt. „Freilich bin ich's", erwiderte der Barbier, „und ich habe Euch nur ein wenig vexieren wollen, ob

Ihr mich noch kennt. Aber nicht wahr", sagte er: „das Mittel hat geholfen?" – „Gleich aufs erstemal", erwiderte der Wirt und rief voll Freude und Dankbarkeit die Frau und die Kinder herein und bestellte ein gutes Mittagessen für seinen ehrenwerten Gast, sinnend, ob er ihm nicht noch eine Ehre antun könne. Als daher der Barbier sich entschuldigte, daß er noch nach Waldsheim auf den Katharinenmarkt gehen und ein Säulein kaufen wolle, da ging eine freundliche Heiterkeit über das Angesicht des Wirts, und sagte er zu ihm: „Ei, steht Euch keine von meinen an?" Jetzt ließ er ihm sechs gemästete Schweine, eines größer als das andere in den Hof herausspringen. „Da sucht Euch ein braves heraus, Herr Doktor." Der Barbier kam in Verlegenheit, so ein Schwein könne er nicht bezahlen, auch nicht gewältigen in seiner kleinen Haushaltung. Aber der Wirt faßte kurzweg eine am Bein. „Die ist Euer." Also blieben sie beisammen über den Mittag, und als sie genug gegessen und getrunken hatten, befahl der Wirt dem Knecht, das Wäglein anzuspannen und den Herrn Doktor und die Sau nach Brassenheim zu führen. – Deswegen schickte der Barbier dem Zirkelschmied tags drauf den Schinken und die Würste, weil sein Mutwillen ihm dazu verholfen hatte. „Sieh Bärbel", sagte der Zirkelschmied zu seiner Frau, „du hast mich schon oft verkannt. Mit einem Mann wie ich bin, ist eine Frau versorgt."

## Der Bock

Einst im strengen Winter, an einem Sonntag, abends, fuh eine fremde wunderschöne Frau den Schliengener Berg hinau und als auf einmal die Pferde stillstanden, waren sie auch kli ger als ein Bauersmann, der vor ihnen mitten im Weg und i Schnee lag und schlief. Denn die Pferde hatten nur Haber i Leib, und der Bauersmann Branntewein und kam von unte herauf, wollte nach Kandern gehen, verfehlte aber in Schlie gen den Rank. Die wunderschöne Frau ließ ihn wecken. „Feh Euch etwas, guter Mann, oder seid Ihr sonst in den Schnee g fallen?" – „Nein", stammelte der Bauersmann, „da ist m eine schwarze Katze mit feurigen Augen vor meinen Augen herumgefackelt und hat mich irregeführt und schlaftrunken gemacht, und wenn ich weiß, wo ich bin, – so weiß es das Kind im Mutterleibe“, wollte er etwa sagen, aber er brachte es nicht heraus. – „Ihr seid betrunken, guter Mann, und wenn Ihr hier liegenbleibt, müßt Ihr erfrieren.“ – „Wenn ich betrunken bin“, fragte er, „habt Ihr mir den Rausch bezahlt, oder habe ich ihn bezahlt, oder bin ich ihn nicht vielmehr noch schuldig?“ Als aber die Frau, so freundlich sie ist und sein kann, ihm zuredete, vorn auf den Bock zu sitzen bis zum nächsten Ort! – Bock sitzen? dachte er in seinem erschrecklichen Rausch und fing auf einmal an, aus einem anderen Ton zu sprechen. „Ihr seid die schwarze Katze und habt Euch in eine heidnische Prinzessin verwandelt. Um Gottes willen verschont mich nur diesmal“, denn er dachte an einen andern Bock, auf dem die Hexen reiten, und jetzt geh' es zum Pech- und Schwefel-Brünnlein und nicht zur kalten Herberge, die auf dem Schliengener Berg steht, sondern zur heißen. In seinem Leben wollte er keinen Rausch mehr trinken. Allein das half alles nichts, sondern der Kutscher, der Postillion von Müllheim, band ihn auf den Bock. Und so fuhr r mausstill und in ängstlicher Erwartung seines Schicksals mit bis zur Station. Auf der Station aber, auf Kaltenherberge, egten ihn die Postknechte in einen warmen Kuhstall und ließen hn seinen Rausch dort ausschlafen. Aber noch bis auf diese Stunde glaubt der Mann, er sei verhext und bezaubert gewesen, nd hat seitdem keinen Rausch mehr getrunken, ausgenommen n den Werktagen.

Dies Geschichtlein ist wahr, wenn's auch nicht zwischen Schliengen und Kaltenherberge sollte geschehen sein, und der Hausfreund kennt die schöne Frau. Hat sie's ihm nicht selber eschrieben von Freiburg aus im Uechtland?

## Wunderlichkeit

Es gibt so wunderliche Herrschaften, daß es niemand bei ihnen shalten könnte, wenn es nicht ebenso schlaues Gesinde gäbe.

Einer verlangte früh im Bette ein Glas voll Wasser von seinem Bedienten. Das Wasser war nicht frisch genug. „Geschwind ein anderes!" Der Bediente stellte das Glas draußen auf den Tisch und holte dem Herrn ein zweites. Das Glas war nicht sauber genug. „Geschwind ein anderes!" Der Bediente stellte es draußen auf den Tisch und holte ein drittes. Das Wasser war nicht rein genug. „Geschwind ein anderes!" Der Bediente stellte das dritte auf den Tisch und brachte das erste wieder. Das trank sein Herr mit großem Gelust. „Hättest du mir dieses nicht gleich zuerst bringen können? Geschwind noch so eins!" Da brachte ihm der Bediente das zweite wieder und also auch das dritte und gestand nachgehends seinem Herrn, daß es immer das nämliche gewesen sei.

Ein anderer, ein junger Edelmann, hätte fürs Leben gern Freude gehabt am Morgenrot und am frischen Maienduft und Vogelsang untereinander, wenn er nicht noch größeres Vergnügen gefunden hätte am Schlafen. Deswegen befahl er seinem Bedienten, daß er ihn jeden Morgen um fünf Uhr wecken und ihm keine Ruhe lassen sollte, bis er aufstünde. „Und sollt's bis zu Schlägen kommen", sagte er, „aber es bleibt unter uns." Item zu Schlägen kam es fast allemal, aber wer sie davontrug, war der Bediente, und war's nicht früh um fünf, wenn er den Herrn weckte, so war es Vormittag um zehn oder elf Uhr, wenn er ihn schlafen ließ, ausgenommen denn, der Bediente gebrauchte eine List. Eines Morgens, als der Herr noch so ganz fest zu schlafen schien, strich er ihm die Achsel und den Rücken, so weit er zukommen konnte, mit roter und blauer Farbe an und deckte ihn wieder zu. Um zehn Uhr, als der Herr erwachte und die Sonne schon hoch über das Kirchendach herabschaute, fuhr er zornig aus dem Bette heraus und auf den Bedienten los. „Warum hast du mich heute nicht geweckt?" – „Hab ich Euch nicht geweckt? Warum seid Ihr nicht aufgestanden?" – „Warum hast du nicht Gewalt gebraucht?" – „Hab ich Euch nicht braun und blau geschlagen? Beseht nur Eure Achsel in dem Spiegel." Als aber der Herr in dem Spiegel die blauen und roten Striemen sah, ward sein Zorn zufrieden und legte sich. „Das laß dir gut sein", sagte er zu dem Bedienten, „daß du mich so zerschlagen hast."

# Brassenheimer Siegesnachrichten vom Jahre 1813

Im Spätjahr 1813 erfuhren wir Brassenheimer von dem Krieg in Sachsen auch lange nichts anders als lauter Liebes und Gutes, wer nämlich französisch gesinnt war, und niemand hatte bei Turmstrafe das Herz, etwas anderes zu wissen, noch viel weniger zu sagen, ausgenommen ein lustiger Kumpan, der Spielmann in der unteren Gasse, hat's gemerkt. Was tut der Spielmann? Er geht ins Amtshaus. „Herr Amtmann, die Hochzeiten und Kirchweihtänze wollen heuer gar nicht recht geraten. Wolltet Ihr mir und meinen Kameraden nicht erlauben, dann und wann an einem Sonntag abends im roten Löwen eine Komödie zu spielen für ein Geringes?" Der Amtmann erwiderte: „Reichenauer, das lob ich an Euch, daß Ihr Euch lieber auf eine geziemliche Art forthelfen und Euern Mitbürgern einen lustigen Abend dafür machen wollt, als daß Ihr wieder Schulden macht oder stehlt." Also kündeten sie auf den nächsten Sonntag eine nagelneue Komödie an. Es sei die neueste, sagten sie, die es gibt. In derselben Komödie mußte einer mitspielen, der hieß Franz, und hatte eine Frau mit Namen Viktoria, ein gar stattliches handfestes Weibsbild. Im Verlauf der Komödie mußte es sich schicken, daß der Franz mit einem fremden Mann Verdruß bekam. Der Zank gebar Schimpf, der Schimpf gebar Schläge, und wer die meisten bekam, war nicht der fremde Mann, sondern der Franz, also daß er zuletzt seine Frau zu Hilfe rief. Weil sie aber Viktoria hieß, konnte er nicht Apollonia oder Kunigunda rufen, und also fügte es sich, daß je mehr er Schläge bekam und je besser sie auffaßen, desto lauter rief er: „Viktoria! Viktoria!" Daran haben wir Brassenheimer, was verständige Leute unter uns sind, zum erstenmal gemerkt, wie es damals in Sachsen stehen mochte, und was es zu bedeuten hatte, wenn man schrie: „Viktoria! Viktoria!" Der Herr Amtmann hat zum Glück nichts gemerkt.

## Ein Hausmittel

Ein fremder Mann in einem Wirtshause bemerkte lange bei seinem Schöpplein, wie die Frau Vogtin (der Vogt führte die Wirtschaft) unaufhörlich am Stricken gehindert wurde durch etwas anderes. Endlich sagte er: „Es scheint, Ihr wollt ander Wetter prophezeien, Frau Vogtin. Eure braunen Tierlein machen Euch viel Zeitvertreib.“ Die Wirtin ward dessen fast verschämt und sagte: „Ihr habt mir nicht sollen zusehen.“ Darauf erwiderte der Fremde: „Ein Floh ist doch auch ein Geschöpflein, und ich weiß nicht, warum man nicht davon reden soll. Wenn sie Euch aber zur Plage sind und es kommt Euch auf einen Vierundzwanziger nicht an, ich wollte Euch wohl sagen, was Ihr tun müßtet, damit Ihr nie in Eurem Leben einen Floh bekämt.“ Die Wirtin sagte: „Einen Vierundzwanziger wär' es wohl noch wert“, und als er sich denselben voraus hatte bezahlen lassen, sagte er mit schelmischem Lächeln: „Nämlich wenn Euch ein Floh am rechten Arm beißt, müßt Ihr ihn am linken suchen. Beißt er Euch aber am linken, so sucht Ihr ihn am rechten. Alsdann bekommt Ihr gewiß keinen. Ich hab's von der Polizei in Brassenheim gelernt“, sagte er. Es war der Zirkelschmied.

## Der fromme Rat

Ein achtzehnjähriger Jüngling ging, noch unerfahren, katholisch und fromm, zum erstenmal aus der Eltern Haus auf die Wanderschaft. In der ersten großen Stadt auf der Brücke blieb er stehen und wollte rechts und links ein wenig umschauen, weil er fürchtete, es möchten ihm nimmer viel solche Brücken kommen, an welche unten und oben solche Städte angebaut seien wie diese. Als er aber rechts umschaute, kam daher von einer Seite ein Pater und trug das hochwürdige Gut, vor welchem jeder Katholik niederkniet, der demütig ist und es recht meint. Als er aber links umschaute, kam von der andern Seite der Brücke auch ein Pater und trug auch das hochwürdige Gut, vor welchem jeder Katholik niederkniet, der demütig ist und es recht meint, und beide waren ihm schon ganz nahe, und beide waren im Begriff, an ihm vorbei zu gehen im nämlichen Augenblick, der eine links von daher, der andere rechts von dorther. Da wußte sich der arme Mensch nicht zu helfen, vor welchem hochwürdigen Gut er niederknien und welches er mit Gebet und Liebe grüßen soll, und es war ihm auch schwer zu raten. Als er aber den einen Pater mit Bekümmernis anschaute und ihn gleichsam mit den Augen fragte und bat, was er tun sollte, lächelte der Pater wie ein Engel freundlich die fromme Seele an und hob die Hand und den Zeigefinger gegen den hohen und sonnenreichen Himmel hinauf. Nämlich vor dem dort oben soll er niederknien und ihn anbeten. Das weiß der Hausfreund zu loben und hochzuachten, obwohl er noch nie einen Rosenkranz gebetet hat, sonst schrieb' er den lutherischen Kalender nicht.

## Zwei Weissagungen

Die erste ist sehr merkwürdig, wenn sie wahr ist, und man behauptet's. Als vor Jahr und Tag viele vornehme polnische Herren bei Spiel und Tanz sich erlusteten, trat ein leichtes wegfertiges Weibsbild, eine Zigeunerin, in den lustigen Saal und bot ihnen ihre Weissagungen an. Da kam auch ein feines junges Herrlein, der nachmalige Fürst Poniatowsky, der nach der Leipziger Schlacht am 19. Oktober 1813 das Leben verloren hat, und streckte ihr die zarte Hand entgegen: „Weissage mir auch etwas Gutes, Mütterlein! Was, meinst du, will aus mir werden?" Da sah die junge Hexe den jungen Fürsten freudig und wieder mitleidig an. „Ei, du schmuckes Herrlein", sagte sie, „du gelangst einst zu seltsamem Stand und Ehren! Möchte die Freude daran nur auch länger währen. Nimm vor den Elstern dich wohl in acht! Eine Elster dir den Garaus macht." Darob und ob anderen Weissagungen dieses Weibes lachten sie lange, und wie eine Elster daherflog, sagten zu Poniatowsky seine Freunde: „Nehmt Euch in acht, Prinz! Seht Ihr, was dort fliegt?" Aber Poniatowsky erwiderte: „Seltsam Amt und Ehre ist noch nicht da." Als aber Polen von den drei Adlern vernichtet war, richteten die Polen ihre Augen und ihre Hoffnungen auf Frankreich, und viele nahmen französische Dienste, hoffend, daß durch Frankreich ihre königliche Republik wieder sollte zu Leben kommen. Also hatte auch Poniatowsky diese Wahl ergriffen und kämpfte in den Tagen der Schlacht um Leipzig unter den Augen Napoleons, ein achtbarer Streitgenosse, mit Tapferkeit und Glück, so viel der 16. Oktober erleiden mochte, also daß ihn der Kaiser Napoleon selbiges Tages zum Marschall von Frankreich ernannte. Das war seltsam Stand und Würde. Aber schon am 19. auf der Flucht, als alles drunter und drüber ging, ertrank der neue Marschall in der Elster. Elster heißt der Fluß, in welchem er ertrank. Mancher wohl bewanderte Leser wird sie kennen. Also ward auf eine unerwartete Weise die Prophezeiung der Zigeunerin erfüllt. Den Leichnam des Ertrunkenen hat nachher mit allen seinen goldenen Ringen und Kostbarkeiten ein Fischer im Wasser gefunden und um Geld gezeigt, aber von allen Kostbarkeiten an seinen Fingern und in seinen Taschen hat er nichts entwendet, sondern ein Angehöriger des Prinzen hat ihn nachher in Empfang genommen und den Fischer mit einer ansehnlichen Geldsumme belohnt.

Die zweite Weissagung läßt sich zwar ganz natürlich erklären. Nicht minder aber ist sie merkwürdig.

Bekanntlich konnte man dem großen König Friedrich von Preußen nicht nachreden, daß er leichtgläubig gewesen sei in Ansehung der übernatürlichen Dinge. Vielmehr hatte er manchmal seinen Spaß mit solchen, die es waren, aber nicht immer gelang es ihm. Eines Tages versicherte man ihn von einem Prediger, daß er weissagen könnte. Alles, was er vorhersage, treffe ein. Der König befahl, den neuen Propheten vor ihn zu bringen. Unterdessen erkundigte sich der König, ob kein Soldat in Arrest sei, der das Leben verwirkt habe. Ja, es war einer drinnen. Also befahl er, den Delinquenten auf die bestimmte Stunde vor sein königliches Wohnzimmer auf die Schildwache zu stellen. Als aber der Prediger kam: „Habt Ihr den heiligen Geist empfangen?" fragte ihn der König. – „Ihro Majestät", sagte der Prediger, „es wäre gut, wenn ihn alle hätten." – „Besitzt Ihr die Gabe der Weissagung?" – „Etwas davon, wie die Leute sagen."

– „Zum Exempel", fuhr der König fort, „was soll ich geschwind fragen? – Man bringe den Burschen herein, der draußen Schildwache steht! Wie alt wird dieser Mensch werden", fragte er den Prediger, „woran wird er sterben?" Der Prediger erwiderte, dieser Mensch werde nach vielen Jahren in einem hohen Alter sterben. – „Ihr seid in Eurer Probe schlecht bestanden", versetzte hinwiederum der König. „Wißt Ihr", sagte er, „daß ich morgenden Tages diesen Burschen henken lasse? Er ist ein Delinquent." Der Prediger sagte: „Es wäre der erste, der meiner Weissagung entliefe." Item, der Delinquent wurde den andern Morgen zur Hinrichtung aus Potsdam hinaus geführt. Item, die Schwester des Königs, die Herzogin von Braunschweig, und die Prinzessin Amalia fuhren desselbigen Morgens nach Potsdam hinein, daß sie dem König einen guten Morgen sagen und ihm mit ihrem Besuch eine unvermutete Freude machen wollten. Denn derselbige Morgen war schön, fast zu schön zum Henken. Als sie aber an dem Zug vorbei fuhren und den armen Menschen auf seinem schweren Todesgang erblickten, zuckte durch ihre fürstlichen Seelen ein zarter Schmerz. „Was soll mit diesem armen Menschen werden?" – „Ihre Hoheit, nimmer viel. Er wird gehenkt." – „Was hat er begangen?" – „Das und das." – Es war zum Henken und zum Laufenlassen, wie man wollte. Die Prinzessin befahl, mit der Hinrichtung noch innezuhalten, bis neue Ordre käme. Der König aber empfing seine Schwestern mit brüderlicher Freude. „Wir haben eine Bitte an Euch, geliebter Bruder", sagten sie, „die Ihr uns wohl gewähren möget, so Ihr wollt. Gebt uns darauf Euer königliches Wort!" Der König war in guter Laune und tat's. „Wenn's möglich ist", sagte er, „so soll's nicht Nein sein." Denn er meinte, sie seien deswegen gekommen und wollten etwas verlangen für sich. Sie baten aber zu seinem Erstaunen um die Begnadigung des Delinquenten. – Was war zu tun? Das Wort war gegeben. Also schickte er einen Adjutanten mit einem weißen Tüchlein hinaus, daß man den Delinquenten wieder zurückbrächte. Der König segnete das Zeitliche den 17. August 1786.

Der Musketier kann in diesem Augenblick noch leben.

## Gleiches mit Gleichem

Der geistliche Herr von Trudenbach stand eines Nachmittags am Fenster. Da ging mit seinem Zwerchsack der Jud von Brassenheim vorbei. „Nausel", rief ihm der geistliche Herr, „wenn du mir zu meinem Roß einen guten Käufer weißt, zwanzig Dublonen ist es wert, so bekommst du ..." – „Na, was bekomm' ich?" – „Einen Sack Haber." Es vergingen aber drei Wochen, bis der Jud den rechten Liebhaber fand, der nämlich sechs Dublonen mehr dafür bezahlte, als es wert war, und unterdessen stieg der Preis des Habers schnell auf das Doppelte, weil die Franzosen überall aufkauften, damals kauften sie noch. Also gab der geistliche Herr dem Juden statt eines ganzen Sackes voll einen halben. Vielleicht bekehr' ich ihn, dachte er, wenn er sieht, daß wir auch gerecht sind in Handel und Wandel.

Das war nun zu nehmen, wie man wollte. Der Jud nahm's aber für recht und billig. Wart nur, Gallech, dachte er, du kommst mir wieder.

Nach Jahresfrist stand der geistliche Herr von Trudenbach am Fenster, und der Jud von Brassenheim ging durch das Dorf. „Nausel", rief ihm der geistliche Herr, „wenn du mir zu meinen zwei fetten Ochsen ..." – „Na, was bekomm' ich, wenn ich Euch einen guten Käufer schaffe?" – „Zwei Große Taler."

Jetzt ging der Jud zu einem verunglückten Metzger, der schon lange kein Messer mehr führt, weil alles gut tut nur so lange es mag, z. B. das Schuldigbleiben. Endlich sagte er zu seinen zwei letzten Kunden: „Ich weiß nicht, ich bin seit einiger Zeit so weichmütig, daß ich gar kein Blut mehr sehen kann", und schloß die Metzig zu. Seitdem heißt er zum Übernamen der Metzger Blutscheu und nährte sich wie der Zirkelschmied von kleinen Künsten und Projekten, wie wirklich eins im Werk ist. Denn an ihm suchte und fand der Jud seinen Mann und sagte ihm, was zu fangen sei und auf welche Art. Nach zwei Tagen kamen die beiden zu dem geistlichen Herrn. Aber wie war der Metzger ausstaffiert? In einem halbneuen brauntüchenen Rock, in langen schön gestreiften Beinkleidern von Parchent, um den Leib eine leere Geldgurt, am Finger einen lotschweren silbernen Ring, ein dito Herz im Hemd unter dem scharlachenen Brusttuch, hinter sich her einen wohlgenährten Hund, alles auf des Juden Bürgschaft zusammengeborgt, nichts sein eigen als das rote Gesicht. Die Ochsen wurden kunstmäßig umgangen, betastet, mit den Augen gewogen und wie mit einer Klafterschnur gemessen. – „Na, wie jauker?" – „Zwanzig Dublonen." – „Siebenzehn!" – „Herr Adlerwirt", sagte der Jud, „macht neunzehn draus, Ihr verkauft Euch nicht." – „Die Ochsen sind brav", sagte der Blutscheu, „wenn ich's zwei Stunden früher gewußt hätte, als mein Gurt noch voll war, daß ich sie also gleich fassen könnte, so wären sie mir ein paar Dublonen mehr wert. Aber am Freitag hol' ich sie für achtzehn", und zog den ledernen Beutel aus, als wenn er etwas daraufgeben wollte. Unterdessen flüsterte der Jude dem geistlichen Herrn etwas ins Ohr, und „wenn Ihr für die Jungfer Köchin zwei große Taler in den Kauf geben wolltet", sprach er dem Metzger zu, „so könnt Ihr die Ochsen gleich mitnehmen für neunzehn. Ihr seid ein Ehrenmann, und der Herr Dechant ist auch so einer. Am Freitag bringt Ihr ihm das Geld." Der Kauf war richtig, zwei große Taler gingen auf die Hand. „Herr Adlerwirt", sagte der Jude, „Ihr habt einen guten Handel gemacht."

Also trieb der Blutscheu die schöne fette Beute fort. Die meisten geneigten Leser aber werden bereits merken, daß der Herr Dechant sein Geld am Freitag nicht bekam. Eines Nachmittags nach vier Wochen oder nach sechs stand der geistliche Herr von Trudenbach am Fenster, und der Jud ging durch das Dorf. „Nausel", rief der geistliche Herr ihm zu: „Wo bleibt der Adlerwirt? Ich habe mein Geld noch nicht." – „Na, wo wird er bleiben", sagte der Nausel. „Er wird warten, bis eine Dublone das Doppelte gilt, alsdann bringt er Euch statt neunzehn neun und eine halbe. Verliert Ihr etwas dabei? Hab' ich vor einem Jahr an meinem Haber etwas verloren?"

Da ging dem Herrn Dechant ein Licht auf.

Das artigste an dieser ganzen Geschichte ist die Wahrheit. Der Jud hat es nachgehends selber erzählt und gerühmt, wie ehrlich der Metzger an dem Scheideweg im Wald mit ihm geteilt habe. „Was er getan hat", sagte er, „den schönsten hat er für sich behalten und mir den geringeren gegeben."

## Der verachtete Rat

Man darf nie weniger geschwind tun, wenn etwas geschehen soll, als wenn man auf die Stunde einhalten will. Ein Fußgänger auf der Basler Straße drehte sich um und sah einen wohlbeladenen Wagen schnell hinter sich her eilen. Dem muß es nicht arg pressieren, dachte er. – „Kann ich vor Toresschluß noch in die Stadt kommen?" fragte ihn der Fuhrmann. – „Schwerlich", sagte der Fußgänger, „doch wenn Ihr recht langsam fahrt, vielleicht. Ich will auch noch hinein." – „Wie weit ist's noch?" „Noch zwei Stunden." Ei, dachte der Fuhrmann, das ist einfältig geantwortet. Was gilt's, es ist ein Spaßvogel. Wenn ich mit Langsamkeit in zwei Stunden hinein komme, dachte er, so zwing ich's mit Geschwindigkeit in anderthalben, und hab's desto gewisser. Also trieb er die Pferde an, daß die Steine davon flogen und die Pferde die Eisen verloren. Der Leser merkt etwas. Was gilt's, denkt er, es fuhr ein Rad vom Wagen? Es kommt dem Hausfreund auch nicht darauf an. Eigentlich aber, und die Wahrheit zu sagen, brach die hintere Achse. Kurz, der Fuhrmann mußte schon im nächsten Dorf übernacht bleiben. An Basel war nimmer zu denken. Der Fußgänger aber, als er nach einer Stunde durch das Dorf ging und ihn vor der Schmiede erblickte, hob er den Zeigefinger in die Höhe. „Hab' ich Euch nicht gewarnt", sagte er, „hab' ich nicht gesagt: Wenn Ihr langsam fahrt?"

## Der Talhauser Galgen

„Wann bringt man denn die Juden? Es kommt ja niemand", sagte zu dem Vogt von Gillmannshofen endlich der Obmann. Nämlich der Vogt war Tages vorher in der Stadt gewesen und hatte sich bei dem Herrn Amtmann Rates erholt in irgend einer Sache. „Es ist ganz gut", sagte der Amtmann, „daß Ihr da seid, hier sind vier Oberamtsbefehle an Euch, die könnt Ihr nun selber mitnehmen." Als der Vogt in den Roten Löwen zurückgekommen war, während er fortfuhr, wo er vorher war stehengeblieben, nämlich am fünften Schöpplein, zog er die vier

Befehle aus der Tasche, ob er ihnen nicht vor der Hand außen ansehen könne, was inwendig stehen möchte, wie man bisweilen seltsamer Weise tut. Hernach schob er die Befehle wieder in die Rocktasche. Hernach bei dem sechsten Schöpplein legte er die Arme auf den Tisch und den Kopf in die Arme und schlief ein. Lustige Herren saßen am andern Tisch, und der durchtriebenste von ihnen, einer wie der Herr Theodor, sagte: „Ich will einen Spaß machen." Nämlich, er schrieb einen falschen Befehl, daß, da morgen den 15. drei Juden sollen gehenkt werden, so habe sich der Vogt von Gillmannshofen mit vierundzwanzig Mann und einem Obmann nicht minder sämtlichen Schulkindern bei dem Talhauser Galgen früh um neun Uhr unfehlbar einzufinden. Hernach zog er dem Vogt einen Befehl heimlich aus der Tasche und schob an dessen Stelle den falschen hinein. Auf dem Heimwege nach Gillmannshofen fing doch der Vogt an, die Befehle aufzutun, was der Amtmann wieder mit ihm wolle, und als er anfing den falschen Befehl zu lesen: „Das muß ein Irrtum sein", sagte er zu sich selber und ging in die Stadt zurück, um den Amtmann darüber zu befragen. Der Amtmann und seine Frau und der Herr Oberrevisor und seine Frau ergötzten sich nach des Tages Last und Arbeit mit einem Kartenspiel. „Was wollt Ihr schon wieder", fuhr ihn der Amtmann an, „seht Ihr nicht, daß Gesellschaft bei mir ist?" Der Vogt wollte ihm erklären, daß er einen Anstoß habe an einem von den Befehlen und daß er meine – „Ein unruhiger Kopf seid Ihr", sagte der Amtmann, wie er's denn auch wirklich war. „Ihr habt nichts zu meinen – Gehorsam habt Ihr zu leisten, was man Euch befiehlt, und damit Punktum. Seid Ihr noch nicht genug gestraft worden?" Demnach so ging der Vogt wieder seines Wegs, und den anderen Morgen zog er mit einer Rotte von vierundzwanzig Mann und einem Obmann und der Herr Schulmeister mit der Schuljugend und viele Freiwillige nach dem Talhauser Galgen, der linker Hand auf einer kleinen Anhöhe steht, wenn man von der Neuhäuser Mühle in die Stadt geht. „Es ist schade", sagte der Vogt zum Obmann, „daß es so entsetzlich regnet. Es wird mancher daheimbleiben." Als sie vor den Talhauser Wald hinauskamen, und den Galgen noch mutterseelallein im Felde stehen sahen, „wir sind die ersten", sagte der Vogt zum Obmann, „es ist noch niemand da." Der Freiwilligen suchte sich jeder einen guten Platz aus, wo man's gut sehen kann. Einige setzten sich zum Voraus auf nahe stehende Bäume, andere standen einstweilen unter. Aber es geschah nichts. Wandersleute, die in ihren Geschäften des Weges zogen, blieben auch im Regen stehen und wollten abwarten, was aus dem seltsamen Aufzug werden wolle. Aber es geschah nichts. „Sie werden warten", sagte der Vogt, „bis es nimmer so arg schüttet." Der Herr Schulmeister hielt zur Zeitverkürzung eine Standrede um die andere an die Schuljugend, daß, ob es gleich nur Juden seien, sollten sie doch ein christliches Exempel daran nehmen. Aber es wollte noch nichts kommen. Es läutete schon Mittag in allen Dörfern, aber der Mittag läutete auch nichts herbei. Deswegen sagte zuletzt der Obmann zu dem Vogt: „Wann bringt man denn die Juden? Es kommt ja niemand. Oder wir sind gar zuletzt Eure Narren", sagte er. „Es wäre kein Wunder, wir henkten Euch selber dran, damit die Leute nicht umsonst dagewesen sind." – Kurz, es kam eben niemand.

Seitdem, wer durch Gillmannshofen geht und fragt in guter Meinung oder aus Mutwillen, ob schon lang niemand mehr am Talhauser Galgen gehenkt worden sei oder so, der wird geschlagen.

## Der Schneider in Pensa

Ein rechtschaffener Kalendermacher, zum Beispiel der Hausfreund, hat von Gott dem Herrn einen vornehmen und freudigen Beruf empfangen, nämlich daß er die Wege aufdecke, auf welchen die ewige Vorsehung für die Hilfe sorgt, noch ehe die Not da ist, und daß er kundmache das Lob vortrefflicher Menschen, sie mögen doch auch stecken, fast wo sie wollen.

Der Schneider in Pensa, was ist das für ein Männlein! Sechsundzwanzig Gesellen auf dem Brett, jahraus jahrein für halb Rußland Arbeit genug, und doch kein Geld, aber ein froher heiterer Sinn, ein Gemüt treu und köstlich wie Gold, und mitten in Asien deutsches Blut rheinländischer Hausfreundschaft.

Im Jahre 1812, als Rußland nimmer Straßen genug hatte für die Kriegsgefangenen an der Beresina oder in Wilna, ging eine auch durch Pensa, welches für sich schon mehr als einhundert Tagreisen weit von Lahr oder Pforzheim entfernt ist und wo die beste deutsche oder englische Uhr, wer eine hat, nimmer recht geht, sondern ein paar Stunden zu spät. In Pensa ist der Sitz des ersten russischen Statthalters in Asien, wenn man aus Europa hereinkommt. Also wurden dort die Kriegsgefangenen abgegeben und übernommen und alsdann weiter abgeführt in das tiefe fremde Asien hinein, wo die Christenheit ein Ende hat und niemand mehr das Vaterunser kennt, wenn's nicht einer gleichsam als eine fremde Ware aus Europa mitbringt. Also kamen eines Tages mit Franzosen meliert auch sechzehn rheinländische Herren Leser, badische Offiziere, die damals unter den Fahnen Napoleons gedient hatten, über die Schlachtfelder und Brandstätten von Europa, ermattet, krank, mit erfrorenen Gliedmaßen und schlecht geheilten Wunden, ohne Geld, ohne Kleidung, ohne Trost in Pensa an und fanden in diesem unheimlichen Land kein Ohr mehr, das ihre Sprache verstand, kein Herz mehr, das sich über ihre Leiden erbarmte. Als aber einer den andern mit trostloser Miene anblickte: „Was wird aus uns werden?“ oder: „Wann wird der Tod unserem Elend ein Ende machen, und wer wird den letzten begraben?“ da vernahmen sie mitten durch das russische und kosakische Kauderwelsch wie ein Evangelium vom Himmel unvermutet eine Stimme: „Sind keine Deutsche da?“, und es stand vor ihnen auf zwei nicht ganz gleichen Füßen eine liebe, freundliche Gestalt. Das war der Schneider von Pensa, Franz Anton Egetmaier, gebürtig aus Bretten im Neckarkreis, Großherzogtum Baden. Hat er nicht im Jahr 1779 das Handwerk gelernt in Mannheim? Hernach ging er auf die Wanderschaft nach Nürnberg, hernach ein wenig nach Petersburg hinein. Ein Pfälzer Schneider schlägt sieben bis achtmal hundert Stunden Wegs nicht hoch an, wenn's ihn inwendig treibt. In Petersburg aber ließ er sich unter ein russisches Kavallerie-Regiment als Regimentsschneider engagieren und ritt mit ihnen in die fremde russische Welt hinein, wo alles anderst ist, nach Pensa, bald mit der Nadel stechend, bald mit dem Schwert. In Pensa aber, wo er sich nachher häuslich und bürgerlich niederließ, ist er jetzt ein angesehenes Männlein. Will jemand in ganz Asien ein sauberes Kleid nach der Mode haben, so schickt er zu dem deutschen Schneider in Pensa. Verlangt er etwas von dem Statthalter, der doch ein vornehmer Herr ist und mit dem Kaiser reden darf, so hat's ein guter Freund vom andern verlangt, und hat auf dreißig Stunden Weges ein Mensch ein Unglück oder einen Schmerz, so vertraut er sich dem Schneider von Pensa an, er findet bei ihm, was im fehlt, Trost, Rat und Hilfe, ein Herz und ein Auge voll Liebe, Obdach, Tisch und Bett, nur kein Geld.

Einem Gemüte, wie dieses war, das nur in Liebe und Wohltun reich ist, blühte auf den Schlachtfeldern des Jahres 1812 eine schöne Freudenernte. Sooft ein Transport von unglücklichen Gefangenen kam, warf er Schere und Elle weg und war der Erste auf dem Platze, und „Sind keine Deutsche da?" war seine erste Frage. Denn er hoffte von einem Tag zum andern, unter den Gefangenen Landsleute anzutreffen, und freute sich, wie er ihnen Gutes antun wollte, und liebte sie schon im Voraus ungesehenerweise, wie eine Frau ihr Kindlein schon liebt und ihm Brei geben kann, ehe sie es hat. Wenn sie nur so oder so aussähen, dachte er. Wenn ihnen nur auch recht viel fehlt, damit ich ihnen recht viel Gutes erweisen kann. Doch nahm er, wenn keine Deutschen da waren, auch mit Franzosen vorlieb und erleichterte ihnen, bis sie weitergeführt wurden, ihr Elend, als nach Kräften er konnte. Diesmal aber, und als er mitten unter so viele geneigte Leser, auch Darmstädter und andere, hineinrief: „Sind keine Deutsche da?" – er mußte zum zweitenmal fragen, denn das erstemal konnten sie vor Staunen und Ungewißheit nicht antworten, sondern das süße deutsche Wort in Asien verklang in ihren Ohren wie ein Harfenton, und als er hörte: „Deutsche genug", und von jedem erfragte, woher er sei – er wäre mit Mecklenburgern oder Kursachsen auch zufrieden gewesen, aber einer sagte: „Von Mannheim am Rheinstrom", als wenn der Schneider nicht vor ihm gewußt hätte, wo Mannheim liegt, der andere sagte: „Von Bruchsal", der dritte: „Von Heidelberg", der vierte: „Von Gochsheim"; da zog es wie ein warmes, auflösendes Tauwetter durch den ganzen Schneider hindurch. „Und ich bin von Bretten“, sagte das herrliche Gemüte, Franz Anton Egetmaier von Bretten, wie Joseph in Ägypten zu den Kindern Israel sagte: „Ich bin Joseph, Euer Bruder“ – und die Tränen der Freude, der Wehmut und der heiligen Heimatsliebe traten allen in die Augen, und es war schwer zu sagen, ob sie einen freudigern Fund an dem Schneider oder der Schneider an seinen Landsleuten machte, und welcher Teil am gerührtesten war. Jetzt führte der gute Mensch seine teuren Landsleute im Triumph in seine Wohnung und bewirtete sie mit einem erquicklichen Mahl, wie in der Geschwindigkeit es aufzutreiben war.

Jetzt eilte er zum Stadthalter und bat ihn um die Gnade, daß er seine Landsleute in Pensa behalten dürfe. „Anton“, sagte der Stadthalter, „wann hab' ich Euch etwas abgeschlagen?“ Jetzt lief er in der Stadt herum und suchte für diejenigen, welche in seinem Hause nicht Platz hatten, bei seinen Freunden und Bekannten die besten Quartiere aus. Jetzt musterte er seine Gäste einen nach dem anderen. „Herr Landsmann“, sagte er zu einem, „mit Euerm Weißzeug sieht's windig aus. Ich werde Euch für ein halbes Dutzend neue Hemden sorgen. – Ihr braucht auch ein neues Röcklein“, sagte er zu einem andern, – „Euers kann auch gewendet und ausgebessert werden“, zu einem dritten, und so zu allen, und augenblicklich wurde zugeschnitten, und alle sechsundzwanzig Gesellen arbeiteten Tag und Nacht an Kleidungsstücken für seine werten rheinländischen Hausfreunde. In wenig Tagen waren alle neu oder anständig ausstaffiert. Ein guter Mensch, auch wenn er in Nöten ist, mißbraucht niemals fremde Gutmütigkeit; deswegen sagten zu ihm die rheinländischen Hausfreunde: „Herr Landsmann, verrechnet Euch nicht. Ein Kriegsgefangener bringt keine Münze mit. So wissen wir auch nicht, wie wir Euch für Eure großen Auslagen werden schadlos halten können und wann.“ Darauf erwiderte der Schneider: „Ich finde hinlängliche Entschädigung in dem Gefühl, Ihnen helfen zu können. Benutzen Sie alles, was ich habe! Sehen Sie mein Haus und meinen Garten als den Ihrigen an.“ So kurz weg und ab, wie ein Kaiser oder König spricht, wenn eingefaßt in Würde die Güte hervorblickt. Denn nicht nur die hohe fürstliche Geburt und Großmut, sondern auch die liebe häusliche Demut gibt, ohne es zu wissen, bisweilen den Herzen königliche Sprüche ein, Gesinnungen ohnehin. Jetzt führte er sie freudig wie ein Kind in der Stadt bei seinen Freunden herum und machte Staat mit ihnen. Der Kalender hat jetzt nimmer Zeit und Raum genug, alles Gute zu rühmen, was er seinen Freunden erwies. So sehr sie zufrieden waren, so wenig war er es. Jeden Tag erfand er neue Mittel, ihnen den unangenehmen Zustand der Kriegsgefangenschaft zu erleichtern und das fremde Leben in Asien angenehm zu machen. War in der lieben Heimat ein hohes Geburts- oder Namensfest, es wurde am nämlichen Tag auch von den Treuen in Asien mit Gastmahl mit Vivat und Freudenfeuer gehalten, nur etwas früher, weil dort die Uhren falsch gehen. Kam eine frohe Nachricht von dem Vorrücken und dem Siege der hohen Alliierten in Deutschland an, der Schneider war der erste, der sie wußte und seinen Kindern, er nannte sie nur noch seine Kinder, mit Freudentränen zubrachte, darum, daß sich ihre Erlösung nahte. Als einmal Geld zur Unterstützung der Gefangenen aus dem Vaterland ankam, war die erste Sorge, ihrem Wohltäter seine Auslagen zu vergüten. „Kinder", sagte er, „verbittert mir meine Freude nicht." – „Vater Egetmaier", sagten sie, „tut unserem Herzen nicht wehe!" Also machte er ihnen zum Schein eine kleine Rechnung, nur um sie nicht zu betrüben und um das Geld wieder zu ihrem Vergnügen anzuwenden, bis die letzte Kopeke aus den Händen war. Das gute Geld war für einen andern Gebrauch zu bestimmen, aber man kann nicht an alles denken. Denn als endlich die Stunde der Erlösung schlug, gesellte sich zur Freude ohne Maß der bittere Schmerz der Trennung und zu dem bitteren Schmerz die Not. Denn es fehlte an allem, was zur Notdurft und zur Vorsorge auf eine so lange Reise in den Schrecknissen des russischen Winters und einer unwirtbaren Gegend nötig war, und ob auch auf den Mann, so lange sie durch Rußland zu reisen hatten, täglich 13 Kreuzer verabreicht wurden, so reichte doch das wenige nirgends hin. Darum ging in diesen letzten Tagen der Schneider, sonst so frohen leichten Mutes, still und nachdenklich herum, als der etwas im Sinn hat, und war wenig mehr zu Hause. „Es geht ihm recht zu Herzen“, sagten die rheinländischen Herren Hausfreunde und merkten nichts. Aber auf einmal kam er mit großen Freudenschritten, ja mit verklärtem Antlitz zurück: „Kinder, es ist Rat. Geld genug!“ – Was war's? Die gute Seele hatte für zweitausend Rubel das Haus verkauft. „Ich will schon eine Unterkunft finden“, sagte er, „wenn nur Ihr ohne Leid und Mangel nach Deutschland kommt.“ O du heiliges, lebendig gewordenes Sprüchlein des Evangeliums und seiner Liebe: „Verkaufe, was du hast, und gib es denen, die es bedürftig sind, so wirst du einen Schatz im Himmel haben.“ Der wird einst weit oben rechts zu erfragen sein, wenn die Stimme gesprochen hat: „Kommt, Ihr Gesegneten! Ich bin hungrig gewesen, und ihr habt mich gespeist, ich bin nackt gewesen, und ihr habt mich gekleidet, ich bin krank und gefangen gewesen, und ihr habt euch meiner angenommen.“ Doch der Kauf wurde zu großem Trost für die edlen Gefangenen wieder rückgängig gemacht. Nichtsdestoweniger brachte er auf andere Art noch einige hundert Rubel für sie zusammen und nötigte sie, was er hatte, von kostbarem russischen Pelzwerk mitzunehmen, um es unterwegs zu verkaufen, wenn sie Geldes bedürftig wären oder einem ein Unglück widerführe. Den Abschied will der Hausfreund nicht beschreiben. Keiner, der dabei war, vermag es. Sie schieden unter tausend Segenswünschen und Tränen des Dankes und der Liebe, und der Schneider gestand, daß dieses der schmerzlichste Tag seines Lebens sei. Die Reisenden aber sprachen unterwegs unaufhörlich und noch immer von ihrem Vater in Pensa, und als sie in Bialystock in Polen wohlbehalten ankamen und Geld antrafen, schickten sie ihm dankbar das vorgeschossene Geld zurück.

Das war das Gotteskind, Franz Anton Egetmaier, Schneidermeister in Asien. Der Hausfreund wird im künftigen Kalender noch ein freudiges Wort von ihm zu reden wissen, und es wäre nimmer der Mühe wert, einen Kalender zu schreiben, wenn sich die geneigten Leser nicht auf sein Bildnis freuen wollen, was er ihnen zu stiften verspricht.

## Die Wachtel

Zwei wohlgezogene und ehrbare Nachbarn lebten sonst miteinander immer in Frieden und Freundschaft, jetzt zwar auch noch, aber einer von ihnen hatte eine Wachtel. Zu ihm kommt endlich der Nachbar und sagt: „Freund, begreift Ihr nicht, daß mir Euer Lärmenmacher, Euer Tambour da sehr ungelegen sein kann, wenn ich morgens noch ein Stündlein schlafen möchte, und daß Ihr Euch unwert macht bei der ganzen Nachbarschaft?" – Ihm erwiderte der Nachbar: „Ich begreife das Gegenteil. Ist's nicht aller Ehren wert, daß meine Wachtel der ganzen Nachbarschaft den Morgen umsonst ansagt und die Gesellen weckt, auch sonst Kurzweil macht, und ich trage die Atzungskosten allein?" Als alle Vorstellungen nichts verfangen wollten und die Wachtel immer früher schlug und immer heller, kommt endlich der Nachbar noch einmal und sagt: „Freund, wär' Euch Eure Wachtel nicht feil?" Der Nachbar sagt: „Wollt Ihr sie tot machen?" – „Das nicht", erwiderte der andere. – „Oder fliegen lassen?" – „Nein, auch nicht." – „Oder in eine andere Gasse stiften?" „Auch das nicht, sondern hier vor mein Fenster will ich sie stellen, damit Ihr sie auch noch hören könnt alle Morgen." Der Nachbar merkte nichts, denn er war nicht der Klügere von beiden. Ei, dachte er, wenn ich sie vor deinem Fenster umsonst hören kann und bekomme auch noch Geld dazu, so ist's besser. – „Ist sie Euch ein Zweiguldenstück wert?" fragte der Nachbar. Der Nachbar dachte zwar, es sei viel Geld, doch soll's ihm nicht verloren sein, und noch in der nämlichen Stunde wurde die Wachtel umquartiert.

Am anderen Morgen, als sie ihren vorigen Besitzer aus dem Schlaf weckte und er eben denken wollte: Ei, meine gute Wachtel ist auch schon munter, – halbwegs des Gedankens fällt's ihm ein: „Nein, es ist meines Nachbars Wachtel, das undankbare Vieh", sagte er endlich am dritten Morgen, „ein Jahr lang hat sie bei mir gelebt und gute Tage gehabt, und jetzt hält sie es mit einem andern und lebt mir zum Schabernack. Der Nachbar sollte verständiger sein, und bedenken, daß er nicht allein in der Welt sei, wenigstens nicht allein in der Stadt." Nach mehre ren Tagen aber, als er vor Verdruß es nimmer aushalten konnte, redete er hinwiederum den Nachbar an: „Freund", sagte er, „Eure Wachtel hat in der vergangenen Nacht wieder einen kurzen Schlaf gehabt." – „Es ist ein braver Vogel", erwiderte der Nachbar, – „ich habe mich nicht daran verkauft." – „Er ist recht brav worden in Eurem Futter", fuhr jener fort. „Was verlangt Ihr Aufgeld, daß er Euch wieder feil werde?" Da lächelte der andere und sagte: „Wollt Ihr sie vielleicht tot machen?" – „Nein." – „Oder fliegen lassen?" – „Das auch nicht." – „Oder in eine andere Gasse vermachen?" – „Auch das nicht." „Aber an ihren alten Platz will ich sie wieder stellen, wo Ihr sie ja ebenso gut hören könnt wie an ihrem jetzigen." – „Freund", erwiderte ihm hierauf der Nachbar, „vor Euer Fenster kommt die Wachtel nimmermehr, aber gebt Ihr mir meine zwei Gulden wieder, so laß ich sie fliegen." Der Nachbar dachte bei sich: Wohlfeiler kann ich sie nicht los werden als für sein eigenes Geld. Also gab er ihm die zwei Gulden wieder, und die Wachtel flog.

Der geneigte Leser wolle hieran gelegentlich erkennen, wenn er es nötig hat, was für ein großer Unterschied es sei, ob etwas vor dem eigenen Fenster und in dem eigenen Haus geschieht oder in einem andern, ferner – denn es braucht keine Wachtel dazu – ob einer in einer Gesellschaft selber pfeift und auf den Tisch trommelt, oder ob es ein anderer anhören muß; item: ob einer selber bis nachts um zehn Uhr eine langweilige Geschichte erzählt, und ob ein anderer dabei sein und von Zeit zu Zeit sich verwundern und etwas dazu sagen muß, gleich als ob er achtgäbe.

## Bequeme Schiffahrt, wer's dafür halten will

Ein Schiff wurde von Mannheim den Neckar hinauf nach Heidelberg gezogen. Kommt hinterdrein mit vollem Felleisen und ein Paar heraushängender Stiefelschuhe ein Handwerksbursche. „Darf ich auch mit für Geld und gute Worte? Was muß ich geben?" Der Schiffmeister, der ein gar lustiger Kumpan war, sagte: „Fünfzehn Kreuzer, wenn Ihr in's Schiff wollt sitzen.

Wollt Ihr aber helfen ziehen, nur sechs. Das Felleisen könnt Ihr mir in das Schiff werfen, es hindert Euch sonst nur." Der Handwerksbursche fing an zu rechnen. „Fünfzehn Kreuzer – Sechs Kreuzer – sechs von fünfzehn bleibt neun." Die neun Kreuzer, dachte er, kann ich verdienen. „Wenn's denn erlaubt ist", sagte er und warf das Felleisen in das Schiff. Hernach schlang er eins von den Seilern über die Achsel und half ziehen, was er nach Leibeskräften vermochte. „Wir kommen eher an Ort und Stelle", dachte er, „wenn ich nicht laß bin." In Heidelberg aber entrichtete er sechs Kreuzer Fährgeld – für die Erlaubnis mitzuziehen, und nahm das Felleisen wieder in Empfang.

## Der vorteilhafte Roßhandel

Folgende glaubhafte Geschichte wird erzählt, nicht zur Nachahmung für leichtfertige Söhne, sondern zur Warnung für leichtgläubige Väter. Ein leichtgläubiger und unerfahrener Mann, zwar ein Gelehrter, aber eben deswegen, hatte ein braunes Rößlein und einen lustigen Sohn. Aber um den Sohn und um die Haushaltung bekümmerte er sich weniger als um seine chaldäischen Bücher. So bekümmerte sich der Sohn weniger um den Vater als um die Kannen und Gläser, und weniger um das Zahlen als um das Trinken, und war ein Student. Fragte jemand den Vater, wenn er vom Tisch aufstand, ob er Sauerkraut oder Apfelmus zu Mittag gegessen habe, er wußt' es nicht. Fragte jemand den Sohn, wo der beste Wein im Städtlein verzapft wurde, er wußt's. Eines Abends aber, als er aus dem Löwen nach Hause gehen wollte, nahm ihn der Löwenwirt auf die Seite: „Herr Benedikt, wie haben wir's endlich miteinander? Es sind jetzt vier Monate." – Als er nach Hause ging, begegnete ihm der Ritterwirt: „Ei, Herr Benedikt, sieht man Euch auch wieder einmal? Es scheint, Ihr könnt die Rittergasse gar nimmer finden: Was gilt's, ich finde die Eure?" Als er um das Eck herumging, lief er den Anschel Hirsch in die Hände: „Na, Herr Benedikt, wie lange soll ich auf Johanni warten? Oder was führt Ihr für einen Kalender? – den hundertjährigen?"

Als er aber nach Hause kam, war sein erstes, er führte das Roß aus dem Stall und redete etwas mit dem Knecht, und den andern Morgen, als der Herr den chaldäischen Morgensegen gebetet hatte, fragte ihn der Sohn: „Wißt Ihr auch, Herr Vater, daß heute nacht das Bräunlein krepiert ist?" – „Was hat ihm gefehlt?" fragte der alte Herr, nicht ohne Schmerz, „man muß ein anderes kaufen." – „Wenn wir nur geschwind wieder so eins hätten", erwiderte der Sohn.

Den zweiten Morgen oder dritten bindet er das Rößlein wieder in den Hof und ruft dem alten Herrn am Fenster, er habe ein Rößlein im Handel. „Sieht ein Ei dem anderen gleich", sagte, er, als der alte Herr herauskam, „so tut's das alte Roß und das neue. Und nur achtzehn Louisd'or. Wenn Ihr's kauft", sagte er, „so habt Ihr zwölf Louisd'or reinen Profit. Denn unter dreißig hättet Ihr das alte nicht hergegeben, und ist auf und nieder das nämliche." Der Vater sagte: „Ein wenig kleiner, mein' ich, sei es – wie man sich täuschen kann." – „Ums Erkennen", erwiderte der schlaue Sohn. Kurz, das Bräunlein gefiel dem alten Herrn, und der Handel wurde richtig. Der alte Herr gab dem Sohn die achtzehn Louisd'or, und der Sohn zahlte den Löwenwirt, den Ritterwirt und den Juden, hat seitdem auch gut gelernt Wasser trinken als Abschreiber in einer Würzburgischen Schreibstube.

## Der Furtwanger in Philippsburg

Im Jahre 1734, als der Franzos Sturm lief auf Philippsburg, und die Reichstruppen lagen darin, steht ein Rekrut, ein Furtwanger, auf einem einsamen Posten seitwärts vom Angriff und denkt: Wenn's nur nicht hierherkommt! Indem wächst ganz leise eine französische Grenadier-Kappe hinter dem Rempart herauf und kommt ein Kopf nach mit einem Schnauzbart, wie wenn der Mond aufgeht hinter den Bergen. Denn ein paar Dutzend Waghälse hatten draußen eine Sturmleiter angelegt, um unbeschrien auf den Rempart zu kommen, und sahen die Schildwache nicht, daß eine da sei. Springt der Furtwanger herbei und gibt dem Franzosen einen Stich. Pfeifen auf einmal Kugeln genug um ihn her aus Windbüchsen, und geht ein zweites Franzosengesicht auf hinter dem Rempart. Gibt ihm der Furtwanger auch einen Stich und sagt: „Aber jetzt kommst du nimmer.“ Item: es kam der dritte und der vierte und bis zum zwölften. Als der Sturm abgeschlagen war und der Platzkommandant auf dem Platz herum ritt, ob alles in Ordnung sei, sieht er von weitem die Sturmleiter und zwölf tote Franzosen dabei, und wie er zu dem Posten kommt, fragt er den Furtwanger: „Was hat's hier gegeben?“ – „So?“ sagt der Furtwanger, „Ihr habt gut fragen. Wißt Ihr, daß mir einer mehr zu schaffen gemacht hat als Euch alle. Nur zwölfmal hinter einander hat er angesetzt. Unten im Graben muß er liegen.“ Denn er meinte, es sei immer der nämliche gewesen, und es könne nur mit dem Bösen zugegangen sein, daß ihm allemal hinter dem Bajonett die Wunde wieder heilte. Da lächelte der Kommandant und die Offiziere, so mit ihm waren, und nahmen ihm seinen Unverstand nicht übel, sondern er ließ ihm für jeden ein Halbguldenstück Stechgeld bezahlen, und er durfte überdies selbigen Abend auf Rechnung der Reichs-Operationskasse Wein trinken und Speck essen, so viel er wollte.

## Das Advokaten-Testament

Ein Advokat, der am Ende seines Lebens fast eine Unruhe des Gewissens darüber empfand, daß ihn sein Beruf so reich gemacht hatte, stiftete sein ganzes schönes Vermögen in das Narren- oder Tollhaus. Aus Achtung für so manchen verständigen und rechtlichen geneigten Leser, der aus rechter Überzeugung und Pflicht in einen Prozeß verwickelt sein kann, will der Hausfreund nicht verraten, was der Advokat für eine Beruhigung darin gefunden habe. Auch kann sich der Advokat geirrt haben, aber er meinte wenigstens, es sei billig.

# Einer Edelfrau schlaflose Nacht

Es ist nichts lehrreicher, als die Aufmerksamkeit, wie im menschlichen Leben alles zusammenhängt, wenn man es zu entdecken vermag, z. B. Zahnschmerzen und das Glück eines Ehepaares, und wie selbst das, was unrecht und verboten ist, wieder gutgemacht werden kann, wenn's an den rechten Mann und die rechte Frau kommt, und wie in dem großen unaufhörlichen Wechsel der Dinge alles einzelne wieder verschwimmt, daß man ihm nimmer nachkommt, und doch getan bleibt und nicht verloren geht, es sei gut oder bös. Gleich als wenn man ein Glas Wasser in den Rhein ausgießt, kein Sterblicher ist im Stand, es wieder herauszuschöpfen, sondern es ist jetzt dem Rhein vermählt und augenblicklich verschwemmt in der großen Flut. Ja, wenn die Sonne Wasser aufzieht, wie man zu sagen pflegt, sind ein paar Tröpflein davon vielleicht auch dabei, und fallen irgendwo in Bayern oder Lothringen wieder aus einer Wasserwolke vom Himmel herab und erquicken ein Blümelein.

Eine Dienstmagd, jung und brav, auch hübsch, und ein Knecht gleicher Qualität, dienten miteinander auf einem Edelhof, und hätten nicht so gerne Kaffee getrunken oder alle Tage Braten gegessen, als vielmehr einander geheiratet. Allein sie waren Leibeigene, insoweit, daß sie verpflichtet waren, eine gewisse Zeit Hofdienste zu tun, und die Edelfrau wollte sie nicht früher aus dem Dienst entlassen, weil sie so brav waren in ihrer Aufführung und so fleißig und treu in ihren Geschäften. Deswegen saßen sie oft beisammen und weinten, oder sie weinte und er nagte an einem Holzsplitter. Ein andermal, wie die menschliche Laune wechselt, sprachen sie sich Mut ein, daß es ja nur noch um zwei Jährlein zu tun sei, und freuten sich schon im Voraus ihres zukünftigen Glücks. „Wenn du mein Weib bist", sagte er, „und ich dein Mann", und einmal vergaßen sie sogar die Zukunft und meinten, es sei jetzt. Nach Verlauf aber eines Jahres hat die Frau auf dem Edelhof in der Nacht desparates Zahnweh, nicht gerade deswegen. Sie steht aus dem Bette auf und wirft sich auf einen Stuhl, sie läuft aus einer Stube in die andere, aus der andern in die dritte. In der dritten setzt sie sich gegenüber einem Fensterlein, das in die Küche geht, mit einem weißen Vorhang davor, und das Zahnweh wird ihr nun bald vergehen. Sie sitzt jetzt am rechten Ort dazu. Denn aufeinmal sieht sie hell werden hinter dem weißen Vorhang und hört etwas sich bewegen, sie hört etwas flüstern und knistern, sie schiebt leise das Vorhänglein weg, und in der Küche stehen der Knecht und die Magd an einem Feuerlein nachts um zwölf Uhr und legen Späne an das Feuer, und auf dem Feuer steht ein Pfännlein. Bereits gibt das Zahnweh ein wenig nach. – „O Ihr gottloses Lumpenpack", sagte sie inwendig für sich. „So ist denn keinem Menschen mehr zu trauen. Habt Ihr nicht alle Tage Euer ordentliches Essen? Ist es Euch nicht gut genug? Müßt Ihr mich noch in der Nacht bestehlen und Leckerbissen kochen?" Nach einiger Zeit stellt das Weibsbild das Pfännlein von dem Feuer, als ob sie jetzt die Leckerbissen verzehren wollten, der Knecht aber geht zur Tür hinaus. – „Wie der Tag anbricht, laß ich beide in das Gefängnis werfen", so fuhr die Edelfrau fort, „und jage sie weg, ohne ehrlichen Abschied. Am Ende wird mir die Dirne auch noch schwanger von dem Burschen, in meinem eigenen Haus. So weit soll's mir nicht kommen." Indem kommt der Knecht zurück und bringt ein vierteljähriges Kind auf dem Arme und gibt's der Mutter auf den Schoß. Da hörte plötzlich das Zahnweh der Edelfrau auf wie weggeflogen. Die Mutter gibt dem Kindlein aus der Pfanne den Brei, sie legt es an die mütterliche Brust, und der Schein des abnehmenden Feuers ging zur rechten Zeit über ihr Angesicht, als sie mit nassen Blicken ihr Kindlein noch einmal beschaute und dem Vater zurückgab und etwas zu ihm sagte. Denn da ward das Herz der Edelfrau wunderbar bewegt und kam auf andere Gedanken. Denn es war ihr, als ob die Mutter mit den nassen Blicken gesagt hätte: „Gott wird des armen Würmleins sich auch erbarmen", und als ob sie dazu bestimmt wäre. Ja, es fuhr ihr mit Grausen durch die Seele, was für ein Unglück in ihrem Hause hätte geschehen können, wenn nicht Gott das Herz der Eltern vor einem schweren Verbrechen bewahrt hätte.

Am frühen Morgen ließ sie beide Eltern vor sich bescheiden. Beide sahen einander an. „Was gilt's", sagte sie, „wir bekommen unsere Freiheit.“ – „Oder auch nicht“, sagte er. Die Edelfrau aber, als sie herein getreten waren, redete sie ernsthaft und gebieterisch an: „Wo habt Ihr euer Kind?“ Da glaubten beide in den Boden zu versinken vor Schrecken und Scham und schauten einander verstohlenerweise an, gleichsam ob das andere noch da sei. „Wo Ihr euer Kind habt“, wiederholte die Edelfrau. – „Weil wir denn doch eins haben“, stotterte endlich der Vater, „in der Holzkammer hinter einer Beige.“ Als es aber der Bursche holen mußte, bracht' er es, wie es war, in einem alten Felleisen. Es war reinlich gehalten und gebütschelt auf einem Bettlein von Heu und weinte, als ob es schon wüßte, wie man es machen muß. Da erbarmte sich das Herz der Edelfrau noch mehr, und als die treue Magd und Mutter reuevoll und mit Tränen bat, sie und ihr unschuldiges Kind nicht unglücklich zu machen, konnte die Edelfrau ihre Rührung nicht mehr verbergen: „Nein, ich will euch nicht unglücklich machen“, sagte sie. „Ich will euch die Härte vergelten, die ich an euch begangen habe. Ich will euch den Kummer versüßen, den ihr getragen habt. Ich will eure Sünde wieder gut machen. Ich will euch die Barmherzigkeit vergelten, die ihr an eurem Kinde getan habt.“ Meint man nicht, man höre den lieben Gott reden in den Propheten oder in den Psalmen? Ein Gemüt, das zum Guten bewegt ist und sich der Elenden annimmt und die Gefallenen aufrichtet, ein solches Gemüt zieht nämlich das Ebenbild Gottes an und fällt deswegen auch in seine Sprache. – „Ihr könnt euch am Sonntag in aller Stille zusammengeben lassen“, sagte die Edelfrau. – „Ich will euch ein angenehmes Heiratsgut stiften. Ich will aus eurem Kinde etwas werden lassen. Ist's ein Büblein?“ – Also wurden sie am nächsten Sonntag auf Geheiß der Edelfrau zusammen gegeben und lebten seitdem in Liebe und Frieden ehrlich beisammen. Das Büblein aber kann jetzt schon Haselnüsse aufbeißen und lernt fleißig und hat runde rote Backen. – Was aber weiter daraus werden soll, weiß der, der den Himmel mit der Spanne mißt und den Staub der Erde mit einem Dreiling.

## Reise nach Frankfurt

Zu ehemaligen Reichszeiten bestand auch ein großes Reichs-Kammergericht zu Wetzlar, welches noch manchem geneigten Leser in teuerem und wertem Andenken sein kann, wenigstens in teuerem. Viel weltberühmte Rechtsgelehrte, Advokaten und Schreiber saßen dort von Rechts wegen beisammen. Wer daheim einen großen Prozeß verloren hatte, an dem nichts mehr zu sieden und zu braten war, konnte ihn in Wetzlar noch einmal aufbrühen lassen und noch einmal verlieren. Mancher hessische, württembergische und badische Batzen ist dort hingewandelt und hat den Heimweg nimmer gefunden.

Als aber im Jahre 1806 der große Schlag auf das deutsche Reich geschah, stürzte auch das Reichskammergericht zusammen, und alle Prozesse, die darin lagen, wurden totgeschlagen, maustot und keiner gab mehr ein Zeichen von sich, ausgenommen im Jahre 1817 in Gera in Sachsenland hat einer wieder gezuckt.

Ein Leinwandweber daselbst liest in der Dresdner Zeitung, daß der Bundestag in Frankfurt sich mit dem Unterhalt der Angehörigen des Reichs-Kammergerichts lebhaft beschäftige. Nämlich, daß der Bundestag für den Unterhalt und die Schadloshaltung der Räte, Advokaten und Schreiber sorgen wollte, welche seit 1806 keinen Sold mehr zogen und nichts mehr zu verdienen hatten, ob sie gleich täglich, wie die andern, Mittag läuten hörten und schöne Schilde sahen an den Wirtshäusern.

Auf dem Speicher des Leinewebers aber fing es auf einma an in den Akten zu rauschen, fast wie in den Totengebeinen, von welchen der Prophet Ezechiel schreibt. Der Leineweber glaubt nämlich nichts anderes, als das Reichs-Kammergericht habe nu einen neuen Rock angezogen und heiße nun Bundestag, und de Bundestag habe nichts Wichtigeres zu tun, als die alten Pro zesse, wenigstens den seinen, wieder anzuzetteln.

Also ließ er sich einen guten Paß nach Frankfurt schreiben und mit Akten schwer beladen trat er die lange Reise an. Als e aber in Frankfurt angekommen war, war sein erstes, er fragt die Schildwache am Tor, wo der Bundestag sich angesetzt hab in Frankfurt. Die Schildwache erwiderte, sie stehe da so neben draus und erfahre nicht viel, was im Innern der Stadt geschehe. Ihres Wissens aber, seit sie da stehe, sei kein Bundestag einpassiert. Da fing der Leineweber im Fortgehen an, sich zu betrüben und zu ergrimmen: „O Deutsche", sagte er in seinem Innern, „wie tief seid ihr gesunken! Ein Deutscher zu sein, noch dazu eine Frankfurter Schildwache, und nichts vom Bundestag wissen!... Guter Freund", sagte er zu einem Vorbeigehenden, „könnt Ihr mir auch nicht sagen, wo der Bundestag sein Wesen hat?" Der Vorübergehende konnte es ihm auch nicht sagen. „O Patriotismus", fuhr er mit sich selber fort, „wohin bist du verschwunden?" Fast müsse man sich schämen ein Deutscher zu heißen, wenn man nicht unter seinesgleichen wäre. „Guter Freund", redete er einen Dritten an, „wißt auch Ihr nicht, wo hier der Bundestag einquartiert ist?" – „Lieber guter Mann", entgegnete der Dritte, „hier ist kein Bundestag einquartiert. Hier ist Frankfurt an der Oder. Der Bundestag ist in Frankfurt am Main." – Der wohlerfahrene Leser weiß nämlich zum Voraus schon, daß es zwei Frankfurt gibt, die nicht weniger als 66 Meilen voneinander entfernt sind, und der Leineweber war im unrechten. „Ihr habt übrigens nur noch 66 Meilen nach Frankfurt", fuhr der Dritte fort, „und wenn Ihr daher seid, wo Ihr sagt, so seid Ihr über hier nur 63 Meilen umgegangen!" „Das ist jetzt ein Tun", sagte der Leineweber. „Hab' ich A gesagt, so will ich auch B sagen. Zwanzigtausend Taler sind Geld, ohnehin bin ich es meinem seligen Großvater schuldig. Hat er den Prozeß angefangen und ist ein armer Mann daran geworden, so ist es meine Schuldigkeit, daß ich ihn fortsetze und wieder reich werde." „Ha ha", sagte der Dritte, „was gilt's, das sind Akten, die Ihr da aufgepackt habt und fast drunter zusammenbrecht?" – „Es sind auch noch ein wenig Lebensmittel dabei", versetzte der Weber in kleinmütiger Stimme, „aber nimmer viel." Der geneigte Leser fängt an, einigen Spaß an der Sache zu finden. Von hier an aber bis Frankfurt am Main geht die Reise etwas langsam vonstatten. Derselbe darf herzhaft einstweilen noch ein gutes Pfeiflein stopfen, wiewohl er kann zum Voraus sehen, wie alles gehen und enden wird. Denn die Chronik will wissen, daß, als einst die Phönizier erforschen wollten, ob der große Weltteil Afrika zu Wasser könne umfahren werden, rechneten sie die erforderliche Zeit der Reise auf ungefähr zwei Jahre, gleichwohl, als sie hinter Ägypten in dem Roten Meer sich einschifften, der bibelfeste Leser kennt's von Moses' Zeiten her, nahmen sie nicht sonderlich viel Lebensmittel-Vorrat mit, aber etwas Ackergeräte. Sahen sie nun, daß die Lebensmittel bald zu Ende gehen wollten, stiegen sie an das Land, säten von Getreide und Gemüsegattungen, was die Jahreszeit mit sich brachte, wiewohl in Afrika ist fast immer Sommer und ein schneller kräftiger Trieb in allem Wachstum. Alsdann warteten sie die Reifung ab und brachten jedesmal nach wenigen Wochen einen neuen Vorrat in das Schiff und zogen wieder weiter, kamen auch richtig nach zwei Jahren wieder zum Vorschein durch die Meerenge von Gibraltar hinein, die der zeitungskundige Leser ebenfalls noch kennt von General Elliots Zeiten her, dessen Andenken noch bis auf diese Stunde auf Tabaks-Papieren gefeiert wird. Also auch der Weber auf seiner langen Reise wußte sich zu helfen, wenn Geld und Vorrat zu Ende war; „Kunst bettelt nicht", sagte er zu sich selbst im stolzen Gefühl, „Kunst geht nach Brot". Demnach wenn er mittags oder abends in einem Städtlein oder Flecken eintraf, erkundigte er sich nach einem Zunftgenossen, und: „Habt Ihr nichts für mich zu weben", redete er den Meister an, „um Ätzung und um einiges Zehrgeld?" Stellte ihn nun der Meister ein, so blieb er einige Tage bei ihm, bis er sich ausgefüttert und wieder einige Batzen verdient hatte, und webte sich solchergestalt glücklich an dem Main hinauf und nach Frankfurt. In Frankfurt pochte ihm das Herz hoch vor Freuden, daß er nun an dem Ziele seiner Reise sei und so nahe an seiner Geldquelle, die er jetzt nur anbohren dürfe, und als er in die Bundeskanzlei kam, gleich in der vordersten Stube, wo die Herren sitzen, die am schönsten schreiben können, grüßte er sie freundlich und vertraut. „Findet man euch endlich einmal", sagte er, „und seid ihr jetzt hier?" Einer von den Herren, der Vornehmste von ihnen, nimmt die Feder aus dem Mund und legt sie auf den Tisch. „Wir sind noch niemand aus dem Weg gegangen", sagte er, „und was habt Ihr

ier zu schaffen? Was bringt Ihr Neues, Viereckiges in Eurem Zängekorb? Eine Bundeslade? Es fehlt uns noch eine."
„Spaß", erwiderte der Weber, „meinen Prozeß von Anno Eintausendsiebenhundertsiebenundsechzig." – Es ist nun mehr nichts weiter an der Sache zu erzählen. Natürlich nahm sich niemand eines Prozesses an, weil der Bundestag sich mit Prozessen nicht gemein macht, und die lange beschwerliche Reise war umsonst getan. Die Erzählung nimmt daher ein kahles Ende, der Hausfreund fühlt es. Fast soll er noch was anschiften. Statt dessen aber will er hieneben eine Abbildung des Leinewebers stiften, wie er auf der Heimreise einmal ausruht und eine Standrede hält.

„Es ist mir in diesen sechs Wochen vieles klar geworden", sagte er.

„Man muß einem deutschen Manne nicht sogleich Vorwürfe machen, wenn er in Vaterlandssachen ein wenig unwissend und kaltsinnig ist. Denn man ist selber einer. Was siehest du aber den Splitter in deines Bruders Auge? Lerne zuerst selber und werde warm. Den guten Leuten in Frankfurt an der Oder ist von mir Tort geschehen. In Frankfurt am Main aber mir.

Wenn Ihr in der Zeitung etwas leset oder im Plakat oder im Kräuterbuch und versteht es nicht, laßt Euch raten, achtbare Zuhörer, und geht um verständige Belehrung aus, ehe Ihr etwas unternehmet, besonders wenn es ein Prozeß ist.

Der beste Prozeß ist ein schlechter, und auf dem Lager bessert er sich nicht. Der Habich ist besser als der Hättich. Friede ernährt, Unfriede zerstört.

Und nun, geliebte Akten, die ich jetzt hier ablege, gehabt Euch wohl und seid dem Mann empfohlen, der Euch finden und vielleicht glücklicher mit Euch sein wird als ich."

Indem er aber die Akten absetzen wollte, klopft' ihm von hinten her ein Mann auf die Achsel, der auch desselben Wegs ging. (Man sieht ihn aber kaum auf der Abbildung, nichts destoweniger ist's der Gewürzkrämer aus dem nächsten Städtlein –) „Guter Freund", sagte er, „mit wem redet Ihr da so allein?" „Mit niemand", erwiderte der Weber, „wenn Ihr mir aber meinen Prozeß abkaufen wollt, mit Euch. Lupft ihn einmal! Was gebt Ihr mir dafür?" Der Mann sagte: „Anderthalb

Kreuzer für das Pfund, wenn das Papier daran gut ist. Kommt mit mir." Also verkaufte er dem Gewürzhändler die Akten für einen Gulden vierundzwanzig Kreuzer, die vollends zum Rest der Reise hinreichten, und kam mit leerem Korb und Beutel wieder in der Heimat an. „An meine Frankfurter Reise", sagte er, „will ich denken. Diesmal in Frankfurt gewesen."

## Zwei Kriegsgefangene in Bobruisk

Wer viel merkwürdige Begebenheiten aus dem russischen Feldzug wissen will, der muß ihn entweder selbst mitgemacht haben oder aber, er muß mit vornehmen Kriegs-Hauptleuten bekannt sein, die dabei waren. Der Kalendermann rühmt sich dessen, und wenn er mittags über den Paradeplatz geht zum Hofapotheker, grüßen sie ihn. Mitgemacht den Feldzug hat er nicht.

Folgendes ist ein seltener Beweis von Edelmut und Leichtsinn und noch einmal von Edelmut. Zwei polnische Offiziere wurden als Kriegsgefangene in einem russischen Dorf bis den andern Morgen einquartiert. Sonst sollen die Polen und die Russen auf den bloßen Namen hin nicht immer die besten Freunde sein. Allein der russische Edelmann, der in demselben Dorf wohnt, dachte daran in seinem schönen Schloß und in seiner warmen Stube, wie er auch einmal in seiner Jugend Kriegsgefangener gewesen war, in fremdem Land ohne Geld, ohne Freund, ohne Trost, und wie er in dem Hause eines edlen Menschen eine freundliche Aufnahme gefunden hatte, und wie solches dem Herzen wohltut. Also suchte er gleich die Gefangenen auf, nahm sie in sein Schloß, bewirtete sie wie Brüder oder Freunde und suchte sie durch Trost und teilnehmende Reden zu erheitern. Denn das ist ein schönes und heiliges Schuld- und Wechselrecht, das in dem Herzen aller gutgearteten Menschen aufgerichtet ist, wer einmal unter fremden Leuten in der Not und Betrübnis eine Liebe oder Wohltat erfahren hat, sieht sie als ein empfangenes Darlehen an und zahlt sie, wenn er daheim ist, wieder an einen andern Fremdling heim, der in gleicher Not und Betrübnis zu ihm kommt, als eine Schuldigkeit, ob er gleich keine Handschrift darüber ausgestellt hat, und das nicht einmal, sondern zehnmal, wenn er kann, wie ein ausgestreutes Saatkorn nicht allein, sondern selbzehnt oder fünfzehnt aus der Erde zurückkehrt.

„Wißt ihr schon", fragte die Gefangenen der Edelmann, „wo der Ort eures Aufenthalts sein wird?" Die Gefangenen sagten: „In den kaukasischen Gebirgen." – „Seid ihr denn auch mit etwas Reisegeld versehen auf einem so langen Weg?" Die Gefangenen zuckten die Achseln. Hierauf sprach der Edelmann ihnen mit heiterer Miene zu, zu essen und zu trinken und wohl bei ihm zu schlafen, und des anderen Morgens, als der Transport weiterging und sie von ihrem Wohltäter Abschied nahmen, schenkte er ihnen fünfhundert Rubel russischen Geldes auf die Reise. Nein, er wollte nicht einmal den Namen haben, daß er es ihnen schenkte. „Ich will es euch leihen", sagte er, „wenn euch einst Gott in eure Heimat und zu den eurigen zurückführt, so könnt ihr mir's wieder schicken."

Die Geschichte könnte hier aus sein. Sie wäre schon des Erzählens wert gewesen. Allein, sie fängt erst recht an. Der nächste Tagmarsch der Kriegsgefangenen ging nach einer altrussischen Grenzfestung namens Bobruisk. Man muß schon ein fertiges Mundstück haben, wenn man so einen russischen Namen mit Leichtigkeit will aussprechen können. Der Hausfreund kann's. In Bobruisk aber, wo die Gefangenen bei guter Tageszeit anlangten, gingen die zwei Polen noch ein wenig herum, die Stadt zu besehen, und als sie an ein schönes, großes Wirtshaus kamen, dachten sie, wollen wir nicht ein wenig hineingehen und unserem Wohltäter seine Gesundheit trinken? In dem Wirtshaus saßen viele russische Herren und Edelleute, die redeten oder tranken miteinander oder spielten Pharao. Pharao ist ein sehr gefährliches Spiel, in welchem man viel Geld verspielen kann, also, daß man es nicht Pharao nennen sollte, sondern das Rote Meer, weil viele, die hineingehen, drin ertrinken, ausgenommen die Kinder Israels.

Selbigen Tages aber kam auch der wohltätige russische Edelmann nach Bobruisk, um bei seinen guten Freunden daselbst einen vergnügten Abend zuzubringen, und indem er in das nämliche Wirtshaus hineintritt, was geschieht, wen sieht er mitten unter seinen reichen Freunden und Bekannten am Spieltische sitzen? Wen sieht er ein Dutzend Rubel nach dem anderen setzen und verspielen? Seine leichtsinnigen Gäste, die zwei Polen. Die Polen hätten auch lieber einen Wolf als ihn gesehen und spielten nicht um das besser oder glücklicher, als er sich ebenfalls an den langen Spieltisch setzte und ein Dutzend Rubel nach dem andern gewann, wären gerne davongeschlichen, wenn sie nicht die gute Hälfte ihres Geldes hätten müssen im Stich lassen, das sie wieder zu gewinnen hofften. Als sie aber in kurzer Zeit ganz vom Samen waren und die letzte Kopeke dahin war und jetzt trostlos und verzweifelnd zur Tür hinausschlichen, ging ihnen der russische Edelmann nach, und mancher geneigte Leser, dem man nicht so kommen dürfte, freut sich schon, wie er Justiz machen und den russischen Stab wird walten lassen. Nichts nutz! Ein Kriegsgefangener ist ohne Schläge geschlagen genug, und Strafe erbittert nur, aber Großmut kann beschämen und bessern. „Meine Freunde", sagte er zu ihnen sanft und gütig, „ihr müßt wohl besser bei Geld sein, als ich gestern geglaubt habe. Nehmt mir meine Voreiligkeit nicht übel auf. Ich danke euch, daß ihr mein gutgemeintes Anerbieten nicht beschämt habt." Die Gefangenen waren nicht imstande, eine Silbe zu antworten, ausgenommen sie schlugen die Augen nieder, als wenn sie sagen wollten, daß er sich gestern nicht an ihnen versehen habe, aber jetzt. Da sprach er zu ihnen: „Ihr seid nunmehr gewitzigt, und ich hoffe, meine Güte sei zum zweitenmal besser an euch angewendet als zum erstenmal", und als er ihnen mit einem guten Wechselbrief von fünfhundert Rubel ihren ganzen Verlust ersetzte, konnten sie noch weniger als vorher sprechen, sondern küßten ihm mit Tränen des Dankes und der Rührung die Hände. Hernach aber hat er nichts mehr von ihnen erfahren. Diese Erzählung ist unversehrt aus Rußland herausgekommen und hat ihre Wahrheit.

## König Friedrich und sein Nachbar

Der König Friedrich von Preußen hatte acht Stunden von Berlin freilich ein schönes Lustschloß und war gerne darin, wenn nur nicht ganz nahe daneben die unruhige Mühle gewesen wäre. Denn erstlich stehen ein königliches Schloß und eine Mühle nicht gut nebeneinander, obgleich, das Weißbrot schmeckt auch in dem Schloß nicht übel, wenn's die Mühle fein gemahlen und der Ofen wohl gebacken hat. Außerdem aber, wenn der König in seinen besten Gedanken war und nicht an den Nachbar dachte, auf einmal ließ der Müller das Wasser in die Räder schießen und dachte auch nicht an den Herrn Nachbar, und die Gedanken des Königs stellten das Räderwerk der Mühle nicht ab, aber manchmal das Klapperwerk der Räder die Gedanken des Königs. Der geneigte Leser sagt: „Ein König hat Geld wie Laub, warum kauft er dem Nachbar die Mühle nicht ab und läßt sie niederreißen?" Der König wußte, warum. Denn eines Tages ließ er den Müller zu sich rufen. „Ihr begreift", sagte er zu ihm, „daß wir zwei nicht nebeneinander bestehen können. Einer muß weichen. Was gebt Ihr mir für mein Schlößlein?" – Der Müller sagte: „Wie hoch haltet Ihr es, königlicher Herr Nachbar?" Der König erwiderte ihm: „Wunderlicher Mensch, so viel Geld habt Ihr nicht, daß Ihr mir mein Schloß abkaufen könnt. Wie hoch haltet Ihr eure Mühle?" Der Müller erwiderte: „Gnädigster Herr, so habt auch Ihr nicht so viel Geld, daß Ihr mir meine Mühle abkaufen könnt. Sie ist mir nicht feil." Der König tat zwar ein Gebot, auch das zweite und dritte, aber der Nachbar blieb bei seiner Rede. „Sie ist mir nicht feil. Wie ich darin geboren bin", sagte er, „so will ich darin sterben, und wie sie mir von meinen Vätern erhalten worden ist, so sollen sie meine Nachkommen von mir erhalten und auf ihr den Segen ihrer Vorfahren ererben." Da nahm der König eine ernsthaftere Sprache an: „Wißt Ihr auch, guter Mann, daß ich gar nicht nötig habe, viel Worte zu machen? Ich lasse Eure Mühle taxieren und breche sie ab. Nehmt alsdann das Geld, oder nehmt es nicht!" Da lächelte der unerschrockene Mann, der Müller, und erwiderte dem König: „Gut gesagt, allergnädigster Herr, wenn nur das Hofgericht in Berlin nicht wäre." Nämlich, daß er es wolle auf einen richterlichen Ausspruch ankommen lassen. Der König war ein gerechter Herr und konnte überaus gnädig sein, also daß ihm die Herzhaftigkeit und Freimütigkeit einer Rede nicht mißfällig war, sondern wohl gefiel. Denn er ließ von dieser Zeit an den Müller unangefochten und unterhielt fortwährend mit ihm eine friedliche Nachbarschaft. Der geneigte Leser darf schon ein wenig Respekt haben vor einem solchen Nachbar und noch mehr vor einem solchen Herrn Nachbar.

## Seltene Liebe

Mit dem Leichnam eines jungen Mannes im Schweizerland, der erschlagen wurde nicht weit vom Vierwaldstätter See, mit dem Leichnam ging es wunderbar zu. Daß er nach dem Gefecht war begraben worden nächst der Walstatt, wußten mehr als zwanzig Männer aus dem nämlichen Ort, die es taten und dabei waren, und ein Kreuz, wie man in der Geschwindigkeit eins machen kann, auf sein Grab steckten, daß, wer vorüberginge, auch ein Vaterunser für seine Seele beten sollte. Item, am Dienstag drauf, als der Siegrist frühe Morgens in die Kirche gehen und das Morgengebet anläuten wollte, lag der nämliche Leichnam daheim auf dem Kirchhof, vor der Kirchtüre. Man begrub ihn noch einmal mit allen Gebräuchen und Gebeten der Kirche in die geweihte Erde. Item, als es noch einmal Dienstag wurde, war der nämliche Leichnam wieder aus dem Grab und von dem Kirchhof weg verschwunden. Sonst tut der Glaube Wunder. Diesmal aber tat's des Glaubens fromme Schwester, die Liebe. Er war als Freiwilliger mitgezogen, weil ihm die Gemeinde auf den Fall das Bürgerrecht angeboten hatte. Denn er war nur Hintersaß und seiner Arbeit ein Maurer, was zwar nicht zur Sache, aber zur Wahrheit gehört. Seine junge Frau ängstigte sich daheim und weinte und betete, und jeder Schuß, den sie hörte, ging ihr schauderhaft durch das Herz, denn sie fürchtete, er gehe durch das seinige. Einer ging dadurch, und als die andern am dritten und vierten Tag nach Hause kamen, brachten sie ihr das blutige Gewand ihres Mannes, sein Gebetbüchlein und seinen Rosenkranz. „Dein Mann", sagten sie, „hat jetzt ein anderes Bürgerrecht angetreten. Er liegt im oberen Ried. Ein Kreuz steht auf seinem Grab. Es hätte jeden treffen können", sagten sie. Die arme Frau verging fast in Tränen und Wehklagen. „Mein Mann erschossen", sagte sie, „mein einziges und alles – und im Ried begraben, in ungeweihter Erde!" Da raffte sie sich plötzlich auf, und in der Nacht, als alles schlief, ging sie allein mit einer Schaufel und mit einem Sack in das Ried hinauf, suchte das Grab und die geliebte Leiche und trug sie heim auf den Kirchhof. Solche Herzhaftigkeit und Stärke hatte ihr der Schmerz und die Liebe gegeben. Als sie aber hernachmals Tag und Nacht sich fast nimmer von dem Grabe entfernen und nicht essen und nicht trinken wollte, sondern unaufhörlich mit ihren Tränen das Grab benetzte und mit dem Verstorbenen redete, als ob er sie hören könnte, alle Vorstellungen waren fruchtlos, da sagte endlich der Vorsteher des Ortes, es sei kein anderes Mittel übrig, als man grabe den Toten heimlicherweise noch einmal aus und bringe ihn auf einen andern Kirchhof, sonst vergehe noch die arme Frau. Also brachte man sie mit viel Zureden und Mühe in ihre leere Wohnung zurück und brachte in der Nacht den Leichnam auf einen andern Kirchhof. Nur wenige Menschen wußten davon, wohin er war gebracht worden. Den frommen Leser rührt diese Geschichte, und er sagt, solcher beispiellosen ehelichen Liebe und Treue können nur noch Schweizerherzen fähig sein. Fehl gesprochen! Beide, die unglückliche Frau und ihr verstorbener Gatte waren Fremdlinge, und zwar aus Deutschland. Doch kein Schmerz dauert ohne Ende, der heftigste am wenigsten. Die nämliche Frau gewann in der Folge einen zweiten braven Gatten, ebenfalls einen Deutschen, und die Gemeinde erteilte – diesem das Bürgerrecht, das sein Vorfahrer mit seinem Leben erkauft hatte.

Diese Geschichte hat dem Hausfreund und seinen Reisegefährten auf dem See zwischen Winkel und Stansstadt ein Augenzeuge erzählt und von Ferne den Ort gezeigt, wo sie vorgefallen war.

## Der sinnreiche Bettler

Sonst bemessen die Bettler ihre dankbaren Wünsche nach dem Wert der Gabe, die ihnen gereicht wird. Derjenige, von welchem hier die Rede ist, sagt, das sei grundfalsch. Wer ihm viel gibt, dem wünscht er eine hundertfältige Vergeltung von Gott. Wer ihm aber wenig gibt, dem wünscht er eine tausendfältige, oder wenn's noch weniger ist, eine hunderttausendfältige Vergeltung. Denn er sagt: „Ich muß einen gleich guten Willen bei allen voraussetzen. Wer wenig reicht, wird wenig haben. Ich muß ihm also mehr wünschen. Soll ich das meinige auch noch dazu beitragen, daß zuletzt die Reichen alles bekommen?"

## Mohammed

Dem Mohammed wollten es anfänglich nicht alle seine Landsleute glauben, daß er ein Prophet sei, weil er noch keine Wunder getan hatte wie Elias. Dazu sagte Mohammed ganz gleichgültig, wie einer, der eine Pfeife Tabak raucht und was dazu redet: „Das Wunder", sagte er, „macht den Propheten noch nicht aus. Wenn ihr's aber verlangt, so werden ich und jener Berg dort geschwind bei einander sein." Nämlich er deutete auf einen Berg, der eine Stunde weit oder etwas entfernt war, und rief ihm mit gebietender Stimme, daß der Berg sich solle von seiner Stätte erheben und zu ihm kommen. Als aber dieser keine Bewegung machen und keine Antwort geben wollte, wiewohl keine Antwort ist auch eine, so ergriff Mohammed sanftmütig seinen Stab und ging zum Berg, womit er ein merkwürdiges und nachahmungswertes Beispiel gab, auch für solche Leute, die keine Propheten zu sein verlangen, nämlich daß man dasjenige, was man selbst tun kann, nicht von einem wunderbaren Verhängnis oder von Zeit und Glück oder von andern Menschen verlangen soll. Zum Beispiel, hast du etwas Notwendiges und Wichtiges mit jemand zu reden, so warte nicht bis er zu dir kommt. Weit geschwinder und vernünftiger gehst du zu ihm. Ein hübscher Kirschenbaum in dem Garten wäre eine hübsche Sache. Das Plätzchen schickte sich dazu. Warte nicht, bis er selber wächst, sondern setze einen. Ferner, ein Abzugsgraben, ein guter Weg durch das Dorf, wenigstens ein trockener Fußweg, ein Geländer am Wasser oder an einem schmalen Steg, damit die Kinder nicht hineinfallen, kommt viel geschwinder zustande, wenn man ihn macht als wenn man ihn nicht macht. Man sollte nicht glauben, daß es Leute gibt, denen erst ein arabischer Prophet oder ein Kalenderschreiber so etwas muß begreiflich machen.

Selbst der Kalenderschreiber, der doch einem Propheten nicht viel nachgibt, – es ließe sich noch ein Wort mehr sagen –, verlangt nicht, daß das alte Jahr fortdauern soll, bis der neue Kalender fertig ist, sondern er schreibt den neuen, wenn das alte noch währet.

Summa Summarum:

Schick dich in die Welt hinein,
Denn dein Kopf ist viel zu klein,
Daß die Welt sich schick' in ihn hinein.

## Die lachenden Jungfrauen

Wer weiß, wo Saratow liegt? Der Hausfreund hat viel Bücher. Er weiß alles. Saratow liegt weit gegen Sonnenaufgang in das wilde Asien hinein und ist ebenfalls der Sitz einer russischen Statthalterschaft, nämlich wie Pensa, und war im Jahre 1812 ebenfalls der Sammelplatz, wo viel tausend unglückliche Kriegsgefangene abgegeben und dann tiefer hineingeführt wurden in das Elend.

Ein Transport von gefangenen Deutschen wird eines Tages eingebracht. Eine Menge von Einwohnern, wie zu geschehen pflegt, stehen auf den Gassen; die Neugierigen schauten, der Übermut trotzte und spottete, die Rachsucht fluchte und schimpfte. Keine Hand bot sich zur Pflege der Kranken, der Verwundeten, der verschmachteten Fremdlinge an, eher zu etwas anderem. Niemand wehrte ihnen. Denn die Kriegsgefangenschaft spinnt keine Seide, und man kann nicht glauben, wie erbittert damals die Russen über ihre Feinde waren, und keiner wurde vorher gefragt, ob er zu den Schlimmen gehöre, sondern man nahm ihn dafür. Aber einem wohlbetagten Hauptmann und seinem Leutnant begegnete etwas Merkwürdiges. Denn eben als der Hauptmann den Leutnant an der Hand ergriff und ihn trösten wollte: „Fasse dich, junges Blut, auch das wird vorübergehen und ein Ende nehmen, mit dem Frieden oder mit dem Tode", – in dem Augenblicke hören sie zunächst vor sich ein mutwilliges Lachen, und indem sie unwillkürlich aufschauen, – sie hätten's bereits können gewohnt sein, – was erblicken ihre Augen? In einem vornehmen russischen Gefährt zwei Jungfrauen, schön wie zwei Sonnen, lieblich wie der Frühlingstag, wenn die Rosen blühen. Beide Teile schauten einander an, aber ob auch die Jungfrauen sich wollten Gewalt antun, sie konnten sich nicht erwehren, und trat auch eine die andere auf den Fuß, so ward's noch ärger. Das griff schmerzhaft den sonst vielgeprüften Mut des bejahrten Hauptmanns an. Noch so jung, dachte er, und schon so entartet, und der Leutnant dachte, so schön und doch so grausam, und der Schmerz des einen brach in eine Träne, der Unmut des andern aber in Worte aus: „Töchter dieses unwirtlichen Landes", fing der Hauptmann an, „Ihr versteht zwar meine Rede nicht", – die Jungfrauen lachten auf's neue, – „aber wollte Gott, ihr verstündet sie", da lachten auf einmal die Jungfrauen nicht mehr. „Gar unfein", fuhr der Hauptmann fort, „steht das eurem Geschlechte, eurer Jugend und euren schönen Kleidern an, an dem Jammer schuldloser Menschen eure Augen zu weiden und mit solchem Hohngelächter unsere Herzen zu durchschneiden." Da fiel ihm errötend die ältere der Jungfrauen in das Wort, sie war ungefähr achtzehn Jahre alt und die Jüngere siebzehn, und redete die Unglücklichen zu ihrem Erstaunen ebenfalls deutsch an, mitten in Saratow und mitten in Rußland, mehr als tausend Stunden weit von der Heimat deutsch. „Edle Fremdlinge", sagte sie, sanft wie ein Engel und mit tiefbewegter Stimme, „sprecht nicht also, daß wir gekommen seien, unsere Augen an eurem Elende zu weiden, und eure Herzen durch Verhöhnung zu martern, die wir die Absicht haben, euch zu bitten, daß ihr mit uns gehen wollet in die Woh nung unsrer Eltern und Pflege und Liebe anzunehmen, bis die Engel des Friedens euch zurückführen mögen zu euren Fahnen oder in die Umarmung eurer Angehörigen, daß ihr bei ihnen glücklich sein möget alle Tage eures Lebens.“ Ihr entgegnete hinwiederum erstaunt über diese Worte der Hauptmann: „Edle Jungfrauen, wes herrlichen Geschlechts Töchter ihr sein möget, wenn dem also ist, wie ihr saget, so vertrauen wir uns eurer Einladung an, die ihr aus deutschem Blute entsprossen scheint, so ihr das Unrecht verzeihen könnt, womit mein Schmerz euch beleidigt hat.“

Als sie aber in den Wagen einstiegen und der Hauptmann wollte, wie es sich traf, neben die ältere der Jungfrauen sitzen, widerfuhr ihnen noch etwas Apartes, denn es zog ihn die jüngere sanft auf ihre Seite: „Verzeiht mir“, sagte sie, „edler Fremdling, meine Ansprüche auf Euch sind mir zu wert. Meine Freundin hat kein Recht an Euch.“ Und zu dem Leutnant sprach die ältere ebenfalls: „Meine Freundin hat kein Recht an Euch“ und zog ihn sanft und sittsam auf ihre Seite. Den zwei Kriegsgefangenen aber war alles recht, denn auch jedem andern hätte die Wahl zwischen beiden schönen Jungfrauen schwerer sein müssen, als jeder andern Jungfrau die Wahl zwischen einem fünfzigjährigen Mann und einem zwanzigjährigen Jüngling.

Fragt sich nun, wer waren die Jungfrauen und wo führten sie ihre Gefangenen hin? Antwort: Es leben in Saratow zwei reiche und angesehene deutsche Familienväter; der Deutsche kommt, wie das Quecksilber, überall durch, wenn er schon kein's ist. Beide Familien waren des Abends vorher wie gewöhnlich beisammen und sprachen von allerlei. „Ist's wahr“, sagte der eine, „daß morgen deutsche Kriegsgefangene ankommen?“ – „Sie sind schon angesagt“, erwiderte man ihm. „Die armen Menschen haben einen schweren Gang“, sprach wehmütig eine der Mütter. Da trat die ältere Jungfrau ihren Vater an: „Werden wir auch einen bekommen, mein Vater? Wie sorglich wollte ich gleich einer Tochter oder Schwester sein pflegen und ihn trösten.“ Der Vater erwiderte: „Den Gefangenen bettet man nicht auf Rosen. Sie werden in den Vorstädten in den dürftigsten Hütten untergebracht.“ – „Oder wolltet Ihr denn nicht selbst einen einladen oder Euch einen ausbitten, von dem Hauptmann ihrer Bewachung?" – „Das könnte mir wohl übel gedeutet werden", erwiderte der Vater, „sie sind Feinde des Vaterlandes, in welches wir selbst als Fremdlinge aus ihrer Heimat sind aufgenommen worden. Wie dürfen die Feinde nicht als unsere Landsleute erkennen. Doch wenn einen von ihnen mir das Schicksal ohne mein Zutun entgegenführt, will ich mich seiner nicht entschlagen", und ebenso sprach auch der Vater der anderen Jungfrau. Da redeten die beiden Töchter miteinander, und leichtsinnig und gutmütig, wie die Jugend ist, beschlossen sie, wenn die Gefangenen kämen, zu tun, was sie taten.

Anfänglich fuhren sie etwas um den Transport herum, wie wenn man auf den Jahrmarkt geht, um einzukaufen. Man sieht zuerst die Waren an, was da ist, ehe man auf Geratewohl kauft, das Nächste, das Beste. Als aber die Jungfrauen den Hauptmann erblickten, wie er dastand, wenig gebeugt von seinem Leiden, und angeschmiegt an ihn den Jüngling, den Leutnant, den das Schicksal zum erstenmal in die Schule der Prüfung genommen hatte, und zwar gleich in die oberste Klasse, sagten sie zueinander: „Diese zwei wollen wir nehmen." – „Willst du den Alten?" sagte scherzhaft die jüngere. – „Oder willst du ihn?" sagte zu ihr ihre Freundin. Da nahm die jüngere zwei Stecknadeln aus ihrem Busengewand, eine längere und eine kürzere und zogen miteinander das Hälmlein mit Stecknadeln. Als aber die ältere den Leutnant zog und die jüngere den Hauptmann behielt, in dem Augenblick, als dieser sagte, „auch das wird ein Ende nehmen", lachten die Jungfrauen. Denn diesen Erbschatz teilt noch die Kindheit mit der Jugend, daß Schmerz und Freude leichter an ihr vorübergehen und in schnelleren Ablösungen miteinander wechseln. Hernach aber, als der Hauptmann so ernsthaft sie anredete: „Euer Ohr versteht zwar meine Sprache nicht", lachten sie von neuem. Denn wenn man einmal drin ist, man muß; und das Gefühl, daß es unschicklich sei, hilft nur dazu, die Unschicklichkeit zu begehen. Aber als sie den Schmerz erkannten, mit dem er nach einem süßen deutschen Wort in dieser fremden Welt wie nach einem Almosen seufzte, und sie hatten's in ihrem milden Herzen und konnten's ihm geben und waren deswegen da, da lachten sie nicht mehr und boten ihnen in deutscher Sprache und Rede die Pflege und Liebe ihrer Eltern an und führten sie zu ihnen. Die Väter hoben zwar die Finger gegen ihre Töchter auf: „Was habt ihr getan!“ aber im Herzen waren sie es froh. Sie zeigten sogleich der Obrigkeit an, was geschehen war, und der menschenfreundliche Statthalter gab ihnen gerne die Erlaubnis, auf ihre Bürgschaft zwar, ihre gefangenen Landsleute bei sich zu behalten bis auf ein Weiteres.

Da gebrach ihnen auf einmal nichts mehr, da waren sie auf einmal aller ihrer Leiden quitt, da verzogen sich alle ihre Bekümmernisse. Der Hauptmann in dem Hause, das ihn aufgenommen hatte, wurde angesehen und geliebt als ein Bruder, der Leutnant in dem seinigen als ein Sohn, von seiner schönen Retterin auch noch ein wenig anderst, nämlich eben so, wie sie von ihm, bis die Engel des Friedens kamen. Als aber die Engel des Friedens kamen, schangschierte der Leutnant seinen Glauben, nämlich daß er in der Uniform sterben werde. Er verschaffte sich den Abschied von seinem Regiment und erfreut sich jetzt als Gatte der Liebe und der Jugend seiner schönen Retterin. Der Hauptmann aber trennte sich von diesen edlen Menschen und von seinem jungen Freund mit einer Rührung und mit einem Schmerz, der mehr Tränen als Worte hat, und kam wohlbehalten wieder in Deutschland und bei den Seinigen an, und wer ihn sah und vorher gekannt hatte, wunderte sich sein. „Ei, wie seid Ihr so jung geworden, Herr Hauptmann, in Eurer Gefangenschaft, Euch muß es nicht übel gegangen sein.“

Der geneigte Leser darf an der Wahrheit dieser Erzählung nicht zweifeln, denn der Hausfreund hat sie aus dem zweiten Mund. Nämlich der Hauptmann hat sie selbst einem rheinländischen Herrn Kriegsobristen also mitgeteilt, der auch weiß, wie man über die Beresina geht, und von dem Kriegsobristen aber hat sie der Hausfreund und hat seitdem schon manches Täublein mit ihm verzehrt und schon manches Schöpplein mit ihm herausgemacht, Fuchs oder Has.

## Der Wettermacher

Gleich wie einem Siebmacher oder einem Hafenbinder, wenn er in einem kleinen Ort zu Hause ist, können seine Mitbürger nicht das ganze Jahr Arbeit und Nahrung geben, sondern er begibt sich auf Künstlerreisen im Revier herum und geht seinem Verdienst nach; also auch der Zirkelschmied ist fleißig darauf im andern Revier und handelt nicht mit Zirkeln, sondern mit Trug und Schelmerei, um die Leute zu berücken und sich frei zu trinken im Wirtshaus. Also erscheint er einmal in Oberehningen und geht gerade zum Schulz. „Herr Schulz", sagte er, „könntet Ihr kein ander Wetter brauchen? Ich bin durch Eure Gemarkung gegangen. Die Felder in der Tiefe haben schon zu viel Regen gehabt, und auf der Höhe ist das Wachstum auch noch zurück." Der Schulz meinte, das seie geschwind gesagt, aber besser machen sei eine Kunst. „Ei", erwiderte der Zirkelschmied, „auf das reise ich ja. Bin ich nicht der Wettermacher von Bologna? In Italien", sagte er, „wo doch Pomeranzen und Zitronen wachsen, wird alles Wetter auf Bestellung gemacht. Darin seid ihr Deutsche noch zurück." Der Schulz ist ein guter und treuherziger Mann und gehört zu denen, die lieber geschwind reich werden möchten als langsam. Also leuchtete ihm das Anerbieten des Zirkelschmieds ein. Doch wollte er vorsichtig sein. „Macht mir morgen früh einen heitern Himmel", sagte er, „zur Probe, und ein paar leichte weiße Wölklein dran, den ganzen Tag Sonnenschein und in der Luft so zarte, glänzende Fäden. Auf den Mittag könnt Ihr die ersten gelben Sommervögel loslassen, und gegen Abend darf's wieder kühl werden." Der Zirkelschmied erwiderte: „Auf einen Tag kann ich mich nicht einlassen, Herr Schulz. Es trägt die Kosten nicht aus. Ich unternehm's nicht anderst, als auf ein Jahr. Dann sollt Ihr aber Not haben, wo Ihr Euere Frucht und Euern Most unterbringen wollt." Auf die Frage des Schulzen, wieviel er für den Jahrgang fordere, verlangte er zum Voraus nichts, als täglich einen Gulden und freien Trunk, bis die Sache eingerichtet sei, er könne wenigstens drei Tage dauern. „Hernach aber von jedem Saum Wein, den Ihr mehr bekommt", sagte er, „als in dem besten Jahren, ein Viertel, und von jedem Malter Frucht einen Sester.“ „Das wär’ nicht veil“, sagte der Schulz. Denn dort zu Land sagt man veil statt viel, wenn man sich hochdeutsch explizieren will. Der Schulz bekam Respekt vor dem Zirkelschmied und explizierte sich hochdeutsch. Als er aber nun Papier und Feder aus dem Schränklein holte und dem Zirkelschmied das Wetter von Monat zu Monat vorschreiben wollte, machte ihm der Zirkelschmied eine neue Einwendung: „Das geht nicht an, Herr Schulz! Ihr müßt auch die Bürgerschaft darüber hören. Denn das Wetter ist eine Gemeindesache. Ihr könnt nicht verlangen, daß die ganze Bürgerschaft Euer Wetter annehmen soll.“ Da sprach der Schulz: „Ihr habt recht! Ihr seid ein verständiger Mann.“

Der geneigte Leser aber ist nun der Schelmerei des Zirkelschmieds auf der rechten Spur, wenn er zum Voraus vermutet, die Bürgerschaft sei über die Sache nicht einig geworden. In der ersten Gemeindeversammlung wurde noch nichts ausgemacht, in der siebenten auch noch nichts, in der achten kam’s zu ernsthaften Redensarten, und ein verständiger Gerichtsmann glaubte endlich, um Fried und Einigkeit in der Gemeinde zu erhalten wär’s am besten, man zahlte den Wettermacher aus und schickte ihn fort. Also beschied der Schulz den Wettermacher vor sich: „Hier habt Ihr Eure neun Gulden, Unheilstifter, und nun tut zur Sache, daß Ihr fortkommt, eh’ Mord und Totschlag in der Gemeinde ausbricht.“ Der Zirkelschmied ließ sich nicht zweimal heißen. Er nahm das Geld, hinterließ eine Wirtsschuld von zirka vierundzwanzig Maß Wein, und mit dem Wetter blieb es, wie es war.

Item, der Zirkelschmied bleibt immer ein lehrreicher Mensch. Merke, wie gut es sei, daß der oberste Weltregent bisher die Witterung nach seinem Willen allein gelenkt hat. Selbst wir Kalendermacher, Planeten und übrigen Landstände werden nicht leicht um etwas gefragt und haben, was das betrifft, ruhige Tage.

## Mißverstand

Von drei Schlafkameraden war der eine eben am süßen Einschlummern, als der zweite zum dritten sprach: „Joachim, was soll das heißen, daß du seit am Montag nichts mehr mit mir redest, so wir doch unser Leben lang gute Freunde gewesen sind. Hast du etwas gegen mich, so sag's." – Der dritte erwiderte dem zweiten: „Wer mit mir nicht redet, mit dem rede ich auch nicht, mein guter Bartenstein. Wie man in den Wald schreit, so schreit's wider." Darauf sagte der zweite: „So nennst du mich mit meinem Zunamen? Ich kann dich auch mit deinem Zunamen nennen, mein guter Marbacher. Wie man in den Wald schreit, so schreit's wider." Der dritte sagte wieder zum zweiten: „So war's nicht gemeint, Bastian. Übrigens halte ich den Geschlechtsnamen meines seligen Vaters für keinen Schimpf. Ich hoffe, er hat dich als ein ehrlicher Mann zur Taufe gehoben." Darauf entgegnete der zweite: „Ich den meinigen auch nicht. Ich hoffe, deine Mutter hat einen ehrlichen Mann zum Beistand. Aber man erkennt etwas daran." Der dritte sagt:: „Dein Vater ist ein braver Mann, der meiner Mutter mit gutem Rat redlich an die Hand geht." Der zweite sagt: „Dein Vater war auch ein braver Mann und hat mir viel Gutes erwiesen. Aber sie redeten miteinander." Der dritte fuhr gegen den zweiten fort: „Eben darum. An einem andern hätt' es mich nicht verdrossen, daß du mir den Montag keine Antwort gabst, als ich dich zum zweitenmal fragte, warum dich dein Meister fortgejagt hat."

Als endlich der erste des Zwistes müde war, weil er gern hätte schlafen mögen und nicht dazu kommen konnte, fuhr er unwillig auf und sagte: „Hat jetzt euer Disputat bald ein Ende, oder soll ich aufstehn und den Wirt holen, daß er Frieden schaffe oder soll ich's selber tun?" Dem erwiderte der dritte, weil er am Worte war: „Seid doch nicht wunderlich, Herr Landsmann. Ihr hört ja, wir explizieren uns nur, warum keiner von uns mit dem anderen redet."

## Die Ohrfeige

Ein Büblein klagte seiner Mutter: „Der Vater hat mir eine Ohrfeige gegeben." Der Vater aber kam dazu und sagte: „Lügst du wieder? Willst du noch eine?"

## Der geschlossene Magen

Als einst der Zirkelschmied wieder auf vier bis sechs Wochen in gute Umstände gekommen war, lebte er solange gar ehrbar und häuslich mit seiner Frau, der Bärbel, und war in keinem Wirtshaus mehr zu sehen. Nein, er aß alle Mittag ein Pfündlein Fleisch mit ihr daheim und ließ eine halbe Maß Wein dazu holen aus dem Adler und gab auf ihre Ermahnungen. Einmal jedoch, als es ihm besonders schmeckte, schickte er das Büblein nach dem Essen heimlich in das Wirtshaus, daß es noch eine Halbe holen sollte. Als aber das Büblein die zweite Halbe brachte und auf den Tisch stellte, schaute seine Frau ihn bittend an: „Männlein", sagte sie, „laß es jetzt genug sein! Weißt du nicht, was in dem Doktorbuch steht, daß der Magen nach dem Essen geschlossen sei?" Dem entgegen schaute der Zirkelschmied so lieb und freundlich zuerst den Wein, hernach die Bärbel an: „Liebes Weiblein", sagte er, „sei unbesorgt! Soll der Magen auch geschlossen sein, so viel bring' ich wohl noch durch das Schlüsselloch."

## Ist der Mensch ein wunderliches Geschöpf

Einem König von Frankreich wurde durch seinen Kammer-[d]iener der Namen eines Mannes genannt, der das 75. Jahr zu-[r]ückgelegt habe und noch nie aus Paris heraus gekommen sei. [E]r wisse noch auf diese Stunde nicht anderst, als vom Hören-[s]agen, was eine Landstraße sei oder ein Ackerfeld oder der Früh-[l]ing. Man könnte ihm weismachen, die Welt sei schon vor [z]wanzig Jahren untergegangen. Er müsse es glauben. Der König fragte, ob denn der Mann kränklich oder gebrechlich sei. „Nein", sagte der Kammerdiener, „er ist so gesund wie der Fisch im Wasser." – Oder ob er trübsinnig sei. – „Nein, es ist ihm so wohl wie dem Vogel im Hanfsamen." – Oder ob er durch seiner Hände Arbeit eine zahlreiche Familie zu ernähren habe. – „Nein, er ist ein wohlhabender Mann. Er mag eben nicht. Es nimmt ihn nicht wunder." Des verwunderte sich der König und wünschte diesen Mann zu sehen. Der Wunsch eines Königs von Frankreich ist bald erfüllt, zwar auch nicht jeder, aber dieser, und der König redete mit dem Menschen allerlei, ob er schon lange gesund und wohlauf sei. „Ja, Sire", erwiderte er, „allbereits 75 Jahre." – Ob er in Paris geboren sei. – „Ja, Sire, es müßte kurios zugegangen sein, wie ich anderst hineingekommen wäre, denn ich bin noch nie draußen gewesen." – „Das soll mich doch wundernehmen", erwiderte der König. „Denn eben deswegen habe ich Euch rufen lassen. Ich höre, daß Ihr allerlei verdächtige Gänge macht, bald zu diesem Tor hinaus, bald zu jenem. Wißt Ihr, daß man schon lange auf Euch Achtung gibt?" Der Mann war über diesen Vorwurf ganz erstaunt und wollte sich entschuldigen. Das müsse ein anderer sein, der seinen Namen führe, oder so. Aber der König fiel ihm in die Rede. „Kein Wort mehr! Ich hoffe, Ihr werdet in Zukunft nicht mehr aus der Stadt gehen ohne meine ausdrückliche Erlaubnis" – Ein rechter Pariser, wenn ihm der König etwas befiehlt, denkt nicht lange, ob es notwendig sei und ob es nicht auch anderst eben so gut sein könnte, sondern er tut's. Der Unsrige war ein rechter, obgleich als auf seinem Heimweg die Postkutsche vor ihm vorbeifuhr, dachte er: O ihr Glücklichen da drinnen, daß ihr aus Paris hinaus dürft! Als er nach Hause kam, las er die Zeitung, wie alle Tage. Aber diesmal fand er nicht viel darin. Er schaute zum Fenster hinaus, das war auf einmal so langweilig. Er las in einem Buch, das war auf einmal so einfältig. Er ging spazieren, er ging in die Komödie, in das Wirtshaus, das war so alltäglich. So das erste Vierteljahr lang, so das zweite, und mehr als einmal im Gasthaus sagte er zu seinem Nachbarn: „Freunde, es ist ein hartes Wort, fünfundsiebenzig Jahr kontinuierlich in Paris gelebt zu haben und jetzt erst nicht heraus zu dürfen.“ Endlich im dritten Vierteljahr konnte er's nimmer aushalten, sondern meldete sich einen Tag um den andern wegen der Erlaubnis: das Wetter sei so hübsch, oder es sei heut ein schöner Regentag. Er wolle sich gern auf seine Kosten von einem vertrauten Manne begleiten lassen, wenn's sein müsse, auch von zweien. Aber vergebens. Nach Verlauf aber eines schmerzlich durchlebten Jahres, gerade am nämlichen Tage, als er abends nach Hause kam, fragte er mit bösem Gesicht die Frau: „Was ist das für ein neues Kaleschlein im Hof? Wer will mich zum besten haben?“ – „Herzensschatz“, antwortete die Frau, „ich habe dich überall suchen lassen. Der König schenkt dir das Kaleschlein und die Erlaubnis, darin spazieren zu fahren, wohin du willst.“ – „Ma foi!“ erwiderte der Mann mit besänftigter Miene, „der König ist gerecht.“ – „Aber nicht wahr“, fuhr die Gattin fort, „morgen fahren wie spazieren aufs Land?“ – „Ei nun“, erwiderte der Mann kalt und ruhig, „wir wollen sehen. Wenn's auch morgen nicht ist, so kann's ein andermal sein, und am Ende, was tun wir draußen? Paris ist doch am schönsten inwendig.“

## Herr Charles

### Eine wahre Geschichte

Ein Kaufmann in Petersburg, von Geburt ein Franzose, wiegte eben sein wunderschönes Büblein auf dem Knie und machte ein Gesicht dazu, daß er ein wohlhabender und glücklicher Mann sei und sein Glück für einen Segen Gottes halte. Indem trat ein fremder Mann, ein Pole, mit vier kranken halb erfrorenen Kindern in die Stube. „Da bring ich Euch die Kinder.“ – Der Kaufmann sah den Polen kurios an. „Was soll ich mit diesen Kindern tun? Wem gehören sie? Wer schickt Euch zu mir?“ – „Niemand gehören sie“, sagte der Pole, „einer toten Frau im Schnee, siebenzig Stunden herwärts Wilna. Nun könnt Ihr mit ihnen, was Ihr wollt.“ Der Kaufmann sagte: „Ihr werdet nicht am rechten Ort sein“, und der Hausfreund erlaubt's auch nicht. Allein der Pole erwiderte, ohne sich irremachen zu lassen: „Wenn Ihr der Herr Charles seid, so bin ich am rechten Ort“, und der Hausfreund glaubt's auch. Er war der Herr Charles. Nämlich es hatte eine Französin, eine Witwe, schon lange im Wohlstand und ohne Tadel in Moskau gelebt. Als aber vor fünf Jahren die Franzosen in Moskau waren, benahm sie sich landsmannschaftlicher gegen sie, als den Einwohnern wohlgefiel. Denn das Blut verleugnet sich nicht; und nachdem sie in dem großen Brand ebenfalls ihr Häuslein und ihren Wohlstand verloren und nur ihre fünf Kinder gerettet hatte, mußte sie, weil sie verdächtig sei, nicht nur aus der Stadt, sondern auch aus dem Land reisen. Sonst hätte sie sich nach Petersburg gewendet, wo sie einen reichen Vetter zu finden hoffte. Der geneigte Leser will bereits etwas merken. Als sie aber in einer schrecklichen Kälte und Flucht, und unter unsäglichen Leiden schon bis nach Wilna gekommen war, krank und aller Bedürfnisse und Bequemlichkeiten für eine so lange Reise entblößt, traf sie in Wilna einen edlen russischen Fürsten an und klagte ihm ihre Not. Der edle Fürst schenkte ihr dreihundert Rubel, und als er erfuhr, daß sie in Petersburg einen Vetter habe, stellte er ihr frei, ob sie ihre Reise nach Frankreich fortsetzen oder ob sie mit einem Paß nach Petersburg umkehren wolle. Da schaute sie zweifelhaft ihr ältestes Büblein an, weil es das verständigste und das kränkste war. „Wo willst du hin, mein Sohn?“ – „Wo du hingehst, Mutter“, sagte der Knabe, und hatte recht. Denn er ging noch vor der Abreise ins Grab. Also versah sie sich mit dem Notwendigen und akkordierte mit einem Polen, daß er sie für fünfhundert Rubel nach Petersburg brächte zum Vetter; denn sie dachte, er wird das Fehlende schon drauflegen. Aber alle Tage kränker auf der langen, beschwerlichen Reise, starb sie am sechsten oder siebenten. – „Wo du hingehst“, hatte der Knabe gesagt, und der Pole erbte von ihr die Kinder, und konnten miteinander so viel reden, als ein Pole verstehen mag, wenn ein französisches Kind russisch spricht oder ein Französlein, wenn man mit ihm reden will auf polnisch. Nicht jeder geneigte Leser hätte an seiner Stelle sein mögen. Er war es selber nicht gern. „Was anfangen jetzt?“ sagt er zu sich selbst. „Umkehren – wo die Kinder lassen? Weiter fahren – wem bringen?“ Tue, was du sollst, sagte endlich etwas in seinem Inwendigen zu ihm. Willst du die armen Kinder um das Letzte und Einzige bringen, was sie von ihrer Mutter zu erben haben, um dein Wort, das du ihr gegeben hast? Also kniete er mit den unglücklichen Waisen um den Leichnam herum und betete mit ihnen ein polnisches Vaterunser. „Und führe uns nicht in Versuchung.“ Hernach ließ jedes ein Händlein voll Schnee zum Abschied und eine Träne auf die kalte Brust der Mutter fallen, nämlich, daß sie ihr gerne die letzte Pflicht der Beerdigung antun wollten, wenn sie könnten, und daß sie jetzt verlassene, unglückliche Kinder seien. Hernach fuhr er getrost mit ihnen weiter auf der Straße nach Petersburg, denn es wollte ihm nicht eingehen, daß der ihm die Kindlein anvertraut hatte, könne ihn steckenlassen, und als die große Stadt vor seinen Augen sich ausdehnte, wie ein Hauderer tut, der auch erst vor dem Tor fragt, wo er stillhalten soll, erkundigt er sich endlich bei den Kindern, so gut er sich verständlich machen konnte, wo denn der Vetter wohne, und erfuhr von ihnen, so gut er sie verstehen konnte: „Wir wissen's nicht.“ – Wie er denn heiße? – „Wir wissen's auch nicht.“ – Wie denn ihr eigener Geschlechtsname sei? „Charles“. Der geneigte Leser will schon wieder etwas merken, und wenn's der Hausfreund für sich zu tun hätte, so wäre der Herr Charles der Vetter. Die Kinder wären versorgt, und die Erzählung hätte ein Ende. Allein die Wahrheit ist oft sinniger als die Erdichtung. Nein, der Herr Charles ist der Vetter nicht, sondern dieses Namens ein anderer, und bis auf diese Stunde weiß noch niemand, wie der wahre Vetter eigentlich heißt, nicht ob und wo in Petersburg er wohnt. Also fuhr der arme Mann in großer Verlegenheit zwei Tage lang in der Stadt herum und hatte Französlein feil. Aber niemand wollte ihn fragen: „Wie teuer das Pärlein?“, und der Herr Charles begehrte sie nicht einmal geschenkt, und war noch nicht willens, eines zu behalten. Als aber ein Wort das andere gab und ihm der Pole schlicht und menschlich ihr Schicksal und seine Not erzählte – eins, dachte er, will ich ihm abnehmen – und es füllte sich immer wärmer in seinem Busen – ich will ihm zwei abnehmen, dachte er; und als sich endlich die Kinder um ihn anschmiegten, meinend, er sei der Herr Vetter, und anfingen auf französisch zu weinen, denn der geneigte Leser wird auch schon gemerkt haben, daß die französischen Kinder anders weinen, und als der Herr Charles die Landesart erkannte, da rührte Gott sein Herz an, daß ihm ward wie einem Vater, wenn er die eigenen Kinder weinen und klagen sieht, und „In Gottes Namen“, sagte er, „wenn's so ist, so will ich mich nicht entziehen“, und nahm die Kinder an. „Setzt Euch ein wenig nieder“, sagte er zu dem Polen, „ich will Euch ein Süpplein kochen lassen.“

Der Pole, mit gutem Appetit und leichtem Herzen, aß die Suppe und legte den Löffel weg, – er legte den Löffel weg und blieb sitzen –, er stand auf und blieb stehen. „Seid so gut“, sagte er endlich, „und fertigt mich jetzt ab, der Weg nach Wilna ist weit. Auf fünfhundert Rubel hat die Frau mit mir akkordiert.“ Da fuhr es doch dem milden Menschen, dem Herrn Charles, über das Gesicht, wie der Schatten einer fliegenden Frühlingswolke über die sonnenreiche Flur. „Guter Freund“, sagte er, „Ihr kommt mir ein wenig kurios vor. Ist's nicht genug, daß ich Euch die Kinder abgenommen habe, soll ich Euch auch noch den Fuhrlohn bezahlen?“ Denn das kann dem redlichsten und besten Gemüt begegnen, wenn's ein Kaufmann ist, jedem andern aber auch, daß es wider Wissen und Willen zuerst ein wenig handeln und markten muß, sei es auch nur mit sich selbst. Der Pole erwiderte: „Guter Herr, ich will Euch nicht ins Gesicht sagen, wie Ihr mir vorkommt. Ist's nicht genug, daß ich Euch die Kinder bringe? Sollt ich sie auch noch umsonst geführt haben? Die Zeiten sind bös und der Verdienst gering.“ – „Eben deswegen“, sagte Herr Charles, „darüber laßt mich klagen. Oder meint Ihr, ich sei so reich, daß ich fremde Kinder aufkaufe, oder so gottlos, daß ich mit ihnen handle? Wollt Ihr sie wieder?“ Als aber nocheinmal ein Wort das andere gab und der Pole jetzt erst mit Staunen erfuhr, daß der Herr Charles garnicht der Vetter sei, sondern nur aus Mitleiden die armen Waisen angenommen habe: „Wenn's so ist“, sagte er, „ich bin kein reicher Mann, und Eure Landsleute, die Franzosen, haben mich auch nicht dazu gemacht, aber wenn's so ist, so kann ich Euch nichts zumuten. Tut den armen Würmlein Gutes dafür“, sagt der edle Mensch, und es trat ihm eine Träne ins Auge, die wie aus einem überwältigten Herzen kam, wenigstens überwältigte sie dem Herrn Charles das seinige. Monsieur Charles, dachte er, und ein armer polnischer Fuhrmann! – und als der Pole schon anfing, eines der Kinder nach dem andern zum Abschied zu küssen und sie auf polnisch zur Folgsamkeit und Frömmigkeit ermahnte: „Guter Freund", sagte der Herr Charles, „bleibt noch ein wenig da. Ich bin doch so arm nicht, daß ich Euch nicht Euern wohlverdienten Fuhrlohn bezahlen könnte, so ich doch die Fracht Euch abgenommen habe", und gab ihm die fünfhundert Rubel. Also sind jetzt die Kinderlein versorgt, der Fuhrlohn ist bezahlt, und so ein oder der andere geneigte Leser vor den Toren der großen Stadt hätte zweifeln mögen, ob der Vetter auch zu finden sei, und ob er's tun werde, so hat doch die heilige Vorsehung ihn nicht einmal dazu vonnöten gehabt.

## Das Branntweingläslein

Ein Unteroffizier trat im Roten Rößlein ein von der Parade. Der Wirt sagt zu ihm: „Aber den habt ihr nicht schlecht getroffen heut' in dem Kasernenhof. Was hat er angestellt?" – „Nicht wahr, ich hab' ihn gut getroffen?" sagte der Unteroffizier. „Es ist ein ausgelernter Spitzbube, gegen den keine Vorsicht hilft. Er ist imstand und stiehlt Euch ein Rad vom Wagen, während Ihr darauf sitzt und Wein holt im Ramstal. Kommt Ihr herein, so habt Ihr noch drei Räder." Der Wirt sagt: „Mir ist keiner schlau genug. Der ist noch nicht auf der Welt." Denn der Wirt war ein wenig dumm. Es ist fast immer ein Zeichen von Unverstand, wenn man allein klüger zu sein glaubt als alle andern. Deswegen sagte er: mir ist keiner schlau genug. Der Unteroffizier sagte: „Gilt's einen Taler, er führt Euch an?" Der Wirt geht die Wette ein. Nachmittags kommt der Soldat mit einem Branntweinfläschlein in der Hand und verlangt für einen Sechser Branntenwein. Er habe daheim einen kranken Kameraden. Er hatte aber noch ein anderes Fläschlein von gleicher Größe und Gestalt in der Tasche, darin war Brunnenwasser, soviel als man Branntwein bekommen mag für sechs Kreuzer. Als er in das leere Fläschlein den Branntwein bekommen hatte, steckte er es zu dem andern in die nämliche Tasche und gab dem Wirt einen Sechser, der war falsch. Als er aber schon an der Türe war, während der Wirt den Sechser umkehrte, ruft er dem Soldaten: „Guter Freund, Euer Sechser ist falsch auf der untern Seite. Gebt mir einen andern." Der Soldat stellte sich schrecklich erbost über den Spitzbuben, der ihm den falschen Sechser gegeben hatte, und zum Unglück habe er keinen andern bei sich. Er wolle aber sogleich einen holen. – „Nein", sagte der Wirt, „so ist's nicht gewettet. Gebt den Branntwein wieder heraus, und holt zuerst das Geld." Da stellte ihm der Soldat das Fläschlein auf den Tisch, wo das Brunnenwasser drin war, und ging und kam nicht wieder. Abends kam der Unteroffizier.

„Ei, seid Ihr es?" sagte der Wirt und lachte aus vollem Halse. „Was gilt's, Ihr wollt mir einen Taler bringen." Der Unteroffizier aber lächelte nur, und zwar etwas spöttisch, und sagte: „Nein, ich will einen holen. Versucht einmal Euern Branntwein, ob er nicht schmeckt akkurat wie Brunnenwasser." Da wußte der Wirt vor Verwunderung und Beschämung nicht, was er sagen wollte. Der Unteroffizier aber sagte spöttisch: „Es ist keiner schlau genug." Also hatte er den Taler gewonnen, doch durfte der Wirt sechs Kreuzer davon abziehen, was der Branntwein kostete, und bekam, wie das Sprichwort sagt, zum Schaden den Spott.

## Der sicherste Weg

Bisweilen hat selbst ein Betrunkener noch eine Überlegung oder doch einen guten Einfall, wie einer, der auf dem Heimweg aus der Stadt nicht auf dem gewöhnlichen Pfad, sondern gerade in dem Wasser ging, das dicht neben dem Pfad fortläuft. Ihm begegnete ein menschenfreundlicher Herr, der gerne der Notleidenden und Betrunkenen sich annimmt, und wollte ihm die Hand reichen. „Guter Freund", sagte er, „merkt Ihr nicht, daß Ihr im Wasser geht? Hier ist der Fußpfad!" Der Betrunkene erwiderte: sonst finde er's auch bequemer, auf dem trockenen Pfad zu gehen, aber diesmal habe er ein wenig auf die Seite geladen. „Eben deswegen", sagte der Herr, „will ich Euch aus dem Bach heraushelfen!" „Eben deswegen", erwiderte der Betrunkene, „bleib ich drin. Denn wenn ich im Bach gehe und falle, so falle ich auf den Weg. Wenn ich aber auf dem Weg falle, so falle ich in den Bach." So sagte er und klopfte mit dem Zeigefiinger auf die Stirne, nämlich, daß darin außer dem Rausche auch noch etwas mehr sei, woran ein anderer nicht denke.

# Betrachtende Schriften

## Des Adjunkts Standrede im Gemüsegarten seiner Schwiegermutter

Setzt ohne Anstand die Hüte auf, gute Nachbarn und Freunde! Ich will nun von der Fruchtbarkeit und schnellen Verbreitung der Pflanzen mit Euch reden. „So ging ein Säemann aus, zu säen seinen Samen, und etliches fiel auf ein gut Land."

### I

Man kann sich nicht genug über die Menge und Mannigfaltigkeit der Pflanzen verwundern, mit welchen die Natur alle Jahre die Erde bekleidet. In dem kleinen Raum, den das Auge auf einmal überschauen kann, welch eine Vielfachheit der Gestalten, welch ein Spiel der Farben, welche Fülle in der Werkstätte der reichsten Kraft und der unerforschlichen Weisheit! Nicht weniger muß man sich wundern über die Geschwindigkeit, mit welcher die Natur jede leere Stelle auf öden Feldern, verlassenen Wegen, kahlen Felsen, Mauern und Dächern, wo nur eine Handvoll fruchtbarer Erde hingefallen ist, ansäet und mit Gras, Kräutern, Stauden und Buschwerk besetzt. Das sieht man oft und achtet's nicht, eben weil man es von Kindheit an so oft sieht; die größte Weisheit verratet sich in der einfachen und natürlichen Einrichtung der Dinge, und man erkennt sie nicht, eben weil alles so einfach und natürlich ist.

### 2

Die meisten Pflanzen haben eine wunderbare Vermehrungskraft, wie jeder aufmerksame Landwirt wohl weiß. Tausend Samenkerne von einer einzigen Pflanze, solange sie lebt, ist zwar schon viel gesagt, nicht jede trägt's, aber es ist auch noch lange nicht das Höchste. Man hat schon an einer einzigen Tabakspflanze 40000 Körnlein gezählt, die sie in einem Jahr zur Reife brachte. Man schätzt eine Eiche, daß sie 500 Jahre leben könne. Aber wenn wir uns nun vorstellen, daß sie in dieser langen Zeit nur fünfzigmal Früchte trage und jedesmal in ihren weit verbreiteten Ästen und Zweigen nur 500 Eicheln, so liefert sie doch 25000, wovon jede die Anlage hat, wieder ein solcher Baum zu werden. Gesetzt, daß dieses geschehe, und es geschehe bei jeder von diesen wieder, so hätte sich die einzige Eiche in der zweiten Abstammung schon zu einem Walde von 625 Millionen Bäumen vermehrt. Wieviel aber eine Million oder tausend mal tausend sei, glaubt man zu wissen und doch erkennt es nicht jeder. Denn wenn Ihr ein ganzes Jahr lang vom 1. Jänner bis zum 31. Dezember alle Tage 1000 Striche an eine große Wand schreibet, so habt Ihr am Ende des Jahres noch keine Million, sondern erst 365000 Striche, und das zweite Jahr noch keine Million, sondern erst 730000 Striche, und erst am 26. September des dritten Jahres würdet Ihr zu Ende kommen. Aber unser Eichenwald hätte 625 solcher Millionen, und so wäre es bei jeder andern Art von Pflanzen nach Proportion in noch viel kürzerer Zeit, ohne an die zahlreiche Vermehrung durch Augen, Wurzelsprossen und Knollen zu gedenken. Wenn man sich also einmal über diese große Kraft in der Natur gewundert hat, so hat man sich über den großen Reichtum an Pflanzen aller Art nicht mehr zu verwundern. Obgleich viele tausend Kerne und Körnlein alle Jahre von Menschen und Tieren verbraucht wurden, viele tausend im Boden ersticken oder im Aufkeimen durch ungünstige Witterung und andere Zufälle wieder zugrunde gehen, so bleibt doch jahraus jahrein ein freudiger und unzerstörbarer Überfluß vorhanden. Auf der ganzen weiten Erde fehlt es nirgends an Gesäme, überall nur an Platz und Raum.

3

Aber wenn jeder reife Kern, der sich von seiner Mutterpflanze ablöset, unter ihr zur Erde fiele und liegenbliebe, alle lägen aufeinander, keiner könnte gedeihen, und wo vorher keine Pflanze war, käme doch keine hin. Das hat die Natur vor uns bedacht und nicht auf unsern guten Rat gewartet. Denn einige Kerne, wenn sie reif sind, fliegen selbst durch eine verborgene Kraft weit auseinander; die meisten sind klein und leicht und werden durch jede Bewegung der Luft davongetragen; manche sind noch mit kleinen Federlein besetzt, wie der Löwenzahn (Schlenke,

Kettenblume), Kinder blasen sie zum Vergnügen auseinander und tun damit der Natur auch einen kleinen Dienst, ohne es zu wissen; andere gehen in zarte, breite Flügel aus, wie die Samenkerne von Nadelholzbäumen. Wenn die Sturmwinde wehen, wenn die Wirbelwinde, die im Sommer vor den Gewittern hergehen, alles von der Erde aufwühlen und in die Höhe führen, dann säet die Natur aus und ist mit einer Wohltat beschäftigt, während wir uns fürchten oder über sie klagen und zürnen; dann fliegen und schwimmen und wogen eine Menge von unsichtbaren Keimen in der Luft herum und fallen nieder weit und breit, und der nachfolgende Staub bedeckt sie. Bald kommt der Regen und befeuchtet ihn, und so wird's auf Flur und Feld, in Berg und Tal, auf First und Halden auch wahr, daß etliches auf dem Weg von den Vögeln des Himmels gefressen wird, etliches unter den Dornen zugrund geht, etliches auf trockenem Felsengrund in der Sommerhitze erstickt, etliches aber gut Land findet und hundertfältige Frucht bringt. Weiter sind manche Kerne für den Wind zu groß und zu schwer, aber sie sind rund und glatt, rollen auf der Erde weiter und werden durch jeden leichten Stoß von Menschen oder Tieren fortgeschoben, andere sind mit umgebogenen Spitzen oder Häklein versehen, sie hängen sich an das Fell der Tiere oder an die Kleider der Menschen an, werden fortgetragen und an einem anderen Ort wieder weggestreift oder abgelesen und ausgesäet, und der es tut, weiß es nicht oder denkt nicht daran. Viele Kerne gehn unverdaut und unzerstört durch den Magen und die Gedärme der Tiere, denen sie zur Nahrung dienen sollen, und werden an einem andern Ort wieder abgesetzt. So haben wir ohne Zweifel durch Strichvögel schon manche Pflanze aus fremden Gegenden bekommen, die jetzt bei uns daheim ist und guten Nutzen bringt. So gehen auf hohen Gemäuern und Türmen Kirschbäume und andere auf, wo gewiß kein Mensch den Kern hingetragen hat. Noch andere fallen von den überhangenden Zweigen ins Wasser, oder sie werden durch den Wind und Überschwemmungen in die Ströme fortgerissen und weitergeführt und an anderen Orten durch neue Überschwemmungen wieder auf dem Lande abgesetzt. Ja, einige schwimmen auch wohl auf den Strömen bis ins

Meer, erreichen das jenseitige Gestade und heimen sich alsdann in einer landesfremden Erde ein. Es sind da und dort schon Pflanzen als Unkraut aufgegangen, von denen man wohl wissen kann, daß der Same dazu auf diese Art über das Meer gekommen sei. Also müssen alle Kräfte und Elemente die wohltätigen Absichten des Schöpfers befördern, Schnee und Regen, Blitz und Hagel, Sturm und Winde, die seine Befehle ausrichten.

4

Aber das ist ja eben die Plage des Landmannes! Daher kommt also das viele Unkraut im Gartengelände und auf den Ackerfurchen, das der schönen gereinigten Saat Raum und Nahrung stiehlt, so viel Mühe macht und doch mit aller Geduld und Sorgfalt nicht vertilgt werden kann! – Die Sache ist nicht so schlimm, wie sie scheint. Denn zum ersten, so ist der Mensch nicht allein auf der Erde da. Viele tausend Tiere aller Art, von mancherlei Natur und Bedürfnissen wollen auch genährt sein und warten auf ihre Speise zu seiner Zeit. Manche davon sind uns unentbehrlich, und wir wissen's wohl, manche schaffen uns großen Nutzen, und wir wissen's nicht; und es muß doch wahr bleiben, woran wir uns selber so oft erinnern, daß sich eine milde Hand auftut und sättiget alles, was da lebet, mit Wohlgefallen. Zum andern, so hat doch der Mensch auch schon von manchem Kräutlein Nutzen gezogen, das er nicht selber gesäet und gepflanzet, nicht im Frühlingsfrost gedeckt und in der Sommerhitze begossen hat. Und eine einzige unscheinbare und verachtete Pflanze, deren Kraft dir oder deinen Kindern oder auch nur deinem Vieh eine Wunde heilt, einen Schmerz vertreibt oder gar das Leben rettet, bezahlt die Mühe und den Schaden reichlich, den tausend andere verursachen. Aber wer stellt den Menschen zufrieden? Wenn die Natur nicht so wäre, wie sie ist, wenn wir Baldrian und Wohlgemut, Ehrenpreis und Augentrost und alle Pflanzen in Feld und Wald, die uns in gesunden und kranken Tagen zu mancherlei Zwecken nützlich und nötig sind, selber ansäen, warten und pflegen müßten, wie würden wir alsdann erst klagen über des vielbedürftigen Lebens Mühe und Sorgen?

## Baumzucht

Der Adjunkt tritt mit schwarzen Lippen, ohne daß er's weiß, mit blauen Zähnen und herabhängenden Schnüren an den Beinkleidern zu dem Hausfreund. „Die Kirschen", sagt er, „schmecken mir doch nie besser, als wenn ich selber frei und keck wie ein Vöglein auf dem luftigen Baum kann sitzen und essen frischweg von den Zweigen die schönsten – auf einem Ast ich, auf einem andern ein Spatz.

Wir nähren uns doch alle", sagt er, „an dem nämlichen großen Hausvatertisch und aus der nämlichen milden Hand; die Biene, die Grundel am Bach, der Vogel im Busch, das Rößlein und der Herr Vogt, der darauf reitet.

Hausfreund", sagt der Adjunkt, „singt mir einmal in Eurer Weise das Liedlein vom Kirschbaum. Ich will dazu pfeifen auf dem Blatt."

Der lieb Gott het zum Früehlig gseit:
„Gang, deck im Würmli au si Tisch!"
Druf het der Chriesbaum Blätter treit,
viel tausig Blätter grüen und frisch.

Und 's Würmli, us em Ei verwacht's,
's het gschlofen in sim Winterhus;
es streckt sie und sperrt 's Müli uf
Und ribt die blöden Augen us.

Und druf, se het's mit stillem Zahn
am Blättli gnagt enanderno
und gseit: „Wie isch das Gmües so guet!
Me chunnt schier nimme weg dervo."

Und wieder het der lieb Gott gseit:
„Deck jetz im Imli au si Tisch!"
Druf het der Chriesbaum Blüete treit
viel tausig Blüete wiß und frisch.

Und 's Imli sieht's und fliegt druf los
früeih in der Sunne Morgeschin;
Es denkt: „Das wird mi Kaffi sy,
si hen doch chosper Porzelin.

„Wie sufer sin die Chächeli gschwenkt!"
Es streckt si troche Züngli dry.
Es trinkt und seit: „Wie schmeckt's so süeß,
Do mueß der Zucker wolfel sy."

Der lieb Gott het zuem Summer gseit:
„Gang, deck im Spätzli au si Tisch!"
Druf het der Chriesbaum Früchte treit,
viel tausig Chriesi rot und frisch.

Und 's Spätzli seit: „Isch das der Bricht?
Do sitzt me zue und frogt nit lang.
Das git mer Chraft im Mark und Bei
Und stärkt mer d' Stimm zuem neue Gsang."

„Hausfreund", sagte der Adjunkt, „hat Euch auch manchmal der Feldschütz verjagt ab den Kirschbäumen in Eurer Jugend? Und habt Ihr, wenn's noch so dunkel war, den Weg doch gefunden auf die Zwetschenbäume im Pfarrgarten zu Schopfen und Äpfel und Nüsse eingetragen auf den Winter wie meiner Schwiegermutter ihr Eichhörnlein, das sie Euch geschenkt hat? Man denkt doch am längsten dran, was einem in der Jugend begegnet ist."

„Das geht natürlich zu", sagte der Hausfreund; „man hat am längsten Zeit daran zu denken."

Der lieb Gott het zum Spötlig gseit:
„Rum ab! sie hen jetz alli gha!"
Druf het e chüele Bergluft gweiht,
Und 's het scho chleini Rife g'ha.

Und d' Blättli werden gel und rot
und fallen eis im andere no,
und was vom Boden obsi chunnt,
muß au zuem Bode nidsi go.

Der lieb Gott het zuem Winter gseit:
„Deck weidli zue, was übrig isch."
Druf het der Winter Flocke gstreut –

„Hausfreund", sagt der Adjunkt, „Ihr seid ein wenig heiser. Wenn ich die Wahl hätte: ein eigenes Kühlein oder ein eigener Kirschbaum oder Nußbaum, lieber ein Baum."

Der Hausfreund sagt: „Adjunkt, Ihr seid ein schlauer Gesell. Ihr denkt, wenn ich einen eigenen Baum hätte, so hätt' ich auch einen eigenen Garten oder Acker, wo der Baum darauf steht. Eine eigene Haustüre wäre auch nicht zu verachten, aber mit einem eigenen Kühlein auf seinen vier Beinen könntet Ihr übel dran sein."

„Das ist's eben", sagt der Adjunkt, „so ein Baum frißt keinen Klee und keinen Haber. Nein, er trinkt still wie ein Mutterkind den nährenden Saft der Erde und saugt reines, warmes Leben aus dem Sonnenschein und frisches aus der Luft und schüttelt die Haare im Sturm. Auch könnte mir das Kühlein zeitig sterben. Aber so ein Baum wartet auf Kinder und Kindeskinder mit seinen Blüten, mit seinen Vogelnestern und mit seinem Segen." Die Bäume wären die glücklichsten Geschöpfe, meint der Adjunkt, wenn sie wüßten, wie frei und luftig sie wohnen, wie schön sie sind im Frühling und in ihrem Christkindleinsstaat im Sommer, und alles stehenbleibt und sie betrachtet und Gott dankt, oder wenn der Wanderer ausruht in ihrem Schatten, und ein Pfeiflein Tabak genießt, oder ein Stücklein Käs, und wie sie gleich dem Kaiser Wohltaten austeilen können und jung und alt froh machen umsonst und im Winter allein nicht heimgehen. Nein, sie bleiben draußen und weisen den Wandersmann zurecht, wenn Fahrwege und Fußpfade verschneit sind: „Rechts – jetzt links – jetzt noch ein wenig links über das Berglein."

„Hausfreund", sagt der Adjunkt, „wenn Ihr einmal Vogt werdet, Stabhalter seid Ihr schon, oder gar Kreisrat, das Alter hättet Ihr, so müßt Ihr Eure Untergebenen fleißig zur Baumzucht und zur Gottseligkeit anhalten und ihnen selber mit einem guten Beispiel voranleuchten. Ihr könnt Eurer Gemeinde keinen größeren Segen hinterlassen. Denn ein Baum, wenn er gesetzt oder gezweigt wird, kostet nichts oder wenig; wenn er aber groß ist, so ist er ein Kapital für die Kinder und trägt dankbare Zinsen. Die Gottseligkeit aber hat die Verheißung dieses und des zukünftigen Lebens."

„Wenn ich mir einmal so viel bei Euch erworben habe", sagt der Adjunkt zum Hausfreund, „daß ich mir ein eigenes Gütlein kaufen und meiner Schwiegermutter ihre Tochter heiraten kann, und der liebe Gott beschert mir Nachwuchs, so setze ich jedem meiner Kinder ein eigenes Bäumlein, und das Bäumlein muß heißen wie das Kind, Ludwig, Johannes, Henriette, und ist sein erstes eigenes Kapital und Vermögen, und ich sehe zu, wie sie miteinander wachsen und gedeihen und immer schöner werden, und wie nach wenig Jahren das Büblein selber auf sein Kapital klettert und die Zinsen einzieht. Wenn mir aber der liebe Gott eines von meinen Kindern nimmt, so bitte ich den Herrn Pfarrer oder den Dekan und begrabe es unter sein Bäumlein, und wenn alsdann der Frühling wiederkehrt und alle Bäume stehen wie Auferstandene von den Toten in ihrer Verklärung da, voll Blüten und Sommervögel und Hoffnung, so lege ich mich an das Grab und rufe leise hinab: „Stilles Kind, dein Bäumlein blüht. Schlafe du indessen ruhig fort! Dein Maitag bleibt dir auch nicht aus."

Er war kein unwäger Mensch, der Adjunkt.

## Morgengespräch des Hausfreunds und seines Adjunkts

Als einst an einem schönen Sommermorgen der Hausfreund mit dem Adjunkt landaufwärts auf der Straße war, die Luft war so heiter und erquicklich, und alle Augenblick warf ein

Baum dem Adjunkt einen Apfel an den Hut, gleichsam ihn fragend, ob er auch wieder da sei, auf einmal, unterhalb Seefelden, dehnte sich der Adjunkt kräftig aus. „Hausfreund", sagte er, „mir ist so wohl. Examiniert mich ein wenig über das Sprüchlein: Du machest fröhlich alles, was da webet, beide des Morgens und des Abends."

Der Hausfreund sagte: „Ich will's probieren. Was heißt das: Du machest fröhlich?"

Sagt drauf der Adjunkt: „Das ist keine Frage, die ich von einem klugen Mann erwartet hätte. Was fröhlich ist, muß man selber wissen. Täglich Heute. – Niemals Gestern – Morgen kommt von selber."

Sagt darauf der Hausfreund: „Ich versteh Euch nicht recht."

Da wollte der Adjunkt fast kurios werden, denn er kann es nicht leiden, daß man ihn nicht gleich versteht. „Wenn man heute eine gute Stund hat", sagt er, „daß man sie mit Augen und Ohren, Vernunft und allen Sinnen gleichsam in das Gemüt hineintrinkt und nicht daran denkt, daß es gestern schlimmer war oder auch besser, und ob es morgen besser sein werde oder auch schlimmer. – Wenn ich an das denken wollte, ich hab's auch schon besser gehabt als bei Euch."

„Nichts für ungut", sagte der Hausfreund. „Was folgt nun daraus?"

„Folgt daraus, daß man ein gutes Gewissen habe. Denn das böse Gewissen kann Gestern und Morgen nie vergessen."

„Fragt sich nun, Adjunkt, was macht er fröhlich?"

Antwort: „Alles, was webet."

„Was versteht Ihr darunter?"

„Erstlich und vordersamst", sagt er, „die Spinnen. Denn die Spinne webt ihr Netz und schlägt gleichsam wie ein Krämer auf dem Jahrmarkt ihren Stand auf, so sie doch nichts feil hat, sondern sie wiegt sich hin und her in der lustigen Morgenluft und zwischen den Rosensträuchen im Garten und betet in ihrer Art auch das Sprüchlein: Aller Augen warten auf dich, sonst wär' das Sprüchlein nicht wahr. Hernach ißt sie eine Fliege und, wenn's sein kann, zwei, weiß nimmer, daß sie gestern keine gehabt hat, und denkt nicht daran, wann der Sperling kommt. Also macht er jedes Tierlein fröhlich in den kurzen Tagen seines Daseins."

„Zweitens, versteh ich darunter", sagt er, „den Weber. Denn ob er schon in einer dunkeln Kammer sitzt und sich viel rühren und einen dünnen Faden nach dem andern einschießen muß in den langen Zettel, so sieht er doch, wie sein Tun gedeiht. Das Tuch wird glatt und fest, das Werk lobt den Meister, und wenn er innehaltet und eine Prise nimmt, denkt er: Du nährest dich durch deiner Hände Arbeit, wohl dir! du hast es gut."

„Drittens", sagt er, „versteh' ich darunter mich, den Adjunkt. Denn nach allen andern webe ich noch lustige Liedlein, Brechrätsel, ja Standreden in Euern Kalender, und alle Eure Leser haben mich gern. Seht, hier ist nichts", sagte er, indem er die Tasche umkehrte, – „hier ist nicht viel – hier ist die Maultrommel und vier neue weltliche Lieder, die will ich drucken lassen in Reutlingen. Wenn wir fertig sind, sing' ich Euch eines davon."

„Viertens und endlich", sagt er, versteh' ich darunter alles, was webet, das heißt: alle Menschen. Denn Weben oder Webern heißt so viel als sich bewegen. In ihm leben, weben und sind wir. Weben heißt rührig sein mit den Gliedmaßen, schaffen und arbeiten mit den Händen etwas Gutes."

„Folgt daraus, Adjunkt?"

„Folgt daraus: Wer die Hände in den Schoß legt und nicht rührig und emsig ist an seiner Arbeit, der kann auch nie recht fröhlich sein, wenn er schon so aussieht. Denn es heißt: Du machest fröhlich alles, was webet."

„Fragt sich nun drittens, Adjunkt: Warum heißt es: Beide, des Morgens und des Abends?"

Sagt der Adjunkt: „Weil nicht alle Tageszeiten gleich sind. Habt Ihr noch nie geachtet, wenn die Schnitter am lustigsten sind? Morgens, wann sie hinausgehen, und abends, wann sie heimkommen. Oder wann stimmt Euer Nachbar, der Schuhmacher, seine Lieder an: Süßer Christ, du, du bist meine Wonne? Am Morgen freut er sich, daß es an die lustige Arbeit geht. Er schneidet das Leder zu und zwingt es über den Leist, und die Morgensonne grüßt ihn zwischen dem Kirchturm hinein und zwischen der Zehntscheuer. Am Abend freut er sich, daß die Arbeit ein Ende hat und die Ruhe kommt. Der Schuh ist fertig, nett und ohne Tadel, die erquickliche Abendluft weht ihm zum Fenster hinein, und die Löffel und Gabeln rühren sich schon in der Schublade."

„Gut gegeben, Adjunkt; was folgt daraus?"

„Folgt daraus: Wer sein Geschäft nicht in der Ordnung treibt, heute alles tun will, morgen nichts, vormittags sitzt er im Wirtshaus, nachmittags muß das Geschäft doch fertig sein, also bleibt er daran bis Mitternacht – einen solchen Menschen kann er nicht fröhlich machen, denn ein solcher respektiert die Tageszeiten nicht."

„Adjunkt", sagte der Hausfreund, „wenn Ihr alle Sprüchlein also auszudeuten wißt, so ist an Euch ein Pfarrer verloren gegangen. Singt mir jetzt Euer Liedlein!"

Da sang der Adjunkt durch Seefelden hinauf das Liedlein vom König Högne. Es war hübsch.

## Der Spaziergang am See

Als sie – es kommt nicht darauf an, wer – an einem schönen Sommerabend lustwandelten nach dem Wirtshäuslein am See: die Luft war so mild, die Blumen des Feldes nach dem kurzen Regen wieder so frisch, die Pappeln am Wege wiegten sich so schön in der sanftbewegten Luft; zwar alles wie gewöhnlich und wie fast überall, aber man meint, man muß es sagen; und die schöne Adeline wandelte leichten Fußes und jugendlichen Sinnes voraus, im schönen, schwebenden Ebenmaß und Gleichgewicht ihres Wuchses. Da legte schon auf zwanzig Schritte weit ein verwachsener Mensch die Krücke zurecht, um stehend mit der einen herantreten zu können, wenn die Reisegesellschaft an ihm vorbeikäme. Jedes reichte ihm eine Gabe fast mit weggewendetem Angesicht, denn es war eine der beklagenswertesten Mißgestalten, vor denen sich die Natur entsetzt. Nur der Doktor sah ihn herzhaft an und konstruierte in der Geschwindigkeit ein Skelett. – Und erst nach einigen Sekunden, als Adeline sagte: „Der arme Mensch“, merkten die andern, daß sie alle waren stille geworden und wehmütig ob dem Anblick.

„Nun, Herr Doktor, mit Eurer Spitzfindigkeit“, fuhr jetzt der Baumwollenfabrikant fort, „mit Eurer Kunst, alles zu erklären und zu rechtfertigen: was tut solch ein unglückliches Wesen, eine so verwachsene und verkrüppelte Ungestalt auf der Welt? Wäre es nicht besser, es wäre einer weniger auf ihr?“

Da nahm der Doktor eine geheimnisvolle Miene an, noch nicht zu dem, was er sagte, sondern zu dem, was er sagen wollte. „Dieser Mensch“, begann der Doktor, „ist nur eine unverstandene Chiffre in dem Buch der Weissagung, das der Welt eine große Freude verkündet. Das Buch will verstanden sein. Ich will nun mit zwei Worten meine Meinung sagen.“ Da schauten sich die Frauen sämtlich an, nämlich daß jetzt eine langweilige Unterhaltung zu erwarten sei, wie es auch möglich ist, und blieben allmählich ein paar Schritte weit zurück.

„Ich will nur so viel sagen“, fuhr der Doktor fort, „es gibt eine unübersehbare Menge möglicher Formen und Bedingungen des Körpers und Geistes, unter denen der Mensch erscheinen kann; aber jede muß irgend einmal oder irgendwo zum Vorschein kommen, wenn die Zeit für sie da ist, bis alle Möglichkeiten erschöpft sind. Dieser Unglückliche, den ihr bedauert habt, ist auf diese Weise geworden und ist gerechtfertigt durch seine Möglichkeit; daß er aber unter die Möglichen gehörte, beweise ich damit, daß er dort sitzt. Eure Frage wäre beantwortet. Insofern könnte ich jetzt aufhören.

Aber habt ihr noch je zwei ganz gleiche Gesichter gesehen?“ fuhr der Doktor jetzt redselig fort. „Ich behaupte: von dem ersten an, das gewesen ist, bis zu den allerletzten, in denen sich alle möglichen Formen erschöpfen, wird nicht eines zum zweitenmal wiederkommen und noch weniger zu gleicher Zeit neben sich selbst vorhanden sein. Sonst wäre eins gleich zwei, was nicht möglich ist.

Aber eines von allen muß absolut das häßlichste sein, der Ausstich von allen übrigen unzählbaren Millionen, das glaubt ihr doch?“ Niemand verneinte. „Also muß auch absolut von allen eines das schönste und vollendetste sein, hinter welchem alle Künstlerideale zurückbleiben, und das eine muß irgendwo und irgendeinmal, wenn's nicht schon da war, aufblühen, so gut als das häßlichste; das müßt ihr glauben!"

Da fuhr es gelegentlich wie ein freudiger Schrecken durch den jungen Rechtspraktikanten, wie wenn man einen Schatz findet; denn er schaute bei dem Wort des Doktors, eines muß von allen das schönste sein, unwillkürlich die blühende Adeline und sie unwillkürlich ihn an, und er liebte sie ungemein und hätte gern verstanden, was ihr Auge ihm verriet, aber er hatte das Herz nicht.

„Ebenso die Gestalten", fuhr der Doktor fort, „ebenso die Geister. Ich will nur so viel sagen: der Mensch ist eine Welt. Man muß ihn nie mit einer Einheit vergleichen, sondern mit iner Ganzheit, z. B. nicht mit einem Kirschenbaum, sondern mit inem Baum. Alle Pflanzen des Erdbodens umfassen nicht so iel Mannigfaltiges und Entgegengesetztes, so Süßes und Bit-eres, so vielerlei Heil und so vielerlei Gift als das einzige Men-chengeschlecht in seinen Individuen."

Sie ist der weibliche Palmbaum, dachte der Praktikant.

„Nicht zwei Menschen", fuhr der Doktor fort, „haben noch mals alle höheren Kräfte des Geistes und alle schönen Tugen-n des Herzens in gleichem Verhältnis in sich vereinigt und och keiner von allen im rechten", – der Praktikant dachte, das llte mich wundern –, „und im größtmöglichen Umfang ihrer Virksamkeit." – Ja so, dachte der Praktikant, das wäre mir cht einmal lieb.

„Aber einer von allen – wird der Schlimmste sein", fiel dem oktor der Amtmann in die Rede, „ein Verführer und Mörder nes Geschlechtes, ein allgemeines Weltgewitter, das in alle rone und Altäre einschlagen wird, um König und Gott allein sein, der die Welt in Flammen stecken und mit Blut und Trä-n löschen wird, um sie noch einmal anzuzünden."

„Es gehört nichts dazu", fuhr der Doktor kaltblütig fort, ls ein total überlegener Verstand zur Beharrlichkeit des bö-Willens und günstige Zeit. Schon mehr als einer hat's ver-ht. Aber ich will vom Besten reden. Er ist möglich, so gut als der Schlimmste, und wenn er möglich ist, so bleibt er auch nicht aus. Vielleicht trägt ihn eine Mutter bereits unter dem Herzen. Die Zeiten sind kurios."

Da schmollte der Apotheker, der sonst lieber zuhört als spricht, und nahm den Ansatz zur Rede. „Erlaubt mir", sagte er, „was das betrifft", – aber der Doktor übersegelte ihn diesmal schon im Auslaufen; denn es erschien jetzt, wie von einer himmlischen Glorie umflossen, vor seiner reichen und starken Phantasie der Herrliche und Große, in dem sich die Weisheit und Liebe aller Gesetzgeber und Könige, die je ihre Völker beglücken wollten, von dem weisen Salomo bis auf Kaiser Franz ... geschieden von Irrtum und – allem Haß vereinigen werden, und dessen Zepter alle frommen Gemüter aus Liebe und alle großen Geister aus Achtung für den größern und alle andern aus Furcht sich unterwerfen müssen. Ja, es ging vor ihm, im Rosenschimmer des Morgenrotes mit Gold durchwirkt, das glückliche Zeitalter der Menschheit auf, das sie für alle erstandenen Leiden, – „die Entdeckung von Amerika und die Erfindung der Buchdruckerkunst mit eingerechnet!" sagte der Doktor, – trösten und erfreuen werde, daß es dem Berginspektor auf einmal zu Mut wurde, wie wenn er aus einem tiefen, feuchten Schacht zutag aufführe in die Maienblüte und in die Gesänge der Nachtigallen; denn der Doktor sprach davon auf nicht gemeine Weise, auch nebenher, wie er gewohnt ist, nicht ohne Necken.

„Wie meint Ihr, Amtsrat", fuhr er fort, „wird er alle Hochgerichte abtun und nach neuen Gesetzen und Urteilssprüchen richten? Und Ihr, Pfarrer, wie wird er die Schulstuben ausräumen und die Kinder unter freiem Himmel in die Schule gehen lassen, an Regentagen lieber gar nicht: damit sie vernehmen lernen das lebendige Wort und nicht länger das tote; und Ihr, Bergrat, wie wird er alle Gräben zuwerfen lassen, damit niemand hineinfällt, weil jetzt vorderhand Metall genug zutage ist; besonders Messing und Eisen. Und Ihr, Stadthauptmann, wie wird er alle Kanonen abführen lassen, Eure zwei Dreipfünder nicht ausgenommen, und alle Schwerter in Pflugscharen umwandeln und alle Lanzen in Sicheln.

Diese Almendsphrase aller Friedensrichter", sagt er, „

seit den Tagen des Propheten Jesaja lange genug in Poesien ihre Wirkung getan. Es wäre nimmer zu frühe, wenn sie auch einmal als Prosa auf Zeitungsartikel benutzt würde. Was meint Ihr, Herr Pfarrer?"

Der guten menschenfreundlichen Seele des Pfarrers hatte die Sache schon lange eingeleuchtet, nicht einmal angesehen, daß er im vorigen Krieg viel Einquartierung hatte. Nur hätte er's gern durch ein Wunder gehabt.

„Gerade da", entgegnete ihm der Doktor, „scheint Ihr mir auf einem unsichern Pfad zu reiten; denn wenn Ihr's von einem Wunder erwartet, das Wunder kann ausbleiben. Wenn er aber schon in der Urne liegt, die Lose der Menschheit bewegt, so kommt er irgendeinmal gewiß. Übrigens sind das nur zwei Meinungen; aber ein Dritter sieht ins Klare."

Hier wollte der Apotheker zum zweitenmal auslaufen, aber der Stadthauptmann kam ihm zuvor. „Wie aber", fiel er ein, „wenn der Schlimmste vor dem Besten käme und reine Arbeit machte, dann würde mein Arsenal noch zu brauchen sein, von dem Ihr vorhin so höhnisch gesprochen habt."

Der Pfarrer schüttelte den Kopf, denn er dachte an den Magog.

Der Doktor aber, nie verlegen, erwiderte: „Wenn er vorher kommt, desto besser, so kann er hintennach nichts mehr verderben, und wenn er nur einmal gewiß dagewesen ist, so ist der Beste verbürgt. Denn alles Schlimmste ist nur Bürgschaft für das Beste. Ohne einen kürzesten Tag warten wir auf den längsten vergeblich. Kein Pendel schwankt einseitig nur nach einem Extrem. Freilich muß er zuerst kommen, wenn er noch nicht dagewesen ist. Aber wegen der reinen Arbeit laßt Euch keinen Kummer werden, denn die erhaltenden und rettenden Kräfte überwiegen im großen und ganzen immer die zerstörenden – Eure zwei Dreipfünder werden den Ausschlag nicht auf die andere Seite bringen, hunderttausend Achtundvierzigpfünder auch nicht.

Aber Eure Rede nicht zu vergessen, was wolltet Ihr vorhin sagen, Apotheker?"

„Erlaubt mir, ich wollte nur sagen, das komme mir ebenso vor, als wenn ich sagen wollte, die Zahl 7777 müsse in der

Frankfurter Lotterie, welche 21000 Nummern hat, irgendeinmal mit dem großen Los gewiß herauskommen, weil sie daran ist; wenn nämlich die Welt so lange steht und Frankfurt so lange zieht, bis sie herauskommt. Wißt Ihr aber auch, wenn alles recht glücklich geht, daß es noch 10500 Jahre anstehen kann, vielleicht noch länger?"

Darauf erwiderte mit Respekt gebietendem Tone der Doktor: „Mir kommt das nicht ebenso vor, was Ihr da sagt; denn erstlich hat die Menschheit nicht 21000 Nummern, sondern wenn's genug wär', aber es ist nicht genug, soviel Millionen."

„Desto schlimmer", meinte der Apotheker.

„Desto besser", erwiderte der Doktor; „denn erstlich zieht die Menschheit nicht erst seit heute, sondern vielleicht schon so viele tausend Jahre, als Eure Zahl Einheiten hat."

Der Pfarrer meinte, 6000 wären auch genug und schon zuviel. Aber es lag nicht im Interesse des Doktors, darauf einzugehen und den Apotheker so geschwind loszulassen.

„Und zweitens", fuhr er fort, „zieht die Menschheit nicht nur zweimal im Jahre, wie in Frankfurt, sondern alle Tage, alle Minuten, auf allen Thronen, in allen Hütten, auf allen Inseln und Kontinenten; und wißt Ihr auch bei alledem, daß Eure Zahl schon in der nächsten Ziehung herauskommen kann, so gut als die, welche wirklich herauskommen wird? Und wißt Ihr auch, daß sie vielleicht in alle Ewigkeit nie gezogen wird, denn Ihr vertraut Euch alle Ewigkeit hindurch immer wieder dem nämlichen Zufall an. In die Urne, welche die Lose der Menschheit rüttelt, wird keine Niete zurückgeworfen, um zum zweitenmal eine zu werden. Es ist genug, wenn jede einmal dagewesen ist. Wenn er aber als eine Möglichkeit darin liegt, so muß er irgendeinmal herauskommen."

Der Apotheker hatte aber das Herz nicht mehr, seine Einwendungen fortzusetzen, sondern er flüsterte heimlich zu dem Amtsrat.

„Ihr habt recht", sagte der Amtsrat und

„Herr Doktor", nahm er das Wort, „setzt Ihr voraus, daß das menschliche Geschlecht sich ewig auf der Erde fortpflanzen wird?"

„Das nicht", sagte der Doktor. „Wie aber, wenn sich sein

Ende neigte, ehe Euer Morgenländer kommt! Wenn Ihr's für möglich haltet, daß es (das Menschengeschlecht) irgendeinmal für nichts und wieder nichts könne so dagewesen sein, wie es mit seinen perennierenden Torheiten und Schmerzen, das ewige, wiederkehrende Einerlei eines schlechten Schauspieles, das imstande sein kann, ohne Entwicklung wieder aufzuhören, wie es anfing, matt? Dafür steht mir der Pfarrer mit dem Artikel de providentia gut."

„Oder wie! wenn der Morgenländer unglücklicherweise von allen der letzte wär', das wäre doch auch möglich."

„Möglich zwar", erklärte sich der Doktor, „aber wahrscheinlich eben nicht. Im schlimmsten Fall erfahren alsdann alle anderen wenigstens, warum sie dagewesen sind; seine kurze Zeit ist dann der Silberblick, mit dem sich das edle Metall der Menschheit von seiner Schlacke scheidet; das Morgenrot geht dann dem menschlichen Geschlecht am Abend auf; das ist alles – und verschießt schnell im aufgelösten Sternenlicht eines neuen Himmels und einer neuen Erde."

Der Pfarrer dachte, er hat doch Religion, wenn schon eine eigene.

Der Praktikant aber fand schon lange keine Gelegenheit mehr für eine geheime Herzensglosse zu dem Text; dafür weidete er sich in dem Anblick der holden Adeline und las in der sichtbaren Verklärung ihres Antlitzes, wie sympathisierend ihr sinniges und edles Gemüt den schönen Phantasien des Doktors nachkam und wie sie ihre Gefühle durchschwebten. Eigentlich aber dachte sie an ihr niedliches Blumengärtlein daheim vor den Fenstern und wie sie ihm gerne die schönsten daraus zu einem Strauß pflücken wollte, wenn er sie nur darum anspräche.

Kurz, der angefangene Faden wurde fortgesponnen bis in das Wirtshäuslein hinein und durch das Wirtshäuslein hindurch, wie manchmal ein Gefecht durch ein Dorf, das nichts davon begehrt, bis an den Tisch im Garten unter dem Apfelbaum. Würzige Erdbeeren und fette Milch im reinen Napf dienten jetzt zur angenehmen Erfrischung – man meint, man muß es auch sagen – und bei mehr als einer Flasche köstlichen Seeweins – es muß nicht notwendig am Bodensee gewesen sein –, disputierten jetzt die Männer über den ersten Grundsatz des Doktors, ob er auch richtig sei, und ob man ihm trauen dürfe.

Der Apotheker aber sagte leise dem Amtsrat: „Es ist nichts mit ihm anzufangen;" die Frauen aber ergingen sich im Garten und sprachen von Haushaltungsangelegenheiten, bis die Schönheit der untergehenden Sonne das poetische Gemüt der Amtsrätin auf sich zog.

Adeline und der Praktikant aber schlenderten miteinander am blütenreichen Ufer des Sees entlang und unterhielten sich, wie die Kindheit so gerne tut, mit einigen schönen Erinnerungen an ihre Kindheit, ehe er auf die Schule versendet wurde, und, was eigentlich nicht nötig war, ob sie sich einander auch noch gut seien. Und als eben im nahen Gebüsch eine Nachtigall ihre zartesten Töne anstimmte, um ihnen gleichsam die Antwort auf die Lippen zu legen, da verstanden sie die Nachtigall; denn sie konnten dem süßen Drang nicht länger widerstehen, sondern sie bekannten sich ihre Liebe mit dem ersten Kuß und nannten sich seit ihren Kinderjahren zum erstenmal wieder mit dem unschuldigen und lieben Du. Und als sie wieder zur Gesellschaft zurückkamen, stritten die Männer noch immer; auf dem Heimweg zwar auch noch, nur lebhafter und getrennter im Widerspruch über den ersten Grundsatz des Doktors, ob er auch wahr sei, und ob man ihm trauen könne. Die Amtsrätin aber fragte: „Kinder, wo seid ihr gesteckt und habt ihr auch die Sonne gesehen schön untergehen?" und die Jungfrau in ihrer Unschuld und Wahrheit gestand: „Nein"; der Jüngling aber dachte: unter nicht, aber auf!

## Mancherlei gute Lehren

### I

Die Menschen nehmen oft ein kleines Ungemach viel schwerer auf und tragen es ungeduldiger als ein großes Unglück, und der ist noch nicht am schlimmsten daran, der viel zu klagen hat und alle Tage etwas anders. Erfahrung und Übung im Unglück lehrt schweigen. Aber wenn ihr einen Menschen wißt, der nicht klagt und doch nicht fröhlich sein kann, ihr fragt ihn, was ihm fehle, und er sagt's euch kurz und gut oder gar nicht, dem sucht ein gutes Zutrauen abzugewinnen, wenn ihr es wert seid, und ratet und helft ihm, wenn ihr könnt.

2

Ist denn der Mensch deswegen so schlimm und schlecht, weil die bösen Neigungen zuerst in seinem Herzen erwachen und das Gute nur durch Erziehung und Unterricht bei ihm anschlägt? Euer bester Ackerboden trägt doch auch nur Gras und Unkraut aus eigener Kraft und euer Leben lang keine Weizenernte; und ein dürres Sandfeld, das nicht einmal aus eigener Kraft Unkraut treibt, wird euch euern Fleiß und eure Hoffnung nie mit einer Fruchtgarbe erfreuen. Aber wenn ihr den guten Boden ansäet zu rechter Zeit, fein wartet und pfleget, wie sich's gebühret, so steigt im Morgentau und Abendregen doch eine fröhliche Saat empor, und die Raden und Kornrosen und mancherlei taubes Gras möchte gern, aber es kann nicht mehr emporkommen. Die gesunde Ähre schwankt in der Luft und füllt sich mit kostbaren Körnern. So ist es mit dem Menschen und mit seinem Herzen auch. Was lernen wir daraus? Man muß nicht unzeitig klagen und hadern und die Hoffnung aufgeben, ehe sie erfüllt werden kann. Man muß den Fleiß, die Mühe und Geduld, die man an eine Handvoll Fruchthalmen gerne verwendet, an den eigenen Kindern sich nicht verdrießen lassen. Man muß dem Unkraut zuvorkommen und guten Samen, schöne Tugenden in das weiche, zarte Herz hineinpflanzen und Gott vertrauen, so wird's besser werden.

3

Man vergißt im menschlichen Leben nichts so leicht als das Multiplizieren, wenn man es noch so gut in der Schule gelernt hat und kann. Und dennoch lernt man in der Schule für das Leben, und die Weisheit besteht nicht im Wissen, sondern in der rechten Anwendung und Ausübung davon.

So kann jemand einen Tag in den andern nur einen Groschen unnötigerweise ausgeben. Mancher, der den Groschen übrig hat, tut es und meint, es sei nicht viel. Aber in einem Jahr sind es 365 Groschen und in dreißig Jahren 10950 Groschen. Facit 547 Gulden 30 Kreuzer weggeworfenes Geld, und das ist doch viel.

Ein anderer kann einen Tag in den andern zwei Stunden unnütz und im Müßiggang zubringen und meint jedesmal, für heute lasse es sich verantworten. Das multipliziert sich in einem Jahr zu 730 Stunden und in dreißig Jahren zu 21900 Stunden. Facit 912 verlorne Tage des kurzen Lebens. Das ist noch mehr als 547 Gulden, wer's bedenkt. – Die Erde hat 5400 Deutsche Meilen oder 10800 Stunden im Umkreis. Das ist ein weiter Weg. Aber wenn man in gerader Linie fortgehen könnte und es wollte jemand jeden Tag nur eine Stunde daran zurücklegen, so könnte er im dreißigsten Jahr bei guter Zeit wieder daheim sein. Oder wenn er jeden Tag zehn Stunden auf seine Reise verwenden wollte, so könnte er in zehn Jahren zehnmal um die ganze große Erde herumkommen. Daraus ist zu lernen, wie weit ein Mensch in seinem Leben es nach und nach bringen kann, wenn er zu einem nützlichen Geschäft jeden Tag nur eine Stunde anwenden will, und wieviel weiter noch, wenn er alle Tage dazu benutzt, besser und vollkommener zu werden und sein ganzes eigenes Wohl und das Wohl der Seinigen zu befördern. Aber wer nie anfängt, der hört nie auf, und wem wenig auf einmal nicht genug ist, der erfährt nie, wie man nach und nach zu vielem kommt.

4

Zum Erwerben eines Glücks gehört Fleiß und Geduld und zur Erhaltung desselben gehört Mäßigung und Vorsicht. Langsam und Schritt für Schritt steigt man eine Treppe hinauf. Aber in einem Augenblick fällt man hinab und bringt Wunden und Schmerzen genug mit auf die Erde.

5

So sagt ein altes Sprichwort: Selber essen macht fett. Ich will noch ein paar dazusetzen: Selber Achtung geben macht verständig. Und selber arbeiten macht reich. Wer nicht mit eigenen Augen sieht, sondern sich auf andere verläßt, und wer nicht selber Hand anlegt, wo es nötig ist, sondern andere tun läßt, was er selber tun soll, der bringt's nicht weit, und mit dem Fettwerden hat es bald ein Ende.

6

Ein anderes Sprichwort heißt: Wenn man den Teufel an die Wand malt, so kommt er. Das sagt mancher und versteht's nicht. Den bösen Geist kann man eigentlich nicht an die Wand malen, sonst wäre es kein Geist. Auch kann er nicht kommen. Denn er ist mit Ketten der Finsternis in die Hölle gebunden. Was will denn dann das Sprichwort sagen? Wenn man viel an das Böse denkt und sich dasselbe in Gedanken vorstellt oder lang davon spricht, so kommt zuletzt die Begierde zu dem Bösen in das Herz, und man tut's. Soll der böse Feind nicht kommen, so mal' ihn nicht an die Wand! Willst du das Böse nicht tun, so denke nicht daran, wo du gehst und stehst, und sprich nicht davon, als wenn es etwas Angenehmes und Lustiges wäre.

7

Einmal ist keinmal. Das ist das verlogenste und schlimmste unter allen Sprichwörtern, und wer es gemacht hat, der war ein schlechter Rechnungsmeister oder ein boshafter. Einmal ist wenigstens einmal, und daran läßt sich nichts abmarkten. Wer einmal gestohlen hat, der kann sein Leben lang nimmer mit Wahrheit und mit frohem Herzen sagen: „Gottlob, ich habe mich nie an fremdem Gut vergriffen!" Und wenn der Dieb erhascht und gehenkt wird, alsdann ist einmal nicht keinmal. Aber das ist noch nicht alles, sondern man kann meistens mit Wahrheit sagen: Einmal ist zehnmal und hundert- und tausendmal. Denn wer das Böse einmal angefangen hat, der setzt es gemeiniglich auch fort. Wer A gesagt hat, der sagt auch gern B, und alsdann tritt zuletzt ein anderes Sprichwort ein, daß der Krug so lange zum Brunnen geht, bis er bricht.

8

Nun kommen zwei Sprichwörter, und die sind beide wahr, wenn sie schon einander widersprechen. Von zwei unbemittelten Brüdern hatte der eine keine Lust und keinen Mut, etwas zu erwerben, weil ihm das Geld nicht zu den Fenstern hereinregnete. Er sagte immer: „Wo nichts ist, kommt nichts hin." Und so war es auch. Er blieb sein Leben lang der arme Bruder Wonichtsist, weil es ihm nie der Mühe wert war, mit einem kleinen Ersparnis den Anfang zu machen und nach und nach zu einem größeren Vermögen zu kommen. So dachte der jüngere Bruder nicht. Der pflegte zu sagen: „Was nicht ist, das kann werden." Er hielt das wenige, was ihm von der Verlassenschaft der Eltern zuteil geworden war, zu Rat und vermehrte es nach und nach durch eigenes Ersparnis, indem er fleißig arbeitete und eingezogen lebte. Anfänglich ging es hart und langsam. Aber sein Sprichwort: Was nicht ist, kann werden, gab ihm immer Mut und Hoffnung. Mit der Zeit ging es besser. Er wurde durch unverdrossenen Fleiß und Gottes Segen noch ein reicher Mann und ernährt jetzt die Kinder des armen Bruders Wonichtsist, der selber nichts zu beißen und zu nagen hat.

9

„Ein Narr fragt viel, worauf kein Weiser antwortet." Das muß zweimal wahr sein. Fürs erste wohl kann gar der einfältigste Mensch eine Frage tun, worauf auch der weiseste keinen Bescheid zu geben vermag. Denn Fragen ist leichter als Antworten, wie Fordern oft leichter ist als Geben, Rufen leichter als Kommen. Fürs andere könnte manchmal der Weise wohl eine Antwort geben, aber er will nicht, weil die Frage einfältig ist oder vorwitzig, oder weil sie zur Unzeit kommt. Gar oft erkennt man ohne Mühe den einfältigen Menschen am Fragen und den verständigen am Schweigen. Da heißt es alsdann: Keine Antwort ist auch eine Antwort. Von dem Doktor Luther verlangte einst jemand zu wissen, was wohl Gott vor Erschaffung der Welt die lange, lange Ewigkeit hindurch getan habe. Dem erwiderte der fromme und witzige Mann: in einem Birkenwald sei der liebe Gott gesessen und habe zur Bestrafung für solche Leute, die unnütze Fragen tun, Ruten geschnitten.

10

„Rom ist nicht an einem Tage erbaut worden." Damit entschuldigen sich viele fahrlässige und träge Menschen, welche ihr Geschäft nicht treiben und vollenden mögen und schon müde sind, ehe sie recht anfangen. Mit dem Rom ist es aber eigentlich so zugegangen. Es haben viele fleißige Hände viele Tage lang vom frühen Morgen bis zum späten Abend unverdrossen daran gearbeitet und nicht abgelassen, bis es fertig und der Hahn auf dem Kirchturm stand. So ist Rom entstanden. Was du zu tun hast, mach's auch so!

11

„Frisch gewagt, ist halb gewonnen." Daraus folgt: „Frisch gewagt, ist auch halb verloren." Das kann nicht fehlen. Deswegen sagt man auch: „Wagen gewinnt, Wagen verliert." Was muß also den Ausschlag geben? Prüfung, ob man auch die Kräfte habe zu dem, was man wagen will, Überlegung, wie es anzufangen sei, Benutzung der günstigen Zeit und Umstände, und hintennach, wenn man sein mutiges A gesagt hat, ein besonnenes B und ein bescheidenes C. Aber so viel muß wahr bleiben: Wenn etwas Gewagtes soll unternommen werden und kann nicht anders sein, so ist ein frischer Mut zur Sache der Meister, und der muß dich durchreißen. Aber wenn du immer willst und fangst nie an, oder du hast schon angefangen, und es reut dich wieder und willst, wie man sagt, auf dem trockenen Land ertrinken, guter Freund, dann ist „schlecht gewagt ganz verloren".

12

„Es ist nicht alles Gold, was glänzt." Mancher, der nicht an dieses wahre Sprichwort denkt, wird betrogen. Aber eine andere Erscheinung wird noch öfter vergessen: „Manches glänzt nicht und ist doch Gold", und wer das nicht glaubt und nicht daran denkt, der ist noch schlimmer daran. In einem wohlbestellten Acker, in einem gut eingerichteten Gewerbe kann viel Geld stekken, und eine fleißige Hand weiß es zu finden, und ein ruhiges Herz dazu und ein gutes Gewissen glänzt just auch nicht und ist noch mehr als Goldes wert. Oft ist gerade da am wenigsten Gold, wo der Glanz und die Prahlerei am größten ist. Wer viel Lärm macht, hat wenig Mut. Wer viel von seinen Talern redet, hat nicht viel. Einer prahlte, er habe ein ganzes Simri (Sester) Dukaten daheim. Als er sie zeigen sollte, wollte er lange nicht daran. Endlich brachte er ein kleines, rundes Schächtelein voll zum Vorschein, das man mit der Hand decken konnte. Doch half er sich mit einer guten Ausrede. Das Dukatenmaß, sagte er, sei kleiner als das Fruchtmaß.

13

Verständige, ja gelehrte Landwirte machen oft neue Versuche zur Verbesserung ihres Ackerbaues oder der Viehzucht. Mancher sieht etwas Neues in andern Ländern und bringt's heim. Manchen lehrt der Zufall einen Vorteil, der ihm hernach großen Gewinn bringt. Meint er's gut mit seinen Mitbürgern, so teilt er ihnen seine Entdeckungen mit und ermuntert sie, seinem Beispiel zu folgen. Die meisten sagen alsdann: Wir wollen bei der Weise unserer Väter bleiben, und wie sie's getrieben haben, so treiben wir's auch. Das ist sehr verständig gesprochen, geneigter Leser! Nur muß man's nicht bei den Worten bewenden lassen, sondern auch seinen guten Vorsatz erfüllen. Denn der Ackerbau und jede Vorsicht und Beobachtung dabei ist gewiß nicht auf einmal so erfunden worden, wie er jetzt ist, sondern eben unsere Väter und Voreltern haben lange und vielerlei versucht und guten Rat nicht verachtet. Manches ist mißlungen, manches ist wohlgeraten und besser worden, und so können auch wir noch in Zukunft weiterkommen und unsern Ackerbau und Wohlstand verbessern, wenn wir nur Wort halten und dem Beispiel unserer lernbegierigen und fleißigen Vorfahren folgen.

14

Ende gut, alles gut. Ist nicht so zu verstehen: wenn du ein Jahr lang in einem Hause zu bleiben hast, so führe dich 364 Tage bengelhaft auf und am 31. Dezember werde manierlich. Sondern es gibt Leute, die manierlich sein können bis ans Ende, und wenn's nimmer lang währt, so werden sie ungezogen, trotzig, sagen: „Ich bin froh, daß es nimmer lang währt", und die andern denken's auch. Für diese ist das Sprichwort.

Item, es gibt Dinge, ob sie gut oder bös sind, kann erst das Ende lehren. Z. B. du bist krank, möchtest gern essen, was dir der Arzt verbietet, gern auf die Gasse gießen, was du trinken mußt, aber du wirst gesund – oder du bist in der Lehre und meinst manchmal, der Lehrherr sei wunderlich, aber du wirst durch seine Wunderlichkeit ein geschickter Weißgerber oder Orgelmacher; – oder du bist im Zuchthaus, der Zuchtmeister könnte dir wohl die Suppe fetter machen, aber du wirst durch Wasser und Brot nicht nur gesättigt, sondern auch gebessert. Dann lehrt das gute Ende, daß alles gut war.

15

Gott grüßt manchen, der ihm nicht dankt. Z. B. wenn dich früh die Sonne zu einem neuen, kräftigen Leben weckt, so bietet er dir: Guten Morgen. Wenn sich abends dein Auge zum erquicklichen Schlummer schließet: Gute Nacht. Wenn du mit gesundem Appetit dich zur Mahlzeit setzest, sagt er: Wohl bekomm's. Wenn du eine Gefahr noch zu rechter Zeit entdeckst, so sagt er: Nimm dich in acht, junges Kind, oder altes Kind, und kehre lieber wieder um! Wenn du am schönen Maitag im Blütenduft und Lerchensang spazieren gehst, und es ist dir wohl, sagt er: Sei willkommen in meinem Schloßgarten. Oder du denkst an nichts, und es wird dir auf einmal wunderlich im Herzen und naß in den Augen, und denkst, ich will doch anders werden als ich bin: so sagt er: Merkst du, wer bei dir ist? Oder du gehst an einem offenen Grab vorbei, und es schauert dich, so denkt er just nicht daran, ob du lutherisch oder reformiert bist, und sagt: Gelobt sei Jesus Christ! Also grüßt Gott manchen, der ihm nicht antwortet und nicht dankt.

16

Man muß mit den Wölfen heulen. Das heißt: wenn man zu unvernünftigen Leuten kommt, muß man auch unvernünftig tun wie sie. Merke: Nein! Sondern erstlich, du sollst dich nicht unter die Wölfe mischen, sondern ihnen aus dem Weg gehn. Zweitens, wenn du ihnen nicht entweichen kannst, so sollst du sagen: „Ich bin ein Mensch und kein Wolf. Ich kann nicht so schön heulen wie ihr". Drittens, wenn du meinst, es sei nimmer anders von ihnen loszukommen, so will dir der Hausfreund erlauben, ein- oder zweimal mitzubellen, aber du sollst nicht mit ihnen beißen und andrer Leute Schafe fressen. Sonst kommt zuletzt der Schäfer, und du wirst mit ihnen erschossen.

17

Alles geht leichter, wenn man einen Gehilfen hat. Aber eine Heimlichkeit verschweigen kann man besser allein als selbander.

18

Der Mensch ist an drei Proben zu erkennen. Erstlich: Erzürne ihn. Zweitens: Berausche ihn. Drittens: Teile mit ihm ein Erbe. Wenn er in der letzten Probe nicht mankiert, so ist er probat.

19

Worin besteht der Unterschied zwischen einem ehrlichen Mann und einem unehrlichen? Antwort: Der ehrliche Mann findet nichts eher, als bis es der Eigentümer verloren hat. Im andern Fall verliert es der Eigentümer erst, wenn es der Unehrliche findet. Item, der Ehrliche gibt es dem Eigentümer zurück, wenn er kann. Der Unehrliche findet noch mehr dazu, wenn er kann.

## Belehrung über das Wetterglas

Mancher geneigte Leser hat auch sein Wetterglas im kleinen Stüblein hängen, nicht erst seit gestern, denn die Fliegen haben auch schon daran geschaut, was der Himmel für Wetter im Sinn hat, also daß der Mensch nicht mehr viel daran erkennen kann. Mit einem nassen Tüchlein von Zeit zu Zeit wäre zu helfen. Aber das scharfe Aug' des Lesers hat's noch nicht vonnöten. Jetzt schaut er's bedenklich an und sagt: „Morgen können wir noch nicht mähen auf den untern Matten". Jetzt klopft er ein wenig an dem Brettlein, ob sich denn das Quecksilber gar nicht lupfen will, als wenn er es wecken müßte wie aus einem Schlaf oder tiefen Gedanken, und wenn es ein wenig obsich geht, so heitert sich in seinem Herzen die Hoffnung auf. Aber doch weiß er nicht recht, wie es zugeht, und fragt den Hausfreund.

Der Hausfreund hat kein Wetterglas. Wozu braucht ein Kalendermacher ein Wetterglas, der den Sonnenschein und Regen des ganzen Jahres im Kopfe trägt und selber eins ist? Die Leute, die mit ihm umgehen, haben es gut. Einmal sagen sie: „Das Wetter hält nimmer lang an. Der Kalendermacher wird unleidlich." Ein andermal, wenn er ruhig ein Schöpplein trinkt, oder er raucht Tabak und es werden Ringlein im Rauch, wenn's noch so arg regnet, so sagen sie: „Das Wetter bessert sich, der Kalendermacher sieht heiter aus und raucht Ringlein."

Gleichwohl, weil der wißbegierige Leser den Hausfreund fragt, wie es mit den Wettergläsern zugeht, will er's sagen:

Merke:

Erstlich: Ein braves Wetterglas hat an der Spitze des Kölbleins oder Köpfleins, worin sich das Quecksilber sammelt, eine kleine Öffnung.

Zweitens: Sonst meint man, wo nichts anders ist, dort sei doch wenigstens Luft. Aber oben in der langen Röhre, wo das Quecksilber aufhört, bis ganz oben, wo die Röhre auch aufhört, ist keine Luft, sonders nichts, reines, klares, offenbares, nie gewesenes Nichts.

Dies wird erkannt, wenn man das Wetterglas langsam in eine schiefe Richtung bringt, als wollte man es umlegen, so fährt das Quecksilber durch den leeren Raum hinauf bis an das Ende der Röhre, und man hört einen kleinen Knall. Dies könnte nicht geschehen, wenn noch Luft darin wäre. Sie würde sagen: „Ich bin auch da. Ich muß auch Platz haben."

Drittens: Die Luft, die die Erde und alles umgibt, drückt unaufhörlich von oben gegen die Erde hinab, ja, sie will vermöge einer inwendigen Kraft, unaufhörlich nach allen Seiten ausgedehnt und sozusagen ausgespannt sein bis auf ein Gewisses.

Denn sie ist Gottes lebendiger Atem, der die Erde einhüllt und alles durchdringt und segnet, und hat gar viel verborgene Wunder. Also geht die Luft durch jede offene Tür, ja durch jedwedes Spältlein in die Häuser und aus einem Gehalt in das andere und durch die kleine Öffnung an der Spitze des Kölbleins hinein und drückt auf das Quecksilber, und die Luft, welche noch außen ist, drückt immer nach und will auch noch hinein. Ei, sie drückt und treibt das Quecksilber in der langen Röhre gewöhnlich zwischen 27 und 28 Zoll weit in die Höhe, bis sie nimmer weiter kann. Denn wenn das Quecksilber in der Röhre einmal eine gewisse Höhe erreicht hat, so drückt es, vermöge seiner eigentümlichen Schwere, der Luft wieder dergestalt entgegen, daß beide in das Gleichgewicht treten. Da strebt gleiche Kraft gegen gleiche Kraft, und keines kann dem andern mehr etwas anhaben. Die Luft spricht: „Gelt, du mußt droben bleiben!" Das Quecksilber spricht: „Gelt, du bringst mich nimmer höher!"

Merke viertens die Hauptsache: Der Druck und die Spannung in der Luft bleibt nicht immer gleich, einmal stärker, ein andermal schwächer. Die Gelehrten wissen selbst noch nicht recht, wo dieses herrühren will, nicht einmal der Hausfreund. Wird nun die Ausspannung der Luft auf einmal stärker, so daß man sagen kann, sie gewinne neue Kraft, so drückt sie auch um das stärker auf das Quecksilber im Kölblein, also daß es in der Röhre höher hinauf muß, manchmal bis über 28 Zoll hinaus. Sobald aber die Ausdehnung der Luft im geringsten nachläßt, drückt im Augenblick die Schwere des Quecksilbers in der Röhre nach gegen das Kölblein, bis sie mit dem Druck der Luft wieder im gleichen ist, welchergestalt also das Quecksilber in der Röhre sinkt, manchmal bis unter 27 Zoll hinab. Also steigt und fällt das Quecksilber oder, wie man sagt, das Wetterglas, und sein Steigen und Fallen ist übereinstimmend mit dem unaufhörlichen Wechsel der Luft.

Solche Gnade hat Gott dem Menschen verliehen, daß ihm in gläsernen Röhren sichtbar werden kann, was in der unsichtbaren Luft für eine Veränderung vorgeht. Allein der geneigte Leser ist vorsichtig und glaubt nicht alles auf das Wort. Merke also:

Fünftens, der Beweis: Wenn die Mutter gebacken hat und das Büblein ißt ein Stücklein lindes Brot, es beißt nicht schlecht hinein, und schmeckt ihm wohl; – klaubt es nun ein Krümlein von dem Brot herab und zerdrückt es mit den Fingern, daß gleichsam wieder ein Teig daraus wird, und stopft damit die Öffnung an dem Kölblein zu, von dem Augenblick an geht das Quecksilber nimmer obsich und nimmer untersich, sondern bleibt unaufhörlich stehen, wie es stand. Warum? Weil die Luft nimmer auf das Quecksilber wirken kann, bis es endlich der Vater entdeckt und hätte den besten Lust, er gäbe dem Büblein eine Ohrfeige, – wer weiß, was er tut, wenn's zum zweitenmal geschieht.

Wenn es ihm aber mit feiner Vorsicht gelungen ist, die Öffnung wieder frei zu machen, die Luft kann wieder auf das Quecksilber drücken wie vorher, stärker oder schwächer, alsdann fangt es auch wieder an, lustig zu steigen und zu fallen. Also rührt die Veränderung in dem Stand des Quecksilbers von der Luft her, welche durch die Öffnung des Kölbleins hineingeht und auf das Quecksilber drückt.

Daß aber die Luft allein es sei, welche imstande ist, mit wunderbarer Kraft das Quecksilber 28 Zoll hoch in die Röhre hinaufzutreiben und in dieser Höhe schwebend zu erhalten, ist der Beweis: wenn die Röhre oben an der Spitze abbricht und die Luft jetzt dort auch hineinkommt, wo vorher keine war, fällt das Quecksilber in der Röhre auf einmal so tief herab, bis es demjenigen, als in dem Kölblein steht, gleich ist, und hat alsdann alles ein Ende; denn die Luft in der Röhre und die Luft in dem Kölblein drückt jetzt mit gleicher Gewalt gegeneinander und vernichtet ihre Kraft an sich selber, also daß das Quecksilber freies

Spiel bekommt und seiner eigenen Natur folgen kann, die da ist, daß es vermöge seiner Schwere hinuntersitzt bis auf den Boden und auf das Unterste des Raumes, worin es eingeschlossen ist.

Merke sechstens und endlich: Es hat eine lange Erfahrung gelehrt, wenn die Luft anfangt, sich stärker auszudehnen und zu drücken, daß alsdann gemeiniglich auch das Wetter heiter und schön wird. Wenn sie aber nachläßt und gleichsam matt wird, man weiß nicht warum, so macht sich gewöhnlich ein Regen zurecht oder ein Sturmwind oder ein Gewitter. Welchermaßen nun das Steigen und Fallen des Quecksilbers einen stärkeren oder schwächern Druck der Luft anzeigt, solchermaßen kündiget es auch zum voraus Sonnenschein und Regen an, wenn nichts anders dazwischen kommt. Bisweilen aber fallieren alle Zeichen und Hoffnungen, wie dem Leser wohl bekannt ist.

Denn der liebe Gott hat auch noch allerlei andere kleine Hausmittel, um den Wechsel der Witterung zu hindern oder zu fördern, welche er bis jetzt noch niemand verraten hat. Die Wettergelehrten ärgern sich schon lange darüber.

Solche Bewandtnis hat es mit der Einrichtung und den Eigenschaften des Wetterglases. Ein andermal will der Hausfreund vortragen, was bei der Beobachtung desselben zu beobachten ist. Merke einstweilen noch: Wenn man dem Ding einen gelehrten Namen geben will, was zwar nicht nötig ist, so muß man nicht sagen oder schreiben: Perometer, sondern Barometer.

# Alemannische Gedichte

## Die Wiese

Wo der Dengle-Geist in mitternächtige Stunde
uffeme silberne Gschirr si goldeni Sägese denglet,
(Todtnau's Chnabe wüsse's wohl) am waldige Feldberg,
wo mit liebligem Gsicht us tief verborgene Chlüfte
d'Wiese luegt, und check go Todtnau aben ins Tal springt,
schwebt mi muntere Blick, und schwebe mini Gdanke.
Feldbergs liebligi Tochter, o Wiese, bis mer Gottwilche!
Los, i will di jez mit mine Liederen ehre,
und mit Gsang bigleiten uf dine freudige Wege!

Im verschwiegene Schoß der Felse heimli gibore,
an de Wulke gsäugt, mit Duft und himmlischem Rege,
schloffsch, e Bütschelichind, in di'm verborgene Stübli
heimli, wohlverwahrt. No nie hen menschligi Auge

güggele dörfen und seh, wie schön mi Meiddeli do lit
im christalene G'halt und in der silberne Wagle,
und 's het no kei menschlig Ohr si Otmen erlustert,
oder si Stimmli g'hört, si heimli Lächlen und Briegge.
Numme stilli Geister, sie göhn uf verborgene Pfade
us und i, sie ziehn di uf, und lehre di laufe,
gen der e freudige Sinn, und zeige der nützligi Sache,
und 's isch au kei Wort verlore, was sie der sage.
Denn so bald de chasch uf eigene Füeßlene furtcho,
schliefsch mit stillem Tritt us di'm christalene Stübli
barfis usen, und luegsch mit stillem Lächlen an Himmel.
O, wie bisch so nett, wie hesch so heiteri Äugli!
Gell, do ussen isch's hübsch, und gell, so hesch der's nit vorgstellt?
Hörsch, wie's Läubli ruuscht, und hörsch, wie d'Vögeli pfife?
Jo, de seisch: „I hör's, doch gangi witers und blib nit.
Freudig isch mi Weg, und alliwil schöner, wie witer!"

Nei so lueg me doch, wie cha mi Meiddeli springe!
„Chunnsch mi über", seit's und lacht, „und witt mi, se hol mi!"
All'wil en andere Weg, und alliwil anderi Sprüngli!
Fall mer nit sel Reinli ab! – Do hemmer's, i sag's jo, –
hani's denn nit gseit? Doch gaukelet's witers und witers,
groblet uf alle Vieren, und stellt si wieder uf d'Beinli,
schlieft in d' Hürst, – jez suech mer's eis! – dört güggelet's use.
Wart, i chumm! Druf rüeft's mer wieder hinter de Bäume:
„Rot!, wo bin i jez!" – und het si urige Phatest.
„Aber wie de gohsch, wirsch sichtli größer und schöner.
Wo di liebligen Otem weiht, se färbt si der Rase
grüener rechts und links, es stöhn in saftige Triebe
Gras und Chrüter uf, es stöhn in frischere Gstalte
farbigi Blüemeli do, und d'Immli chömmen und suge.
's Wasserstelzli chunnt, und lueg doch, 's Wuli vo Todtnau!
Alles will di bschauen, und alles will di bigrüeße,
und di fründlig Herz git alle fründligi Rede:
„Chömmet, ihr ordlige Tierli, do hender, esset und trinket!
Witers goht mi Weg. Gsegott, ihr ordlige Tierli!"
Rotet jez ihr Lüt, wo üser Töchterli hi goht!

Hender gmeint an Tanz, und zue de lustige Buebe?
Z'Uzefeld verbei goht's mit biweglige Schritte
zue de Schöne Buechen, und hört e heilige Meß a.
Guet erzogen isch's, und anderst cha me nit sage.
No der heilige Meß se seit's: „Jez willi mi schicke,
aß i witers chumm." – Jez simmer scho vornen an Schönau,
jez am Chastel verbei, und alliwil witers und witers
zwische Berg und Berg im chüele duftige Schatte,
und an mengem Chrütz verbei, an menger Kapelle.

Aber wie de gohsch, wirsch alliwil größer und schöner.
Wo di liebligen Otem weiht, wie färbt si der Rase
grüener rechts und links, wie stöhn in chräftige Triebe
neui Chrüter do, wie schießen in prächtige G'stalte

Bluemen an Bluemen uf, und geli saftigi Wide!
Vo di'm Otem gwürzt, stöhn roti Erdberichöpfli
Millione do, und warten am schattige Talweg.
Vo di'm Otem g'nährt, stigt rechts an sunnige Halde
goldene Lewat uf in Feldere Riemen an Rieme.
Vo di'm Otem g'schüelt, singt hinter de Hürste verborge,
freudig der Hirtebueb, und d'Holzax tönet im Buechwald.
's Mambecher Hätteli chunnt, und wulligi Häli vo Zell her.
Alles lebt und webt, und tönt in freudige Wiise;
alles grüent und blüeiht in tusigfältige Farbe;
alles isch im Staat, und will mi Meiddeli grüße.
Doch de bisch ke Meiddeli meh, jez sag i der Meidli.
Aber an der Bruckwoog, nit wit vom steinene Chrützli,
chresme d'Büebli vo Zell hoch an de felsige Halde,

suechen Engelfüeß, und luegen aben und stune.
„Toneli", seit der Seppli, „was het echt d'Wiesen im Chöpfli?
Lueg doch, wie sie stoht, und wie sie nieder an d'Stroß sitzt
mit vertieftem Blick, und wie sie wieder in d'Höchi
schießt, und in d'Matte lauft, und mittere selber im Champf isch!"

Feldbergs Tochter, los, de g'fallsch mer numme no halber!
's goht mer, wie dem Seppli. Was hesch für Jesten im Chöpfli?
Fehlt der näumis, se schwetz, und hättsch gern näumis, se sag mer's!
Aber wer nüt seit, bisch du! Mit schwankige Schritte
laufsch mer d'Matten ab in dine tiefe Gidanke
furt ins Wiesetal, furt gegenem Husemer Bergwerch,
und schangschiersch der Glauben und wirsch e luthrische Chetzer!
Hani's denn nit gseit, und hani mer's echter nit vorgstellt?
Aber jez isch's so, was hilft jez balgen und schmähle!
Andere chani's nit, se willi der lieber gar helfe;
öbbe bringsch mer doch no Freud und heiteri Stunde!
Halt mer e wenig still, i will di jez lutherisch chleide.
Do sin wiißi Bauwelestrümpf mit chünstlige Zwickle,
(leg sie a, wenn d' chasch!) und Schueh und silberni Rinkli;
do ne grüene Rock! Vom breit verbendlete Liibli
fallt bis zu de Chnödlenen abe Fältli an Fältli.
Sitzt er recht? Tue d'Häftli i, und nimm do das Brusttuech,
sammet und roserot. Jez flichti der chünstligi Zupfe
us de schöne, sufer g'strehlte, flächsene Hoore.
Obe vom wiißen Äcken und biegsem in d'Zupfe verschlunge,
fallt mit beiden Ende ne schwarze sidene Bendel
bis zum tiefe Rocksaum abe. – G'fallt der die Chappe,
wasserblaue Damast und gstickt mit goldene Blueme?
Zieh der Bendel an, wo in de Ricklene durgoht,
unter de Zupfe dure, du Dotsch, und über den Ohre
fürsi mittem Letsch, und abe gegenem Gsicht zue!
Jez e side Fürtuech her, und endli der Hauptstaat,
zwenzig Ehle lang und breit e Mailänder Halstuech!
Wie ne luftig Gwülch am Morgehimmel im Früehlig
schwebt's der uf der Brust, stigt mittem Otem, und senkt si,

wahlet der über d'Achslen, und fallt in prächtige Zipfle
übere Rucken abe, sie ruusche, wenn den im Wind gohsch!
Het me's lang, se loßt m's henke, hör i mi Lebtig.
D'Ermel, denk wol, henksch an Arm, wil's Wetter so schön isch,
aß me's Hemd au sieht, und dini gattigen Ärmli,
und der Schiehuet nimmsch in d'Hand am sidene Bendel.
D'Sunne git eim wärmer, und schint eim besser in d'Auge,
wer en in de Hände treit, und 's stoht der au hübscher!
Jez wärsch usstaffiert, as wenn de hoffertig stoh wottsch,
und de g'fallsch mer selber wieder, chani der sage.

Wienes si jez freut, und wie's in zimpfere Schritte
tänzlet, und meint, es seig d'Frau Vögtene selber,
wie 's si Chöpfli hebt, und jeden Augeblick z'ruck schielt,
öb me's echt au bschaut, und öb men em ordeli noluegt!
Jo, de bisch jo hübsch, und jo, du Närli, mer luege,
du Marggröfer Meidli mit diner goldige Chappe,
mit de lange Zupfen und mit der längere Hoorschnuer,
mittem vierfach z'semmegsetzte flattrige Halstuech!
Aber rotet jez, wo 's hoffertig Jümpferli hi goht!
Denk wol uffe Platz, denk wol zuer schattige Linde,
oder in d'Weserei, und zue de Husemer Chnabe?
Hender gmeint, jo wol! Am Bergwerch fisperlet's abe,
lengt e wenig duren, und trüllt e wengeli d'Räder,
was der Blosbalg schnufe mag, aß d'Füürer nit usgöhn.
Aber 's isch si Blibes nit. In d'Husemer Matte
schießt's und über d'Legi mit große Schritte go Farnau,
laufsch mer nit, se gilt's mer ni, durs Schopfemer Chilspel.
Aber z'Gündehuse, wer stoht echt an der Stroße,
wartet, bis de chunnsch, und goht mit freudige Schritte
uf di dar, und git der d'Hand, und fallt der an Buese?
Chennsch di Schwesterli nit? 's chunnt hinte füre vo Wisleth.
Uf und nieder het's di Gang und dini Giberde.
Jo de chennsch's! Worum denn nit? Mit freudigem Brusche
nimmsch 's in d'Arm, und losch's nit goh, gib Achtig, verdruck'
nit!
Jez goht's wieder witers, und alliwil aben und abe!

Siehsch dört vorne 's Röttler Schloß – verfalleni Mure?
In vertäflete Stube, mit goldene Lìiste verbendlet,
hen sust Fürste gwohnt, und schöni fürstligi Fraue,
Heren und Heregsind, und d'Freud isch z'Röttle deheim gsi.
Aber jez isch alles still. Undenkligi Zite
brenne keini Liechter in sine verrissene Stube,
flackeret kei Füür uf siner versunkene Füürstet,
goht kei Chrueg in Cheller, ke Züber aben an Brunne.
Wildi Tube niste dört uf mosige Bäume.
Lueg dört ehnen isch Mulberg, und do im Schatte verborge
's Föhris Hüsli, und am Berg dört d'Höllstemer Chilche.
Steine lömmer liegen, und fahre duren in d'Matte,
guete Weg isch au nit um, und weidli chasch laufe.
Wenn's nit nidsi gieng, i weiß nit, öbbi der nochäm.
Unter Steine chunnsch mit dine biweglige Schritte
wider über d'Stroß. Jez wandle mer füren ins Rebland
neben Hauigen aben und neben an Hagen und Röttle.
Lueg mer e wenig ufe, wer stoht dört oben am Fenster

in si'm neue Chäppli, mit sine fründligen Auge?
Neig di fin, zeig wie, und sag: „Gott grüeßich Her Pfarer!"
Jez goht's Thuemrige zu, jez witer in d'Lörecher Matte.
Siehsch das ordelig Städtli mit sine Fenstren und Gieble,
und die Basler Here dört uf der staubige Stroße,
wie sie riten und fahren? Und siehsch dört 's Stettener Wirtshus!
Worum wirsch so still und magsch nit dure go luege?
Gel, de siehsch sel heilig Chrütz vo witem und trausch nit,
möchtisch lieber z'ruck, as fürsi! Loß der nit gruse!
's währt nit lang, se stöhn mehr frei uf schwizrischem Bode.

Aber wie de gohsch vom Bergwerch abe go Schopfe,
bis an Stetten aben uf diner steinige Landstroß,
bald am linke Bord, bald wieder ehnen am rechte
zwischenem Faschinat, wirsch alliwil größer und schöner,
freudiger alliwil, und schaffig, was me cha sage.
Wo di liebligen Otem weiht, wie färbt si der Rase
grüener rechts und links, wie stöhn mit chräftige Triebe
neui Chrüter uf, wie prangen in höhere Farbe
Bluemen ohni Zahl. Di Summervögle tuet d'Wahl weh.
Wechslet nit der Chlee mit goldene Chettenebluеme,
Frauemänteli, Hasebrödli, würzige Chümmi,
Sunneblueme, Habermark und Dolden und Ruchgras?
Glitzeret nit der Tau uf alle Spitzen und Halme?
Wattet nit der Storch uf hoche Stelze derzwische?
Ziehn si nit vo Berg zu Berg in lange Reviere
feisti Matte Stunde wiit und Tauen an Taue?
Und derzwische stöhn scharmanti Dörfer und Chilchtürn.
's Brombecher Mummeli chunnt, es chömme Lörecher Rößli,
fresse der us der Hand, und springen und tanze vor Freude,
und vo Baum zue Baum, vo Zell bis füre go Rieche
halte d'Vögeli Judeschuel, und orglen und pfife.
D'Brombecher Linde lit, der Sturmwind het sie ins Grab gleit
Aber rechts und links wie schwanken an flachere Reine
Rocken und Weizehalm! Wie stöhn an sunnige Halde
Reben an Reben uf! Wie woget uf höchere Berge
rechts und links der Buechewald und dunkleri Eiche!

O 's isch alles so schön, und überal anderst und schöner!
Feldbergs Tochter, wo de bisch, isch Nahrig und Lebe!

Neben an der ufen und neben an der abe
gigst der Wage, d'Geisle chlöpft, und d'Sägese ruschet
und de grüeßisch alli Lüt, und schwetzisch mit alle.
Stoht e Mühli näumen, en Öli oder e Ribi,
Drohtzug oder Gerstestampfi, Sägen und Schmidte,
lengsch mit biegsemen Arme, mit glenkseme Fingere dure,
hilfsch de Müllere mahlen und hilfsch de Meidlene ribe,
spinnsch mer's Husemer Ise, wie Hanf in gschmeidigi Fäde.
Eicheni Plütschi versägsch, und wandlet 's Ise vom Füürherd
uffen Ambos, lüpfsch de Schmiede freudig der Hammer,
singsch derzu, und gersch ke Dank, „Gott grüeßich, Gott bhüetich!"
Und isch näume ne Bleichi, se losch di das au nit verdrieße,
chuuchisch e bitzele duren, und hilfsch der Sunne no bleiche,
aß sie fertig wird, sie isch gar grüseli landsem!

Aber solli eis, o Wiese, sage, wie's ander,
nu se seig's bikennt! De hesch au bsunderi Jeste,
's chlage's alli Lüt, und sagen, es sei der nit z'traue,
und wie schön de seigsch, wie liebli dini Giberde,
stand der d'Bosget in den Auge, sage si alli.
Eb men umluegt, chresmisch näumen über d'Faschine,
oder rupfsch sie us, und bahnsch der bsunderi Fueßweg,
bohlsch de Lüte Stei uf d'Matte, Jaspis und Feldspat.
Hen sie näume gmeiht, und hen sie gwarbet und g'schöchlet
holsch's und treisch's Nochbere duren Arfel um Arfel.
's sagen au e Teil, de seigisch glücklich im Finde
uf de Bänke, wo nit g'wüscht sind, aber i glaub's nit.
Mengmol haseliersch, und 's mueß der alles us Weg goh;
Öbbe rennsch e Hüsli nieder, wenn's der im Weg stoht.
Wo de gohsch, und wo de stohsch, isch Balgen und Balge.
Feldbergs Tochter los, de bisch an Tuged und Fehler
zitig, chunnt's mer halber vor, zum Manne, wie wär's echt?
Zeig, was machsch für Äugli? Was zupfsch am sidene Bendel?
Stell di net so närsch, du Dingli! 's meint no, me wüß nit,

aß es versprochen isch, und aß sie enander schon bstellt hen!
Meinsch, ich chenn di Holderstock, di chräftige Burst nit?
Über hochi Felsen, und über Stuuden und Hecke
eis Gangs us de Schwitzerberge gumpet er z'Rhineck
aben in Bodesee, und schwimmt bis füre go Chostanz,
seit: „I mueß mi Meidli ha, do hilft nüt und batt nüt!"
Aber oben an Stei, se stigt er in landseme Schritte
wieder usem See mit sufer gwäschene Füeße,
Tiesehofe gfallt em nit und 's Chloster dernebe,
furt Schaffhuse zue, furt an die zackige Felse.
An de Felse seit er: „Und 's Meidli mueß mer werde!
Lib und Lebe wogi dra und Chretzen und Brusttuech."
Seit's, und nimmt e Sprung. Jez bruttlet er abe go Rhinau;
trümmlig isch's em worde, doch chunnt er witer und witers.
Eglisau und Chaiserstuehl und Zurzi und Waldshuet,
het er schon im Äcke, vo Waldstadt lauft er zue Waldstadt,
jez an Chrenzech aben in schöne breite Reviere,
Basel zue. Dört wird der Hochzitzedel gschriebe.
Gell, i weiß es! Bisch im Stand und läugnisch, was wohr isch?

Hätti z'rote gha, 's wär z'Wil e schickliche Platz gsi;
's het scho menge Briggem sie gattig Brütli go Wil gfüehrt,
usem Züribiet, vo Liestel aben und Basel,
und isch jez si Ma, und 's chocht em d'Suppen und pflegt em
ohni Widerred vo mine gnädige Here.
Aber di Vertraue stoht zum Chlei-Hüniger Pfarer.
Wie de meinsch, se göhnmer denn dur d'Riechemer Matte!
Lueg, isch sel nit d'Chlübi, und chunnt er nit ebe dört abe?
Jo er isch's, er isch's i hör's am freudige Brusche!
Jo er isch's, er isch's mit sine blauen Auge,
mit de Schwizerhosen und mit der sammete Chretze,
mit de christalene Chnöpfen am perlefarbige Brusttuech,
mit der breite Brust, und mit de chräftige Stotze,
's Gotthards große Bueb, doch wie ne Rotsher vo Basel
stolz in sine Schritten und schön in sine Giberde.

O wie chlopft der di Herz, wie lüpft si di flatterig Halstuech,
und wie stigt der d'Röti jez in die lieblige Backe,
wie am Himmel 's Morgerot am duftige Maitag!
Gell, de bischem hold, und gell, de hesch der's nit vorgstellt,
und es wird der wohr, was im verborgene Stübli
d'Geister gsunge hen, und an der silberne Wagle!
Halt di numme wohl! – I möcht der no allerlei sage,
aber 's wird der windeweh! Di Kerli, di Kerli!
Förchsch, er lauf der furt, se gang! Mit Tränen im Äugli
rüefts mer: „Bhüetdi Gott", und fallt em freudig an Buese.
Bhüetdi Gott der Her, und folgmer, was i der gseit ha!

## Freude in Ehren

Ne G'sang in Ehre
wer will's verwehre?
Singt 's Tierli nit in Hurst und Nast,
der Engel nit im Sterneglast?
e freie frohe Muet,
e gsund und frölich Bluet
goht über Geld und Guet.

Ne Trunk in Ehre,
wer will's verwehre?
Trinkt 's Blüemli nit si Morgetau?
Trinkt nit der Vogt si Schöppli au?
Und wer am Werchtig schafft,
dem bringt der Rebesaft
am Sunntig neui Chraft.

Ne Chuß in Ehre,
wer will's verwehre?
Chüßt's Blüemle nit si Schwesterli,
und 's Sternli chüßt si Nöchberli?
In Ehre, hani gseit,
und in der Unschuld G'leit,
mit Zucht und Sittsemkeit.

Ne freudig Stündli,
isch's nit e Fündli?
Jez hemmer's und jez simmer do;
es chunnt e Zit, würd's anderst goh,
's währt alles churzi Zit,
der Chilchhof isch nit wit.
Wer weiß, wer bal dört lit?

Wenn d'Glocke schalle,
wer hilftis alle?
O gebis Gott e sanfte Tod!
e rüehig Gwisse gebis Gott,
wenn d'Sunn am Himmel lacht,
wenn alles blitzt und chracht,
und in der letzte Nacht!

## Die Irrlichter

Es wandlen in der stille dunkle Nacht
wohl Engel um, mit Sterneblueme g'chrönt,
uf grüene Matte, bis der Tag verwacht,
und do und dört e Betzitglocke tönt.

Sie spröche mitenander deis und das
sie machen öbbis mitenander us;
's sin gheimi Sache, niemes rotet, was?
Druf göhn sie wieder furt, und richte's us.

Und stoht ke Stern am Himmel und ke Mon,
und wemme nümme sieht, wo d'Nußbäum stöhn,
müen selli Marcher usem Füür an d'Frohn
sie müen den Engle zünde, wo sie göhn.

Und jedem hangt e Bederthalben a,
und wenn's em öd wird, lengt er ebe dri,
und biißt e Stückli Schwefelschnitten a,
und trinkt e Schlückli Treber-Brentewi.

Druf putzt er d'Schnören amme Tschäubli ab.
Hui, flackeret's in liechte Flammen uf,
und, hui, goht's wieder d'Matten uf und ab,
mit neue Chrefte, d'Matten ab und uf.

's isch chummliger so, wenn eim vorem Fueß
und vor den Auge d'Togge selber rennt,
aß wemme sie mit Hände trage mueß,
und öbbe gar no d'Finger dra verbrennt.

Und schritet spot e Mensch dur d'Nacht derher,
und sieht vo witem scho die Kerli goh,
und betet lisli: „Das walt Gott der Her" –
„Ach bleib bei uns" – im Wetter sind si do.

Worum? So bald der Engel bete hört,
se heimelet's en a, er möcht derzue.
Der füürig Marcher blieb jo lieber dört,
und wenn er chunnt, so hebt er d'Ohre zue.

Und schritet öbsch e trunkne Ma dur d'Nacht,
er fluecht und sappermentet: „Chrütz und Stern"
und alli Zeichen, aß der Bode chracht,
sell hörti wohl der füürig Marcher gern.

Doch wird's em nit so guet. Der Engel seit:
„Furt, weidli furt! Do magi nüt dervo!"
Im Wetterleich, sen isch der wiit und breit
kei Marcher me, und au kei Engel do.

Doch goht me still si Gang in Gottis G'leit,
und denkt: „Der chönnet bliben oder cho,
ne jede weiß si Weg, und's Tal isch breit",
sel isch's vernünftigst, und sie lön ein goh.

Doch wenn der Wunderfitz ein öbbe brennt,
me lauft im Uhverstand den Engle no,
sel isch ene wie Gift und Poperment;
im Augeblick se lön sie alles stoh.

Z'erst sage sie: „Denkwol es isch si Weg,
er goht verbei, mer wen e wenig z'ruck!"
So sage sie, und wandle still us Weg,
und sider nimmt der füürig Ma ne Schluck.

Doch folgt me witers über Steg und Bort,
wo nummen au der Engel goht und stoht,
se seit er z'letzt: „Was gilt's, i find en Ort,
du Lappi, wo di Weg nit dure goht!"

Der Marcher mueß vora, mit stillem Tritt
der Engel hinterher, und lauft me no,
se sinkt me in e Gülle, 's fehlt si nit.
Jez weisch di B'richt, und jez chasch wieder goh!

Nei, wart e wenig, 's chunnt e gueti Lehr!
Vergiß mer's nit, schrib's lieber in e Buech!
Zum erste sagi: „Das walt Gott der Her"
isch alliwil no besser, as e Fluech.

Der Fluech jagt d'Engel mittem Heil dervo;
ne christli Gmüet und's Bette zieht si a;
und wemme meint, me seh ne Marcher cho,
's isch numme so d'Laterne vorne dra.

Zum anderen, und wenn en Ehrema
ne Gschäft für ihn ellei z'verrichte het,
so loß en mache! was goht's di denn a?
Und los nit, wemme mittem Nochber redt!

Und goht me der us Weg, se lauf nit no!
Gang diner Wege furt in Gottis G'leit!
's isch Uhverstand, me merkt' enanderno,
und 's git en Unehr. Sag, i heig der's gseit.

## Das Liedlein vom Kirschbaum

Der Liebgott het zum Fruehlig gseit:
„Gang, deck im Würmli au si Tisch!"
Druf het der Chriesbaum Blätter treit,
viel tausig Blätter grüen und frisch.

Und's Würmli, usem Ei verwacht's,
's het gschlofen in sim Winterhus,
es streckt si und spert 's Müli uf,
und ribt die blöden Augen us.

Und druf so het's mit stillem Zahn
am Blättli gnagt enanderno
und gseit: „Wie ist das Gmües so guet!
Me chunnt schier nümme weg dervo."

Und wieder het der Liebgott gseit:
„Deck jez im Immli au si Tisch!"
Druf het de Chriesbaum Blüete treit,
viel tausig Blüete wiß und frisch.

Und 's Immli sicht's und fliegt druf hi
früeih in der Sunne Morgeschin.
Es denkt: „Das wird mi Kaffi si,
sie hen doch chosper Porzelin!"

Wie sufer sind die Chächeli gschwenkt!
Es streckt sie troche Züngli dri,
es trinkt und seit: „Wie schmeckt'. so süeß!
Do mueß der Zucker wohlfel si."

Der Liebgott het zum Summer gseit:
„Gang, deck im Spätzli au si Tisch!"
Druf het der Chriesbaum Früchte treit,
viel tausig Chriesi rot und frisch.

Und 's Spätzli seit: „Isch das der Bricht?
Do sitzt me zue und frogt nit lang.
Das git mer Chraft in Mark und Bei,
und stärkt mer d' Stimm zum neue Gsang."

Der Liebgott het zum Spötlig gseit:
„Ruum ab, sie hen jez alli gha!"
Druf het e chüele Bergluft gweiht,
und 's het scho chlini Rife g'ha.

Und d'Blättli werde gel und rot
und fallen eis im andre no;
und was vom Boden obsi chunnt,
mueß au zum Bode nidsi goh.

Der Liebgott het zum Winter gseit:
„Deck weidli zue, was übrig isch!"
Druf het der Winter Flocke gstreut.

## Der Schmelzofen

Jez brennt er in der schönsten Art,
und 's Wasser ruuscht, der Blosbolg gahrt,
und bis aß d'Nacht vom Himmel fallt,
se würd die ersti Maßle chalt.

Und 's Wasser ruuscht, der Blosbalg gahrt;
i ha druf hi ne Gulde g'spart.
Gang Chüngi, lengis alte Wi,
mer wen e wengli lustig si!

Ne Freudestund isch nit verwehrt;
me g'nießt mit Dank, was Gott bischert,
me trinkt e frische frohe Muet,
und druf schmeckt wieder 's Schaffe guet.

E Freudestund, e gueti Stund!
's erhaltet Lib und Chräfte gsund;
doch mueß es in der Ordnig goh,
sust het me Schand und Leid dervo.

E frohe Ma, ne brave Ma!
Jez schenket i, und stoßet a:
„Es leb der Marggrof und sie Huus!"
Ziehnt d'Chappen ab, und trinket us!

Ne bessere Her treit d'Erde nit,
's isch Sege, was er tuet und git,
i cha's nit sage, wieni sott:
Vergelt's em Gott! Vergelt's em Gott!

Und 's Bergwerch soll im Sege stoh!
's het menge Burger 's Brot dervo.
Der Her Inspekter lengt in Trog,
und zahlt mit Freud, es isch kei Frog.

Drum schenket i, und stoßet a!
Der Her Inspekter isch e Ma,
mit üsers Gattigs Lüte g'mei,
und fründli gege groß und chlei.

Er schafft e guete Wi ufs Werk,
er holt en über Tal und Berg,
er stellt en luter uffe Tisch,
und mißt, wie's recht und billig isch.

Sell isch verbei, der Ma am Füür
mueß z'trinke ha, wär's no so tür.
Es rieslet menge Tropfe Schweiß,
und will's nit go, men ächzet eis.

Me streift der Schweiß am Ermel ab,
me schnufet, d'Bälg verstuune drab,
und mengi liebi Mitternacht
wird so am heiße Herd verwacht.

Der Schmelzer isch e plogte Ma,
drum bringem's ein, und stoßet a:
Gsegott! Vergiß di Schweiß und Ach!
's het jeden anderen au si Sach.

Am Zahltag teiltisch doch mit kei'm,
und bringsch der Lohn im Nastuech heim,
se luegt di d'Marei fründli a,
und seit: „I ha ne brave Ma!"

Druf schlacht sie Eiern-Anken i,
und streut e wenig Imber dri,
sie bringt Salat und Grüebe dra,
und seit: „Jez iß, du liebe Ma!"

Und wenn e Ma si Arbeit tuet,
se schmeckt em au si Esse guet.
Er tuuschti nit in Leid und Lieb
mit mengem riche Galgedieb.

Mer sitze do, und 's schmecktis wohl.
Gang Chüngeli, leng is no nemol,
wil doch der Ofe wieder goht,
und 's Erz im volle Chübel stoht!

So brenn er denn zue gueter Stund,
und Gott erhaltich alli gsund,
und Gott biwahrich uf der Schicht,
aß niemes Leid und Unglück gschicht!

Und chunnt in strenger Winterszit,
wenn Schnee uf Berg und Firste lit,
en arme Bueb, en armė Ma,
und stoht ans Füür, und wärmt sie dra,

und bringt e paar Grumbireli,
und leit's ans Füür und brotet sie,
me schloft nit lieblig uffem Erz,
schlof wohl, und tröst der Gott di Herz!

Dört stoht so ein. Chumm, arme Ma,
und tuenis Bscheid, mer stoßen a!
Gsegott, und tröst der Gott di Herz!
me schloft nit lieblig uffem Erz.

Und chunnt zur Zit e Biderma
ans Füür, und zündet's Pfifli a,
und setzt sie näumen ane mit,
se schmeckt's em wohl, und – brenn di nit!

Doch fangt e Büebli z'rauchen a,
und meint, es schönn's, as wie ne Ma,
se macht der Schmelzer churze Bricht,
und zieht em's Pfifli usem Gsicht.

Er keit's ins Füür, und balgt derzue:
„Hesch's au scho glehrt, du Lappi du!
Sug amme Störzli Habermark,
Weisch? Habermark macht d'Buebe stark!"

's isch wohr, 's git mengi Churzwil mehr
am Suntig no der Chinderlehr,
und strömt der füürig Isebach
im Sand, es isch e schöni Sach.

Frog menge Ma: „Sag, Nochber, he!
hesch au scho 's Ise werde seh
im füürige Strom de Forme no?"
Was gilt's, er cha nit sage: Jo?

Mir wüsse, wie me's Ise macht,
und wie's im Sand zue Maßle bacht,
und wiemes druf in d'Schmidte bringt,
und d'Luppen unterm Hammer zwingt.

Jez schenket i, und stoßet a:
Der Hammermeister isch e Ma!
Wär Hammerschmid und Zeiner nit,
do läg e Sach, was tät me mit?

Wie gieng's im brave Hamberchsma?
's mueß jede Stahl und Ise ha;
und mueß der Schnider d'Nodle ge,
sen isch's au um si Nahrig gscheh.

Und wenn im früeihe Morgerot
der Buur in Feld und Fure stoht,
se mueß er Charst und Haue ha,
sust isch er e verlorne Ma.

Zum Broche bruucht er d'Wägese,
zum Meihe bruucht er d'Sägese,
und d'Sichle, wenn der Weize bleicht,
und 's Messer, wenn der Trübel weicht.

So schmelzet denn, und schmiedet ihr,
und dankich Gott der Her derfür!
Und mach en andre Sichle drus,
und was me bruucht in Feld und Hus!

Und numme keini Sebel meh!
's het Wunde gnueg und Schmerze ge,
's hinkt mengen ohni Fueß und Hand,
und menge schloft im tiefe Sand.

Kei Hurlibaus, ke Füsi meh!
Mer hen 's Lamento öbbe gseh,
und ghört wie's in de Berge chracht,
und Ängste gha di ganzi Nacht.

Und glitte hemmer, was me cha;
drum schenket i, und stoßet a:
Uf Völkerfried' und Einigkeit
von nun a bis in Ewigkeit!

Jez zahlemer! Jez göihmer hei,
und schaffe hüt no allerlei,
und dengle no bis tief in d'Nacht,
und meihe, wenn der Tag verwacht.

## Der Morgenstern

Woher so früeih, wo ane scho,
Her Morgestern, enanderno
in diner glitzrige Himmelstracht,
in diner guldige Lockepracht,
mit dinen Auge chlor und blau
und sufer gwäschen im Morgentau?

Hesch gmeint, de seisch elleinig do?
Nei weger nei, mer meihe scho!
Mer meihe scho ne halbi Stund;
früeih uffsto isch de Gliedere gsund,
es macht e frische frohe Muet,
und d'Suppe schmeckt eim no so guet.

's git Lüt, sie dose frili no,
sie chönne schier nit use cho.
Der Mähder und der Morgestern
stöhn zitli uf, und wache gern,
und was mer früeih um Vieri tuet,
das chunnt eim z'Nacht um Nüni guet.

Und d'Vögeli sin au scho do,
sie stimmen ihri Pfifli scho,
und uffem Baum und hinterm Hag
seit eins im andere Guete Tag!
Und 's Turteltübli ruukt und lacht,
und 's Betzitglöckli isch au verwacht.

„Se helfis Gott, und gebis Gott
e guete Tag, und bhüetis Gott!
Mer beten um e christlig Herz,
es chunnt eim wohl in Freud und Schmerz;
wer christli lebt, het frohe Muet:
der lieb Gott stoht für alles guet."

Weisch Jobbeli, was der Morgestern
am Himmel suecht? Me seit's nit gern!
Er wandlet imme Sternli no,
er cha schier gar nit vonnem lo.
Doch meint si Muetter, 's müeß nit si,
und tuet en wie ne Hüenli i.

Drum stoht er uf vor Tag, und goht
si'm Sternli no dur's Morgerot.
Er suecht, und 's wird em windeweh,
er möcht em gern e Schmützli ge,
er möcht em sagen: I bi der hold!
es wär em über Geld und Gold.

Doch wenn er schier gar binem wär,
verwacht si Muetter handumchehr,
und wenn sie rüeft enanderno,
sen isch mi Bürstli niene do.
Druf flicht sie ihre Chranz ins Hoor,
und lueget hinter de Berge vor.

Und wenn der Stern si Muetter sieht,
se wird er todesbleich und flieht,
er rüeft si'm Sternli: Bhüetdi Gott!
es isch, as wenn er sterbe wott.
Jez Morgestern, hesch hohi Zit,
di Müetterli isch nümme wit.

Dört chunnt sie scho, was hani gseit,
in ihrer stille Herlichkeit.
Sie zündet ihri Strahlen a,
der Chilchturn wärmt sie au schon dra,
und wo sie fallen in Berg und Tal,
se rüehrt si 's Leben überal.

Der Storch probiert si Schnabel scho,
„de chasch's perfekt, wie gester no!"
und d'Chemi rauchen au alsgmach;
hörsch's Mühlirad am Erlebach,
und wie im dunkle Buechewald
mit schwere Streiche d'Holzax fallt?

Was wandlet dört im Morgestrahl
mit Tuech und Chorb dur's Mattetal?
's sin d'Meidli jung, und flink und froh,
sie bringe weger d'Suppe scho,
und 's Anne-Meili vornen a,
es lacht mi schon vo witem a.

Wenn ich der Sunn ihr Büebli wär,
und 's Anne-Meili chäm ung'fähr
im Morgerot, ihm giengi no,
i müeßt vom Himmel abe cho,
und wenn au d'Muetter balge wott,
i chönnt's nit lo, verzeihmer's Gott!

## Der Sperling am Fenster

### I

Zeig, Chind! Wie het sel Spätzli gseit?
Weisch's nümme recht? Was luegsch mi a?
„'s het gseit: ‚I bi der Vogt im Dorf,
i mueß von allem d'Vorles ha'."

Und wo der Spötlig seit: 's isch gnueg!
Was tuet mi Spatz, wo d'Vorles het?
„Er liest am Bode d'Brösli uf,
sust müeßt er hungerig ins Bett."

Und wo der Winter d'Felder deckt,
was tuet mi Spatz in siner Not?
„Er pöpperlet am Fenster a,
und bettlet um e Stückli Brot. –

Gang, gib em, Muetter! 's friert en sust." –
Zeig, sag mer z'erst, 's pressiert nit so,
wie chunnt's der mit dem Spätzli vor?
Meinsch nit, es chönnt eim au so goh?

Chind, wird's der wohl, und 's goht der guet,
sag nit: i bi ne riche Her,
und iß nit Brotis alli Tag'!
's chönnt anderst werde, Handumchehr.

Iß nit der chrosplig Ranft vom Brot,
und loß die weiche Brosme stoh!
– De hesch's im Bruuch – es chunnt e Zit,
und wenn de's hättsch, wie wärsch so froh!

Ne blaue Möntig währt nit lang,
und d' Wuche het no mengi Stund,
und mengi Wuche lauft durs Dorf,
bis jedem au si letzti chunnt.

Und was men in si'm Früehlig lehrt,
me treit nit schwer, und het's emol,
und was men in si'm Summer spart,
das chunnt eim in si'm Spötlig wohl.

Chind, denk mer dra, und halt di guet!
„O Muetter lueg! der Spatz will goh!"
Se gang er! Leng die Hirse dört,
und sträu' em! Er wird wieder cho!

II

Wie het im Summer 's Spätzli gseit?
Chind, bsinn di, – fallt's der nümmen i?
„'s het gseit: ‚I bi ne riche Bur,
die Garbe do sin alli mi.'

Es isch gar sölli semper gsi
es het vo allem 's fürnemst gno,
's het jedwed Chörnli dreimol bschaut
und hinterher erst lige lo."

Und wo der Spötlig ufgrumt het,
mi riche Burst, was het er to?
„Am Bode G'söm und Brösli gsuecht
und ebe nit viel übercho."

Und jez, wo's schneit und schneie mag,
Was tuet mi Spatz in siner Not?
„Er pöpperlet am Fenster a:
‚he, numme au e Stückli Brot!' –

Gang, gib em Muetter! 's friert en sust!" –
Chum, sag mer z'erst, 's pressiert nit so:
wie chunnt's der mit dem Spätzli für?
meinsch nit, es chönnt der au so goh?

Chind, wird's der wohl, und 's goht der guet,
sag nit: I bin n e riche Ma!
und iß nit Brotis Tag für Tag
und schaff nit gli ne Sackuhr a!

Schel nit der chrosplig Ranft vom Brot!
Loß nit die weiche Bros'me stoh!
(De hesch's im Bruuch), es chunnt e Zit,
o wenn de's hetsch, wie wärsch so froh.

Und wenn der's nümme schmecke will,
se gang ins Feld, schaff druf und dra!
Der Hunger isch e guete Choch,
er streut eim Gwürz un Zucker dra.

Ne blaue Möntig währt nit lang,
und d'Wuche het no mengi Stund,
und mengi Wuche lauft durs Dorf,
und niemes weiß, wie's witers chunnt.

Und was men in sim Früehlig lehrt,
me treit nit schwer, und het's emol,
un was men in sim Summer spart,
das chunnt eim in sim Spötlig wohl.

Chind, denk mer dra, und halt di guet!
„O Muetter lueg, der Spatz will goh!"
Se gang er! leng die Hirse dört
und streu em! Er wird wieder cho.

## Der Karfunkel

Wo der Ätti si Tuback schnätzlet, se lueget en d'Marei
fründlig und bittwis a: „Verzehlis näumis, o Ätti,
weisch so wieder, wie necht, wo 's Chüngi het welle vertschlofe!"
Drüber rucke 's Chüngi und's Anne Bäbi und d'Marei
mit den Chunklen ans Liecht, und spanne d'Saiten, und striche
mittem Schwärtli 's Rad, und zupfen enander am Ermel.
Und der Jobbi nimmt e Hampfle Liechtspöhn, und setzt si
nebene Liechtstock hi, und seit: „Das willi verrichte."
Aber der Hans Jerg lit e lange Weg überen Ofe,
lueget aben und denkt: „Do obe höri's am beste,
und bi niemes im Weg." Druf, wo der Ätti si Tuback
gschnitte het, und 's Pfifli gfüllt, so chunnt er an Liechtspohn,
und hebt 's Pfifli drunter, und trinkt in gierige Züge,

bis es brennt. Druf druckt er 's Füür mit de Fingeren abe,
und macht 's Deckeli zue. „Se willi denn näumis verzehle",
seit er, und sitzt nieder, „doch müender ordeli still si,
aß i nit verstuun, eb's us isch, und du dört obe,
pack di vom Ofen abe! Hesch wieder niene ke Platz gwüßt?
Isch's der z'wohl, und glust's di wieder no nem Karfunkel?
Numme ken, wie sell ein gsi isch, woni im Sinn ha.
's isch e Plätzli näumen, es goht nit Ege no Pflueg druf,
Hurst an Hurst scho hundert Johr und giftigi Chrüter,
's singt kei Trostle drinn, kei Summervögeli bsuecht sie,
breiti Dosche hüete dört e zeichnete Chörper.

's wär ke ungschickt Bürschli gsi, sel seit me, doch seig er
zitlich ins Wirtshus g'wandlet, und über Bibel und Gsangbuch
sin em d'Charte gsi am Samstig z'oben und Sunntig.
Flueche het er chönne, ne Hex im rueßige Chemi
hätt sie bsegnet und bettet, und d'Sternen am Himmel
hen zittert.
's het e mol im grüene Rock e borstige Jäger
zuegluegt, wie sie spiele. Mit unerhörte Flüeche
het der Michel Stich um Stich und Büeßli verlore.
„Du vertlaufsch mer nit!", seit für si selber der Grüenrock;
d' Wirtene het's no ghört, und denkt: „Isch's öbbe ne Werber!"
's isch ke Werber gsi, der werdet's besser erfahre,
wenn der Michel g'wibet het, und 's Güetli verlumpet.
Was het 's Stroßwirts Tochter denkt? Sie het em us Liebi
Hand und Jowort ge, doch nit us Liebi zum Michel,
nei zu Vater und Muetter, es isch ihr Willen und Wunsch gsi.
Sellen Oben isch's in schwere Gidanke vertschlofe,
selli Mittnacht het's e schwere bidütseme Traum gha.
's isch em gsi, es chömm vo Staufe füren an d'Landstroß;
an der Landstroß goht e Chapeziner und bettet.
„Schenket mer au ne Helgli, Her Pater, went der so guet si!
Bini nit e Bruut? 's cha si, 's het gueti Bidütig."
Landsem schüttlet si Chopf der Pater, und unter der Chutte
lengt er e Hampfle voll Helge. „Do zieh der selber ein use!"
Seit's, und wo nes zieht, so lengt's in schmutzigi Charte.

„Hesch echt 's Eckstei-Aß? 's bidütet e rote Charfunkel;
's isch ke guete Schick." – „Jo weger", seit es, „das hani."
Wieder seit der Pater: „Se zieh denn anderst, o Brütli!

Hesch echt siebe Chrütz?" – „Jo weger", seit es und süfzget. –
„Tröst di Gott, zieh anderst! Es chönne no besseri drinn si.
Hesch e bluetig Herz?" – „Jo weger!" seit's und erschrickt drob. –
„Jez zieh no e mol, 's cha si, di Heilige chunnt no! –
Isch's der Schuflebueb?" – „Es wird wol, bschauet en selber!" –
„Jo de hesch en! Tröst di Gott! Er schuflet di abe."
So het's im Kätterli traumt, und so het's selle mol gschlofe.
Stroßwirts Tochter, was hesch denkt, und hesch mer en doch g'no?
Jo, es het jo müeßen und gseit: „Ins Here Gotts Name!
No de siebe Chrützen und hinterem bluetige Herze
chunnt mi Heilige, will's der Her, und schuflet mi abe."
Z'erst hätt's möge go. Zwor mengmol het no der Michel
gspielt und trunke, bis gnueg, und gfluecht, und 's Kätterli ploget.
Mengmol isch er in si gange, wenn 's en mit Träne
bittet het, und bette. Ne mol se seit er: „Jez willi
mit der akkordieren, und d'Charte willi verflueche.
Soll mi der Teufel hole, so bald i eini me a'rüehr!
Aber ins Wirtshus gangi, sel willi, sel chani nit mide.
Grums und hül, so lang 's der g'fallt, ich cha der nit helfe!"
Het er 's erst nit gehalte, sen isch er im andere treu gsi.
Woner ins Wirtshus chunnt, se sitzt mi borstige Grüenrock
hinterem Tisch, selb dritt, und müschlet d'Charten, und rüeft em:
„Bisch mer e Kammerad, se chumm, se wemmer eis mache!"
„Ich nit", seit der Michel, „Bas Margret, leng mer e Schöppli!"
„Du nit?", seit der Grüen. „Chumm numme, bis de di Schoppe
trunke hesch, und 's goht um nüt, mer mache für Churzwil!"
„He", denkt binem selber der Michel, „wenn es um nüt goht,
„sel isch jo nit g'spielt", und setzt si nebene Grüenrock.
's chunnt e Chnab ans Fenster mit lockiger Stirnen, und rüeft em

„Meister Michel, uf e Wort! Der Stroßewirt schickt mi."
„Schick en wieder", seit er, „i weiß scho, was er im Chopf het!
Wer spielt us? und was isch Trumpf? und gstoche das Eckstei!"
Druf und druf! Z'letzt seit der Grüen: „Was bisch du ne
Glückschind!
Möchtsch nit umme Chrützer mache?" – Sel isch jez eitue,
denkt der Michel, gspielt isch gspielt, und seit „Es isch eitue!"
„Chömmet", rüeft der Chnab, und pöpperlet wieder am Fenster,
„Nummen uf en einzig Wörtli!" – „Loß mi ung'heit jez!
Chrütz im Baum, und Schufle no, und no ne mol Schufle!"
Und so goht's vom Chrützer bis endli zu der Dublone.

Wo sie ufstöhn, seit der Grüenrock: „Michel, i cha di
jez nit zahle. Magsch derfür mi Fingerring bhalte,
bis i en wieder lös. Es sin verborgeni Chräfte
in dem rote Karfunkel. O lueg doch, wie ner ein a'blitzt!"
's drittmol chlopft's am Fenster: „O Michel, chömmet, wil's
Zit isch!"
„Loß en schwetze", seit der Grüenrock, „wenn er nit goh will!
Nimm du do mi Fingerring, und wenn de ke Chrützer
Geld deheim, und niene hesch, es cha der nit fehle.
Wenn der Ring am Finger steckt, und wenn de in Sack lengsch
alli Tag emol, se hesch e bairische Taler.
Nummen an kem Firtig, i wott der das selber nit rote.
Chasch mi witers bruche, se rüef mer nummen! I hör di.

Heißi nit Vizli Buzli, und hani d'Ohre nit bimer?"
Sieder briegget d'Frau deheim im einseme Stübli,
und list in der Bibel und im verrissene Betbuech,
und der Michel chunnt und schändet: „Findi di wieder
an dim ewige Betten und dunderschießige Hüle?
Lueg do, was i gunne ha, ne rote Charfunkel!"
's Kätterli verschrickt: „O Jesis", seit es, „was siehni!
's isch ke guete Schick!" – und sinkt dernieder in Ohnmacht.
Wärsch doch nümme verwacht, wie menge bittere Chummer
hättsch vertschlofen, armi Frau, wo diner no wartet!
Jez wird's tägli schlimmer. Uf alle Merte flankiert er,

alli Chülbene bsuecht er, und wo me ne Wirtshus bitrittet,
z'nacht um Zwölfi, Vormittag und z'oben um Vieri,
sitzt der Michel dört, und müschlet trüeglichi Charte.
's Chind verwildert, 's Güetli schwindet, Acker um Acker
chunnt an Stab, und d'Frau vergoht in bittere Träne.
Goht er öbbe heim, git's schnödi Reden und Antwort:
„Chunnsch du Lump?" Und so und so. – Mit trunkene Lippe
fluecht der Michel, schlacht si Frau. Jez mueß er zum Pfarer,
jez vor Oberamt, und mittem Haschierer im Turn zue.
Goht er schlimm, se chunnt er ärger, wennem der Vizli
Buzli wieder d'Ohre striicht, und Gallen ins Bluet mischt.

So währt's siebe Johr. Emol se bringt en der Buzli
wieder usem Turn, und „Allo, göhn mer ins Wirtshus,
eb de heim chunnsch mit de Streiche, wo sie der ge hen!
Was der d' Frau zum Willkumm g'chocht het, wird di nit brenne.
Los, de duursch mi, wenn i dra denk, es möcht mi versprenge,
wie's der goht, und wie der d'Frau di Lebe verbittert.
So ne Ma, wie du, wo 's Tags si Taler vertue cha.
Glückli bisch im Spiele, doch no nem leidige Sprüchwort,
mittem Wibe hesch's nit troffe, chani der sage.
Wärsch ellei, wie hättsch's so gut, und lebtisch so rüeihig!
's pin'get di, me sieht der's a, und d'Odere schwelle.
Trink e Schlückli Brenz, er chüelt der öbbe di Jast ab!"

Aber d'Frau deheim, mit z'semmegschlagene Hände
sitzt sie uffem Bank, und luegt dur Tränen an Himmel.
„Siebe Johr und siebe Chrütz!", so schluchzget sie endli,
„'s wird mer redli wohr, und Gott im Himmel well's ende!"
Seit's und nimmt e Buech und bettet in Todesgidanke.
Drüber schnellt der Michel d'Tür uf, und fürchterli schnauzt er:
„Hülsch au wieder? Du hesch's nötig, falschi Canali!
Surchrut choch mer!" 's Kätterli seit: „'s isch niene ke Füür
meh."
„Surchrut willi! Lueg, i dreih der 's Messer im Lib um." –
„Lieber hüt, as morn. De bringsch mi untere Bode
ei Weg wie der ander, und 's Büebli hesch mer scho g'mordet." –

„Di soll der Dunder und's Wetter in Erdsboden abe
verschlage!"
Seit's und zuckt, und sinnlos schwanket 's Kätterli nieder.
„O mi bluetig Herz", so stöhnt's no lisli, wo's umfallt.
„Chumm, o Schuflebueb, do hesch mi, schufle mi abe!"
Jez der Michel furt, vom schnelle Schrecken ergriffe,
lauft ins Feld, der Bode schwankt, und 's raßlet im Nußbaum.
„Vizli Buzli, rot mer du!" So rüeft er. Der Buzli,
hinterem Nußbaum stoht er und chunnt, und frogt en:
„Was fehlt der?"
„D'Kätheri hani verstoche, jez rot mer, was i soll mache!" –
„Isch das alles?", seit der Buzli. „Weger de chasch ein
doch verschrecken, aß me meint, was Wunder passiert seig!
Närsch, jez chasch im Land nit blibe, 's möcht e Verdruß ge.
Isch nit dört der Rhi? Und chumm, i will di bigleite,
's stoht e Schiff am Gstad!" – Jez stiege sie ehnen im Sunggäu
frisch ans Land, und quer dur's Feld. Im einseme Wirtshus
brennt e Licht. „Mer wen doch luege, wer no do isch",
seit der Grüen, „wer weiß, do chasch der d'Grille vertribe!"

Aber im Wirtshus sitze no spoti nächtligi Gselle,
und 's goht vornen a mit Banketieren und Spiele.
„Chrütz isch Trumpf! Und no ne mol! Und chönnetder di do?
Gstoche die! und no ne Trumpf! Und – gstoche das Herzli!"
's isch scho halber Zwölfi. Will echt mit lockiger Stirne
jez ke Chnab erschine? Nei weger! Michel, es endet!
O, wie spielsch so söllich ungschickt! G'stoche das Herzli,
lengt em tief in d'Seel, und alli mol, wenn er e Stich macht,
wiederholt's der Grüen, und wirft im Michel e Blick zue.
Drüber warnt's uf Zwölfi. Mit alliwil schlechtere Charte
spielt er alliwil schlechter, und zahlt anfange mit Chride.
Druf het's Zwölfi gschlage. Jez lengt er mit g'ringletem Finger
frisch in Sack: „Wer wechslet no ne bairische Taler?"
Schlechti Münz, Her Michel! Er lengt in glasigi Scherbe,
tuet e Schrei, und luegt mit Gruus und Schrecke der Grüen a.
Aber der Buzli leert si Brenntewigläsli und schmatzget:
„Michel, chumm jez furt, der Wirt würd wellen ins Bett goh!

's chömme hüt viel Gäst, sie hen e lustige Firtig.
Isch nit Ludwigstag, der fünfezwenzigst Augusti?
Dreih am Ring, so lang de witt, de bringsch en nit abe!"
O, wie het der Michel g'lost – e lustige Firtig;
O, wie het er d'Füeß am Tischbei unte verchlammert!
's hilft nit lang, und tuet nit guet. Mit ängstlichem Bebe
stoht er uf, und seit ke Wort, und göhn mit enander,
vornen a der Grüen, und an de Ferse der Michel,
wie ne Chalb im Metzger folgt zur bluetige Schlachtbank.
Öbbe ne Büchseschuß vom Wirtshus stellt en der Buzli.
„Michel", seit er, „lueg, es stoht kei Sternli am Himmel!
Lueg, der Himmel hangt voll Wetter über und über!
's goht kei Luft, es schwankt kei Nast, es rüehrt si ke Läubli,
und du bisch mer au so still. I glaub, de witt bette,
oder machsch der d'Ürten und isch der 's Lebe verleidet?
Wie de meinsch! Di Wahl isch schlecht, i mueß der's bikenne.
Se, do hesch e Messer! I ha's am Blotzemer Mert g'chauft!
Hau der d'Gurgele selber ab, se chost's di ke Trinkgeld!" –
So het der Ätti verzehlt, und mit engbrüstigem Otem
seit druf d'Muetter: „Bisch bal fertig? Mach mer die Meidli
nit so z'förche, 's sin doch nummen erdichteti Märli!" –

„Jo, i bi jo fertig!“, erwidert der Ätti, „dört lit er
mit sim Ring im Dorneghürst, wo d’Trostle nit singe.“
Aber d’Marei seit: „O Muetter, wer wird em denn förche!
Denksch, i merk nit, was er meint, und was er will sage?
Jo, der Vizli Buzli, das isch die bösi Versuechig.
Lockt sie nit, und füehrt sie nit in Sünden und Elend,
wenn e Mensch nit bette mag, und folgt nit, und schafft nüt!
Und der lockig Chnab isch gueti Warnig im Gwisse.
„O, i chenn mi Ätti wohl, und sini Gidanke!“

## Das Herlein

Und woni uffem Schnidstuehl sitz
für Basseltang, und Liechtspöhn schnitz,
se chunnt e Herli wohlgimuet,
und frogt no frei: Haut's Messer guet?"

Und seit mer frei no Guete Tag!
und woni lueg, und woni sag:
„'s chönnt besser go, und Große Dank!"
se wird mer's Herz uf eimol chrank.

Und uf, und furt enanderno,
und woni lueg, isch's nümme do,
und woni rüef: „Du Herli, he!"
se git's mer scho kei Antwort meh.

Und sieder schmeckt mer's Esse nit;
stell umme, was de hesch und witt,
und wenn en anders schlofe cha,
se höri alli Stunde schlah.

Und was i schaff, das grotet nit,
und alli Schritt und alli Tritt,
se chunnt mim Sinn das Herli für,
und was i schwetz, isch hinterfür.

’s isch wohr, es het e Gsichtli gha,
’s verluegti si en Engel dra,
und ’s seit mit so ’me freie Muet,
so lieb und süeß: „Haut’s Messer guet?“

Und leider hani’s ghört und gseh,
und sellemols und nümme meh.
Dört isch’s an Hag und Hurst verbei,
und witers über Stock und Stei.

Wer spöchtet mer mi Herli us,
wer zeigt mer siner Muetter Hus?
I lauf no, was i laufe cha,
wer weiß, se triffi’s doch no a!

I lauf no alli Dörfer us,
i suech und frog vo Hus zu Hus,
und würd mer nit mi Herli chund,
se würdi ebe nümme g’sund.

## Der Mann im Mond

„Lueg, Müetterli, was isch im Mo'?"
He, siehsch's denn nit, e Ma!
„Jo wegerli, i sieh ne scho.
Er het e Tschöpli a.

Was tribt er denn die ganzi Nacht,
er rüehret jo kei Glied?"
He, siehsch nit, aß er Welle macht?
„Jo, ebe dreiht er d'Wied.

Wär i, wie er, i blieb dehei,
und machti d'Welle do."
He, isch er denn us üser Gmei?'
Mer hen scho selber so.

Und meinsch, er chönn so, wiener well?
Es wird em, was em g'hört.
Er gieng wol gern – der sufer Gsell
mueß schellewerche dört.

„Was het er bosget, Müetterli?
Wer het en bannt dörthi?"
Me het em gseit der Dieterli,
e Nütnutz isch er gsi.

Ufs Bete het er nit viel gha,
ufs Schaffen o nit viel,
und öbbis mueß me triebe ha,
sust het me langi Wil.

Drum, het en öbbe nit der Vogt
zur Strof ins Hüsli gspert,
sen isch er ebe z'Chander g'hockt,
und het d'Butelli g'leert.

„Je, Müetterli, wer het em's Geld
zue so'me Lebe ge?"
Du Närsch, er het in Hus und Feld
scho selber wüsse z'neh.

Ne mol, es isch e Sunntig gsi,
se stoht er uf vor Tag,
und nimmt e Beil, und tummlet si,
und lauft in Lieler Schlag.

Er haut die schönste Büechli um,
macht Bohnestecke drus,
und treit si furt, und luegt nit um,
und isch scho fast am Hus.

Und ebe goht er uffem Steg,
se ruuscht em öbbis für:
„Jez Dieter goht's en andre Weg!
Jez Dieter, chumm mit mir!"

Und uf und furt, und sieder isch
kei Dieter wit und breit.
Dört obe stoht er im Gibüsch
und in der Einsemkeit.

Jez haut er jungi Büechli um;
jez chuuchet er in d'Händ;
jez dreiht er d'Wied, und leit sie drum,
und 's Sufe het en End.

So goht's dem arme Dieterli;
er isch e gstrofte Ma!
„O bhüetis Gott, lieb Müetterli,
i möcht's nit mittem ha!"

Se hüet di vorem böse Ding,
's bringt numme Weh und Ach!
Wenn's Sunntig isch, se bet und sing.
Am Werchtig schaff di Sach.

# Die Marktweiber in der Stadt

Ichumm do us 's Rotshere Hus,
's isch wohr, 's sieht proper us;
doch isch's mer, sie heigen
o Müeih und Not
und allerlei schweri Gidanke,
„Chromet süeßen Anke!“
wie's eben überal goht.

Jo weger, me meint, in der Stadt
seig alles sufer und glatt;
die Here sehn eim so lustig us,
und 's Chrütz isch ebe durane,
„Chromet jungi Hahne!“
mengmol im pröperste Hus.

Und wemme gchämpft mueß ha,
goht's meini, ehnder no a
im Freie dusse, wo d'Sunn o lacht,
und Bluemen und Ähri schwanke,
„Chromet süeßen Anke!“
und d'Sterne flimmere z'Nacht.

Und, wenn der Tag verwacht,
was isch's nit für e Pracht!
Der lieb Gott, meintme, well selber cho,
er seig scho an der Chrischone,
„Chromet grüeni Bohne!"
und chömm jez enanderno.

Und d'Vögeli meine's o,
sie werde so busper und froh,
und singe: „Herr Gott, dich loben wir",
und 's glitzeret ebe z'send ane;
„Chromet jungi Hahne!"
's isch wohr, me verlueget si schier.

Und faßt e frische Muet,
und denkt: Gott meint is guet,
sust hätt der Himmel kei Morgerot;
er willis nummen o üebe.
„Chromet geli Rüebe!"
Mer bruche ke Zuckerbrot.

Und innewendig am Tor
het menge d'Umhäng no vor,
er schloft no tief, und 's traumt em no.
Und ziehn sie der Umhang fürsi,
„Chromet schwarzi Chirsi!"
se simmer scho alli do.

Drum merke sie's selber schier,
und chömme zum Pläsier
ufs Land, und hole ne frische Muet
im Adler und bim Schwane,
„Chromet jungi Hahne!"
und 's schmecktene zimli guet.

Und doch meint so ne Her,
er seig weiß Wunder mehr,
und lueget ein numme halber a.
Es dunkt mi aber, er irr si;
„Chromet süeßi Chirsi!"
mi Hans isch au no e Ma.

Rich sin sie, 's isch kei Frog,
's Geld het nit Platz im Trog.
Mir tuet bim Bluest e Büeßli weh.
bi ihne heißt es: Dublone,
„Chromet grüeni Bohne!"
und hen no alliwil meh.

Was chost en Immis nit?
's heißt numme: Mul, was witt?
Pastetli, Strübli, Fleisch und Fisch,
und Törtli und Makrone.
„Chromet grüeni Bohne!"
Der Platz fehlt uffem Tisch.

Und erst der Staat am Lib!
me cha's nit seh vor Chib.
Lueg numme die chospere Junten a!
I wott sie schenkte mir sie.
„Chromet schwarzi Chirsi!"
Sie chönnte mini drum ha.

Doch isch eim 's Herz bitrüebt,
se gib em, was em b'liebt,
es schmeckt em nit, und freut en nit;
es goht eim wie de Chranke.
„Chromet süeßen Anke!"
Was tuet me denn dermit?

Und het me Chrütz und Harm,
sen isch me ringer arm;
me het nit viel, und brucht nit viel,
und isch doch sicher vor Diebe,
„Chromet geli Rüebe!“
z'letzt chunnt men o zum Ziel.

Jo gell, wenn's Stündli schlacht?
He jo, 's bringt jedi Nacht
e Morgen, und me freut si druf.
Gott het im Himmel Chrone,
„Chromet grüeni Bohne!“
mer wenn do das Gäßli uf.

## Der allezeit vergnügte Tabakraucher

### Im Frühling

's Bäumli blüeiht, und 's Brünnli springt.
Potz tausig los, wie 's Vögeli singt!
Me het si Freud und frohe Muet,
und 's Pfifli, nei, wie schmeckt's so guet!

### Im Sommer

Volli Ähri, wo me goht,
Bäum voll Äpfel, wo me stoht!
Und es isch e Hitz und Gluet.
Eineweg schmeckt's Pfifli guet.

## Im Herbst

Chönnt denn d'Welt no besser si?
Mit si'm Trübel, mit si'm Wi
stärkt der Herbst mi lustig Bluet,
und mi Pfifli schmeckt so guet.

## Im Winter

Winterszit, schöni Zit!
Schnee uf alle Berge lit,
uffem Dach und uffem Huet.
Justement schmeckt's Pfifli guet.

## Der Sommerabend

O, lueg doch, wie isch d'Sunn so müed,
lueg, wie sie d'Heimet abezieht!
O lueg, wie Strahl um Strahl verglimmt,
und wie sie 's Fazenetli nimmt,
e Wülkli, blau mit rot vermüscht,
und wie sie an der Stirne wüscht.

's isch wohr, sie het au übel Zit,
im Summer gar, der Weg isch wit,
und Arbet findt sie überal
in Hus und Feld, in Berg und Tal.
's will alles Liecht und Wärmi ha,
und spricht sie um e Segen a.

Meng Blüemli het sie usstaffiert,
und mit scharmante Farbe ziert,
und mengem Immli z'trinke ge,
und gseit: „Hesch gnueg und witt no meh?"
und 's Chäferli het hinteno
doch au si Tröpfli übercho.

Meng Somechöpfli het sie gsprengt,
und 's zitig Sömli use g'lengt.
Hen d'Vögel nit bis z'allerletzt
e Bettles gha, und d'Schnäbel g'wetzt?
Und kein goht hungerig ins Bett,
wo nit si Teil im Chröpfli het.

Und wo am Baum e Chriesi lacht,
se het sie 'm roti Bäckli gmacht;
und wo im Feld en Ähri schwankt,
und wo am Pfohl e Rebe rankt,
se het sie eben abe glengt,
und het's mit Laub und Bluest umhengt.

Und uf der Bleichi het sie gschafft,
hütie und ie us aller Chraft.
Der Bleicher het si selber g'freut,
doch hätt' er nit: vergelt's Gott! gseit.
Und het e Frau ne Wöschli gha,
se het sie trochnet druf und dra.

's isch weger wohr, und überal,
wo d'Sägesen im ganze Tal
dur Gras und Halme gangen isch,
se het sie g'heuet froh und frisch.
Es isch e Sach, bi miner Treu,
am Morge Gras und z'obe Heu!

Drum isch sie jez so sölli müed,
und brucht zum Schlof kei Obelied;
ke Wunder, wenn sie schnuuft und schwitzt.
Lueg wie sie dört uf's Bergli sitzt!
Jez lächlet sie zum letzte Mol.
Jez seit sie: Schlofet alli wohl!

Und d'unten isch sie! B'hüet di Gott!
Der Guhl, wo uffem Chilchturn stoht,
het no nit gnueg, er bschaut sie no.
Du Wunderfitz, was gaffsch denn so?
Was gilt's, sie tuet der bald derfür,
und zieht e roten Umhang für!

Sie duuret ein, die gueti Frau,
sie het ihr redli Huschrütz au.
Sie lebt gwiß mittem Ma nit guet,
und chunnt sie heim, nimmt er si Huet;
und was i sag, jez chunnt er bald,
dört sitzt er scho im Fohrewald.

Er macht so lang, was tribt er echt?
Me meint schier gar, er traut nit recht.
Chumm numme, sie isch nümme do,
's wird alles si, se schloft sie scho.
Jez stoht er uf, er luegt ins Tal,
und's Möhnli grüeßt en überal.

Denkwohl, mer göhn jez au ins Bett,
und wer kei Dorn im G'wisse het,
der brucht zum Schlofen au kei Lied;
me wird vom Schaffe selber müed;
und öbbe hemmer Schöchli gmacht,
drum gebis Gott e gueti Nacht!

## Die Mutter am Christabend

Er schloft, er schloft! Do lit er, wie ne Grof!
Du lieben Engel, was i bitt,
bi Lib und Lebe verwach mer nit,
Gott gunnt's mi'm Chind im Schlof!

Verwach mer nit, verwach mer nit!
Di Muetter goht mit stillem Tritt,
sie goht mit zartem Muettersinn,
und holt e Baum im Chämmerli d'inn.

Was henki der denn dra?
Ne schöne Lebchuechema,
ne Gitzeli, ne Mummeli
und Blüemli wiiß und rot und gel,
vom allerfinste Zuckermehl.

's isch gnueg, du Muetterherz!
Viel Süeß macht numme Schmerz.
Gib's sparsem, wie der liebi Gott,
nit all' Tag helset er Zuckerbrot.

Jez Rümmechrüsliger her,
die allerschönste woni ha,
's isch nummen au kei Möseli dra.
Wer het sie schöner, wer?

's isch wohr, es isch e Pracht,
was so en Öpfel lacht;
und isch der Zuckerbeck e Ma,
se mach er so ein, wenn er cha.
Der lieb Gott het en gmacht.

Was hani echt no meh?
Ne Fazenetli wiiß und rot,
und das eis vo de schöne.
O Chind, vor bittre Träne
biwahr di Gott, biwahr di Gott!

Und was isch meh do inn?
ne Büechli, Chind, 's isch au no di.
I leg der schöni Helgeli dri,
und schöni Gibetli sin selber drinn.

Jez chönnti, traui, goh;
es fehlt nüt meh zum Guete –
Potz tausig, no ne Ruete!
Do isch sie scho, do isch sie scho!

’s cha si, sie freut di nit,
’s cha si, sie haut der ’s Füdeli wund;
doch witt nit anderst, sen isch’s der gsund;
’s mueß nit si, wenn d’ nit witt.

Und willsch’s nit anderst ha,
in Gottis Name seig es drum!
Doch Muetterlieb isch zart und frumm,
sie windet roti Bendeli dri,
und macht e Letschli dra.

Jez wär er usstaffiert,
und wie ne Maibaum ziert,
und wenn bis früeih der Tag verwacht,
het’s Wienechtchindli alles gmacht.

De nimmsch’s und danksch mer’s nit;
drum weisch nit, wer der’s git.
Doch macht’s der numme ne frohe Muet,
und schmeckt’s der numme, sen isch’s scho guet.

Bim Bluest, der Wächter rüeft
scho Ölfi! Wie doch d’Zit verrinnt,
und wie me si vertieft,
wenn’s Herz an näumis Nahrig findt!

Jez, bhüetdi Gott der Her!
En anderi Chehri mehr!
Der heilig Christ isch hinecht cho,
het Chindes Fleisch und Bluet ag’no;
Wärsch au so brav, wie er!

## Eine Frage

Sag, weisch denn selber au, du liebi Seel,
was 's Wienechtchindli isch, und hesch's bidenkt?
Denkwol, i sag der's, und i freu mi druf.

O, 's isch en Engel usem Paradies
mit sanften Augen und mit zartem Herz.
Vom reine Himmel abe het en Gott
de Chindlene zum Trost und Sege gschickt.
Er hüetet sie am Bettli Tag und Nacht.
Er deckt sie mittem weiche Fegge zue,
und weiht er sie mit reinem Otem a,
wird's Äugli hell und 's Bäckli rund und rot.

Er treit sie uf de Hände in der G'fohr,
günnt Blüemli für sie uf der grüene Flur,
und stoht im Schnee und Rege d'Wienecht do,
se henkt er still im Wienechtchindlibaum
e schöne Früehlig in der Stuben uf,
und lächlet still, und het si süeßi Freud,
und Muetterliebi heißt si schöne Name.

Jo, liebi Seel, und gang vo Hus zue Hus,
sag Guete Tag, und Bhüetich Gott, und lueg!
Der Wienechtchindlibaum verrotet bald,
wie alli Müetter sin im ganze Dorf.

Do hangt e Baum, nei lueg me doch und lueg!
In alle Näste nüt as Zuckerbrot.
's isch nit viel nutz. Die het e närschi Freud
an ihrem Büebli, will em alles süeß
und liebli mache, tuet em, was es will.
Gib acht, gib acht, es chunnt e mol e Zit,
se schlacht sie d'Händ no z'semmen überm Chopf,
und seit: „Du gottlos Chind, isch das mi Dank?"
Jo weger Müetterli, das isch di Dank!

Jez do sieht's anderst dri ins Nochbers Hus.
Scharmanti bruni Bire, welschi Nuß
und menge roten Öpfel ab der Hurt,
e Gufebüchsli, doch will's Gott der Her
ke Gufe drinn. Vom zarte Beseris
e goldig Rüetli, schlank und nagelneu!
Lueg, so ne Muetter het ihr Chindli lieb!
Lueg, so ne Muetter zieht's verständig uf,
und wird mi Bürstli meisterlos, und meint,
es seig der Her im Hus, se hebt sie b'herzt
der Finger uf, und förcht ihr Büebli nit,
und seit: „Weisch nit, was hinterm Spiegel steckt?"
Und's Büebli folgt, und wird e brave Chnab.

Jez göhn mer wieder witers um e Hus.
Zwor Chinder gnueg, doch wo me luegt und luegt,
schwankt wit und breit ke Wienechtchindlibaum.
Chumm, weidli chumm, do blibe mer nit lang!
O Frau, wer het di Muetterherz so g'chüelt?
Verbarmt's di nit, und goht's der nit dur d'Seel,
wie dini Chindli, wie di Fleisch und Bluet
verwildern ohni Pfleg und ohni Zucht,
und hungrig bi den andre Chinde stöhn
mit ihre breite Rufe, schüch und fremd?
Und Wi' und Kaffi schmeckt der doch so guet!

Doch lueg im vierte Hus, das Gott erbarm,
was hangt am grüene Wienechtchindlibaum?
Viel stachlig Laub, und näume zwische drinn
ne schrumpfig Öpfeli, ne dürri Nuß!
Sie möcht, und het's nit, nimmt ihr Chind uf
d'Schoß,
und wärmt's am Buese, lueget's a und brieggt;
der Engel stüürt im Chindli Tränen i.
Sel isch nit gfehlt, 's isch mehr as Marzipan
und Zuckererbsli. Gott im Himmel sieht's,
und het us mengem arme Büebli doch
e brave Ma und Vogt und Richter gmacht,
und usem Töchterli ne bravi Frau,
wenn's numme nit an Zucht und Warnig fehlt.

## Noch eine Frage

Und weisch denn selber au, du liebi Seel,
worum de dine zarte Chinde d'Freud
in so ne stachlig Bäumli ine henksch?
Wil's grüeni Blättli het im Winter, meinsch,
und spitzi Dörn, aß's Büebli nit, wie's will,
die schöne Sachen use hökle cha.
's wär nit gar übel gfehlt, doch weisch's nit recht.
Denkwohl, i sag der's, und i freu mi druf.

Lueg, liebi Seel, vom Menschelebe soll
der dornig Freudebaum en Abbild si.
Nooch bi nenander wohne Leid und Freud,
und was der 's Lebe süeß und liebli macht,
und was no schöner in der Ferni schwebt,
de freusch di druf, doch in de Dörne hangt's.

Was denksch derzue? Zum erste sagi so:
Wenn Wermeth in di Freudebecher fließt
und wenn e scharfe Schmerz dur's Lebe zuckt,
verschrick nit drab, und stell di nit so fremd!
Di eigni Muetter selig, tröst sie Gott,
sie het der 's Zeichen in der Chindheit ge.
Drum denk: „Es isch e Wienechtchindlibaum,
nooch bi nenander wohne Freud und Leid."

Zuem zweite sagi das: Es wär nit guet,
wenn's anderst wär. Was us de Dorne luegt,
sieht gar viel gattiger und schöner us,
und 's fürnehmst isch, me het au länger dra.
's wär just, as wemme Zuckerbrot und Nuß,
und was am Bäumli schön und glitz'rig hangt,
uf eimol in e Suppeschüßle tät,
und stellti's umme: „Iß so lang de magsch,
und näumis do isch!" Wär's nit Uhverstand?

Zuem dritte sagi: Wemmen in der Welt
will Freude hasche, Vorsicht ghört derzue;
sust lengt me bald in d'Aglen und in Dörn,
und zieht e Hand voll Stich und Schrunde z'ruck.
Denn d'Freud hangt in de Dorne. Denk mer dra,
und tue ne wenig gmach! Doch wenn de's hesch,
se loß der's schmecke! Gunn der's Gott der Her!

## Gespenst

### an der Kanderer Straße

's git Gspenster, sel isch us und isch verbei!
Gang nummen in der Nacht vo Chander hei',
und bring e Rusch! De triffsch e Plätzli a,
und dört verirrsch. I setz e Büeßli dra.

Vor Ziten isch nit wit vo sellem Platz
e Hüsli gsi; e Frau, e Chind, e Chatz
hen g'otmet drinn. Der Ma het vorem Zelt
si Lebe g'lo im Heltelinger Feld.

Und wo si hört: „Di Ma lit unterm Sand",
se het me gmeint, sie stoß der Chopf an d'Wand.
Do holt sie d'Pappe no vom Füür und blost,
und git's im Chind, und seit: „Du bisch mi Trost!"

Und 's wär's au gsi. Doch schlicht e mol mi Chind
zur Türen us, und d'Muetter sitzt und spinnt,
und meint, 's seig in der Chuchi, rüeft und goht,
und sieht no just, wie's uffem Fueßweg stoht.

Und drüber lauft e Ma, voll Wi und Brenz,
vo Chander her ans Chind und überrennt's,
und bis sie 'm helfe will, sen isch's scho hi,
und rüehrt si nit – e flösche Bueb isch's gsi.

Jez rüstet sie ne Grab im tiefe Wald,
und deckt ihr Chind, und seit: „I folg der bald!"
Sie setzt si nieder, hüetet's Grab und wacht,
und endli stirbt sie in der nünte Nacht.

Und so verwest der Lib in Luft und Wind.
Doch sitzt der Geist no dört, und hüetet's Chind,
und hütigs Tags, de Trunkene zum Tort,
goht d'Chandrer Stroß verbei an sellem Ort.

Und schwankt vo Chander her e trunkne Ma,
se sieht's der Geist si'm Gang vo witem a,
und füehrt en abwärts, seig er, wer er sei,
er loßt en um kei Pris am Grab verbei.

Er chunnt vom Weg, er trümmlet hüst und hott,
und bsinnt si: „Bini echterst, woni sott?"
Und luegt und lost, und mauet öbbe d'Chatz,
se meint er, 's schreih e Guhl an sellem Platz.

Er goht druf dar, und über Steg und Bruck
se maut sie eben all'wil witer z'ruck;
und wenn er meint, er seig jez bald dehei,
so stoht er wieder vor der Weserei.

Doch, wandle selli Stroß her nüechteri Lüt,
se seit der Geist: „Ihr tüent mi'm Büebli nüt!"
Er rüehrt si nit, er lost sie ordeli
passieren ihres Wegs. Verstöhnt der mi?

## Der Käfer

Der Chäfer fliegt der Ilge zue
es sitzt e schönen Engel dört!
er wirtet gwiß mit Bluemesaft,
und 's chostet nit viel, hani ghört.

Der Engel seit: „Was wär der lieb?"
„Ne Schöppli Alte hätti gern!"
Der Engel seit: Sel cha nit si,
sie hen en alle trunke vern."

„Se schenk e Schöppli Neuen i!" –
„Do hesch eis!" het der Engel gseit.
Der Chäfer trinkt, und 's schmeckt em wohl,
er frogt: „Was isch mi Schuldigkeit?"

Der Engel seit: „He, 's chostet nüt!
Doch richtsch mer gern e Gfallen us,
weisch was, se nimm das Bluememehl,
und tragmer's dört ins Nochbers Hus!

Er het zwor selber, was er brucht,
doch freut's en, und er schickt mer au
mengmol e Hämpfeli Bluememehl,
mengmol e Tröpfli Morgetau."

Der Chäfer seit: „Jo frili, jo!
Vergelt's Gott, wenn de z'friede bisch."
Druf treit er's Mehl ins Nochbers Hus,
wo wieder so en Engel isch.

Er seit: „I chumm vom Nochber her,
Gott grüeß di, und er schick der do
au Bluememehl!“ Der Engel seit:
„De hättsch nit chönne juster cho.“

Er ladet ab; der Engel schenkt
e Schöppli guete Neuen i.
Er seit: „Do trink eis, wenn de magsch!“
Der Chäfer seit: „Gel cha scho si!“

Druf fliegt er zue si'm Schätzli heim,
's wohnt in der nöchste Haselhurst.
Es balgt und seit: „Wo blibsch so lang?“
Er seit: „Was chani für mi Durst?“

Jez luegt er's a, und nimmt's in Arm,
er chüßt's und isch bim Schätzli froh.
Druf leit er si ins Totebett,
und seit zum Schätzli: „Chumm ball no!“

Gel Seppli, 's dunkt di ordeli!
De hesch au so ne lustig Bluet.
Je, so ne Lebe, liebe Fründ,
es isch wohl für e Tierli guet.

# Der Statthalter

von

Vetter Hans Jerg, 's dunnert, es dunneret ehnen am Rhistrom
und es git e Wetter! I wott, es zög si vorüber.
's chunnt so schwarz – nei lueget, wie's blitzt, und loset, wie's windet,
wie's im Chemi tost, und der Guhl uffem Chilchetürn gahret!
Helfis Gott! – 's chunnt alliwil nöcher und alliwil stärcher.
Ziehnt doch d'Läden a, der Glast möcht d'Auge verblende,
und jez holet 's Chrüsli und sitzet do ummen, i willich
us den alte Zite vom Statthalter näumis verzehle.
Friedli het me nem gseit, und het's e seltseme Bueb ge,
isch's der Friederli gsi in siner Juged, das weißi!
Aber schöner as er isch ken durs Wiesetal gwandlet,
woner no Burechnecht bim alte Statthalter gsi isch.
Chrusi Löckli het er gha und Auge wie Chole,
Backe wie Milch und Bluet und rundi chräftigi Glieder.
's Meisters Vreneli het an ihm si eigeni Freud gha,
er am Vreneli au, doch isch er numme der Chnecht gsi. –

Nei, wie macht's, und nei, wie schüttet's! Bringet der 's Chrüsli
und e Ränftli Brot derzue? Jez sitzet und loset!
Vor fünfhundert Johren, i ha's vom Ätti erfahre,
isch e schwere Chrieg und sin Panduren im Land gsi.
Drunter isch's und drüber gange, was me cha sage.
Rich isch richer worden an Geld, an Matten und Hochmuet,
Arm isch ärmer worden und numme d'Schulde hen zueg'no.
Menge brave Ma het's nümme chönne prästiere,
het si Sach verloren und Hunger g'litten und bettlet.
Mengi hen si zsemme g'rottet zwische de Berge.
Z'letzt het no der Friede ne Pack Maroden im Land g'lo,
gföhrli Volch mit Schwert und Büchse, listig und unheim,
's sin bitrüebti Zite gsi, Gott well is biwahre!
Sel mol het e Bur uf der Egerte nieden an Farnau
Hus und Schüre gha und Stiere, 's wärich ke Tropfe
Wasser uffene g'standen, und uf de Matte vo Farnau
bis go Huse Tensch und Tensch und Schmehlen an Schmehle
het der Ueli g'meiht, und 's Heu uf d'Egerte heimgefüehrt,
aber e wüste Ma zue dem, wie's ken meh in siebe
Here Ländere git, im Welschland isch er so worde.
Hätt em der Statthalter z'Schopfe nit 's Vreneli endli zur Frau ge,
's Vreneli voll Verstand, und wie der Morge so lieblig,
's hätt 's ke Magd im Hus bis Betzit chönnen erlide,
und kei Chnecht hätt zuenem dingt. Es chunnt eim e Bettler,
und me git em ke Brot, se seit me doch öbben im Friede:
„Helfich Gott!" – Er nit! „I will der 's Bettle verleide",
het er gseit, „und gang, wil's Zit isch! Flieh mi der Teufel!" –
Und die arme Lüt hen's Gott befohlen, und briegget.
Jedem chunnt si Zit! So öbbe ne Wuche vor Wienecht
het der Ueli gmetzget, und het er gwurstet bis z'Obe,
het er z'Nacht si Chrüegli glüpft bim brotene Ribbli.
„Vreni gang in Cheller, und Vreni leng mer z'trinke!",
het er mehr as zwenzig mol mit brochener Stimm gseit.
Gsinnet hen sie 'n emol uf siebe Moß und e Schöppli.
Aber wo meinetder mög sel Zit der Friederli gsi si?
Öbben im Fuettergang? Bi's Meisters Stieren und Rosse?

Hender gmeint, jo wohl! Scho z'Fasnecht isch er im Meister
us de Hände gwütscht, sust hätt en der Statthalter ghüblet.
Het er näumis bosget, se willi 's nit verrote;
was goht's mi denn a? Furt isch er! Über e Monet
het me ke Spur meh gha, bis öbben afangs Aprille
stoht er bi den arme Manne zwische de Berge.
Schön an Wuchs und Gsicht, und fründli gege de Lüte,
muetig wie ne Leu, doch voll verborgener Bsinnig,
hen sie 'n alli gern, und sage: „Seig du der Hauptma!
Was de seisch, das tüemer, und schickis numme, so göhmer,
hundertfüfzig Ma und siebenesiebezig Buebe!"
Und der Friedli seit: „D'Marodi wemmer verfolge.
Wenn e riche Bur die Arme ploget und schindet,
wemmer em der Meister zeigen, aß es en Art het,
bis au wieder Recht und Gsetz und Ordnig im Land isch."
Helfis Gott der Her! – Jez rüeft der Hauptma sim Völchli:
„Manne, was fange mer a? I hör der Ueli hat gmetzget,
's wär e Site Speck wol us der Büttene z'hole
und e Dotzet Würst. Wie wär's? Doch 's Vreneli duurt mi.
Besser isch's, es göhn e paar, und singen ums Würstli!
Saget, i löß en grüeßen, er soll's im Friede verzehre,
und mer vo der Sau doch au ne Müsterli schicke.
Hemmer nit menge Hirz us sine Gärte verscheuchet?
Hemmer uf sine Matte ne Habermarkstörzli vertrette?
Oder e Bäumli gschüttlet? Isch sine Chnechten und Buebe
nummen au so viel gscheh? Sie hen doch ghüetet und g'wässert
z'nacht um Eis, und früeih vor Tag; sie könne nit chlage.
Leget em's ordlig ans Herz, i wünsch ich gueti Verrichtig!"
Seit's und 's göhn drei Bueben, und chömme mit Säcke zum Ueli.
„Gueten Obe!" – „Dunderschieß! Was hender, was wender?" –
„He, mer chömme do abe vom Sattelhof. Zeiget, wie sinder!
So het üse Meister gseit, so sagemer wieder."
Schlimmer Wis isch, wo sie cho sin, 's Vreneli näume
dusse gsi, doch d'Chnecht sin uffem Ofebank glege,
und der Ueli voll Wi git grobi Reden und Antwort.
„Saget eurem Meister – (es isch mit Ehre nit z'melde).

Meister hi und Meister her, und wer isch der Meister?
's lauft so Waar jez gnueg im Land, wo bettlen und stehle,
Chereschlifer, Hafebinder, alti Soldate,
Sägefiiler, Zeinemacher, anderi Strolche.
Wemmen alle wott ge, me müeßt no mittene laufe.
Packetich, jez isch's hochi Zit!" – „He jo, der Gottswille!
Numme ne Hämpfeli Mehl, und nummen au so ne Würstli!" –
„Wart du Siebechetzer, e Ribbestückli wird guet si!
Jobbi, gang an d'Stud, und leng mer der Fareschwanz abe!
Wenderich packe jez gli, i frog, ihr luftige Strolche!"
Jo, sie hen si packt, doch hinterne schliche vom Ofe
d'Chnecht zur Türen us, und suche 's Vreneli dusse.
„Meisterne, jez isch's gfehlt, jez Meisterne, helfet und rotet!
Das und das isch gscheh, sie hen's nit an is verdienet.
Hemmer 's Wasser gchert, und hemmer de Hirze ghüetet
z'nacht um Eis, und früeih vor Tag, mer chönne mit chlage,
kunteräre, si hennis ghulfe, gell aber, Jobbi!
Aber chömmemer wieder, se werde sie anderster rede."
's Vreneli lost und lost, es macht bidenklichi Miene;
's Vreneli bindet d'Chappen, und schüttlet 's Mailänder
Halstuech,
's Vreneli chnüpft am Fürtuechbendel – „Seppli, spann 's
Roß a,
und e Welle Strau, hesch ghört, und loß mer der Meister
nüt eninne werden, und gang ein d'Farnauer Stroß uf,
lueg, öb alles sicher isch, und niene ke Volch stoht!"
Sieder chömme d'Buebe mit leere Säcke zum Friedli.
Tausig Sapermost, wie sin em d'Flammen ins Gsicht cho!
Wo ner sie frogt: „Was hender?" und wo sie'm dütliche
Bricht gen:
„Nüt, und wüssetder was? Göhnt ihr enandermol selber!
's isch im Ueli z'heiß, der sollet cho, go nem blose" –
„'s isch e Wort, i gang", seit jez der Hauptma und funklet,
„'s soll en nit lang brenne, 's isch chüel im Farnauer Chilchhof!
Ueli, du hesch 's letzt im Räf, sel chani der sage!"
Seit's, und pfift in Wald, und gschwinder as me ne Hand chehrt,
pfift's vo Wald zue Wald an allen Enden und Orte,

und es lauft derher vo allen Orten und Ende.
„Allo, frisch, bergab! Der Egerten-Ueli hat gmetzget,
's goht in eim jez hi, mir metzge hinecht der Ueli!
's duuret mi frili si Frau, 's wird uding ab is verschrecke."
Jez chunnt's schwarz bergab, wohl über Studen und Hecke,
nebe Reibbech aben ins Tanners Wald, und vo dörtweg
rechts und links ins Farnauer Holz, was gischmer, was heschmer!
D'Wälder fahre mit Schlitte voll Spö' der Wiese no abe,
sehn's und huure nieder am Steinebrückli und bette:
„Alli guete Geister!" und „Heiligi Muetter Gottis!"
Aber wo der Hauptma bi Farnau usen an Wald chunnt,
düßlet er: „Buebe z'ruck! I hör e Wägeli fahre;
's chönnt d'Faktorene si, sie isch die Nemtig go Basel,
und der müent sie nit verschrecke, lönt mi elleih goh!"
Seit's, und wiener chunnt, wütscht's übers Wägeli abe,
und goht uffen dar, und luegt em fründlig in d'Auge.
„Friedli, bisch's! – „I mein's emol!" – „Se bis mer Gottwilche
unterm freie Himmel und unter de liebe Sterne!
Gell, i darf di duze? Was wirsch doch nummen au denkt ha
ob mim trutzige Ma und sine trutzige Rede.
Lueg i cha nit derfür, wo's z'spot isch, seit mer's der Seppli
dussen am Wasserstei. Es wär sust anderster gange.
O, de glaubsch nit, wieni gstroft bi. Besseri Zite
hani g'lebt ins Vaters Hus. Jez sin sie vorüber.
Chumm, do bringi der näumis, e Säckli voll dürri Chriesi,
schöni Gumpistöpfel, und au e bitzeli Geißchäs,
do ne Säckli Habermehl und do ne paar Würstli,
und e Logel voll Wi, gib Achtig, es es nit gäutschet,
's isch kei Bunte druf, und au ne Rölleli Tuback.
Chumm e wenig absits, bis do die Wälder verbei sin,
und bis ordli, hesch g'hört, und nimm di Gwissen in Obacht."
Aber der Friedli schwört: „Bi Gott, der Ueli mueß sterbe!
's isch nit Gnad!" Doch 's Vreneli seit: „Jez los mer e Wörtli:
Gschwore hesch, und jo, wenn's Zit isch, sterbe mer alli,
und der Ueli au, doch loß du lebe, was Gott will,
und denk an di selber und an die chünftige Zite.

So blibsch nit, wie de bisch, und so ne Lebe verleidet.
Bisch nit im Land deheim, und hesch nit Vater und Muetter?
Öbbe möchtsch au heim, den erbsch en ordeli Güetli
in der Langenau, und gfallt der e Meidli, de hättsch's gern,
isch's bim Ätti nit Nei, de chasch no Stabhalter werde.
Nimm, wie müeßt's der werden, an so ne Missetat z'denke,
und mi 's Here Stab mit bluetige Hände z'regiere!
Halt's im Ueli z'guet! Si Grobheit nimm für en Ehr uf,
's isch zwor keini gsi, doch denk au, aß er mi Ma isch!
Schlacht's nit z'Schopfen Ölfi! 's isch Zit, se sag mer, witt folge?"
Aber der Friederli stoht, er stoht in schwere Gidanke,
und het d'Auge voll Wasser, und möcht gern schwetzen, und cha nit.
Endli bricht em's Herz: „Nu jo denn, wenn d'mer e Schmutz gisch!
Bhüetdi Gott der Her, und jo, i will mi bikehre.
Buebe, jez packet uf, mer wen im Friede verlieb neh!
Göhnt e paar uf d'Möhr und schießet näumen e Hirzli!"
Seit's, und goht in Wald, und lueget an Himmel und briegget,
bis si d'Sternen ins Morgeliecht tunken, und drinn verlösche.
Endli goht er au, doch luege mengmol enander
d'Mannen a, und sage: „Was fehlt doch echterst im Hauptma?"
Aber 's Statthalters Tochter lit jez bim Ueli und stoßt en:
„Schnarchle mer doch nit so! Me cha jo nit nebe der schlofe!"
Und der Ueli zuckt und streckt si: „Vreni, wie isch mer?" –
„He, wie wird's der si?" – „I ha ne bluetige Traum gha.
Vreni 's goht nit guet, i ha mi selber seh metzge.
Hen sie mi nit verstochen, und in der Büttene brüeihet,
mittem Messer gschabt? De glaubsch nit, wie's mer so weh tuet!"
Aber 's Vreneli seit: „He, 's macht nüt. Chunnt der nit mengmol
öbbis für? Jez isch es d'Sau, drum hesch di seh metzge."
Aber 's Ueli's Schlof isch us, und schweri Gidanke
chämpfe bis an Tag mit sine zerüttete Sinne,
bis er 's Kaffi trinkt, bis 's Vreneli Suppen ischnidet,
bis en alte Ma verzagt zur Stubetür itritt:
„Chümmi, Reckholderbeeri! Will nieme nüt chrome do inne?"

„Nei, der löset nüt!“ – „Drum isch’s mer au nit ums Löse!
Chönnti, Meister Ueli, mit euch e wengeli rede?
Isch das eui Frau, se mag sie ’s hören, es schadt nüt.
Nächte fahri selbfeuft, mit Waar der Wiese no abe,
ich, mi Rösli, mi Bueb, und ’s Richterli’s Rösli und Matthis.
Womer an Farnau chömme, se stohts voll Mannen und Buebe
links im Wald, und an der Stroß e luftige Kerli.
’s stoht e Wibsbild binem, es mag e suferi gsi si,
wenni’s unter hundert sieh, se willi ’s erchenne;
het der Mond nit gschienen, und hani d’Auge nit bimer?
So viel hani ghört: ’s isch gfluecht, der Ueli muß sterbe!
Woni neben abe gang, se seit er’s zum Wibsbild.
Witers weiß i nüt, und witers chani nüt sage;
Warten isch nit guet, me lost, und wandlet si’s Wegs furt.
Bhüetich Gott, i gang, und tüent jez selber, was guet isch.“ –
Wie het’s Vreneli glost! Doch bhaltet’s verständigi Bsinnig.
„Hesch en denn nit gmerkt, es isch em nummen um Brenz gsi?“
Aber ’s Uelis G’hör isch weg, er lit in der Ohnmacht,
d’Auge stöhn verchehrt, me sieht fast nüt meh vom Schwarze,
d’Zungen isch em glähmt, sie luegt vor usen, und chölschblau
isch er bis an Hals. Me holt der Meister vo Hage,
holt vo Zell der Dokter-Friedli, ’s isch em nit z’helfe.
Friederli, du hesch d’Wohret gseit, der Ueli muß sterbe.
Vormittag isch’s so, und Nomittag isch’s anderst.
Schwetze lehrt er nümmen, und siechet ebe so ane,
bis am dritte Tag; uf ei mol schnappt er und endet
und am Zistig druf, se singt’s haupthöchlige: „Mitten
wir im Leben sind“ – d’Stroß uf zum Farnauer Childhof.
Furt treit hen si’en, sel isch gwiß, doch heißt es, en andre
heig en gholt, und ’s gang zue Ziten e bluetigen Eber.
Göhntder z’Nacht vom Bergwerch heim, und hentder uf d’Site
gladen, und der sehnt en Eber mit bluetige Wunde,
göhnt em still usweg. Es isch der Egerten-Ueli.
Sehntder nüt, sen isch er’s nit. Ich ha nen no nie gseh.
Aber wer wird jez mit Zuespruch ’s Vreneli tröste?
Groß isch ’s Leid just nit, und siebe Wuche no Pfingste
rüeft me’s wieder us. Mit wem? Der werdet nit froge.

Grüseli het der Vater gmacht, und gschworen: „I lid's nit!
So ne vertlaufene Burst mit miner liibliche Tochter,
mit mi'm Fleisch und Bluet? I füehr di selber ins Zuchthus."
Aber was isch's gsi? – Es isch die einzigi Tochter,
und isch Frau für ihns, und mag er roten und warne,
mueß er's ebe lo gscheh, – doch het's em nümmen ins Hus dörft,
het's au nümme bitrette, bis no Micheli si Vater
z'Wil dur d'Wiese ritet, er het e Wage voll Wi gchauft.
Groß isch's Wasser gsi, und finster, wo sie derdur sin,
und chunnt usem Weg, und 's tribt en aben und abe
bis er abem Choli fallt und nümmen ans Gstad chunnt.
An der Schore-Bruck dört hen sie'n mornderigs gfunde.

Aber jez zieht üser Paar im Friede go Schopfe,
und nimmt B'sitz vo Hus und Guet, der Friedli wird Burger,
füehrt si ordelig uf, er cha guet lesen und schribe, –
Helfis Gott! – und stigt nootno zu Würden und Ehre.
Wer wird Chilchelueger, und wer wird Weibel, und wer stoht
bald am Rothusfenster und lächlet güetig, wenn öbbe
mittem Huet in der Hand e Langenauer verbei goht?
Isch's nit mi Herr Frieder mit siner lockige Stirne? –
Nei, wie macht's, und nei, wie schüttet's, loset doch numme,
fangt's nit vornen a? – Z'letzt sage d'Burger: „Der Hügli
cha jo nit Gschriebes lese, wie chaner denn Statthalter blibe?
's wär für Ihn, Herr Frieder, und Er mueß d'Burger regiere.
Er isch e brave Ma, in alle Stücke biwandert,
und si Frau, Statthalters Bluet, mit Tuged bihaftet,
isch die gueti Stund, und gscheit, no gscheiter, as Er schier.
Sager nit lang Nei, 's nutzt nüt, mer lön is nit b'richte." –
„Nu, se sagi Jo, 's Regiere chunnt mi nit suur a." –
Dreimol chlöpft der Hurlibaus – nei loset, wie's schüttet,
lueget, wie's dur d'Chlimse blitzt! – Im Pflueg und im Engel
hen sie tanzt bis tief in d'Nacht, und gessen und trunke.
Wohr isch's, e brävere Ma hätt d'Stadt nit chönnen erchise,
und im Vreneli gunni 's au. In d'Schopfemer Chilche
het er en Orgle gschafft, vor sine Ziten isch nüt gsi,
(z'Huse stoht si no), d'Marodi het er vertriebe,

und uf d'Burger Obsicht treit, und groten und gwarnet.
Aber sie Frau und er, sie hen in Frieden und Liebi
mit enander glebt, und Guets an Armen erwiese,
ja, und 's isch em e Muetter zu siebe Chindere worde, –
Helfis Gott! – und 's stammt von ihnen im Schopfemer
Chilchspiel
mengi Famili her, und blüeiht in Richtum und Ehre. –
Helfis Gott, und bhüetis Gott! Ins Here Gotts Name!
das het gchlöpft, und das het gmacht, 's isch weger e Schlag
gsi! –
Mengi Famili, se sagi – die wenigste wüsse's meh selber.
Wer sie sin, und wie sie heiße, das willi jez sage.
Zwor isch's Chrügli leer – nei loset, was git's uf der Gaß duß?
Vetter Hands Jerg, 's stürmt! Fürio! 's lauft alles der
Drau zue.

## Der Schreinergesell

Mi Hamberch hätti g'lert, so so, la la;
doch stoht mer 's Trinke gar viel besser a,
as 's Schaffe, sel bikenni frei und frank;
der Rucke bricht mer schier am Hobelbank.

Drum het mer d'Mueter mengmol profezeit:
„Du chunnsch ke Meister über wit und breit!"
Z'letzt hani 's selber glaubt, und denkt: Isch's so,
wie wird's mer echterst in der Fremdi go?

Wie isch's mer gange? Numme z'guet! I ha
in wenig Wuche siebe Meister gha.
O Müetterli, wie falsch hesch profezeit?
I chömm kei Meister über, hesch mer gseit.

## Hans und Verene

Es gfallt mer nummen eini,
und selli gfallt mer gwis!
O wenni doch das Meidli hätt,
es ischt so flink und dundersnett,
so dundersnett,
i wär im Paradies!

's isch wohr, das Meidli gfallt mer,
und 's Meidli hätti gern!
's het alliwil e frohe Muet,
e Gsichtli het's, wie Milch und Bluet,
wie Milch und Bluet,
und Auge wie ne Stern.

Und wenni 's sieh vo witem,
se stigt mer's Bluet ins Gsicht;
es wird mer übers Herz so chnapp,
und 's Wasser lauft mer d'Backen ab,
wohl d'Backen ab;
i weiß nit, wie mer gschicht.

Am Zistig früeih bim Brunne,
se redt 's mi frei no a:
„Chumm, lüpf mer Hans! Was fehlt der echt?
Es isch der näume gar nit recht,
nei gar nit recht!"
I denk mi Lebtig dra.

I ha 's em solle sage,
und hätti 's numme gseit!
Und wenn i numme richer wär,
und wär mer nit mi Herz so schwer,
mi Herz so schwer,
's gäb wieder Glegeheit.

Und uf und furt, jez gangi
's wird jäten im Salat,
und sag em's, wenni näume cha,
und luegt es mi nit fründli a,
nit fründli a,
so bini morn Soldat.

En arme Kerli bini,
arm bini, sell isch wohr.
Doch hani no nüt Unrechts to,
und sufer gwachse wäri jo,
das wäri jo,
mit sellem hätt's ke G'fohr.

Was wisplet in de Hürste,
was rüehrt si echterst dört?
Es fisperlet, es ruuscht im Laub.
O bhüetis Gott der Her, i glaub,
i glaub, i glaub,
es het mi näumer ghört.

„Do bini jo, do hesch mi,
und wenn de mi denn witt!
I ha 's scho sieder'm Spötlig gmerkt;
am Zistig hesch mi völlig bstärkt,
jo, völlig bstärkt.
Und worum seisch's denn nit?

Und bisch nit rich an Gülte,
und bisch nit rich an Gold,
en ehrli Gmüet isch über Geld,
und schaffe chasch in Hus und Feld,
in Hus und Feld,
und lueg, i bi der hold!"

O Vreneli, was seisch mer,
o Vreneli, isch's so?
De hesch mi usem Fegfüür gholt,
und länger hätti 's nümme tolt,
nei, nümme tolt.
Jo, friili willi, jo!

## Der Winter

Isch echt do obe Bauwele feil?
Sie schütten eim e redli Teil
in d'Gärten aben und ufs Hus;
es schneit doch au, es isch e Gruus;
und 's hangt no menge Wage voll
am Himmel obe, merki wol.

Und wo ne Ma vo witem lauft,
so het er vo der Bauwele gchauft;
er treit sie uf der Achsle no,
und uffem Huet, und lauft dervo.
Was laufsch denn so, du närsche Ma?
De wirsch sie doch nit gstohle ha?

Und Gärten ab, und Gärten uf
hen alli Scheie Chäppli uf.
Sie stöhn wie großi Here do;
sie meine, 's heig's sust niemes so.
Der Nußbaum het doch au si Sach,
und 's Herehus und 's Chilchedach.

Und wo me luegt, isch Schnee und Schnee,
me sieht ke Stroß und Fueßweg meh.
Meng Somechörnli, chlei und zart,
lit unterm Bode wohl verwahrt,
und schnei's, so lang es schneie mag,
es wartet uf si Ostertag.

Meng Summervögeli schöner Art
lit unterm Bode wohl verwahrt;
es het kei Chummer und kei Chlag,
und wartet uf si Ostertag;
und gang's au lang, er chunnt emol,
und sieder schloft's, und 's isch em wohl.

Doch wenn im Früehlig 's Schwälmli singt,
und d'Sunnewärmi abe dringt,
Potz tausig, wacht's in jedem Grab,
und streift si Totehemdli ab.
Wo nummen au ne Löchli isch,
schlieft's Leben use jung und frisch. –

Do fliegt e hungerig Spätzli her!
e Brösli Brot wär si Begehr.
Es luegt ein so verbärmli a;
's het sieder nächte nüt meh gha.
Gell, Bürstli, sel isch anderi Zit,
wenn 's Chorn in alle Fure lit?

Do hesch! Loß andern au dervo!
Bisch hungerig, chasch wieder cho! –
's mueß wohr si, wie 's e Sprüchli git:
„Sie säihe nit, und ernte nit;
sie hen kei Pflueg, und hen kei Joch,
und Gott im Himmel nährt sie doch."

## Der Geist in der Neujahrsnacht

Tochter, suech e Strumpf, und stopfen do hinten ins Fenster,
wo hütt 's Büebli mittem Stecke d'Schibe verheit het.
G'schicht ich im neue Johr kei größer Unglück as das isch,
chönneter z'friede si. Doch weiht's mer so frostig in Äcke,
und i bi die letzti Nacht e wengeli z'jung gsi
für mi Alter, doch mit Zucht, und eimol isch keimol.
Will me Geister erblicken und heimligi Sachen erfahre,
mueß me, wenn's Zwölfi schlacht, nit in de Federe liege.
Nu mer hen is verspötet mit allerhand fründlige Gspräche
z'Heiterschen an der Stroß, und Uhr und Zeiger isch gstande;
d'Uhr het im alte Johr no welle ne wengeli Frist lo,
oder hani's verhört. – „Guet Nacht, ihr Nochbere", sagi,
„mi Weg wird am witschte si go Chrotzige", sagi,
„gebis Gott e glücklich Johr und freudigi Sinne!" –

„Das geb Gott der Her", so sage die andre, „und schick di,
sust trapiert di der Geist no näumen, eb de deheim bisch,
wo mit sim Chind im Arm am letzte Dezember an d'Stroß stoht.
d'Postknecht wisse's alli, und rite lieber e Feldweg." –
's isch so cho, und zmitts im Dorf, und woni ums Eck gang,
nebe 's Xaveris Huus, bim Bluest! do stoht er am Brunne,
groß bis fast ans Dach und inneme duftige Mantel,
gwoben us Wulken und Liecht, und mitteme Bendel im Chnopfloch,
und het in den Armen und halber im Mantel verborge
wunderschön e Büebli gha mit fründligen Auge,
chüßt's und lächlet's a us sinen ernstlige Miene,
wie us nächtligem Gwülch der Vollmond lieblig in d'Welt luegt.
„Siehsch mi nit, so tuesch mer nüt", – so denki und weih mi
mit em heilige Chrütz, und stell mi hinter de Brunnstock,
und will lose, was er seit, und wienerem zuespricht.
Wenig hani z'erst verstande; „s Wasser het bruuschet
us de Röhren in Trog und us em Brunntrog ins Gräbli.
„Chilchhof" – hani verstande, und – „Nüt darf ewige Bstand ha." –
Und – „Jez gohsch in d'Welt mit dine Schmerzen und Freude.
Teil sie verständig us, und was ich nümme cha schlichte,
bring zuem gueten End. Sie hen e freudige Herbst gah.
Trinkt ein z'viel, und sitzt er lang im nächtlige Wirtshuus,
gang, und bietem heim und füehren, daß er kei Bei bricht!
Nimm di der Armuet a, und sorg mer für Wittwen und Waise,
mach mer die Chranke gsund. – Die brave Soldate han ich no
mit Trumpete und Pauken und Ehrechränzen ins Land gfüehrt.
Loß du Freuden und Tanz und Öpfelchüechli nit fehle,
wenn sie im Urlaub sin deheim bi Vater und Muetter.
Seig kei Fabelhans, und denk nit, wil e Kumetstern
duftig am Himmel hangt, se müeßisch Feldzug und Schlachte,
Hungersnot und Sterbet bringe, Zetter und Elend.
Siehsch mi Ehrestern? Siehsch nit mi Bändel im Chnopfloch?
Roserot isch Freud, und Grüen isch liebligi Hoffnig.
Gang, verdien der au so ein mit dine Merite,
und schmück Jung und Alt mit frumme Sitten und Tate!"

Drüber schnurrt's im Turn in alle Räder am Schlagwerk,
und wie's Zwölfi schlacht, so stellt er 's Büebli an Bode,
wie der Engel so schön, und wie der Morge so lieblig,
und seit: „Das walt Gott! Jez gang uf eigene Füeße!
Gib mer frei wohl Acht zum güetige Fürste in Karlsrueh,
zue de Friburger Here, und zue de Landen im Brisgau,
aß sie kei Leid erfahren, und bringene Freuden und Gsundheit!"
Süeß, wie Sunneblick, het's Büebli glächlet und Jo! gseit.
Aber mittem letzte Schlag im luftige Chilchturn
goht er in große Schritte 's Dorf us, und gegenem Rhi zue,
alliwil gschwinder und größer, und alliwil bleicher und dünner,
wie ne Nebelduft am Feldberg oder am Belche.
Und wie nootno in der Mitternacht d'Glocke verbrummt het,
het si der Duft verzogen, und isch vergangen und weg gsi.
Chunnsch bald mitem Strumpf? 's zieht alliwil schärfer und chüeler.
Wenni lang verzehl, stohsch lang do ummen und gohsch nit.

's Habermues wär ferig, se chömmet, ihr Chinder, und esset!
Betet: Aller Augen – und gent mer ordeli Achtig,
aß nit eim am rueßige Tüpfi 's Ermeli schwarz wird.

Esset denn, und segnich's Gott, und wachset und trüeihet!
D'Haberchörnli het der Ätti zwische de Fure
gsäiht mit flißiger Hand und abeg'eget im Früeihjohr.
Aß es gwachsen isch und zitig worde, für sel cha
euen Ätti nüt, sel tuet der Vater im Himmel.
Denket numme, Chinder, es schloft im mehlige Chörnli
chlei und zart e Chiimli, das Chiimli tuetich ke Schnüüfli,
nei, es schloft, und seit kei Wort, und ißt nit, und trinkt nit,
bis es in de Fure lit, im luckere Bode.
Aber in de Furen und in der füechtige Wärmi
wacht es heimli uf us sim verschwiegene Schlöfli,

streckt die zarte Gliedli, und suget am saftige Chörnli,
wie ne Muetterchind, 's isch alles, aß es nit briegget.
Siderie wird's größer, und heimli schöner und stärcher,
und schlieft us de Windlen, es streckt e Würzeli abe,
tiefer aben in Grund, und suecht si Nahrig und find't sie.
Jo, und 's sticht's der Wunderfitz, 's möcht nummen au wisse,
wie's denn witer oben isch. Gar heimlig und furchtsem
güggelet's zum Boden us – Potz tausig, wie gfallt's em!
Üse lieber Herget, er schickt en Engeli abe.
„Bringem e Tröpfli Tau, und sag em fründli Gottwilche!"
Und es trinkt, und 's schmecktem wohl, und 's streckt si gar sölli.
Sieder strehlt si d'Sunnen, und wenn sie gwäschen und
gstrehlt isch,
chunnt sie mit der Strickete füre hinter de Berge,
wandlet ihre Weg hoch an der himmlische Landstroß,
strickt und lueget aben, as wie ne fründligi Muetter,
no de Chindlene luegt. Sie lächlet gegenem Chiimli,
und es tuetem wohl, bis tief ins Würzeli abe.
„So ne tolli Frau, und doch so güetig und fründli!"
Aber was sie strickt? He, Gwülch us himmlische Düfte!
's tröpflet scho, ne Sprützerli chumet, druf regnet's gar sölli.
's Chiimli trinkt bis gnueg; druf weiht e Lüftli und trocknet's.
und es seit: „Jez gangi nümmen untere Bode,
um ke Pris! Do blibi, geb, was no us mer will werde!"

Esset Chindli, gsegn' es Gott, und wachset und trüeihet!
's wartet herbi Zit ufs Chiimli. Wulken an Wulke
stöhn am Himmel Tag und Nacht, und d'Sunne verbirgt si.
Uf de Berge schneit's, und witer nide hurniglet's.
Schocheli schoch, wie schnatteret jez, und briegget mi Chiimli!
und der Boden isch zue, und 's het gar chündigi Nahrig.
„Isch denn d'Sunne gstorbe", seit es, „aß sie nit cho will!
Oder förcht sie au, es frier' sie? Wäri doch bliebe,
woni gsi bi, still und chlei im mehlige Chörnli,
und deheim im Boden und in der füechtige Wärmi."
Lueget Chinder, so goht's! Der werdet au no so sage,
wenn der use chömmet, und unter fremde Lüte

schaffe müent und reblen, und Brot und Plunder verdiene:
„Wäri doch deheim bi'm Müetterli, hinterem Ofe!"
Tröstich Gott! 's nimmt au en End, und öbbe wird's besser,
wie's im Chiimli gangen isch. Am heitere Maitag
weiht's so lau, und d'Sunne stigt so chräftig vom Berg uf,
und sie luegt, was 's Chiimli macht, und git em e Schmützli,
und jez isch em wohl, und 's weiß nit z'blibe vor Freude.

Nootno prange d'Matte mit Gras und farbige Blueme;
nootno duftet's Chriesibluest, und gruenet der Pflumbaum;
nootno wird der Rogge buschig, Weizen und Gerste,
und mi Häberli seit: „Do blibi au nit dehinte!"
Nei, es spreitet d'Blättli us – wer het em sie gwobe?
und jez schießt der Halm – wer tribt in Röhren an Röhre
's Wasser us de Wurzle bis in die saftige Spitze?
Endli schlieft en Ähri us, und schwankt in de Lüfte –
Sagmer au ne Mensch, wer het an sideni Fäde
do ne Chnöspli ghenkt und dört mit chünstlige Hände?
d'Engeli, wer denn sust? Sie wandle zwische de Furen
uf und ab, vo Halm zue Halm, und schaffe gar sölli.
Jez hangt Bluest an Bluest am zarte schwankigen Ähri,
und mi Haber stoht, as wie ne Brüütli im Chilchstuel.
Jez sin zarti Chörnli drin, und wachsen im Stille,
und mi Haber merkt afange, was es will werde.
D'Chäferli chömme und d'Fliege, sie chömme z'Stubete zue'nem,
luege, was er macht, und singen: Eie Popeie!
Und 's Schiiwürmli chunnt, potz tausig mittem Laternli,
z'Nacht um Nüni z'Liecht, wenn d'Fliegen und d'Chäferli schlofe.

Esset Chinder, segn' es Gott und wachset und trüeihet!
Sieder het me gheuet, und Chriesi gunne no Pfingste;
sieder het me Pflümli gunne hinterem Garte;
sieder hen sie Rocke gschnitte, Weizen und Gerste,
und die arme Chinder hen barfis zwische de Stupfle
gfalleni Ähri glesen, und 's Müüsli hetene ghulfe.
Druf het au der Haber bleicht. Voll mehligi Chörner
het er gschwankt und gseit: „Jez isch's mer afange verleidet,

und i merk, mi Zit isch us, was tueni ellei do,
zwische de Stupfelrüeben, und zwische de Grumbirestude?"
Druf isch d'Muetter usen und 's Efersinli und 's Plunni,
's het ein scho an d'Finger gfrore z'morgen und z'obe.
Endli hemmer en brocht und in der staubige Schüre
hen sie'n dröscht vo früeih um Zwei bis z'oben um Vieri.
Druf isch's Müllers Esel cho, und hetten in d'Mühli
gholt, und wieder brocht, in chleini Chörnli vermahle;
und mit feister Milch vom junge fleckige Chüeihli
hetten 's Müetterli g'chocht im Tüpfi. – Geltet, 's isch guet gsi?
Wüschet d'Löffel ab, und bett eis: Danket dem Heren –
und jez göhnt in d'Schuel, dört hangt der Oser am Simse!
Fall mer keis, gent Achtig, und lehret, was menich ufgit!
Wenn der wieder chömmet, se chömmet der Zibbertli über.

## Wächterruf

Loset, was i euch will sage!
D'Glocke het Zehni gschlage.
  Jez betet, und jez göhnt ins Bett,
  und wer e rüeihig G'wisse het,
  schlof sanft und wohl! Im Himmel wacht
  e heiter Aug die ganzi Nacht.

Loset, was i euch will sage!
D'Glocke het Ölfi gschlage.
  Und wer no an der Arbet schwitzt,
  und wer no bi de Charte sitzt,
  dem bieti jez zum letztemol, –
  's isch hochi Zit – und schlofet wohl!

Loset, was i euch will sage!
D'Glocke het Zwölfi gschlage.
Und wo no in der Mitternacht
e Gmüet in Schmerz und Chummer wacht,
se geb der Gott e rüeihige Stund,
und mach di wieder froh und gsund!

Loset, was i euch will sage!
D'Glocke het Eis gschlage.
Und wo mit Satans G'heiß und Rot,
e Dieb uf dunkle Pfade goht,
– i will's nit hoffen, aber gschieht's –
gang heim! Der himmlisch Richter sieht's.

Loset, was i euch will sage!
D'Glocke het Zwei gschlage.
Und wem scho wieder, eb's no tagt,
die schweri Sorg am Herze nagt,
du arme Tropf, di Schlof isch hi'!
Gott sorgt! Es wär nit nötig gsi.

Loset, was i euch will sage!
D'Glocke het Drü gschlage.
Die Morgestund am Himmel schwebt,
und wer im Friede der Tag erlebt,
dank Gott, und faß e frohe Muet,
und gang ans G'schäft, und – halt di guet!

## Der Bettler

En alte Ma, en arme Ma,
er sprichtich um e Wohltat a.
E Stückli Brot ab euem Tisch,
wenn's eue guete Willen isch!
He jo, dur Gotts Wille!

In Sturm und Wetter, arm und bloß,
gibore bini uf der Stroß,
und uf der Stroß in Sturm und Wind
erzogen, arm, e Bettelchind.
Druf woni chräftig worde bi,
und d'Eltere sin gestorbe gsi,

se hani denkt: Soldatetod
isch besser weder Bettelbrot.
I ha in schwarzer Wetternacht
vor Laudons Zelt und Fahne gwacht,
i bi bim Paschal Paoli
in Korsika Draguner gsi,
und gfochte hani, wie ne Ma,
und Bluet an Gurt und Sebel gha.
I bi vor menger Batterie,
i bi in zwenzig Schlachte gsi,
und ha mit Treu und Tapferkeit
dur Schwert und Chugle 's Lebe treit.
Z'letzt hen si mi mit lahmem Arm
ins Elend gschickt. Das Gott erbarm!
He jo, dur Gotts Wille!
„Chumm arme Ma!
I gunn der's, wienis selber ha.
Und helf der Gott us diner Not,
und tröst di, bis es besser goht."

Vergelt's der Her, und dank der Gott
du zarten Engel wiiß und rot,
und geb der Gott e brave Ma! –
Was luegsch mi so biwegli a?
Hesch öbben au e Schatz im Zelt,
mit Schwert und Roß im wite Feld?
Biwahr di Gott vor Weh und Leid,
und geb dim Schatz e sicher Gleit,
und bring der bald e gsunde Ma!
's goht ziemli scharf vor Mantua.
's cha si, i chönnt der Meldig ge. –
Was luegsch mi a, und wirsch wie Schnee?
Denkwohl, i henk mi Bettelgwand,
mi falsche graue Bart an d'Wand!
Jez bschau mi recht, und chennsch mi no?
Geb Gott, i seig Gottwilche do!

„Her Jesis, der Friedli, mi Friedli isch do!
Gottwilche, Gottwilche, wohl chenni di no!
Wohl het mi bigleitet di liebligi Gstalt,
uf duftige Matten, im schattige Wald.
Wohl het di bigleitet mi b'chümmeret Herz
dur Schwerter und Chugle mit Hoffnig und Schmerz,
und briegget und bettet. Gott het mer willfahrt,
und het mer mi Friedli und het mer en gspart.
Wie chlopft's mer im Buese, wie bini so froh!
O Muetter, chumm weidli, mi Friedli isch do!"

## Der Storch

### Nach dem Frieden

Willkumm, Herr Storch! bisch au scho do,
und schmecksch im Weiher d'Frösche scho?
Und meinsch, der Winter heig si Sach,
und 's besser Wetter chömm alsgmach?

He jo, der Schnee gieng überal;
me meint, es werd scho grüen im Tal.
Der Himmel isch so rein und blau,
und 's weiht ein a so mild und lau.

Nei loset, wiener welsche cha!
Verstoht men au ne Wörtli dra?
Drum chunnt er über Strom und Meer
us wite fremde Ländere her.

Was bringsch den Neu's us Afrika?
Sie hen gwis au so Umständ gha,
und d'Büchse gspannt, und d'Sebel g'wetzt,
und Freiheitsbäum vor d'Chilche gsetzt?

De hesch so roti Strümpfli a.
Isch öbbe Bluet vom Schlachtfeld dra?
Wo hesch die schwarze Fegge g'no?
Bisch öbbe z'noch an d'Flamme cho?

Um das hättsch über Land und Meer
nit reise dörfe hi und her
vom Rhistrom bis in Afrika.
De hättsch's jo in der Nööchi gha.

Mer wüsse leider au dervo,
und mengi Wunde bluetet no,
und 's druckt no menge Chummer schwer,
und menge schöne Trog isch leer.

Und witer an den Alpe hi,
isch's, Gott erbarm's, no ärger gsi,
und Weh und Ach het usem Wald
und us de Berge widerhallt.

Ans Wilhelm Telle Freiheitshuet
hangt menge Tropfe Schwizerbluet.
Wie het's nit ummen blitzt und g'chracht,
und dundret in der Wetternacht!

Doch öbben in der Wetternacht!
het Gottis Engel au no g'wacht.
„Jo frili", seit er, „Chlip und Chlap!"
und schwenkt der Schnabel uf und ab.

Gang Muetter, und heiß's Büebli cho!
Lueg Chind, di Storch isch wieder do!
Sag: Grüeß di Gott! Was bringsch mer mit?
I glaub, bim Bluest, er chennt di nit.

's macht's, wil d'so groß und sufer bisch,
und 's Löckli chrüser worden isch.
Vern hesch no so ne Jüppli gha,
jez hesch scho gstreifti Hösli a.

Er pepperet no alliwil,
und 's schint, er wiß no sölli viel.
Es goht em au, wie mengem Ma,
er het si Gfalle selber dra!

's isch gnueg, Her Storch! Mer wüsse's scho,
und was de seisch, mer glaube's jo!
Es freut di au, aß 's Dorf no stoht,
und alles gsund isch – dank der Gott!

He jo, 's mag wieder ziemli go,
und 's Feldpiket isch nümme do;
wo Lager gsi sin Zelt an Zelt,
goht jez der Pflueg im Ackerfeld.

Und der, wo d'Storche heißet cho,
und d'Rabe nährt, isch au no do.
Er schafft den Arme Brot ins Hus,
und heilt die alte Presten us.

Und wo me luegt, und luege cha,
se lächlet ein der Frieden a,
wie Morgeliecht, wenn d'Nacht vergoht,
und d'Sunne hinter de Tanne stoht.

Gang lueg e wenig d'Gegnig a!
I glaub, de wirsch e Gfalle ha.
Mi Matten isch der wol bikannt,
am Brunnen abe linker Hand.

Und triffsch am Bach e Fröschli a,
sen isch's der gunnt. Verstick nit dra!
Und, was i bitt, loß d'Imme goh!
Mi Große seit, sie fliege scho.

Der Samstig het zum Sunntig gseit:
„Jez hani alli schlofe gleit;
si sin vom Schaffe her und hi
gar sölli müed und schlöfrig gsi,
und 's gohtmer schier gar selber so,
i cha fast uf ke Bei meh stoh."

So seit er, und wo's Zwölfi schlacht,
se sinkt er aben in d'Mitternacht.
Der Sunntig seit: „Jez isch's an mir!"
Gar still und heimli bschließt er d'Tür.
Er düselet hinter de Sterne no,
und cha schier gar nit obsi cho.

Doch endli ribt er d'Augen us,
er chunnt der Sunn an Tür und Hus;
sie schloft im stille Chämmerli;
er pöpperlet am Lädemli;
er rüeft der Sunne: „D'Zit isch do!"
Sie seit: „I chumm enanderno."

Und lisli uf de Zeeche goht,
und heiter uf de Berge stoht
der Sunntig und 's schloft alles no;
es sieht und hört en niemes goh;
er chunnt ins Dorf mit stillem Tritt,
und winkt im Guhl: „Verrot mi nit!"

Und wemmen endli au verwacht,
und gschlofe het di ganzi Nacht,
se stoht er do im Sunneschi',
und luegt eim zu de Fenstren i
mit sinen Auge mild und guet,
und mittem Meien uffem Huet.

Drum meint er's treu, und was i sag,
es freut en, wemme schlofe mag,
und meint, es seig no dunkel Nacht,
und d'Sunn am heitere Himmel lacht.
Drum isch er au so lisli cho,
drum stoht er au so liebli do.

Wie glitzeret uf Gras und Laub
vom Morgetau der Silberstaub!
Wie weiht e frische Maieluft,
voll Chriesibluest und Schlecheduft!
Und d'Immli sammle flink und frisch,
sie wüsse nit, aß 's Sunntig isch.

Wie pranget nit im Garteland
der Chriesibaum im Maiegwand,
Gelveieli und Tulipa,
und Sterneblueme nebe dra,
und gfüllti Zinkli blau und wiiß,
me meint, me lueg ins Paradies!

Und 's isch so still und heimli do,
men isch so rüeihig und so froh!
Me hört im Dorf kei Hüst und Hott;
e Guete Tag, und Dank der Gott,
und 's git gottlob e schöne Tag,
isch alles, was me höre mag.

Und 's Vögeli seit: „Frili jo!
Potz tausig, jo do isch er scho!
Er dringt jo in si'm Himmelsglast
dur Bluest und Laub in Hurst und Nast!"
Und 's Distelzwigli vorne dra
het 's Sunntigröckli au scho a.

Sie lüte weger 's Zeiche scho,
der Pfarer, schint's, well zitli cho.
Gang, brechmer eis Aurikli ab,
verwüschet mer der Staub nit drab,
und Chüngeli, leg di weidli a,
de muesch derno ne Meie ha!

## Auf einem Grabe

Schlof wohl, schlof wohl im chüele Bett!
De ligsch zwor hert uf Sand und Chies;
doch spürt's di müede Rucke nit.
   Schlof sanft und wohl!

Und 's Deckbett lit der, dick und schwer
in d'Höchi gschüttlet, uffem Herz.
Doch schlofsch im Friede, 's druckt di nit.
   Schlof sanft und wohl!

De schlofsch und hörsch mi Bhüetdi Gott,
de hörsch mi sehnli Chlage nit.
Wär's besser, wenn d 's höre chönntsch?
   Nei, weger nei!

O, 's isch der wohl, es isch der wohl!
Und wenni numme bi der wär,
se wär scho alles recht und guet.
Mer tolten is.

De schlofsch und achtisch 's Unrueih nit
im Chilcheturn die langi Nacht,
und wenn der Wächter Zwölfi rüeft
im stille Dorf.

Und wenn's am schwarze Himmel blitzt,
und Gwülch an Gwülch im Donner chracht,
se fahrt der 's Wetter übers Grab,
und weckt di nit.

Und was di früeih im Morgerot
bis spot in d'Mittnacht bchümmert het,
Gottlob, es ficht di nümmen a
im stille Grab.

Es isch der wohl, o, 's isch der wohl!
und alles, was de glitte hesch,
Gott Lob und Dank, im chüele Grund
tuet's nümme weh.

Drum, wenni numme bi der wär,
so wär jo alles recht und guet.
Jez sitzi do, und weiß kei Trost
mi'm tiefe Schmerz.

Doch öbbe bald, wenn's Gottswill isch,
se chunnt mi Samstig z'oben au,
und druf, se grabt der Nochber Chlaus
mir au ne Bett.

Und wenni lig, und nümme schnuuf,
und wenn sie 's Schloflied gsunge hen,
se schüttle sie mer 's Deckbett uf,
und – Bhüetdi Gott!

I schlof derno so sanft wie du,
und hör' im Chilchturn 's Unrueih nit.
Mer schlofe, bis am Sunntig früeih
der Morge taut.

Und wenn emol der Sunntig tagt,
und d'Engel singe 's Morgelied,
se stöhn mer mit enander uf,
erquickt und gsund.

Und 's stoht e neui Chilche do,
sie funklet hell im Morgerot.
Mer göhn, und singen am Altar
Hallelujah!

## Der Wächter in der Mitternacht

„Loset, was i euch will sage!
D'Glocke het Zwölfi gschlage."
Wie still isch alles! Wie verborgen isch,
was Lebe heißt, im Schoß der Mitternacht
uf Stroß und Feld! Es tönt kei Menschetritt;
es fahrt kei Wagen us der Ferni her;
kei Hustür gahret, und kei Otem schnuuft,
und nit emol e Möhnli rüeft im Bach.
's lit alles hinterm Umhang jez und schloft,
und öb mit liichtem Fuß und stillem Tritt
e Geist vorüber wandlet, weißi nit.

Doch was i sag, ruuscht nit der Tiich? Er schießt
im Leerlauf ab am müede Mühlirad,
und näume schliicht der Iltis unterm Dach
de Tremle no, und lueg, do obe zieht
vom Chilchturn her en Ül im stille Flug
dur d'Mitternacht, und hangt denn nit im Gwülch
die groß̈i Nachtlaterne dört, der Mond?
Still hangt sie dört, und d'Sterne flimmere,
wie wemmen in der dunkle Regenacht,
vom wite Gang ermattet, uf der Stroß
an d'Heimet chunnt, no keini Dächer sieht
und numme do und dört e fründli Licht.

Wie wird's mer doch uf eimol so kurios?
wie wird's mer doch so weich um Brust und Herz?
As wenni briegge möcht, weiß nit worum?
as wenni 's Heimweh hätt, weiß nit no was.
„Loset, was i euch will sage!
D'Glocke het Zwölfi gschlage.
Und isch's so schwarz und finster do,
se schine d'Sternli no so froh,
und us der Heimet chunnt der Schi'
's mueß lieblig in der Heimet si!"

Was willi? Willi dure Chilchhof goh
ins Unterdorf? Es isch mer d'Tür seig off,
as wenn die Toten in der Mitternacht
us ihre Gräber giengen, und im Dorf
e wenig luegten, öb no alles isch
wie almig! 's isch mer doch bis dato ken
bigegnet, aß i weiß. Denkwol i tue's,
und rüef de Tote – nei sel tueni nit!
Still willi uf de stille Gräbere goh!
Sie hen jo d'Uhr im Turn, und weiß i denn,
isch au scho ihri Mitternacht verbei?
's cha si, es fallt no dunkler alliwil

und schwärzer uf sie abe – d'Nacht isch lang.
's cha si, es zuckt e Streifli Morgerot
scho an de Berge uf – i weiß es nit.

Wie isch's so heimli do! Sie schlofe wohl
Gott gunnene's! – e bitzli schuderig,
sel läugni nit; doch isch nit alles tot.
I hör jo 's Unrueih in der Chilche; 's isch
der Puls der Zit in ihrem tiefe Schlof,
und d'Mitternacht schnuuft vo de Berge her.
Ihr Otem wandlet über d'Matte, spielt
dört mittem Tschäubbeli am grüene Nast,
und pfift dur d'Scheie her am Gartehag.
Sie chuuchet füecht an d'Chilchemur und chalt;
die lange Fenster schnattere dervo
und 's lopperig Chrütz. Und lueg, do lüftet sie
en offe Grab! – Du gueten alte Franz,
se hen sie au di Bett scho gmacht im Grund,
und 's Deckbett wartet uf di nebe dra,
und d'Liechtli us der Heimet schine dri!

He nu, es gohtis alle so. Der Schlof
zwingt jeden uffem Weg, und eb er gar
in d'Heimet dure chunnt. Doch wer emol
si Bett im Chilchhof het, gottlob, er isch
zum letzemol do niden übernacht,
und wenn es taget, und mer wachen uf,
und chömmen use, hemmer nümme wit,
e Stündli öbben, oder nitemol. –
Se stolperi denn au no d'Stäpfli ab,
und bi so nüechter bliebe hinechtie.
„Loset, was i euch will sage!
D'Glocke het Zwölfi gschlage.
Und d'Sternli schine no so froh,
und us der Heimet schimmert's so,
und 's isch no umme chleini Zit.
Vom Chilchhof het me nümme wit."

Wo bini gsi? Wo bini echterst jez?
e Stäpfli uf, e Stäpfli wieder ab,
und witers nüt? Nei weger, witers nüt!
Isch nit 's ganz Dörfli in der Mitternacht
e stille Chilchhof? Schloft nit alles do,
wie dört vom lange müede Wachen us,
vo Freud und Leid, und isch in Gottis Hand,
do unterm Straudach, dört im chüele Grund,
und warte, bis es taget um sie her?

He, 's würd jo öbbe! Und wie lang und schwarz
au d'Nacht vom hoche Himmel abe hangt,
verschlofen isch der Tag deswegen nie;
und bis i wieder kumm, und no ne mol,
se gen mer d'Gühl scho Antwort, wenni rüef,
se weiht mer scho der Morgeluft ins Gsicht.
Der Tag verwacht im Tannewald, er lüpft
alsgmach der Umhang obsi; 's Morgeliecht,
es rieslet still in d'Nacht, und endli wahlt's
in goldne Strömen über Berg und Tal.
Es zuckt und wacht an allen Orte; 's goht
e Lade do und dört e Hustür uf,
und 's Lebe wandlet use frei und froh.

Die liebi Seel, was wird's e Firtig si,
wenn mit der Zit die letzti Nacht versinkt,
wenn alli goldne Sterne groß und chlei ,
und wenn der Mond und 's Morgerot und d'Sunn
in Himmelsliecht verrinnen, und der Glust
bis in die tiefe Gräber abe dringt,
und d'Muetter rüeft de Chindlene: „'s isch Tag!"
und alles usem Schlof verwacht, und do
ne Laden ufgoht, dört e schweri Tür!
Die Tote luegen use jung und schön,
's het menge Schade guetet übernacht,
und menge tiefe Schnatte bis ins Herz
isch heil. Sie luegen use gsund und schön,

und tunke 's Gsicht in Himmelsluft. Sie stärkt
bis tief ins Herz – o wenn's doch bald so chäm!

„Loset, was i euch will sage!
D'Glocke het Zwölfi gschlage.
Und d'Liechtli brennen alli no;
der Tag will jemerst no nit cho.
Doch Gott im Himmel lebt und wacht,
er hört wohl, wenn es Vieri schlacht!"

## Epistel an den Pfarrer Güntert zu Weil

Vetter Vogt! Der Bammert (i muß ichs chlaage) wird tägli
liederlicher, füler, versoffener; 's isch nümme z'lebe,
's isch nümme z'gschirre mit em; 's hilft weder strofe, no
Zuespruch.
Loset, wiener mers macht! 's isch weg'neme Tubakpfifli,
weg'neme tusignette Pfifli; 's het mi sex Gulde
gchost und ungradi Chrützer, no ohni 's Bschläg dra, und ohni
's Chettemli dra; sust seit me der Gattig Pfiflene Meerschum.
Wiiß sin si, wie Chlabaster, und weich wie Anke, und wie ne
Fliegeschißli so liicht, wenn eim e Fliege 'n uff d'Hand schißt.
Raucht me'n us so me Pfifli, se wirds wie länger wie schöner,
Z'erst wirds grüen am Bschläg, as wie der libhaftig Grüespon,
Alliwil witer abe, und alliwil grüener und dunkler
bis es schwarz isch, wie d'Nacht; doch brun wirds gegenem
Chopf zue;
und der Chopf blibt wiiß; 's isch nüt nutz, wenn er nit wiiß blibt.
Aber so e Pfifli isch wie e schaallos Eili,
wie e Sexmonetchindli (doch nit der Landvögti ihres),
wo me's anrührt, tuets em weh; im Augeblick het es
Moose, Chritzli, Löchli; me darf nit herzhaft dra chuche.
Het ein e Ruusch, so will i'm nit rote, us so me Pfifli
z'rauche, 's Pfifli wär hi, und überhaupt, wenn ein voll isch,
soll er 's rauche lo si; me het bitrüebti Exempel,
's goht mit em z'underst und z'öberst, der Bode will unter em
breche.
D'Brucke schwanke, d'Berg biwege si, d'Lüt sicht er dopplet
schwetzt mit em selber – armsdicke Wort, – si schieße kem Pfarer
so vo de Lippe; der Ziehzero z'Rohm isch numme e Naar gsi.
Aber wider zum Pfifli. Wenn so e Pfifli versaut isch,
lueget, so cha me's butze, und wenn's so rueßig und schwarz isch,
wie der Michel mit vierzeh Striche, wirds ich doch wider
wie der g'falle Schnee, me glaubts nit, wemmes nit gseh het.
Schabe cha me's, und wenns so rublig wie's Here Faktore
Jobek Friederli wär, se wird's ich so glatt und so glänzig,
's Suffilis Bäckli chönne nit glänziger, chönne nit glätter

si, – und wenn so e Pfifli recht gschlacht soll blibe, se nimmt me
näumen e Tüpfi, wo no ke Eierenanke isch drin gsi,
loßt im Tüpfi Wachs vergoh, wie finer, wie besser,
und chocht 's Pfifli im Wachs; 's isch aber e bsundere Vortel,
's cha's nit jedwedi Chue! Der werdets selber nit chönne!
Usem Fundement verstohts der Bammert, und sider
aß er d'Feldhuet verlore, und keini Einig meh z'zieh het,
putzt er Pfifli. Der Burscht het sust schier nüt meh z'verdiene.
's Stunderüeffe treit nit viel i; zwor brüelt er entsetzli,
er, und d'Chatze, und d'Gühl, und 's Wirths fuulärtige Hofhund
hen e Gragöl mitenander; der Mond am Himmel wird schüüch
drob.
d' Hexe bsegne si selber im ruessige Chemi und bette:
„das walt Gott, und b'hüetis Gott!" – So grüeseli brüelt er.
Aber brüele und suufe isch zweierlei. Gsoffe mueß doch si!
Und wie ärger er brüelt, wie ärger suuft er, bis d'Sterne
no'tno verbleiche am graue Himmel, und enen am Turnberg
lisli der Morge verwacht; und was er mit Brüele verdient het,
het er vor Tag scho versoffe. Vo was jez lebe? Der Tag will
au si Sach, und der Bammert isch ke vo dene, wo 's Esse
obem Trinke vergessen, er frißt ich mit Vieren um d'Wetti,
wenn ers het, seigs Chäs, seigs Brotis, Tübli und Strübli.
Aber so e Lebe chost Geld in jetzige Zite!
D'Not lehrt bette, d'Not lehrt schaffe, d'Not lehrt de Bammert
Pfifli putze. Es treit zwor wenig i, doch ischs so viel.
Loset jez, wie er mers macht! Mi Pfifli isch rublig, – i gib em's.
Vor zwölf Wuche, 's het no gschneit, 's het no ke Blüemli
's Chöpfli zeigt, se gib i'm mi Pfifli und sag em: „Do hent er's!
Schabet's, siedet's, putzet's; gent Achtig druf – 's chostet sex
Gulde,
ohne 's Bschläg dra, und ohni 's Chettemli. Bringet's bald
wider!
Wenn der's ordeli putzet, und zitli bringet, se hilf i ich
wieder zue enem Ämtli, und zahl ich extra zwo Halbi."
Sott's der Bursch nit tue? Was macht er? Er nimmt mer mi
Pfifli.
Jo, i will ich's putze und ordeli wider bringe!" –

Sellemols gseh, und nümme! I frog' en, wo i'm de Chopf sieh,
„Bammert, hent der mer's Pfifli?" – „I blos ich aufs Pfifli",
isch d'Antwort.
„Hent er's verlore?" – „Nei!" – „se hen ders versoffe,
bikennets!"
„Nei, i ha's nit versoffe!" – „bringet's!" – „Morn will i's
bringe."
Lueget, se trib is vo Faßnecht bis Ostre, vo Ostre bis Pfingste.
Wer mer's Pfifli nit bringt, das isch der liederlich Bammert.
Vetter Vogt! Drum meint i, der chönntet mer öppe do bistoh!
Wenn der e scharpfe Bifehl im Bammert schicket; der wüßet,
wie me mitem mueß rede! so dütli: „'s Dunder und 's Wetter
fahr ich in Chrage denn au! Du dunderschießige Chetzer!
Het der Her Stabhalter si tusigschön Pfifli für euch gchauft?
's Pfifli use! bi Gott! sust müenter sechs Wuche ins Hüüsli.
Dixi! Güntert, Vogt." – Was gilts, er loßt's nit druf acho!
Tüent mer der Gfalle, Her Vogt! – Der neu Vikari vo Löhrech
bringt ich d'Bollete, ne brave Her, und gmei mitte Lüte.
Sust sin die jungi Burst mengmol e wenig phatestig,
meine sie heigen ellei mit Löffle d'Glehrsamkeit gfresse.
Aber der neu Vikari isch ken vo dene. Er predigt
Gottis Wort, wies si ghört, und füehrt e christliche Wandel,
het e tröstlige Zuspruch, und wenn er d'Bibel vom Schaft langt,
herefrisiert er eim d'Sprüch so dütli, aß es e Freud isch.
Drum erwiset em Ehr – I will ihn grekumediert ha!
Stabhalter.

## Des rheinländischen Hausfreundes Danksagung an Pfarrer Jäck in Triberg für ein ihm übermachtes freundliches Geschenk

Zeig wie, Her Peter! Wenn der 's Gläsli schmeckt,
voll Chirsiwasser, und der Chueche dri,
und 's Lied vo Triberg vom Her Pfarer Jäck,
weisch nit, was schön isch? Git men eim nit d'Hand,
zieht 's Chäppli ab, und seit: Vergelts ich Gott!
Du nit? Und trinksch, as wenn di eigene Baum
die Chirsi treit hätt? Und de hesch doch kein.

's isch wohr, Her Jäck, i ha kei eigene Baum,
i ha kei Hus, i ha kei Schof im Stal,
kei Pflueg im Feld, kei Immestand im Hof,
kei Chatz, kei Hüenli, mengmol au kei Geld.
's macht nüt. S'isch doch im ganze Dorf kei Buur
so rich, as ich. Der wüsset wie me's macht.
Me meint, me heigs. So meini au, i heigs
im süeße Wahn, und wo ne Bäumli blüeiht,
's isch mi; und wo ne Feld voll Ähri schwankt,
's isch au mi; wone Säuli Eichle frißt,
es frißt sie us mi'm Wald.

So bini rich. Doch richer bini no
im Heuet, in der Ernt, im frohe Herbst.
I sag: Jez chömmet Lüt, wer will und mag,
und heuet, schnidet, hauet Trübli ab.
I ha mi Freud an Allem gha, mi Herz
an allen Düften, aller Schöni g'labt.
Was übrig isch, isch euer. Tragets heim!

Her Jäck, mir isch, der schüttlet eue Chopf,
und saget fürich selber: „Guete Fründ,
so lebt men im Schlaraffeland." He jo,
so lebt men im Schlaraffeland, 's isch wohr.
Treit nit meng Immli süeße Hunig heim
um Triberg? Hangt nit menge Chirsibaum
voll schwarzi Chinder? Mir do niede fliegt
der Chuechen und der Chirsiwasser-Chrueg
und drei für ein zum Fenster i. Do trink!
Und lueg, do fliegt e Blatt, 's isch schwarz uf wiiß.

Her Jäck, viel Süeßi wohnt im Bluemechelch,
viel Gwürz im brune Chirsichern, 's isch wohr.
Doch was im frumme Menscheherz ersprießt,
und ufgoht, und in schöne Liedere blüeiht,
wie euer Lied, goht übers Zuckerbrot
und Zimmetgeist. Das treit ke Immli heim,
das distelliert der Summer an keim Baum.
Drum dank ich Gott für alles Liebs und Guts.
Drum dank ich Gott für euer dreifach G'schenk,
und gebich Sunneschin un frohi Zit.
Der sehnt, i dank mit Chapeziner-Dank,
mit Segen und Papier. –

## Auf die Insel bei Odelshofen

(am Tage ihrer Einweihung)

Zeig Jumpfere us em Oberland,
mit diner Harpfen in der Hand,
flicht di Zirinke-Chranz ins Hor,
legs Halstuech a us Silberflor,
chumm sing e Liedli so und so!
De chasch nit viel. Mer wisse's scho,

Findsch echt den Weg ins Unterland?
Der Schwarzwald blibt uf rechter Hand,
mit sine Firste hoch und lang,
und 's Wasser links, 's goht au di Gang
und obe Himmel rein und blau,
und unte frische Morgetau.

Doch wenn de n'über d'Chinzig gohsch,
und z' Offeburg am Scheidweg stohsch
's goht links di Weg, und denk mer dra,
jez goht d'Bergstroß nüt meh a.
Lueg um di! Siehsch kei Insle do?
O b'hüet is Gott, do isch sie jo.

Wie isch das Inseli so nett,
as wenn's e Engel zirklet hätt,
as wenn's si eige Gärtli wär!
Wie badets in sim chleine Meer!
Wie badets in sim Bluemeduft,
und sunnt si in der reine Luft!

's treit menge Her e Stern am Band,
het Geld wie Laub, und Lüt und Land;
er ißt Pastete, Fleisch und Fisch;
e goldne Bueb stoht hinterem Tisch;
es fehlt em nüt. Frog was de witt!
Doch so ne Plätzli het er nit.

Und heig er au; was isch derno?
Ihm singe d'Vögeli doch nit froh,
ihm blüehe d'Blüemli nit so blau,
der Nachtluft weht em nit so lau.
's chunnt nit uf Luft und Vögel a,
me mueß es in ihm selber ha.

Ne frohe Sinn, e lustig Bluet,
in Freud und Leid e guete Muet,
und wemme binenander sitzt,
und d'Freud eim us de Auge blitzt!
sel will e ander Röckli ha,
im gstickte Gala gohts nit a.

Bim Bluest, dört chömme Here-Lüt!
Sing herzhaft furt, sie tüen der nüt.
Sag: Grüeß ich Gott und mach ich froh
in eurem nette Pärkli do;
und wenn sie bi der dure göhn,
gang usem Weg und neig di schön.

Se grüeß ich Gott und mach ich froh,
in eurem nette Gärtli do,
und spar ich gsund Johr i, Johr us,
o schenket mer e Blüemli drus.
I flicht mers in d'Zirinki i,
es soll mi fürnehmst Blüemli si.

Frau Sunne, was i z'bitte ha,
lueg lieb und süeß das Plätzli a,
und wärms frei wohl und tränks mit Lust,
us diner süeße Muetter-Brust.
Mer sin zwor nit elleinig do,
doch hen die Andre au dervo.

Her Vollmo, und was d'Nacht erhellt,
wenn d'Sunne schloft im stille Zelt,
i will ichs au bifohle ha,
und luegt e Chnab si Schätzli a,
und wenns em au e Schmützli git,
sind still derzue, verrotets nit.

Jez Jumpfere mit dem Harpfespiel
mach, aß de furtchunnsch. Z'viel isch z'viel,
und chunnsch mer heim im Obedrot,
und 's frogt di eis: Woher so spot?
se sags, und rüehms frei do und dört,
und halt di redli. Hesch mers ghört?

## Der zufriedene Landmann

Denkwol, jez lengi au in Sack,
und trink e Pfifli Rauchtubak,
und fahr jez heim mit Eg und Pflueg,
der Laubi meint scho lang, 's seig gnueg.

Und wenn der Kaiser usem Rot
in Feld und Forst ufs Jage goht,
so lengt er denkwol au in Sack,
und trinkt e Pfifli Rauchtubak.

Doch trinkt er wenig Freud und Lust,
es isch em näume gar nit just.
Die goldne Chrone drucke schwer;
's isch nit, as wenn's e Schiehut wär.

Wohl goht em menge Batzen i,
doch will au menge gfuettert si;
und woner lost, isch Bitt und Bitt,
und alli tröste chaner nit.

Und wenn er hilft, und sorgt und wacht
vom früeihe Morge bis in d'Nacht,
und meint, jez heiger alles to,
se het er erst ke Dank dervo.

Und wenn, vom Treffe bluetig rot,
de Jenneral im Lager stoht,
se lengt er endli au in Sack,
und trinkt e Pfifli Rauchtuback.

Doch schmeckt's em nit im wilde Gwühl
bi'm Ach und Weh und Saitespiel;
er het turnieret um und um,
und niemes will en lobe drum.

Und Fürio und Mordio
und schweri Wetter ziehnem no;
do lit der Granedier im Bluet,
und dört e Dorf in Rauch und Gluet.

Und wenn in d'Meß mit Guet und Geld
der Chaufher reist im wite Feld,
se lengt er eben au in Sack,
und holt si Pfifli Rauchtuback.

Doch schmeckt's der nit, du arme Ma!
me sieht der dini Sorgen a,
und 's Ei-mol-eis, es isch e Gruus,
es luegt der zue den Augen us.

De treisch so schwer, es tuet der weh;
doch hesch nit gnueg, und möchtsch no me,
und weisch jo nit, wo ane mit;
drum schmeckt der au di Pfifli nit.

Mir schmeckt's, Gottlob, und 's isch mer gsund.
Der Weize lit im füechte Grund,
und mittem Tau im Morgerot,
und mit sim Otem segnet's Gott.

Und 's Anne Meili flink und froh,
es wartet mit der Suppe scho,
und d'Chinderli am chleine Tisch,
me weiß nit, welles 's fürnehmst isch.

Drum schmeckt mer au mi Pfifli wohl.
Denkwol, i füllmer's no ne mol!
Zum frohe Sinn, zum freie Muet,
und heimetzue schmeckt alles guet.

## Die Vergänglichkeit

Gespräch auf der Straße nach Basel zwischen Steinen
und Brombach, in der Nacht

Der Bueb seit zum Ätti:

Fast allmol, Ätti, wenn mer's Röttler Schloß
so vor den Auge stoht, se denki dra,
öb's üsem Hus echt au e mol so goht.
Stoht's denn nit dört, so schuderig, wie der Tod
im Basler Totetanz? Es gruset eim,
wie länger as me's bschaut. Und üser Hus,
es sitzt jo wie ne Chilchli uffem Berg,
und d'Fenster glitzeren, es isch e Staat.
Schwetz, Ätti, goht's em echterst au no so?
I mein emol, es chönn schier gar nit si.

Der Ätti seit:

Du guete Burst, 's cha frili si, was meinsch?
's chunnt alles jung und neu, und alles schliicht
sim Alter zue, und alles nimmt en End,

und nüt stoht still. Hörsch nit, wie 's Wasser ruuscht,
und siehsch am Himmel obe Stern an Stern?
Me meint, vo alle rüehr sie kein, und doch
ruckt alles witers, alles chunnt und goht.

Je, 's isch nit anderst, lueg mi a, wie d'witt.
De bisch no jung; Närsch, ich bi au so gsi,
jez würd's mer anderst, 's Alter, 's Alter chunnt,
und woni gang, go Gresgen oder Wies,
in Feld und Wald, go Basel oder heim,
's isch einerlei, i gang im Chilchhof zue, –
briegg, alder nit! – und bis de bisch wien ich,
e gstandne Ma, se bini nümme do,
und d'Schof und Geiße weide uf mi'm Grab.
Jo wegerli, und 's Hus wird alt und wüest;
der Rege wäscht der's wüester alli Nacht,
und d'Sunne bleicht der's schwärzer alli Tag,
und im Vertäfer popperet der Wurm.

Es regnet no dur d'Bühni ab, es pfift
der Wind dur d'Chlimse. Drüber tuesch du au
no d'Auge zue; es chömme Chindeschind,
und pletze dra. Z'letzt fuults im Fundement,
und 's hilft nüt me. Und wemme nootno gar
zweitusig zählt, isch alles z'semme gkeit.
Und 's Dörfli sinkt no selber in si Grab.
Wo d'Chilche stoht, wo 's Vogts und 's Here Hus,
goht mit der Zit der Pflueg –

Der Bueb seit:

Nei, was de seisch!

Der Atti seit:

Je, 's isch nit anderst, lueg mi a, wie d' witt!
Isch Basel nit e schöni, tolli Stadt?
's sin Hüser drin, 's isch mengi Chilche nit

so groß, und Chilche, 's sin in mengem Dorf
nit so viel Hüser. 's isch e Volchspiel, 's wohnt
e Richtum drinn, und menge brave Her,
und menge, woni gchennt ha, lit scho lang
im Chrützgang hinterm Münsterplatz und schloft.
's isch eitue, Chind, es schlacht e mol e Stund,
goht Basel au ins Grab, und streckt no do
und dört e Glied zum Boden us, e Joch,
en alte Turn, e Giebelwand; es wachst
do Holder druf, do Büechli, Tanne dört,
und Moos und Farn, und Reiger niste drin –
's isch schad derfür! – und sin bis dörthi d'Lüt
so närsch wie jez, se göhn au Gspenster um.
D'Frau Faste, 's isch mer jez, sie fang scho a,
me seit's emol, – der Lippi, Läppeli,
und was weiß ich, wer meh? Was stoßisch mi?

Der Bueb seit:

Schwetz lisli, Ätti, bis mer über d'Bruck
do sin, und do an Berg und Wald verbei!
Dört obe jagt e wilde Jäger, weisch?
Und lueg, do niden in de Hürste seig
gwiß 's Eiermeidli g'lege, halber fuul,
's isch Johr und Tag. Hörsch, wie der Laubi schnuuft?

Der Ätti seit:

Er het der Pfnüsel! Seig doch nit so närsch!
Hüst, Laubi, Merz! – und loß die Tote go,
sie tüen der nüt meh! – Je, was hani gseit?
Vo Basel, aß es au e mol verfallt. –
Und goht in langer Zit e Wandersma
ne halbi Stund, e Stund wit dra verbei,
se luegt er dure, lit ke Nebel druf,
und seit si'm Kamerad, wo mittem goht:
„Lueg, dört isch Basel gstande! Selle Turn
seig d'Peterschilche gsi, 's isch schad derfür!"

Der Bueb seit:

Nei, Ätti, isch's der Ernst? Es cha nit si!

Der Ätti seit:

Je 's isch nit anderst, lueg mi a, wie d' witt,
und mit der Zit verbrennt die ganzi Welt.
Es goht e Wächter us um Mitternacht,
e fremde Ma, me weiß nit, wer er isch,
er funklet, wie ne Stern, und rüeft: „Wacht auf!
Wacht auf, es kommt der Tag!" – Drob rötet si
der Himmel, und es dundert überal,
z'erst heimlig, alsg'mach lut, wie sellemol,
wo Anno Sechsenünzgi der Franzos
so uding gschosse het. Der Bode schwankt,
aß d'Chilchtürn guge; d'Glocke schlagen a,
und lüte selber Bettzit wit und breit,
und alles bettet. Drüber chunnt der Tag;
o, b'hüetis Gott, me brucht ke Sunn derzue,
der Himmel stoht im Blitz, und d'Welt im Glast.
Druf gschieht no viel, i ha jez nit der Zit;
und endli zündet's a, und brennt und brennt,
wo Boden isch, und niemes löscht. Es glumst
wohl selber ab. Wie meinsch, sieht's us derno?

Der Bueb seit:

O Ätti, sag mer nüt me! Zwor wie goht's
de Lüte denn, wenn alles brennt und brennt?

Der Ätti seit:

He, d'Lüt sin nümme do, wenn's brennt, sie sin –
wo sin sie? Seig du frumm, und halt di wohl,
geb, wo de bisch, und bhalt di Gwisse rein!
Siehsch nit, wie d'Luft mit schöne Sterne prangt!
's isch jede Stern verglichlige ne Dorf,
und witer obe seig e schöni Stadt,
me sieht si nit vo do, und haltsch di guet,

se chunnsch in so ne Stern, und 's isch der wohl,
und findsch der Ätti dört, wenn's Gottswill isch,
und 's Chüngi selig, d'Muetter. Öbbe fahrsch
au d'Milchstroß uf in die verborgni Stadt,
und wenn de sitwärts abe luegsch, was siehsch?
e Röttler Schloß! Der Belche stoht verchohlt,
der Blauen au, as wie zwee alti Türn,
und zwische drin isch alles use brennt,
bis tief in Boden abe. D'Wiese het
ke Wasser meh, 's isch alles öd und schwarz,
und totestill, so wit me luegt – das siehsch,
und seisch di'm Kamerad, wo mitder goht:
„Lueg, dört isch d'Erde gsi, und selle Berg
het Belche gheiße! Nit gar wit dervo
isch Wisleth gsi; dört hani au scho glebt,
und Stiere gwettet, Holz go Basel g'füehrt,
und brochet, Matte g'raust, und Liechtspöh' g'macht,
und g'vätterlet, bis an mi selig End,
und möcht jez nümme hi." – Hüst Laubi, Merz!

## Der Jenner

Im Ätti setzt der Öldampf zue.
Mer chönnte 's Ämpeli use tue,
und d'Läden uf. Der Morgeschi'
blickt scho zum runde Nastloch i. –
O lueget doch, wie chalt und rot
der Jenner uf de Berge stoht!

Er seit: I bi ne b'liebte Ma,
der Stern am Himmel lacht mi a!
Er glitzeret vor Lust und Freud,
und mueß er furt, sen isch's em Leid;
er luegt mi a, und cha's nit lo,
und würd bizite wieder cho.

Und untermer in Berg und Tal,
wie flimmeret's nit überal!
An allen Ende Schnee und Schnee;
's isch alles mir zue Ehre g'scheh,
und woni gang im wite Feld,
sin Stroße bahnt, und Brucke gstellt.

Er seit: I bi ne frische Ma,
i ha ne luftig Tschöpli a,
und roti Backe bis ans Ohr.
e heiter Aug und Duft im Hoor,
ke Wintergfrist, ke Gliederweh,
und woni gang, se chracht der Schnee.

Er seit: I bi ne gschickte Ma,
lueg, wieni überzuckere cha!
I chuuch, und an de Hürste hangt's,
und an de zarte Birche schwankt's.
Der Zuckerbeck mit gschickter Hand,
mit Geld und Guet wär's nit im Stand.

Jez lueg au dini Schiben a,
und wieni Helgli chritzle cha!
Do hesch e Blüemli, wenn's der gfallt,
do hesch e ganze Tannewald!
Der Früehlig chönnt's nit halber so,
's isch mit der Farb nit alles to.

Er seit: I bi ne starche Ma,
und zwing mi näumer, wenn er cha!
Der Forster gstablet uf der Jacht,
der Brunntrog springt, der Eichbaum chracht.
D'Frau Sunne mittem Gsichtli rund
het's Herz nit, aß sie füre chunnt.

's isch wohr, me weiß nit, was sie tribt,
und wo sie alli Morge blibt.
Wie länger Nacht, wie spöter Tag,
wie besser aß sie schlofe mag,
und blieb es bis um Zehni Nacht,
se chäm sie erst, wenn's Ölfi schlacht.

Nei het sie's ghört? Dört chunnt sie jo!
Me meint, 's brenn alles liechterloh! –
Sie stoht im chalte Morgeluft,
sie schwimmt im rote Nebelduft.
Zeig, chuuch e wenig d'Schiben a,
's isch, aß me besser luege cha!

Der Nebel woget uf und ab,
und d'Sunne chämpft, sie loßt nit ab.
Jez het sie's gunne. Wit und breit
strahlt ihri Pracht und Herrlichkeit.
O lueg, wie's über d'Dächer wahlt,
am Chilchefenster, lueg, wie's strahlt!

Der Jenner setzt si Arm in d'Huft,
er ruckt am Huet, und schnellt in d'Luft.
Der Jenner seit: I förch di nit.
Chumm, wenn de mit mer baschge witt!
Was gilt's, de würsch bizite goh,
und rüehmsch dim Büebli nüt dervo!

Je, 's wär wohl hübsch und liebli so,
im warme Stübli gfallt's eim scho.
Doch mengi Frau, daß Gott erbarm,
sie nimmt ihr nackig Chind in d'Arm,
sie het em nüt um d'Gliedli z'tue,
und wicklet's mittem Fürtuech zue.

Sie het kei Holz, und het kei Brot,
sie sitzt und chlagt's im liebe Gott.
G'friert Stei und Bei, wohl taut der Schmerz
no Tränen uf im Muetterherz.
Der Jenner isch e ruuche Ma,
er nimmt si nüt um d'Armet a.

Gang, bring der arme Fischer-Lis
e Säckli Mehl, e Hemdli wiß,
nimm au ne Wellen oder zwo,
und sag, sie soll au zuenis cho,
und Weihe hole, wenni bach,
und decket jez der Tisch alsgmach.

## Der Knabe im Erdbeerschlag

E Büebli lauft, es goht in Wald
am Sunntig Nomittag;
es chunnt in d'Hürst und findet bald
Erdbeeri Schlag an Schlag;
es günnt und ißt si halber z'tod,
und denkt: „Das isch mi Obedbrot."

Und wie nes ißt, se ruuscht's im Laub;
es chunnt e schöne Chnab.
Er het e Rock, wie Silberstaub,
und treit e goldne Stab.
Er glänzt wie d'Sunn am Schwizer Schnee.
Si Lebe lang het's nüt so gseh.

Druf redt der Chnab mi Büebli a:
„Was issisch, i halt's mit?"
„He, nüt", seit's Büebli, luegt en a,
und lüpft si Chäppli nit.
Druf seit der Chnab: „He, issisch nüt,
Du grobe Burst, se battet's nüt!"

Verschwunden isch mi Chnab, und's stöhn
die nöchste Hürst im Duft;
drus fliegt en Engeli wunderschön
uf in die blaui Luft,
und 's Büebli stoht, und luegt em no,
und chratzt im Hoor, und lauft dervo.

Und sieder isch kei Sege meh
im Beeri-Esse gsi.
I ha mi Lebtig nüt so gseh,
sie bschießen ebe nie.
Iß hampflevoll, so viel de witt,
sie stillen eim der Hunger nit!

Was gibi der für Lehre dri?
Was seisch derzue? Me mueß
vor fremde Lüte fründli si
mit Wort und Red und Grueß,
und 's Chäppli lüpfe z'rechter Zit,
sust het me Schimpf, und chunnt nit wit.

## Das Spinnlein

Nei, lueget doch das Spinnli a,
wie's zarti Fäde zwirne cha!
Bas Gvatter, meinsch, chasch's
au ne so?
De wirsch mer's, traui, blibe lo.
Es macht's so subtil und so nett,
i wott nit, aßi 's z'hasple hätt.

Wo het's die fini Riste g'no,
bi wellem Meister hechle lo?
Meinsch, wemme 's wüßt, wol mengi Frau,
sie wär so gscheit, und holti au!
Jez lueg mer, wie 's si Füeßli setzt,
und d'Ermel streift, und d'Finger netzt.

Es zieht e lange Faden us,
es spinnt e Bruck ans Nochbers Hus,
es baut e Landstroß in der Luft,
morn hangt sie scho voll Morgeduft,
es baut e Fueßweg nebe dra,
's isch, aß es ehne dure cha.

Es spinnt und wandlet uf und ab,
Potz tausig, im Galopp und Trab! –
Jez goht's ringsum, was hesch, was gisch!
Siehsch, wie ne Ringli worden isch!
Jez schießt es zarti Fäden i.
Wird's öbbe solle gwobe si?

Es isch verstuunt, es haltet still,
es weiß nit recht, wo 's ane will.
's goht weger z'ruck, i sieh's em a;
's mueß näumis Rechts vergesse ha.
„Zwor", denkt es, „sel pressiert jo nit,
i halt mi nummen uf dermit."

Es spinnt und webt, und het kei Rast,
so gliichlig, me verluegt si fast.
Und 's Pfarers Christoph het no gseit,
's seig jede Fade z'semme gleit.
Es mueß ein gueti Auge ha,
wer's zehlen und erchenne cha.

Jez putzt es sini Händli ab,
es stoht, und haut der Faden ab.
Jez sitzt es in si Summerhus,
und luegt die lange Stroßen us.
Es seit: „Me baut si halber z'tod,
doch freut's ein au, wenn's Hüsli stoht."

In freie Lüfte wogt und schwankt's,
und an der liebe Sunne hangt's;
sie schint em frei dur d'Beinli dur,
und 's isch em wohl. In Feld und Flur
sieht 's Mückli tanze, jung und feiß;
's denkt bi nem selber: „Hätti eis!"

O Tierli, wie hesch mi verzückt!
Wie bisch so chlei, und doch so gschickt!
Wer het di au die Sache glehrt?
Denkwol der, wonis alli nährt,
mit milde Händen alle git.
Bis z'frieden! Er vergißt di nit.

Do chunnt e Fliege, nei, wie dumm!
Sie rennt em schier gar 's Hüsli um.
Sie schreit und winslet Weh und Ach!
Du arme Chetzer hesch di Sach!
Hesch keini Auge bi der g'ha?
Was göhn di üsi Sachen a?

Lueg, 's Spinnli merkt's enanderno,
es zuckt und springt und het sie scho.
Es denkt: „I ha viel Arbet g'ha,
jez mueßi au ne Brotis ha!"
I sag's jo, der, wo alle git,
wenn's Zit isch, er vergißt ein nit.

## Dem aufrichtigen und wohlerfahrenen Schweizerboten an seinem Hochzeitstage

Iha 's jo gseit, und 's isch so cho!
Was hani gseit? 's werd nit lang goh,
se bringt der Bott vom Schwizerland
es Brütli an der weiche Hand,
es lieblig Brütli mittem Chranz
zum Chilchgang und zuem Hochzittanz.

's isch freili wohr, und so ne Ma,
es Fraueli, das mueß er ha.
Früeih, wenn er mittem Morgerot
uf d'Stroß go Brugg und Basel goht;
wer nimmt en z'erst no lieb und warm,
zuem B'hüetdigott und Chuß, in Arm?

Und wenn er mittem Obedstern
in d'Heimet chunnt, was hätt er gern?
's sött näumis an der Hustür stoh,
es sött em lieb eggege cho,
und fründli säge: „Grüeß di Gott,
du liebe Ma und Schwizerbott!"

Und säge sött's em: „Liebe Ma,
chumm weidli, leg d'Pantofflen a,
und 's Tschöppli! Uffem Tischtuch stoht
di's Süppli scho vo wißem Brot.
Chumm, liebi Seel, und iß jez z'Nacht!
und 's Bettli isch der au scho g'macht."

Das weiß er wohl, mi Schwizerbott,
's isch nit, as wenni'm 's säge wott.
Drum het er au am lange Rhi
und Canton us und Canton i
meng Meidschi scharf in d'Auge g'no,
öb nit bald wöll die rechti cho.

Und Canton us und Canton i,
bald an der Limmeth, bald am Rhi,
wol het er bravi Meidsch'ne gseh,
wie's Rösli rot, wiiß wie der Schnee,
so tusigschön und guet und froh.
Die rechte het nit wölle cho.

's macht nüt. Mi liebe Schwizerbott
het gseit: „I find sie doch, wills Gott!"
I glaub es schier, Her Bottema!
Längst heit er's in der Nöchi gha.
Tüent d'Augen uf! Bim Saferlot,
sie chunnt nit selbst. Verzeih mers Gott!

Jez het er sie, und isch er froh,
Der Landamma ischs gwüs nit so. –
Gieb, was de hesch, biet, was de witt,
er tuuschte mit dem Kaiser nit.
Er lueget nu si's Brütli a:
Jez bisch mi Wib und i di Ma!"

I säg es frei, und säg es lut:
Her Schwizerbott mit euer Brut,
Gott guntich wol e brave Frau,
und wie's euch freut, so freuts üs au,
und geb' ich Gott denn alliwil
der liebe neue Freude viel.

Denk, wenn's no einist g'wintret het,
was streckt si do im chline Bett,
und lächlet lieb? Mi Bottema
er luegt si goldig Büebli a.
Er lengt e süeße Zuckerring:
„Lueg, was i der vo Aarau bring!"

Nu flink dur's Land, Her Bottema,
mit euer Taschen uf und a,
und bringet, wie mer's g'wohnet sin,
viel schöne B'richt und Lehre drin.
An Zuckerbrot und Marzipa
für d'Chindli solls nit Mangel ha.

## An den Geheimrat von Ittner

### Curator der Universität zu Freiburg, bei dessen Gesandtschaftsreise in die Schweiz

Se bhüetich Gott der Her, und zürnet nüt!
Me schwetzt, wie eim der Schnabel gwachsen isch.
Gern chönti's besser, aber 's will nit goh.
Doch was vom Herze chunnt, isch au nit schlecht.

Der Chrüterma vo Badewiler het
mer's mengmol gseit, und gfluecht derzue, es soll
kei Hypnum meh, kei Carex in der Welt
vor sini Auge cho, (der Teufel weiß,
sin's Buebe oder Meidli), wenn e Ma
wie Ihr in siebe Here-Ländere seig.
I wills nit repetiere. Besser wärs,
der Chrüterma hätt's au nit gseit; es isch
mit some Fluech nit z'spasse. Hets der Recht'
zuem Unglück ghört, se glänzt mim Chrüterma
kei Sternli meh vom blaue Himmelszelt,
kei Blüemli meh im grüenen Matte-Grund.
Du arme Chetzer, Carex, Hypnum schießt
dim Aug ergege, wo de stohsch und gohsch.

I mach kei Gspaß, es isch mer selber so,
und woni näumen ane lueg, se stoht
was hent der gmeint? e Hypnum? Nei, se stoht
libhaftig Euer Bildnis vor mim Aug,
so fründlig und so lieb; und stirbi morn,
und siehnich nümme, bis am jüngste Tag,
se chummi in mim goldne Sunntigrock,
(es heißt, mer werden alli neu gstaffiert),
und sag mim Kamerad, wo mit mer goht:
„Isch sell nit der Her Ittner, wo im Duft
dört an der Milchstroß goht? Jez buckt er si,
und bschaut e Blüemli, 's wird Dudaim si."

Druf laufi, was i laufe cha, d'Stroß uf;
der Kamerad blibt z'ruck, er chunnt nit no.
Druf sagi: „Mit Verlaub! I mein emol,
der seigets. Hani i nit vor langer Zit
beim Kaiserwirt e Schöppli mitich gha?
Wie hent der gschlofe? Wohl? Der Morgen isch
so heiter. Wemmer nit e wengeli
do ane sitze zu dem Amarant?"

Jez bhüet ich Gott, und spar ich frisch und gsund
uf Euer lange Berg- und Schwizer-Reis,
's het d'Milchstroß uf, am jüngste Tag, no Zit
wohl hunderttausig Johr, und isch denn dört
viel schöner echt, as an der Limeth Gstad?
Wie glitzert uffem See der Silberstaub!
Wie wechsle hundertfältig Farb und Glanz,
Pallästli, Dörfer, Chilchtürn, Bluemegstad
am Ufer her, und wie ne Nebel stigt
dört hinte d'Nagelflue mit ihrem Schnee
zuem Himmel uf durs Morgeduft! Es schnuuft
meng Geißli dört und menge schöne Bock.

Nu gunnich Gott der liebi Freude viel
mit eue brave Fründen in der Schwiz,
und grüeßet mer der Wiese Gschwister-Chind
d'Frau Limeth, und vergesset's Heimcho nit;
's sin herwärts Schwarzwald gar viel bravi Lüt,
und hennich lieb, und schöni Jümpferli,
(me seit, sie heiße Muse) warten au
am Treisamgstad. Es heißt, Ihr seiget jo
ihr Vogtma z'Friburg, und sie singe schön,
und rede mittich allerlei; 's verstands
ke gmeine Ma, und menge Pfarer nit.

Hinte Wald und Berg bis an die duftige Wulke
vorne Matte voll Chlee, und Saat und goldene Lewat
stoht e Hütten im Feld und in der einseme Mittnacht.
Numme d'Sterne wachen, und numme no d'Feldberger Wiese,
und der Schuhu im Wald und öbbe Geister und Hirze.
Aber im Hüttli sitzen und hüete die buschige Felder
's Meiers muntere Fritz und's Müllers lockige Heiner.
„Heinerli", seit der Fritz, „der Schlof goht lisli um d'Hütte.
Lueg, jez chunnt er is inen, und lueg doch weger, er het di!
Weidli, chum ins Grüen! Mer wenn im lieblige Wechsel
mitenander singen. Es weiht e lustige Nachtluft,
g'vätterlet mittem Laub und exerziert mit de Halme:
Rechts um kehrt euch! Links her stellt euch! Nonemol rechts um!
Aber 's Müllers Heiner mit siner lockige Stirne
streckt si und stoht uf, und suecht si gläseni Röhre.
„Fritzli, stoß mi nit!" Jez stehn sie gegen enander,
der am Chriesibaum, der an der duftige Linde,
und probiere d'Tön in ihrer Höchi und Tiefi,
setzen ab, und setzen a. „Sing, Heinerli, du z'erst!"
seit der Fritz, „de hesch doch, traui, näume ne Schätzli."

Heiner

Tränki früeih am Brunne, so holt au's Meieli Wasser.
Wäscht es am Obe Salat, se chummi wieder an d'Tränki.
„Gueten Obe!" – „Dank der Gott! Mer treffe's doch ordli." –
„Jo, mer treffe's ordli; 's isch hüt e lieblige Tag g'si."

Fritz

In der Chilchen im Chor, und wenn der Herr Pfarer e Spruch seit,
luegi mi Vreneli a, öb es au ordeli acht git,
und es luegt mi a, öb i au ordeli acht gib.
Lauft au drüber 's Sprüchli furt, mer chönne's nit hebe.

Heiner

Schön tönt d'Schopfemer Glocke, wenn früeih der Morgen in d'Nacht luegt;
süeß tönt d'Menschestimm wohl in der Schopfemer Orgle:
Schöner tönt es mi a, und süeßer goht's mer zue Herze,
wenn mi's Meieli grüeßt, und seit: „Mer treffe's doch ordli."

Fritz

Weiht der Früehlig ins Tal, und riesle die lustige Bächli,
und der Vogel zieht, furt möchti riten, und d'Welt us.
Wenn i bi mi'm Vreneli sitz im heitere Stübli,
isch das Stübli mi Welt und, Gott verzeih' mer's, mi Himmel.

Heiner

Ziehni der Nüntelstei, gschickt baui Mühlen an Mühle,
„uf und zue, und mir die Chue!“ – Wer zeigt mer mi Meister?
Aber isch's Meieli do, und höri si Stimm und si Rädli,
oder es lueget mer zue, ne Schuelerbüebli chönnt's besser.

Fritz

Cheigle mer uf em Platz, sitzt's Vreneli unter der Linde,
fallemer Siebe g'wiß. Und seits: „Zeig, triffsch mer der Chünig“,
triffi der Chünig ellei. Do seit's: „Jez gangi“, und 's goht au,
und isch nümme do, blind lauft mer d'Chugle dur d'Gasse.

Heiner

Lieblige Ton und Schall, wo hesch di Gang in de Lüfte?
Ziehsch mer öbben ins Dorf, und chunnsch ans Meielis Fenster,
weck mer's lisli uf: „Es loßt di der Heinerli grüeße.“
Frogt's mi früeih, so läugni's. Doch werde mi d'Auge verrote.

Fritz

Vreneli, schlof frei wohl in dim vertäflete Stübli,
in dim stille Herz, und chummi der öbben im Traum vor,
lueg mi fründli a, und gib mer herzhaft e Schmützli!
Chummi heim, und triff di a, i gib der en anders.

Heiner

Her Schuelmeister, o Mond, mit diner wulkige Stirne,
mit d'im glehrte Gsicht, und mit d'im Pflaster am Backe,
folge der dini Chinder, und chönne sie d'Sprüchli und d'Psalme?
Blib mer nit z'lang stoh bi sellem gattige Sternli!

Fritz

Wülkli der chüele Nacht, in diner luftige Höchi,
seif mer der Schuelmeister i mit diner venedische Seifi,
mach em e rechte Schuum! So brav, und alliwil besser,
aß er sie nit chüsse cha, die gattige Sternli.

Heiner

Ruuscht scho der Morgen im Laub? Göhn d'Geister heim uffe
Chilchhof?
Arme Steffi, du bisch tief in der Wiesen ertrunke,
und di Chüngeli isch im heimlige Chindbett verschieden.
Aber jez chömmeter z'semen all Nacht am luftige Chrützweg.

Fritz

Füürigi Manne im Ried und am verschobene Marchstei,
machetich numme lustig! Me weiß scho, werich zum Tanz spielt.
Chömm mer kein in d'Nöchi mit siner brennige Stange!
Daß di dieser und jener, du sappermentische Rotchopf! –

„Friederli", seit der Heiner, „gern ißi Eieren-Anke,
Ziebeleweihe so gern, doch chönnti alles vergesse,
höri di liebligi Stimm und dini chünstlige Wise.
Chömme mer heim ins Dorf, o wüßti, was der e Freud wär!
Gell de nimmsch mer's ab, vier neui weltliche Lieder
von des Sultans Töchterlein, der Schreiber im Korbe,
's dritt vom Doktor Faust, und 's viert vom Lämmlein im
Grünen.
's isch nit lang, i ha sie neu am Chanderer Märt gchauft."
„Heinerli", seit der Fritz, „i schenk dir e sufere Helge.
D'Muetter Gottis luegt im goldene Helgen in Himmel.
‚Jesis Mareie', seit sie, ‚wie isch's do obe so heiter'
und ihr G'sicht wird sunnehell und lächlet so liebli,
aß me möcht katholisch werde, wemme sie aluegt.
Bring's di'm Meili, weisch was, 's het au so fründligi Augen,
und bis nit so schüüch, und sage'm, wie's der um's Herz isch."

## Des neuen Jahres Morgengruß

Für die lieben Landleute

Der Morge will und will nit cho,
und woni los, schloft alles no;
i weck si nit, so lang i cha,
i lueg e wengli d'Gegnig a.
Zeig Wülkli, mach jez keini Streich!
Der Mond schint ohni das so bleich.

Kei Blüemli rot, kei Blüemli wiiß!
An alle Bäume nüt as Ris!
Um alli Brunntrög Strau und Strau,
vor Chellertür und Stalltür au.
Mi Vetter het's drum sölli gmacht,
und lauft jez furt in dunkler Nacht.

Das Ding, das mueß mer anderst cho!
I bin der Ma, und's blibt nit so.
Die Gärte müen mer g'süfert si,
Aurikeli und Zinkli dri,
und neui Blüeten alli Tag
was Hurst und Nast vertrage mag.

Es rüehrt si nüt. Sie schlofe no. –
Nei lueg, es sitzt e Spätzli do!
Du arme Tropf bisch übel dra.
Was gilt's, er het e Wibli g'ha,
und druf isch Not und Mangel cho,
sie hen si müeße scheide lo.

Jez het er e bitrüebti Sach,
kei Frau, kei Brot, kei Dach und Fach,
und stoht er uf, so spot er mag,
se seit em niemes Guete Tag;
und niemes schnid't em d'Suppen i.
Wart Bürstli, dir mueß g'hulfe si.

Es rüehrt si nüt. Sie schlofe no. –
Ne gattig Chilchli hen sie do,
so sufer wie in menger Stadt.
's isch Sechsi ufem Zifferblatt.
Der Morge chunnt. Bi miner Treu,
es friert ein bis in Mark und Bei.

Die Tote gspüre nüt dervo;
ne rüeihig Lebe hen sie do.
Sie schlofe wohl, und's friert sie nit;
der Chilchhof macht vo allem quitt.
Sin echt no leeri Plätzli do?
's cha si, me bruucht e paar dervo.

Ne Chindli, wo ke Muetter het,
denkwol, i mach em do si Bett.
En alte Ma, en armi Frau,
denkwol i bring di Stündli au.
Hesch mengi Stund im Schmerz verwacht,
do schlof, und hesch e stilli Nacht.

Jez brennt e mol e Liechtli a,
und dört en anders nebe dra,
und d'Läde schettere druf und druf,
do goht, bim Bluest, e Hustür uf!
Grüeß Gott, ihr Lüt, und i bi do,
i bi scho z'Nacht um Zwölfi cho.

Mi Vetter het si Bündel g'macht,
und furt bi Nebel und bi Nacht.
Wär i nit auf d'Minute cho,
's hätt weger chönne g'föhrli go.
Wie g'fall ich in mim Sunntigg'wand?
's chunnt fadeneu us 's Schniders Hand.

E Rübelirock, er stoht mer wohl
zuem rote Scharlachkamisol,
und plüschi Hose hani a,
e Zitli drin, e Bendeli dra,
ne g'chrüslet Hoor, e neue Huet,
e heiter Aug, e frohe Muet.

Es luegt do ein mi Schnappsack a,
und 's nimmt en Wunder, was i ha.
Ihr liebe Lüt, das sagi nit,
wenn's chunnt, so nimm verlieb dermit!
's sin Rösli drin und Dorne dra,
me cha nit jedes b'sunders ha.

Und Wagleschnüer, und Wickelband,
e Fingerring ans Brütlis Hand,
en Ehrechranz ins lockig Hoor,
e Schlüssel au zuem Chilchhoftor.
Gent Achtig, was i bitt und sag,
's cha jede treffen alli Tag.

E stille Sinn in Freud und Not,
e rueihig G'wisse gebich Gott!
Und wer's nit redli meint und guet
und wer si Sach nit ordli tuet,
dem bring i au kei Sege mit,
und wenni wott, se chönnti nit.

Jetz göhnt und leget d'Chinder a,
und was i g'seit ha, denket dra,
und wenn der au in d'Chilche went,
se schaffet, was der z'schaffe hent.
Der Tag isch do, der Mond vergoht,
und d'Sunne luegt ins Morgerot.

## Geisterbesuch auf dem Feldberg

Hani gmeint, der Denglegeist, ihr Chnabe vo Todtnau,
seig e böse Geist, jez wüßti andere B'richt z'ge.
Us der Stadt, das bini, und will's au redli bikenne,
mengem Chaufher verwandt „vo siebe Suppe ne Tünkli",
aber e Sunntigchind. Wo näume luftge Geister
uffem Chrüzweg stöhn, in alte G'wölbere huse,
und verborge Geld mit füürigen Augen hüete,
oder vergosse Bluet mit bittere Träne wäsche,
und mit Grund verscharre, mit rote Nägle verchratze,
sieht's mi Aug, wenn's wetterleicht. Sie wimsle gar sölli.
Und wo heiligi Engel mit schöne blauen Auge
in der tiefe Nacht in stille Dörfere wandle,
an de Fenstere lose, und, höre sie liebligi Rede
gegen enander lächlen, und an de Hustüre sitze,
und die frumme Lüt im Schlof vor Schade biwahre,
oder wenn sie, selb ander und dritt, uf Gräbere wandle,

und enander sage: „Do schloft e treui Muetter;
do en arme Ma, doch het er niemes bitroge.
Schlofet sanft und wohl, mer wennich wecke, wenn's Zit isch",
sieht's mi Aug im Sterneliecht, und höri sie rede.
Menge chenni mit Namen, und wemmer enander bigegne,
biete mer is d'Zit, und wechsle Reden und Antwort:
„Grüeß di Gott! Hesch gueti Wacht?" – „Gott dank der! so zimli."
Glaubet's oder nit! – Ne mol, se schickt mi der Vetter
Todtnau zue, mit allerhand verdrießlige G'schäfte.
Wo mer's Kaffi trinken und Ankeweckli drin tunke:
„Halt er si nienen uf, und schwetz er nit, was em ins Mul chunnt",
rüeft mer der Vetter no, „und loß er si Tabatiere
nit im Wirtshus liege, wie's sust bim Here der Bruuch isch!"
Uf und furt, i gang, und was mi der Vetter ermahnt het,
hani richtig versorgt. Jez sitzi z'Todtnau im Adler –
und jez gang i spaziere und mein, i chön nit verirre,
mein', i seig am Dorf; zletzt chresmi hinten am Feldberg.
D'Vögel hen mi g'lockt, und an de Bächlene d'Blüemli.
Selle Fehler hani, i cha mi an allem vertörle.
Drüber wird es chüel, und d'Vögel sitzen und schwige.
's streckt scho dört und do e Stern am düstere Himmel
's Chöpfli use, und luegt, ob d'Sunn echt aben ins Bett seig,
öb es echt dörf cho, und rueft den andere: „Chömmet!"
und i ha kei Hoffnig meh. Druf leg i mi nieder.
's isch e Hütte dört, und isch en Ärfeli Strau drin.
„O du liebi Zit", so denki, „wenn i deheim wär!
Oder es wär scho Mitternacht. Es wird doch e G'spenstli
näume dohinte si, und z'nacht um zwölfi verwache,
und mer d'Zit vertriebe, bis früeih die himmliche Liechter
d'Morgeluft verlöscht, und wird mer zeige, wo's Dorf isch."
Und jez, woni's sag, und mittem vordere Finger
's Zitli frog, wo's Zeigerli stand, 's isch z'finster für's Aug gsi,
und wo's Zitli seit, 's gang ab den Ölfen, und woni
's Pfifli use leng, und denkt: jez trinki no Tuback,
aßi nit vertschlof – bi'm Bluest, se fangen uf eimol

ihrer zwee ne G'sprööchli a. I mein, i ha g'loset.
„Gell, i chum hüt spoot? Drum isch e Meiddeli g'storbe
z'Mambach, 's het e Fieberli g'ha und leidigi Gichter.
's isch em wohl. Der Todesbecher hani em gheldet,
aß es ringer gang, und d'Augen hani em zuedruckt,
und ha g'seit: Schlof wohl! Mer wen di wecke, wenn's Zit isch. –
Gang, und bis so guet und hol mer e wengeli Wasser
in der silberne Schaale, i will jez mi Sägese dengle."
„Dengle", han i denkt, „e Geist?" und düsele'n use.
Woni lueg, so sitzt e Chnab mit goldene Fegge
und mit wiißem G'wand und rosefarbigem Gürtel
schön und liebli do, und nebenem brenne zwei Liechtli.
„Alle gute Geister", sagi, „Herr Engel, Gott grüeß di!" –

„Loben ihre Meister", seit druf der Engel, „Gott dankder!" –
„Nüt für übel, Herr Geist! und wenn e Frögli erlaubt isch,
sag mer, was hesch du denn z'dengle?" – „D'Sägese", seit er.
„Jo, sel siehni", sagi, „und ebe das möchti gern wisse,
wozue du ne Sägese bruuchsch," – „Zum Meihe. Was hesch
gmeint?",
seit er zue mer. Druf sagi: „Und ebe das möchti gern wisse",
sagi zuenem: Isch's verlaubt? Was hesch du denn z'meihe?" –
„Gras, und was hesch du so spoot do hinte z'verrichte?" –
„Nit gar viel", hani g'seit, „i trink e wengeli Tuback.
Wäri nit verirrt, wohl wär's mer z'Todtnau im Adler.
Aber mi Red nit z'vergesse, se sag mer, wenn d' witt so guet si,
was du mittem Gras witt mache." – „Fuettere", seit er.
„Eben und das nimmt mi Wunder, de wirsch doch, Gott will,
ke Chue ha?" –
„Nei, ne Chue just nit, doch Chalbele", seit er, „und Esel.
Siehsch dört selle Stern?" Druf het er mer obe ne Stern zeigt.
„'s Wienecht-Chindlis Esel, und 's heilige Fridelis Chalble
otme d'Sterneluft dört oben, und warten ufs Fuetter.
Und dört wachst kei Gras, dört wachse numme Rosinli",
het er g'seit, „und Milch und Hunig rieslen in Bäche,
aber 's Vieh isch semper, 's will alli Morge si Gras ha,
und e Löckli Heu, und Wasser us irdische Quelle.
Dordurwille dengli jez, und willi go meihe.
Wärsch nit der Ehre wert, und seisch, de welsch mer au helfe?"
So het der Engel gseit. Druf sagi wieder zum Engel:
„Lueg, 's isch so ne Sach. Es sott mer e herzligi Freud si;
d'Stadtlüt wisse nüt vo dem; mer rechnen und schribe,
zähle Geld, sel chönne mer, und messen und wäge;
laden uf, und laden ab, und essen und trinke.
Was me bruucht ins Muul, in Chuchi, Cheller und Chammer,
strömt zue alle Toren i, in Zeinen und Chretze;
's lauft in alle Gassen, es rüeft an allen Ecke:
Chromet Chirsi, chromet Anke, chromet Andivi!
Chromet Ziebele, geli Rüebe, Peterliwurze!
Schwebelhölzli, Schwebelhölzli, Bodekolrabe!
Paraplü, wer koof? Reckholderbeeri und Chümmi!

Alles für baar Geld, und alles für Zucker und Kaffi …
Hesch du au scho Kaffi trunke, Her Engel, wie schmeckt's der?" –
„Schwetz mer nit so närsch", seit druf der Engel und lächlet.
„Nei, mer trinke Himmelsluft und esse Rosinli,
vieri alli Tag, und an de Sunntige fünfi.
Chum jez, wenn de mit mer witt, jez gangi go meihe,
hinter Todtnau abe, am Weg, an grasige Halde." –
„Jo, Her Engel, frili willi, wenn de mi mitnimmsch,
's wird afange chüel. I will der d'Sägese trage.
Magsch e Pfifli Tuback rauche, stoht's der zue Dienste."
Sieder rüeft der Engel: „Puhuh!" Ne füürige Ma stoht,
wie im Wetter, do. „Chumm, zündis abe go Todtnau!"
Seit's und voris her marschiert der Puhuh in Flamme,
über Stock und Stei und Dorn, e lebigi Fackle.
„Gel, 's isch chummli so", seit jez der Engel: „was machsch echt?
Worum schlagsch denn Füür? Und worum zündisch di Pfifli
nit am Puhuh a? De wirsch en doch öbbe nit förchte,
so ne Fraufastechind, wie du bisch – het er di gfresse?" –
Nei, Her Engel, gfresse nit. Doch mueßi bikenne,
halber hani'm numme traut. Guet brennt mer der Tuback.
Selle Fehler hani, die füürige Manne förchi;
lieber sieben Engel, as so ne brennige Satan." –
„'s isch doch au ne Gruus'", seit jez der Engel, „aß d'Mensche
so ne Furcht vor G'spenstere hen, und hätte's nit nötig.
's sind zwee einzigi Geister de Mensche gfährli und furchtbar:
Irrgeist heißt der eint', und Ploggeist heißt der ander;
und der Irrgeist wohnt im Wi. Us Channe und Chruse
stigt er eim in Chopf, und macht zerrütteti Sinne.
Selle Geist füehrt irr im Wald uf Wegen und Stege,
's goht mit eim z'unterst und z'öberst; der Bode will unter eim
breche!
d'Brucke schwanke, d'Berg biwege si, alles isch dopplet.
Nimm di vorem in Acht!" Druf sagi wieder zum Engel:
„'s isch e Stich, er bluetet nit! Her Gleitsma, i merk di.
Nüechter bini gwiß. I ha en einzig Schöppli
trunke g'ha im Adler, und frog der Adlerwirt selber.
Aber bis so gut und sag mer, wer isch der ander?" –

„Wer der ander isch“, seit jez der Engel, „das frogsch mi!
's isch e böse Geist, Gott well di vorem biwahre.
Wemme früeih verwacht, um vieri oder 'um fünfi,
stoht er vorem Bett mit große füürigen Auge,
seit eim guete Tag mit glüehige Rueten und Zange.
's hilft kei das walt Gott, und hilft kei Ave Maria!
Wemme bete will, enanderno hebt er eim's Muul zue;
wemmen an Himmel luegt, se streut er Äschen in d'Auge;
het me Hunger, und ißt – er wirft eim Wermueth in d'Suppe;
möcht me z'Obed trinke, er schüttet Gallen in Becher.
Lauft me, wie ne Hirz, er au, und blibt nit dehinte;
schlicht me wie ne Schatte, so seit er: ‚Jo mer wen g'mach tue.'
Stoht er nit in der Chilchen, und sitzt er nit zue der ins Wirtshuus?
Wo de gohsch und wo de stohsch, sin G'spenster und G'spenster.
Gohsch ins Bett, tuesch d'Auge zue, se seit er: ‚'s pressiert nit
mittem Schlofe. Los, i will der näumis verzehle:
Weisch no, wie de g'stohle hesch, und d'Waisli bitroge?'
So und so, und das und deis, und wenn er am End isch,
fangt er vorne a, und viel will's Schlofe nit sage.“
So het der Engel g'seit, und wie ne füürige Luppe
het der Puhu g'sprützt. Druf sagi wieder: „I bi doch
au ne Sunntigchind, mit mengem Geistli befründet,
aber b'hüet mi Gott der Her!“ Druf lächlet der Engel:
„B'halt di G'wisse rein, 's goht über b'siebnen und b'segne,
und gang jez das Wegli ab, dört nieden isch Todtnau.
Nimm der Puhuh mit, und lösch en ab in der Wiese,
aß er nit in d'Dörfer rennt, und d'Schüüre nit azündt.
B'hüet di Gott, und halt di wohl!“ Druf sagi: „Her Engel!
B'hüet di Gott der Her, und zürn nüt! Wenn de in d'Stadt chunnsch,
in der heilige Zit, se b'suech mi, 's soll mer en Ehr si.
's stöhn der Rosinli z'Dienst und Hypokras, wenn er di animmt.
D'Sterneluft isch rau, absunderlig nebe der Birsig.'
Drüber graut der Tag, und richtig chummi go Todtnau,
und gang wieder Basel zue im lieblige Schatte.
Woni an Mambach chumm, so trage sie 's Meidle use,

mittem heilige Chrütz und mit der verblichene Fahne,
mittem Chranz am Totebaum und brieggen und schluchze.
Hent der's denn nit g'hört! Er will's jo wecke, wenn's Zit isch.
Und am Zistig druf, se chummi wieder zum Vetter.
D'Tubackdose hani richtig näume lo liege.

## Erinnerung an Basel

Z'Basel an mi'm Rhi
jo dört möchti si!
Weiht nit d'Luft so mild und lau,
und der Himmel isch so blau
an mi'm liebe Rhi.

In der Münsterschuel,
uf mim herte Stuehl,
magi zwor jez nüt meh ha,
d'Töpli stöhn mer nümmen a
in der Basler Schuel.

Aber uf der Pfalz
alle Lüte gfallt's.
O wie wechsle Berg und Tal,
Land und Wasser überal
vor der Basler Pfalz!

Uf der breite Bruck,
für si hi und z'ruck,
nei, was sieht me Here stoh,
nei, was sieht me Jumpfere goh,
uf der Basler Bruck!

Eins isch nimme do,
wo ischs ane cho?
's Scholers Nase, weie weh
git der Bruck kei Schatte meh.
Wo bisch ane cho?

Wie ne freie Spatz,
uffem Petersplatz,
fliegi um, und 's wird mer wohl,
wie im Buebe-Kamisol,
uffem Petersplatz.

Uf der grüene Schanz,
in der Sunne Glanz,
woni Sinn und Auge ha,
lacht's mi nit so lieblig a,
bis go Sante Hans.

's Seilers Rädli springt;
los, der Vogel singt.
Summervögeli jung und froh
ziehn de blaue Blueme no.
Alles singt und springt.

Und e bravi Frau
wohnt dört usen au.
„Gunnich Gott e frohe Mueth!
Nehmich Gott in treui Huet,
liebi Basler Frau!"

## Der Abendstern

De bisch au wieder zitli do
und laufsch der Sunne weidli no,
du liebe, schönen Obestern!
Was gilt's, de hättsch di Schmützli gern
Er trippelt ihre Spure no,
und cha sie doch nit übercho.

Vo alle Sterne groß und chlei
isch er der liebst, und er ellei;
si Brüederli der Morgestern,
si het en nit ums halb so gern;
und wo sie wandlet us und i,
se meint sie, müeß er um sie si.

Früeih, wenn sie hinterm Morgerot
wohl ob em Schwarzwald ufe goht,
sie füehrt ihr Büebli an der Hand,
sie zeigt em Berg und Strom und Land,
sie seit: „Tue g'mach, 's pressiert nit so!
Di Gumpe wird der bald vergoh."

Er schwetzt und frogt sie das und deis,
sie git em B'richt, so guet sie 's weiß.
Er seit: „O Muetter, lueg doch au,
do unte glänzt's im Morgetau
so schön wie in dim Himmelssaal!
„He", seit sie, „drum isch's Wiesetal!"

Sie frogt en: „Hesch bald alles gseh?
Jez gangi, und wart nümme meh."
Druf springt er ihrer Hand dervo,
und mengem wiiße Wülkli no;
doch, wenn er meint, jez han i di,
verschwunden isch's, weiß Gott, wohi.

Druf, wie si Muetter höcher stoht,
und allsg'mach gegenem Rhistrom goht,
se rüeft sie 'm: „Chumm und fall nit do!"
Sie füehrt en fest am Händli no:
„De chönntsch verlösche, handumchehr,
Nimm, was mer's für e Chummer wär!"

Doch, wo sie überm Elsis stoht,
und allsgmach ehnen abe goht,
wird nootno 's Büebli müed und still,
's weiß nümme, was es mache will;
's will nümme goh, und will nit goh,
's frogt hundertmol: „Wie wit isch's no?"

Druf, wie sie ob de Berge stoht,
und tiefer sinkt ins Oberot,
und er afange matt und müed,
im rote Schimmer d'Heimet sieht,
se loßt er sie am Fürtuech goh,
und zettlet alsgmach hinte no.

In d'Heimet wandle Herd und Hirt,
der Vogel singt, der Chäfer schwirrt;
und 's Heimli bettet dört und do
si luten Obesege scho.
Jez, denkt er, hani hochi Zit;
Gottlob und Dank, 's isch nümme wit.

Und sichtber, wiener nöcher chunnt,
umstrahlt sie au si Gsichtli rund.
Drum stoht si Muetter vorem Hus:
„Chumm, weidli chumm, du chleini Muus!"
Jez sinkt er freudig niederwärts –
jez isch's em wohl am Muetterherz.

Schlof wohl, du schönen Obestern!
's isch wohr, mer hen di alli gern.
Er luegt in d'Welt so lieb und guet,
und bschaut en eis mit schwerem Muet,
und isch me müed, und het e Schmerz,
mit stillem Friede füllt er 's Herz.

Die anderen im Strahleg'wand,
he frili jo, sin au scharmant.
O lueg, wie 's flimmert wit und breit
in Lieb und Freud und Einigkeit!
's macht kein em andere 's Lebe schwer.
Wenn's doch do niede au so wär!

Es chunnt e chüeli Obedluft,
und an de Halme hangt der Duft.
Denkwohl, mer göhn jez au alsgmach
in stille Frieden unters Dach!
Gang, Liseli, zünd 's Ämpli a!
Mach kei so große Dochte dra!

## Der Schwarzwälder im Breisgau

Z'Müllen an der Post,
Tausigsappermost!
Trinkt me nit e guete Wi!
Goht er nit wie Baumöl i,
z'Müllen an der Post!

Z'Bürglen uf der Höh,
nei, was cha me seh!
O, wie wechsle Berg und Tal,
Land und Wasser überal,
z'Bürglen uf der Höh!

Z'Staufen uffem Märt
hen si, was me gehrt,
Tanz und Wi und Lustberkeit,
was eim numme 's Herz erfreut,
z'Staufen uffem Märt!

Z'Friburg in der Stadt
sufer isch's und glatt,
richi Here, Geld und Guet,
Jumpfere wie Milch und Bluet,
  z'Friburg in der Stadt.

Woni gang und stand,
wär's e lustig Land.
Aber zeig mer, was de witt,
numme näumis findi nit,
  in dem schöne Land.

Minen Auge gfallt
Herischried im Wald.
Woni gang, se denki dra,
's chunnt mer nit uf d'Gegnig a
  z'Herischried im Wald.

Imme chleine Huus
wandlet i und us –
gelt, de meinsch, i sagder, wer?
's isch e Sie, es isch kei Er,
  imme chleine Huus.

## Riedligers Tochter

Spinnet, Töchterli, spinnet, und Jergli leng mer der Haspel!
D'Zit vergoht, der Obed chunnt und 's streckt si ins Früeihjohr.
Bald goht's wieder use mit Hauen und Rechen in Garte.
Werdet mer flißig und brav und hübsch, wie 's Riedligers Tochter!

In de Berge stoht e Huus, es wachse jez Wesmen
uffem verfallene Dach, und 's regnet aben in d'Stube.
Frili 's isch scho alt, und 's sin jez anderi Zite,
weder wo der Simme Fritz und 's Eveli ghuust hen.
Sie hen 's Huus erbaut, die schönsti unter de Firste,
und ihr Name stoht no näumen am rueßige Tremel.
Het me gfrogt: „Wer sin im Wald die glücklichsten Chlüt?",
het me gseit: „Der Simme Fritz und 's Riedligers Tochter",
und 's isch dem Eveli grote mit gar verborgene Dinge.

Spinnet, Chinder, spinnet, und Jergli hol mer au Trieme!
Mengmol, wo der Fritz no bi den Eltere glebt het,
het en d'Muetter g'no, und gfrogt mit biweglige Worte:
„Hesch di no nit anderst bsunne? G'falle der 's Meiers
Matte no nit besser zu siner einzige Tochter?“
Und der Fritz het druf mit ernstlige Worten erwidert:
„Nei, sie gfalle mer nit, und anderst bsinni mi nümme.
's Riedligers suferi Tochter zue ihre Tugede gfallt mer.“
„D'Tugede loß den Engle! Mer sin jez not nit im Himmel.“ –
„Lönt de Chüeihe 's Heu ab's Meiers grasige Matte!“ –
„D'Muetter isch e Hex!“ – „Und soll au d'Muetter e Hex si,
Muetter hi und Muetter her, und 's Töchterli willi!“ –
„'s Meidli soll's gwiß au scho tribe, d'Nochbere sage 's.“ –
„Sel isch en alte B'richt, und dorum chani 's nit wende.
Winkt's mer, so mueß i cho, und heißt es mi näumis, se tuenis.
Luegt's mer no gar in d'Augen, und chummi em nöcher an Buese,
wird's mer, i weiß nit wie, und möchti sterbe vor Liebi.
's isch ke liebliger Gschöpf, as so en Hexli, wo jung isch.“ –

Näumis het d'Muetter gwüßt. Me seit das Meiddeli sei gwiß
in si'm zwölfte Johr e mol elleinig im Wald gsi,
und heb Erbeeri g'suecht. Uf eimol hört es e Ruusche,
und wo's um si luegt, se stoht in goldige Hoore
nummen en Ehle lang e zierlig Frauweli vorem,
inneme schwarze Gwand und g'stickt mit goldene Blueme
und mit Edelgstei. „Gott grüeß di, Meiddeli!“, seit's em,
„spring nit furt, und förch mi nit! I tue der ke Leidli.“
's Eveli seit: „Gott dank der, und wenn du 's Erdmännlis Frau bisch,
willi di nit förche!“ – „Jo frili“, seit es, „das bini. –
Meiddeli los, und sag: chansch alli Sprüchli im Spruchbuech?“ –
„Jo, i cha si alli, und schöni Gibetli und Psalme.“ –
„Meiddeli los, und sag: gohsch denn au flißig in d'Chilche?“ –
„Alli Sunntig se tueni. I stand im vorderste Stüehli.“ –
„Meiddeli los, und sag: folgsch au, was 's Müetterli ha will?“ –

„He, will's Gott der Her, und froget 's Müetterli selber!
's chennt ich wohl, i weiß es scho, und het mer scho viel gseit." –
„Meiddeli, was hesch gseit? Bisch öbbe 's Riedligers Tochter?
Wenn de mi Gotte bisch, se chumm au zue mer in d'Stube!"
Hinter der Brumbeerihurst goht's uf verschwiegene Pfade
tief dur d'Felsen i. Hätt 's Frauweli nit e Laternli
in der Linke treit, und 's Eveli sorglich am Arm g'füehrt,
's hätt der Weg nit gfunde. Jez goht e silberni Tür uf.
„O Herr Jesis, wo bini? Frau Gotte, bini im Himmel?" –
„Nei doch, du närrisch Chind. In mi'm verborgene Stübli
bisch bi diner Gotte. Sitz nieder und bis mer Gottwilche!
Gell, das sin chosperi Stei an mine glitzrige Wände?
Gell, i ha glatti Tisch? Sie sin vom suferste Marfel.
Und do die silberne Blatten und do die goldene Teller!
Chumm, iß Hunigschnitten und schöni gwundeni Strübli!
Magsch us dem Chächeli Milch? Magsch Wi im christalene
Becher?" –
„Nei, Frau Gotte, lieber Milch im Chächeli möchti."

Wones gesse het und trunke, seit em si Gotte:
„Chind, wenn d'flißig lehrsch, und folgsch, was 's Müetterli ha
will,
und chunnsch us der Schuel und gohsch zum heilige Nachtmohl,
willi der näumis schicke. Zeig wie, was wär der am liebste?
Wär's das Trögli voll Plunder? Wär's do das Rädli zum
Spinne?" –
„Bald isch's Plunder verrisse. Frau Gotte, schenket mer's
Rädli!" –
„'s Rädli will gspunne ha. Nimm lieber 's Trögli voll Plunder!
Siehsch die sideni Chappe mit goldene Düpflene gsprenklet?
Siehsch das Halstuech nit mit siebefarbige Streife,
und e neue Rock, und do die gwässerti Hoorschnuer?" –
„Jo, 's isch mer numme z'schön. Frau Gotte, schenket mer's
Rädli!" –
„Willsch's, se sollsch's au ha, und chunnt's, se halt mer's in
Ehre!
Wenn de 's in Ehre hesch, soll's au an Plunder nit fehle,

und an Segen und Glück. I weiß em verborgeni Chräfte.
Sieder nimm das Rösli und trag mer's sorglich im Buese,
aß den au öbbis hesch vo diner heimliche Gotte!
Los und verlier mer's nit! Es bringt der Freuden und Gsundheit.
Wärsch mer nit so lieb, i chönnt der jo Silber und Gold ge."
Und jez het sie's gchüßt, und wieder usen in Wald gfüehrt:

„Bhüet di Gott, und halt di wohl, und grüeß mer di Muetter!"
So viel isch an der Sach, und deshalb het me ne nogseit,
d'Muetter seig e Hex, und nit viel besser ihr Meidli.

Nu das Meiddeli isch mit si'm verborgene Blüemli
hübscher vo Tag zu Tag und alliwil liebliger worde,
und wo's us der Schuel mit andere Chindere cho isch,
und am Ostertag zum Nachtmohl gangen und heim chunnt,
nei se bhüetis Gott, was stoht im heitere Stübli?
's Rädli vo birbaume Holz und an der Chunkle ne Riste,
mitteme zierlige Band us rosiger Siden umwunde,
unte ne Letschli dra, und 's Gschirli zum Netze vo Silber,
und im Chrebs e Spüeli, und scho ne wengeli g'spunne.
D'Gotte het der Afang gmacht mit eigene Hände.
Wie het mi Eveli gluegt: Was isch das Eveli gsprunge!
Gsangbuech weg und Meie weg und 's Rädli in d'Arm gno,
und het's gchüßt und druckt. „O liebi Frau Gotte, vergelt's Gott!"
's het nit z'Mittag gesse. Sie hen doch e Hammen im Chöl gha.
's isch nit usen ins Grüen mit andere Chindere gwandlet.
Gspunne hätt's mit Händ und Füeße; het em nit d'Muetter
's Rädli in Chaste gstellt, und gseit: „Gedenke des Sabbaths!
Isch nit Christus der Her hüt vo de Toten erstande?"
Nu die Rädli hesch. Doch Eveli, Eveli, weisch au,
wie me's in Ehre haltet, und was d'Frau Gotte wird gmeint ha?
Frili weischt's, worum denn nit, und het sie 'm verheiße:
„Wenn des in Ehre hesch, soll's au an Plunder nit fehle
und andere Sege", se het sie 's ghalte, wie 's recht isch.

Het nit in churzer Zit der Weber e Tragete Garn gholt?
Het's nit alli Johr vom finste glichlige Fade
Tuech und Tuech uf d'Bleichi treit und Strängli zum Färber?
He, me het jo gseit, und wenn's au dussen im Feld seig,
's Rädli spinn elleinig furt, und wie sie der Fade
unten in d'Spuele zieh', wachs' unterm rosige Bendel
d'Riste wieder no – sel müeßt mer e chummligi Sach si.
Und wer het im ganze Dorf die suferste Chleider
Sunntig und Werchtig treit, die reinlichsten Ermel am Hemd
gha,
und die suferste Strümpf und alliwil freudigi Sinne?
's Frauwelis im Felseg'halt sie liebligi Gotte.
Drum het's Simmes Fritz, wo 's achtzeh' Summer erlebt het,
zue der Muetter gseit mit ernstlige Miene und Worte:
„Numme 's Riedligers Tochter zue ihre Tugede gfallt mer."
Ihn hätten alli gno, er nummen eini vo alle.
Muetterherz isch bald verschreckt, zwor sotti's nit sage.
Wo sie wieder e mol vo 's Meiers Tochter und Matte
ernstlig mittem redt, und will's mit Dräue probiere:
„'s git e chräftig Mittel", seit sie, „wenn de verhext bisch.
Hemmer für's Riedligers g'huust? Di Vater setzt di ufs Pflicht-
teil,
und de hesch mi Sege nit, und schuldig bisch du dra."
„Muetter", erwidert der Simme, „soll euer Sege verscherzt si,
stand i vom Eveli ab, und gehri vom Vater ke Pflichtteil.
Z'Stette sitzt e Werber, und wo me uffeme Berg stoht,
lüte d'Türkeglocken an allen Enden und Orte.
Bluet um Bluet, und Chopf um Chopf, und Leben um Lebe.
Färbt mi Bluet e Türkesebel, schuldig sin ihr dra!"
Wo das d'Muetter hört, se sitzt sie nieder vor Schrecke:
„Du vermesse Chind, se nimm si, wenn de si ha witt;
aber chumm mer nit go chlage, wenn's der nit guet goht."
's isch nit nötig gsi. Sie hen wie d'Engel im Himmel
mitenander g'lebt, und am verborgene Sege
vo der Gotte het's nit gfehlt im hüsliche Wese.
He, sie hen jo z'letzt vo's Meiers grasige Matte
selber die schönste g'meiht, 's isch alles endlich an Stab cho,

und hen Freud erlebt an frumme Chinden und Enkle.
Tüent jez d'Räder weg, und Jergli der Haspel ufs Chästli!
's isch afange dunkel und Zit an anderi G'schäfte."

Und so hen sie's gmacht, und wo sie d'Räder uf d'Site
stellen, und wenn goh und schüttle d'Ägle vom Fürtuech,
seit no's Vreneli: „So ne Gotte möchti wohl au ha,
wo eim so ne Rad chönnt helfen und so ne Rösli."
Aber d'Muetter erwidert: „'s chunnt uf kei Gotten, o Vreni,
's chunnt uf's Rädli nit a. Der Fliß bringt heimlige Sege,
wenn de schaffe magsch. Und hesch nit's Blüemli im Buese,
wenn de züchtig lebsch und rein an Sinnen und Werke?
Gang jez und hol Wasser und glitsch mer nit usen am Brunne!"

## Die glückliche Frau

Erhalt mer Gott mi Friedli!
Wer het, wer het e brävere Ma,
und meld si eini, wenn sie cha!
Er sitzt so gern bi siner Frau,
und was mi freut, das freut en au;
und was er seit, und was er tuet,
es isch so lieblig und so guet.
Wie sieht er nit so gattig us
in sine Locke schwarz und chrus,
mit sine Backe rot und gsund,
und mit de Gliedere stark und rund!

Und wenn mi näumis plogt und druckt,
und wenn e Weh im Herze zuckt,
und denk i wieder an mi Ma,
wie lacht mi nit der Himmel a!
Erhalt mer Gott mi Friedli!

Erhalt mer Gott mi Güetli!
I ha ne Garte hinterem Hus,
und was i bruuch, das hol i drus.
Im Feld in feiste Fure schwankt
der Halm, an warme Berge hangt
der Trübel, und im chleine Hof
regiere Hüehner, Gäns und Schoof.
Was bruuchi, und was hani nit?
Frog, was de weisch, lueg, wo de witt!
Und wemme meint, 's well Mangel cho,
isch Gottes Sege vorem do.
Und wenn der Friedli müed und still
vom Acker chunnt und z'Obe will,
se stoht mit Chümmi, rein und frisch,
e guete Ziger uffem Tisch.
Im grüene Chrüsli stoht der Wi,
i lueg em a, und schenk em i;
druf trinkt er und es schmeckt em guet,
und füllt em 's Herz mit Chraft und Muet.
Erhalt mer Gott mi Güetli!

Erhalt mer Gott mi Stübli!
Es isch so heiter und so nett,
as wenn's en Engel zimmert hätt,
und putzt, as wenn's e Chilchli wär,
und wo me luegt, isch's niene leer.
Jo weger, und wenn's blitzt und chracht,
und wie mit Chüblen abe macht,
wenn usem Nebel füecht und chalt
der Riesel an de Fenstere prallt,
und wenn no Wienecht chalt und rot

der Jenner uf de Berge stoht,
und duftig an de Bäume hängt,
und Brucken übers Wasser sprengt,
und wenn der Sturmwind tobt und brüllt,
und 's Dolder ab den Eiche trüllt,
isch's Stübli bheb und warm und still,
turnier' der Sturm, so lang er will.
Erhalt mer Gott mi Stübli!

Doch will mer Gott mi Friedli neh,
und chani nit, und mueß en ge,
sollsch, Chilchhof, du mi Güetli si,
und bauet mer e Stübli dri.
Erhalt mer Gott mi Friedli!

## Die Überraschung im Garten

„Wer sprützt mer alli Früeih mi Rosmeri?
Es cha doch nit der Tau vom Himmel si;
sust hätt der Mangeld au si Sach,
er stoht doch au nit unterm Dach.
Wer sprützt mer alli Früeih mi Rosmeri?

Und wenn i no so früeih ins Gärtli spring,
und unterwegs mi Morgeliedli sing,
isch näumis g'schafft. Wie stöhn jez reihewis
die Erbse wieder do am schlanke Ris
in ihrem Bluest! I chumm nit us dem Ding.

Was gilt's, es sin die Jumpfere usem See!
Me meint zwar, 's chömm, wie lang scho, keini meh.
Sust sin sie in der Mitternacht,
wenn niemes meh as d'Sterne wacht,
in d'Felder use gwandlet usem See.

Sie hen im Feld, sie hen mit frummer Hand
de brave Lüte g'schafft im Garteland,
und isch me früeih im Morgeschimmer cho,
und het jez welle an si Arbet goh,
isch alles fertig gsi – und wie scharmant!

Du Schalk dört hinte, meinsch, i seh di nit?
Jo, duck' di numme nieder, wie de witt!
J ha mer's vorgstellt, du würsch's si.
Was falleder für Jesten i? –
O lueg, vertritt mer mini Setzlig nit!" –

„O Kätterli, de hesch's nit solle seh!
Jo, dine Blueme hani z'trinke ge,
und wenn de wotsch, i gieng für di dur's Füür
und um mi Lebe wär mer di's nit z'tüür,
und 's isch mer o gar sölli wohl und weh."

So het zum Kätterli der Friedli g'seit;
er het e schweri Lieb' im Herze treit,
und het's nit chönne sage just,
und es het au in siner Brust
e schüüchi zarti Lieb zum Friedli treit.

„Lueg, Friedli, mini schöne Blüemli a!
's sin nummen alli schöne Farbe dra.
Lueg, wie eis gegenem andere lacht,
in siner holde Früehligstracht,
und do sitzt scho ne flißig Immli dra." –

„Was helfe mer die Blüemli blau und wiß?
O Kätterli, was hilft mer's Immlis Fliß?
Wärsch du mer hold, i wär im tiefste Schacht,
i wär mit dir, wo au kei Blüemli lacht
und wo kei Immli summst, im Paredis."

Und d'rüber hebt si d'Sunne still in d'Höh,
und luegt in d'Welt, und seit: „Was mueß i seh
in aller Früeih?" – Der Friedli schlingt si Arm
um's Kätterli, und 's wird em wohl und warm.
Druf het em's Kätterli e Schmützli ge.

## Das Gewitter

Der Vogel schwankt so tief und still,
er weiß nit, woner ane will.
Es chunnt so schwarz, und chunnt so schwer,
und in de Lüfte hangt e Meer
voll Dunst und Wetter. Los, wie's schallt
am Blauen, und wie's widerhallt.

In große Wirble fliegt der Staub
zum Himmel uf, mit Halm und Laub,
und lueg mer dört sel Wülkli a!

I ha ke große G'falle dra,
lueg, wie mer's usenander rupft,
wie üser eis, wenn's Wulle zupft.

Se helfis Gott, und bhüetis Gott!
Wie zuckt's dur's G'wülch so füürig rot,
und 's chracht und 's tost, es isch e Gruus,
aß d'Fenster zitteren und 's Hus,
Lueg 's Büebli in der Waglen a!
Es schloft, und nimmt si nüt drum a.

Sie lüte z'Schlienge druf und druf,
je, und 's hört ebe doch nit uf.
Sel bruucht me gar, wenn 's dundere soll
und 's lütet eim no d'Ohre voll. –
O, helfis Gott! – Es isch e Schlag!
Dört, siehsch im Baum am Gartehag?

Lueg, 's Büebli schloft no alliwil
und us dem Dundere macht's nit vil.
Es denkt: „Das ficht mi wenig a,
er wird jo d'Auge binem ha."
Es schnüfelet, es dreiht si hott
ufs ander Öhrli. Gunn der's Gott!

O, siehsch die helle Streife dört?
O los! hesch nit das Raßle g'hört?
Es chunnt. Gott wellis gnädig si!
Göhnt weidli, hänket d'Läden i!
's isch wieder akurat wie vern.
Guet Nacht, du schöni Weizenern.

Es schetteret uffem Chilchedach;
und vorem Hus, wie gäutscht's im Bach,
und 's loßt nit no – daß Gott erbarm.
Jez simmer wieder alli arm. –
Zwor hemmer au scho gmeint, 's seig so,
und doch isch 's wieder besser cho.

Lueg, 's Büebli schloft no allewil
und us dem Hagle macht's nit viel!
Es denkt: „Vom Briegge loßt's nit no,
er wird mi Teil schon übrig lo."
He jo, 's het au, so lang i's ha,
zue rechter Zit si Sächli gha.

O gebis Gott e Chindersinn!
's isch große Trost und Sege drinn.
Sie schlofe wohl und traue Gott,
wenn's Spieß und Nägel regne wott,
und er macht au si Sprüchli wohr,
mit sinen Englen in der G'fohr. –

Wo isch das Wetter ane cho?
D'Sunn stoht am heitre Himmel do.
's isch schier gar z'spot, doch grüeß di Gott!
„He", seit sie, „nei, 's isch no nit z'spot;
es stoht no menge Halm im Bah'
und menge Baum, und Öpfel dra." –

Potz tausig, 's Chind isch au verwacht.
Lueg, was es für e Schnüüfeli macht!
Es lächlet, es weiß nüt dervo.
Siehsch, Friederli, wie's ussieht do? –
Der Schelm het no si G'falle dra.
Gang richt em eis si Päppli a! –

## Agatha
## an der Bahre des Paten

Chumm, Agethli, und förcht der nit,
i merk scho, was de sage witt.
Chumm, b'schau di Götti no ne mol,
und briegg nit so, es isch em wohl.

Er lit so still und fründli do,
me meint, er los und hör mi no,
er lächlet frei, o Jesis Gott,
as wenn er näumis sage wott.

Er het e schweri Chranket gha.
Er seit: Es griift mi nümmen a,
der Tod het jez mi Wunsch erfüllt
und het mi hitzig Fieber gstillt."

Er het au menge Chummer gha.
Er ſeit: „Es ficht mi nümmen a,
und wienes goht, und was es git,
im Chilchhof niede höris nit.“

Er het e böſe Nochber gha.
Er ſeit: „I denk em nümme dra,
und was em fehlt, das tröſt en Gott
und gebem au e ſanfte Tod.“

Er het au ſini Fehler gha.
's macht nüt! Mer denke nümme dra.
Er ſeit: „I bi jez frei dervo,
's iſch nie us böſem Herze cho.“

Er ſchloft, und luegt di nümmen a,
und het ſo gern ſi Gotte gha.
Er ſeit: „Wills Gott, mer werde ſcho
im Himmel wieder z'ſemme cho!“

Gang, Agethli, und denk mer dra!
De heſch e brave Götti g'ha.
Gang, Agethli, und halt di wohl!
Di Stündli ſchlacht der au ne mol.

## Die Häfnet-Jungfrau

Vetter, wo simmer doch echterst? Bald glaubi, mer seige verirret.
's schlacht kei Uhr, me hört ke Guhl, es lütet ke Glocke,
wo me lost, und wo me luegt, se findt me ke Fueßtritt.
Chömmet do das Wegli ab! Es isch mer, mer seige
nümme wit vom Häfnet-Bugg. Sust gruset's mer, wenni
drüber mueß; jez wäri froh. Der Sunne no möcht es
schier gar Zehni si. Sel wär kei Fehler, mer chäme
alliwil no zitli gnueg go Steine bis Mittag. –
Geltet, was hani gseit! Gottlob, do simmer am Häfnet,

und jez weißi Weg und Steg. Der hent doch au bettet
hütte frücih, will's Gott, und hentich gwäschen und d'Hoor
gstrehlt
mittem Richter? Mengmol müen au d'Finger der Dienst tue,
und der sehnt mer schier so us. Je, Vetter, i warnich!
Wemmer bim Brunne sin, me würdich wäschen und strehle.
's stoht im Wiesetal und in den einseme Matte
no ne Huus, me seit em numme 's Steinemer Schlößli.
's tuet de Hamberchslüten und 's tuet de Bure, wo gfrohnt hen,
bis es gstanden isch mit sine Stapflen am Giebel,
au kei Zahn meh weh. Doch liege sie rüeihig im Bode,
d'Häfnet-Jumpfere nit, wo vor undenkliche Zite
in dem Schlößli g'huset het mit Vater und Muetter.
's isch e Zwingherr gsi, und 's het des Frohnes kei End gha,
bald ufs Tribe, bald zum Bauen oder am Acker,
z'nacht zum Hüeten ins Feld, und het der Zwingherr und
d'Zwingfrau
nüt me gwüßt, isch d'Tochter cho, ne zimpferig Dingli,
mitteme Zuckergsicht und marzipanene Hälsli.
Bald het ein go Basel müessen oder no witers,
Salbe hole, das und deis zum Wäschen und Strehle,
Schueh mit gstickte Bluemen und chosperi goldeni Chappe
mit Chramanzlete drum und sideni Hentschen und Bendel.
Meinet der denn, sie wär emol go Steine in d'Chilche
uffem Bode gange mit ihre papierene Schuehne?
Örliger, bim Bluest, vom tüürste, wo me cha finde,
hen sie müesse spreite vom Schlößli bis füren an Steine
und durs Dorf an d'Chilchhoftür und übere Chilchhof,
und am Mentig wäschen. Am nöchste Samstig het alles
müesse sufer si, wie neu vom Weber und Walker.
's isch emol en alte Ma, 's heig niemes si Heimet
wüsse welle, neben an dem Örliger Fueßweg
gstanden an der Chilchhoftüre. „Loset, i warnich,
Jümpferli", heig er gseit, „'s isch mit dem Plätzli nit z'spasse.
Goht me so in d'Chilchen und über die grasige Gräber?
Wie heißt's in der Bibel? Der werdet's jemerst nit wüsse:
Erde sollst du werden, aus Erde bist du genommen.

Jumpferen, i förch, i förch!" – Druf seig er verschwunde.
Sel mol uf Örligertuech in d'Chilche gangen und nümme!
Nei, 's mueß Flanell her am nöchste Sunntig, mit rote
Bendle rechts und links und unten und obe verblendlet.
O, wie mengmol hen doch d'Lüt im Stille der Wunsch gha:
„Nähm di numme ne Ma im Elsis oder im Brisgau
oder wo der Pfeffer wachst! Es sott der jo gunnt si."
Aber 's het sie niemes möge. D'Muetter isch gstorben
un der Vater au, sie liege nebenenander,
und 's chunnt zletzt e Gang, wo 's Töchterli füren in Chilchhof
au ke Flanell bruucht und eineweg d'Schüehli nit wüest macht.
Hen sie nit im Totebaum vier Richter ins Grab treit?
's seig nit briegget worde. Ne Vaterunser hen frilig
alli bettet, und gseit: „Gott geb der ewige Friede!"
Drum der Tod söhnt alles us, wenn's numme nit z'spot wär.
Aber der alt Ma seig eismols wieder am Chilchhof
gstanden und heig gseit mit schwere bidütseme Worte:
„Hesch nie das Plätzli birüehrt, se soll di das Plätzli nit tole.
Wo du ane g'hörsch, weiß numme s'Geitligers Laubi!"
's isch so cho. Der ander Morge, women ins Feld goht,
stoht der Totebaum vorusse nebe der Chilchmuur.
Wer verbei isch, het en gseh, und 's heißt no dernebe,
's seige Grappe gnueg druf gsessen und heigen am Tuech pickt –
wie mes macht: wenn näumis isch, se lüegt me no mehr dra.
Je, mer het's wieder probiert, me het sie no tiefer vergrabe,
an en andere Platz. 's het alles nit ghulfen und battet.
Endli seit der Vogt: „Mer müen go 's Geitligers Laubi
froge, wo sie ane ghört." Me rüstet e Wage,
wettet d'Stieren i, und leit der Totebaum ufe.
„Laufet, wo der went!" Sie hen si ni zweimol lo heiße.
Uf und furt zum Häfnet-Bugg. Dört blibe sie b'hange,
z'allernöchst am Brunne (der wüesset's) womer verbei sin.
In dem Brunne sitzt sie. Doch stigt sie an sunnige Tage
mengmol usen ans Land, strehlt in de goldige Hoore,
und wenn näumer chunnt, wo selle Morge nit bettet
oder d'Hoor nit gstrehlt, und wo sie nit gwäschen und putzt het,
oder jungi Bäum verderbt und andere 's Holz stielt,

seit me, sie nehmen in d'Arm, und ziehnen aben in Brunne.
Vetter, i glaub sel nit. Me seit so wege de Chinde,
aß sie süferli werden und nieme näumis verderbe.
Vetter, wär es so gföhrli, bim Bluest, euch hätt sie in d'Arm gno,
wo mer nebenabe sin, und gwäschen im Brunne,
und au wieder gstrehlt e mol. – Nei loset, was höri?
's lütet z'Steine Mittag. Bal simmer dussen im Freie.
D'Zit wird eim doch churz im Laufe, wemmen au näumis
mitenander z'rede weiß und näumis z'erzehle.
Seig's denn au nit wohr, es isch nit besser, wenn's wohr isch.
Sehnt der jez dört 's Schlößli mit sinen eckige Gieble?
Und das Dorf isch Steine. Do füre zieht si der Chilchweg.

## Auf den Tod eines Zechers

Do hen si mer e Ma vergrabe.
's isch schad für sini bsundere Gabe.
Gang, wo de witt, suech no so ein!
Sel isch verbei, de findsch mer kein.

Er isch e Himmelsglehrte gsi.
In alle Dörfere her und hi
se het er gluegt vo Hus zu Hus:
Hangt nienen echt e Sternen us?

Er isch e freche Ritter gsi.
In alle Dörfere her und hi,
se het er gfrogt enanderno:
„Sin Leuen oder Bäre do?"

E guete Christ, sel isch er gsi.
In alle Dörfere her und hi
se het er untertags und z'nacht
zum Chrütz si stille Bueßgang g'macht.

Si Namen isch in Stadt und Land
bi große Here wohl bikannt.
Si allerliebsti Kumpanie
sin alliweil d'Drei Künig gsi.
Jez schloft er und weiß nüt dervo.
Es chunnt e Zit, goht's alle so.

## An den Rechnungsrat Gyßer

Wie? was sagetder, aß der seiget, in Euren Epistle?
Schatzigbleger? Nei, was mueß me für Sachen erlebe?
Hender d'Schatzig b'leit, Her Gyßer? Jesis, gent Achtig,
wenn sie jünglet, wie 's ich goht! das chönnemer bruuche.
Was het selle gseit, wo g'hört het, d'Sunne heig g'wibet?
's stoht ins Vetters Fable. Er het mit schrundige Hände
in de Hoore g'chrazt. „I mein, sie mach eim elleinig
heiß gnueg, het er gseit, mit ihrem dunstigen Otem
und trinkt alli Brunnen us; 's wird sufere Arbet
werde, wenn sie Jungi het, und hinter de Berge
wie ne Gluckere füre chunnt mit Siebe und Achte."
Lueget, so wirds goh, wenn d'Schatzig Bueben und Meidli
überchunnt und lebig bhaltet, gfräßige Chinder,
's wird nit z'bschribe si, was für e Lamento ins Land chunnt.

Vetter Gyßer loset, der hent doch b'sundere Jeste!
Jo, i mueß es sage, und wenns mi gnädige Landsher
über churz oder lang erfahrt, und henktich der Brotchorb
höcher, wie der selber förchet, nimmts mi nit wunder.
Ischs ich öbbe, wil der Moler z'Mülle ne weg chunnt,
gumperig, und meinet, jez lueg ich niemes uf d'Ise?
Hender gmeint, jo wohl! Sie hen scho wieder en Andre
in der Machi! und er würd ich d'Zeche verlese.
Wie het Rehabeam gseit? „Mein Finger", seit er, „soll schwerer
sein, als meines Vaters Arm." Der werdets erfahre!
Sust e brave Her, und gschickt, er schribt si vo Spir her
ehnen am breite Rhi, wo jez der Premie-Consul
d'Schatzig bleit, und 's Volch regiert mit bluetige Hände.

Vetter Gyßer, 's fallt mer i, isch nit wohr, mer hen doch
mengerli Heren im Land von allen Enden und Orte,
und mir sin no als die brävste? Hättemer numme
näumis glehrt! Mer hätte doch so ordeli der Zit gha.
Aber jez isch z'spot! Und mengmol wenn mini Schüeler

mehr verstöhn as ich, und froge mi spitzigi Sache,
woni selber nit weiß, se sagi: „Loset, de müent ein
nit gli z'Schande mache! 's isch almig nit gsi, wies jez isch,
mittem Lehre, und me hätt just d'Glegeheit mit gha.
B'haltets binich, was der wüsset! Wendets im Stille
a, und werdet brav, und saget, der heigets bi mir glehrt,
aß i au no Ehr erleb, und dankbari Zite!"

Vetter Gyßer, hent der Buebe, soll ein e Pfarer
werde, hani nüt derwider. Rüeihig verlebt er
sini Stunden uffem Land. Ne freudige Wechsel
zwischen Arbet und Rueih, und zwische Studieren und Marsche,
zwischen Essen und Verdaue flicht si dur's Lebe.
Ob em hangt der Himmel voll Sunne, Sternen und Gige;
unter em der Boden, er treit em fruchtbere Zehnte.
Uf de Matte weide d'Chüeih, ihm trage sie d'Milch zue;
an de Berge grase d'Schof, ihm chrüslet si d'Wulle;
in den Eichle chnarflet d'Sau, ihm leit sie der Speck a.
Färlet näume ne Mohr, het au der Pfarer si Säuli.
Meint der Fürst, er heig si Sach an Zinsen und Gfälle,
mueß er mittem Pfarer teilen oder Prozeß ha.
Drum, Her Gyßer! was i sag und wenn ein e Pfarer
werde will, und wenn e schöni mannberi Tochter
no nem Vikari luegt, un der luegt wieder no ihre,
und sie wechsle mitenander fründlige Rede,
löhnt sie mache! sagi. Doch vorem leidige Schuelstaub
soll der Himmel euer Chind in Gnade biwahre.

Aber mi Red nit z'vergessen, und euri Jesten und Rime,
jo, i ha sie überchо; sie hemmer e Freud gmacht,
bsunders selli Frau. Wie isch 's ere endli no gange?
Isch sie wieder z'Chräfte cho? I möchtere's gunne.
Oder het sie g'endet, und trinkt in blaue Reviere
Sterneluft, und Himmelstau, und mutteret nümme?
Helfis Gott! Mer werde au no 's Bündeli mache,
und ins himmlisch Canaan der Weg unter d'Füeß neh!
's seig e gangbari Stroß, sie gang gwis übere Chilchhof.

Sieder wemmer leben, und 's Lebe freudig verbruuche,
Trübli esse, Neue trinke, Chestene brote.
Vetter Gyßer, chunnt eim Buur sie sunnige Rebberg
mit der Zit an Stab, se bietet für mi. Es chunnt mer
nit uf näumis a, und d'Morgesunnen isch viel wert.
Lueget, jez mueßi in d'Schuel, sust wotti no allerlei sage.
B'hüetich Gott! Vergelts Gott au! Und chömmet bal wieder.

## Beim Friedensschluß

Jetz, Fliege, lönt mi all ungheit,
und meld' si keini wit und breit!
Der sehnt so, aßi d'Zittig lies!
Und chöm mer eini, i triff sie gwis.

Göhnt, schaffet au e halbe Tag
vo Glockeschlag zue Glockeschlag:
was gilt's, der lueget anderst dri,
und 's wird ich nümmi gumprig si.

I ha ne schweri Arbet gha;
drum lacht mi jez mi Chrüsli a.
Gang, Jörgli, leng o Chäs zuem Brot,
's schmeckt besser, wenn's selbander goht.

Jo wohl, se henn sie Friede gmacht,
und 's het en End mit Chrieg und Schlacht.
Gott Lob und Dank für Mensch und Vieh!
's wär nümmi lang z'prästiere gsi.

## Der Wegweiser

### Guter Rat zum Abschied

Weisch, wo der Weg zuem Mehlfaß isch,
zuem volle Faß? Im Morgerot
mit Pflueg und Charst dur's Weizefeld,
bis Stern und Stern am Himmel stoht.

Me hackt, so lang der Tag eim hilft,
me luegt nit um, und blibt nit stoh;
druf goht der Weg dur's Schüretenn
der Chuchi zue, do hemmer's jo!

Weisch, wo der Weg zuem Gulden isch?
Er goht de rote Chrützere no,
und wer nit uffe Chrützer luegt,
der wird zuem Gulde schwerli cho.

Wo isch der Weg zuer Sunntigfreud?
Gang ohni Gfohr im Werchtig no
dur d'Werkstatt und dur 's Ackerfeld!
der Sunntig wird scho selber cho.

Am Samstig isch er nümme wit.
Was deckt er echt im Chörbli zue?
Denkwol e Pfündli Fleisch ins Gmües,
's cha si, ne Schöppli Wi derzue.

Weisch, wo der Weg in d'Armet goht?
Lueg numme, wo Tafere sin!
Gang nit verbei, 's isch guete Wi,
's sin nagelneui Charte drin!

Im letzte Wirtshus hangt e Sack,
und wenn de furt gohsch, henk en a!
„Du alte Lump, wie stoht der nit
der Bettelsack so zierlig a!"

Es isch e hölze Gschirli drin,
gib Achtig druf, verlier mer's nit,
und wenn de zueme Wasser chunnsch
und trinke magsch, se schöpf dermit!

Wo isch der Weg zue Fried und Ehr,
der Weg zuem gueten Alter echt?
Grad fürsi goht's in Mäßigkeit
mit stillem Sinn in Pflicht und Recht.

Und wenn de amme Chrützweg stohsch,
und nümme weisch, wo's ane goht,
halt still, und frog di Gwisse z'erst,
's cha dütsch, gottlob, und folg si'm Rot.

Wo mag der Weg zum Chilchhof si?
Was frogsch no lang? Gang, wo de witt!
Zuem stille Grab im chüele Grund
füehrt jede Weg, und 's fehlt si nit.

Doch wandle du in Gottisfurcht!
I rot der, was i rote cha.
Sel Plätzli het e gheimi Tür,
und 's sin no Sachen ehne dra.

# Worterklärungen

## Aus Hebels Vorrede zur ersten Auflage der „Alemannischen Gedichte"

Der Dialekt, in welchem diese Gedichte verfaßt sind, mag ihre Benennung rechtfertigen. Er herrscht in dem Winkel des Rheins zwischen dem Fricktal und ehemaligen Sundgau, und weiterhin in mancherlei Abwandlungen bis an die Vogesen und Alpen und über den Schwarzwald hin in einem großen Teil von Schwaben.

Leser, die mit dieser Sprachweise nicht ganz bekannt sind, werden folgende wenige grammatikalische Bemerkungen nicht überflüssig finden. Das u und ü vor einem h, dem wieder ein Vokal folgt, oder folgen sollte, geht in die Triphthongen ueih und üeih über, und diese Form ist also im Metrum immer einsilbig, zum Beispiel früeih, frühe. – Beide Artikel werden meist abgekürzt, tonlos und in der Aussprache wahre Präfixa des Substantivs oder Suffixa der Präposition. Hie und da schien es unvermeidlich, sie als solche auch in dem Texte auszudrücken, zum Beispiel Uffeme, auf einem; Anere, an einer. – Der Akkusativ des Singulars ist auch bei den Maskulinis dem Nominativ gleich, zum Beispiel der Tag, der und den Tag. Der Dativ des Singulars wird bei den Maskulinis und Neutris, bisweilen auch Femininis durch die Präposition in bezeichnet, zum Beispiel im Liecht, imme Liecht, dem, einem Licht; innere (in einer) Frau, einer Frau. – Das absolute Pronomen Ich lautet im Nominativ des Pluralis wie der Dativ des Singulars Mir; auch Du, häufiger Dir als Ihr. Sich im Neutrum heißt bisweilen Ihns. Aber überall werden die Personalpronomina und das unbestimmte man, wenn sie keinen Nachdruck oder Gegensatz haben wie der Artikel, abgekürzt und wahre Präfixa oder Suffixa der nächsten Wörter, letztere, wenn alsdann zwei Vokale zusammenkämen, mit einem eingeschobenen n. Sagi, sage ich; Woni, wo ich; Wennd' und Wennde, wenn du; Wemme, wenn man; Sagmer, sage mir; Denkder, denke dir; Bringem, Bringere, bring ihm, ihr; Sagemer, sagen wir; Sagetder, saget ihr; Sie zeigenis, zeigen uns; Zeigenich, zeigen euch; Zuenis, zu uns; Zuenich, zu euch; Sagene, sage ihnen; Sagider, sage ich dir; Sagi' m. sage ich ihm; und so fort.

## A

*abe* herab, hinab
*abglunse* allmählich verlöschen (von *glunse*, in der Asche verglimmen)
*Aecke* Nacken
*aschnaue* anschnauzen
*Aetti* Vater, ahd. atta
*afange* adv. endlich, allmählich, nach und nach
*Agle* steife, stechende Spitzen, insbesondere an Ähren
*alder* oder
*almig* einstmals
*ane* hin
*Anke* Butter, ahd. ancho, mhd. anke
*Arfel* ein Arm voll, dimin. Ärfeli
*as* als
*aß* daß

## B

*Bah* Bahn; Bann, Gemarkung
*balge* schmählen, Vorwürfe machen, von *Balg* = Zank, Streit
*Bammert* Flurschütze, Feldhüter, Bannwart
*baschge* raufen; trans: bezwingen
*Basseltang*, *Baßletang* Kurzweil. Passe le temps
*batte* frommen, fruchten, anschlagen; mhd. baten, nützen, von baß = besser
*Baum* im Kartenspiel der Valet im Trifle
*bause* aufgeblasen sein, großtun; (bauschen, Bausch)
*bederthalbe* adv. beiderseits; subst. Zwerchsack
*bette* beten
*b'hange* hängen bleiben
*b'heb* knapp
*bis* Imperativ zu sein: sei!
*bitzeli* wenig, bißchen
*Bluest* Blüte; *Bym Bluest!* Beteuerungsformel, Ausdruck der Verwunderung, insbesondere bei unangenehmen Überraschungen, eigentlich: bei dem Blute des Sakraments, wie: *Bi Gost!*
*bohle* werfen
*Borchilche* Empore in der Kirche; mhd. bor = oberer Raum, Höhe
*bosge* eine Bosheit verüben
*Bosget* Bosheit; Mutwille
*Brenz* Gebranntes; Branntwein
*briegge* flennen, weinen, heulen
*Briggem* Bräutigam
*bringe* bringen; zutrinken
*broche* pflügen
*Brotis* Gebratenes, Braten
*brusche* rauschen
*bruttle* mit dem Hilfswort haben: murren, halblaut reden; mit dem Hilfswort sein: murrend, halblaut redend fortgehen
*Bscheid tue* einen Zutrunk erwidern
*bschiesse* ausreichen, sättigen, seinen Fortgang haben
*bsiebnen* mit sieben Eideshelfern segnen; mit der Siebenzahl weihen
*Büeßli* Zehnkreuzerstück, piece
*Bugg* Hügel, Bühel
*Bühni* Stubendecke; Dachboden; Söller
*Bunte* Spund, Pfropfen

*Büscheli* kleiner Bund, Büschel
*Büsli*, *Büseli* aus dem Lockruf für die Katze *büs-büs* = mietz-mietz gebildet: Kätzchen
*Bütschelichind* Wickelkind
*busper* munter, lebhaft, insbesondere von Vögeln. Hebel vermutet: soviel als buschbar, wenn die Hecken buschig werden und die Vögel nisten
*bütsche*, *butsche* mit dumpfem Ton, auch mit vollen Gläsern anstoßen
*Büttene* hölzerner Bottich, Kübel

## C

*Carfunkel* jeder rote, glänzende Stein; Ausschlag im Gesicht
*Chaib* Luder, Aas
*Chappe* Kappe, auch Frauenhaube
*Chächeli* Schüsselchen
*cheren* kehren, nach einer anderen Richtung wenden
*Chemi* Kamin
*Cheri* eigentlich Kehre: Reihe, Ordnung von regelmäßiger Wiederkehr. Daher: *die Cheri* diesmal: *en anderi Cheri* ein andermal
*Chestene brote* Kastanien rösten
*Chetteneblueme* Kettenblume, Löwenzahn, Leontodon taraxacum
*Chib* mhd. kip, Zwist, Neid, Haß, Feindschaft
*chibe* keifen, zanken
*chibig* zänkisch, neidisch
*Chilche*, *Chille* ahd. chirihha, chilihha, Kirche
*Chilchelueger* Kirchenaufseher; von *luege*, lugen, spähen, schauen
*Chilspel*, *Chilchspel* Kirchspiel
*Chirsi* Kirschen; vorderes Wiesental unterhalb Schopfheim
*Chlimse* Spalte, Klinze
*chlöpfe* knallen, krachen
*chlor* klar
*Chnode* Fußknöchel; dimin: *Chnödlene*
*chnüsle* spielen
*cho* kommen
*Chöchlete* ein Kochtopf voll
*Choli* Rappe; schwarzes Pferd
*Chölsch* Blauleinen; daher: *chölschblau*, von kölnisch
*Chramanzlete* übertriebenes Gebahren, Umständlichkeiten, vermutlich von grand merci
*Chratte* ahd. chratto, tiefer Handkorb
*chresme* ahd. chresan, mhd. kresen, klettern, krabbeln, kriechen
*Chretze* ahd. crezzo, Rückenkorb; auch Achselband für die Beinkleider
*Chriese* Kirschen; hinteres Wiesental
*chrome* einkaufen; zum Geschenk vom Markt mitbringen; mhd. kramen
*chrospelig* krustig
*chruppig* verkümmert
*Chruse*, diminut. *Chrüsli* Kanne, bauchiger Krug
*Chübli* Kirchweih
*chumli*, *chummlich* bequem; kommlich; von kommen

*chündig* karg, ärmlich
*Chüngi* Kunigunde
*chuuche* hauchen

## D

*de* den (dat. pluralis)
*dehei* daheim
*deis* jenes; *deim* jenem
*Deischen schoren* Kuhfladen zusammenkratzen
*der* ihr
*dinge* (zu jemand) in Dienst gehen, Dienste nehmen
*dinn* drin, innen
*Distelzwigli* Distelfink
*dodurwille* um deswillen
*Dolder* Baumwipfel, Strauchwipfel
*Dolke* Klecks
*Dosch* Kröte
*dose* schlummern
*Dotsch* Tölpel
*Drau* oberer Stadtteil von Schopfheim
*drülle* drillen, drehen
*duddert mir* mir ist bange
*dunde* unten, auf einen gewissen Ort bezüglich
*dunders* (von Donner, ahd. donar, mhd. donder) in der Zusammensetzung als Verstärkungsformel gebraucht: *dundersnett*, überaus nett
*durane* überall; aus *dur*, durch und *ane*, hin
*dure* hinüber, hindurch, herüber; unterscheide:
*dur'e; dur'en* durch ihn, durch den; durch einen
*düsele* schlummern
*dusse* draußen
*düssele* leise reden; leise gehen
*duure* bedauern

## E

*eb*, *ehe* bevor
*echt*, *echter*, *echterst* etwa, doch, wohl?
*Efersinli* Euphrosine
*Egerte* braches Feld
*ehne* jenseits, drüben
*Eiere-Anke* Eier, in Butter gebacken
*eineweg* gleichwohl, dessen ungeachtet
*eis Gangs* eines Gangs, zugleich
*eitue* eines Tuns, einerlei, gleichviel
*em* ihm
*enanderno* unmittelbar, geschwinde; einander nach
*Engelsüeß* Tüpfelfarren, polypodium vulgare
*ennine* gewahr
*erheut und verloge* erheuchelt und erlogen
*erlustere* erlauschen

## F

*Fareschwanz* Farrenschwanz, Ochsenziemer zum Prügeln
*faseln* fruchten, jungen, gedeihen
*Fatzenetli* Sacktuch. Italienisch Fazzoletto
*Fegge* Fittiche
*ferig* fertig
*ferle* ferkeln
*fern* vor einem Jahr

*fläti* behend, handsam

*flösch* schwammig von Leibesbeschaffenheit

*Frauemänteli* Frauenmantel, Marienmantel, alchemilla vulgaris

*Fraufaste* aus Fronfasten: Gespenst, das sich in Basel und Umgebung gezeigt haben soll

*Fraufastechind* in der Fronfaste geboren und geistersichtig

*frech* außer der gewöhnlichen Bedeutung auch frei und gesund

*frei* außer der gewöhnlichen Bedeutung adv. sogar

*Füdeli* Hinterteil

*fürcho* vorkommen, erscheinen

*füre* hervor, nach vornen, hinaus, hinüber. Unterscheide:

*füre, füren* für ihn, für den, für einen

*Füsi* Flinte; fusil

## G

*gahre* knarren

*gattig* wohlgebildet, gefällig; von der Stammsilbe gatt wie in Gattung, wie artig von Artung

*gäutsche* schwanken, von Flüssigkeiten

*ge* geben; plur: *genn*

*Geb* abgekürzt statt: gebe Gott!

*geb wo de bisch* du magst sein wo du willst

*Gegnig* Gegend

*gehre* begehren

*gel, gell, gellaber* gelt, nicht wahr? plur: *geltet*

*Gel-Veieli* gemeiner Goldlack, Cheirantus

*Gfristig* Frostbeulen

*gha* gehabt

*Ghalt* Gehalt; Zimmer

*gheie* verdrießen anfechten

*Ghürst* Gebüsch. Gehürste von *Hurst* = Strauch

*gigse* knarren

*gitt* gibt

*Gitzi* junge Ziege dimin: *Gitzeli*

*gli* gleich

*glichlig* durchgehends, gleich

*glumse* glimmen, in der Asche brennen

*go* praep. gen, nach; um zu. Unterscheide: *go* gehen

*Gollig* so viel wie Gott

*Götti* Taufpate; fem: *Gotte*

*gottsig* einzig, nichtig

*Gottwilche* Begrüßungsformel: Gottes Willkomm!

*Grabbe* Raben

*groble* krabbeln

*Grüebe* Griefen, Rückstand von ausgesottenem Schweineschmalz

*Grumbire* Grundbirnen, Kartoffeln. Dimin: *Grumbireli*

*grumse* murren, brummen

*grüseli* grausig

*gschire* im gleichen Geschirr ziehen

*Gschwei* Schwägerin

*Gsegott!* Gesegne Gott!

*g'seiht* gesäet

*Gsöm* Gesäme, Sämerei

*gstable* steif werden, lat: stabiliri

*guete* gut werden

*Gufe* Stecknadel

*gugge* gaukeln, sich hin und herbewegen

*güggele* durch eine kleine Öffnung spähen, dimin. von gucken

*Guhl* Hahn; lat: gallus

*Gülle* Lache, Pfütze

*gumpe* hüpfen, springen

*Gumpistöpfel* Äpfel, durch Einlegen in Sauerkraut weich und säuerlich geworden; mhd. gumpost, Eingemachtes, insbesondere Sauerkraut. lat: compositum

*günne* gewinnen, pflücken

*gunne* gönnen, gewähren

*Guttere*, *Gütterli* Flasche, Fläschlein

*gvätterle* spielen, insbesondere der Kinder, die Erwachsene spielen

## H

*ha* haben

*Habermark* Bocksbart, tragopogon pratense

*Häfnet-Bug* bestimmte Gegend im Waldgebirge zwischen den Dörfern Weitenau und Steinen

*Häli* Schäfchen, (in der Kindersprache und beim Locken)

*Hamberch* Handwerk

*Hamme* ahd. hamma, Schinken; engl: ham

*Hampfle* eine Hand voll; der Raum zwischen beiden hohlen Händen, dimin: *Hämpfeli*

*Hampfevoll* beide Hände voll

*Handumcher* im Handumdrehen

*Handzwehle* Handtuch

*Hasebrödli* grasartige Pflanze, juncus pilosus

*haseliere* toben; aus dem Französischen

*Hätteli* Ziege, (Kindersprache und beim Locken)

*haupthöchlige* adv. erhobenen Hauptes, laut, munter

*hebe* halten

*heig* habe, conjunktiv

*heimele* heimeln, der Heimat ähnlich sein

*helden* neigen; (Halde)

*Helge*, *Helgli*, *Helgeli* Heiligenbildchen; auch jedes andere kleine Bildchen auf Papier

*helse* Glück wünschen; daher etwas zu festlicher Gelegenheit schenken. Von Heil, mhd. heilsen

*hemmer* haben wir; *mer henn*, wir haben

*Hentsche* Handschuh

*Her* Herr; *der Her*, der Pfarrer

*Herget* Herrgott

*Herehus* Pfarrhaus

*hinecht* adv. in dieser Nacht, heute Nacht

*hinechti* die ganze Nacht hindurch

*hinterfür* verkehrt

*Hirz* Hirsch

*hö* zornig

*Hofertig stoh* zu Gevatter stehen

*hökle* mit hakender Bewegung greifen

*hold* geneigt; ausschließlich von der Liebe zwischen Jüngling und Mädchen; daher;

*Holderstock* Schmeichelname für den oder die Geliebte; ursprünglich: Holunderstock

*hornigeln* vor Kälte prickeln

*hotten* von Statten gehen, von hüst und hott!
*hüble* an den Haaren schütteln, züchtigen; (hobeln)
*hüle* heulen
*Hurlibaus* Kanone; mhd. hurlebus, von hurlen, kollern und bausen, schwellen
*Hurnigel* Winterhagel, Graupeln
*hurnigeln* rieseln
*Hurst* Strauch; plural: *d'Hürst*, Gebüsch, Dickicht. (Horst)
*Hurt* mhd. hurt, Horde zur Aufbewahrung von Obst und dergleichen
*hüst und hott!* links und rechts! Zuruf an die Pferde.
*hütie* adv. heute, den ganzen Tag
*hütie und je* heute je und je
*huure* kauern, niederhocken
*Hypokras* gewürzter Wein

## J

*Jast* Zorn, Hitze, Aufwallung, Eile, (*jesen* = gären)
*jelemol* etlichemal
*Jemerst* Affektswort der Klage und Sehnsucht, (vermutlich aus herr jemine, also Herr Jesu domine)
*Jeste* subst., plur., Launen, Mutwille, von:
*jesen* gähren, schäumen
*Ilge* Lilie
*im* (auch) dem
*Imber* Ingwer
*Imme* fem: die Biene, masc. der Bienenstock. Unterscheide:
*imme* einem, in einem
*Immis* Imbiß
*ine* hinein
*Jobbi* Jakob
*istüre* bringen, senden, (von stüüre)
*Junte* Weiberrock
*Jüppe* Kinderrock; aus dem Italienischen giubba
*just* eben, gerade recht, wohl zumute

## K

*kchehrt* abgeleitet
*keie* trans: werfen; intrans: fallen. Mundartliche Zusammenziehung von geheien, *gheie*
*Kukumer* Gurke

## L

*Lädemli* Fensterlädchen
*landsem* langsam
*Läri* Lecker
*Laubi* Name für einen Zugochsen. Horni, Merz, Laubi, Lusti von den alten Namen für die Frühlingsmonate: Hornung, Merz, Laubmond, Lustmond
*Legi* Damm zur Ableitung des Wassers in einem Bachbett
*lehre* lehren und lernen
*leit* legt
*lenge* hinreichen; langen; genugsein
*Letsch* dimin. *Letschli*, Bandschlaufe, Ital. laccio
*letz* verkehrt, falsch
*Lewat* Raps; brassica napus
*Liecht* Licht
*lit* liegt
*lo* lassen
*Logel* Fäßchen

*lömmer* lassen wir
*lose* horchen
*lotterig* locker, wackelnd
*luege* schauen
*Luft* masc. sanfter Wind; fem. Luft
*lüpfe* in die Höhe heben, lüften
*Luppe* großer Klumpen glühenden Eisens, das aus dem Frischfeuer zum ersten Male unter den Hammer kommt
*lustere* lauschen, von losen

## M

*Ma* Mann
*manne* einen Mann nehmen
*Marcher* Feldmesser, von *March* Grenze
*Marfel* Marmor
*Marsche* Kartenspiel
*Märt* Markt
*Massle* Roheisen in Prismenform. Sonst Eisengans. mhd. messe
*Matte* Wiese
*me* man
*Meideli* kleines Mädchen
*Meidli* Mädchen
*Meie* Blumenstrauß
*meihe* mähen
*Meister* (auch) der Scharfrichter. *Der Meister vo Hage*
*meng* manch
*mer* wir
*metzgen* (auch) wandern
*mira* meinetwegen
*Möhnli* Unke, Maifröschchen
*morn* morgen
*morndrigs* andern Tages
*Mose* dimin. *Möseli* Flecken; mhd. mase, (Masern)
*müen* müssen; *der müent* ihr müßt
*Mummeli* Name des Rindes in der Kindersprache und beim Locken
*Mumpfel* ein Mund voll
*muttern* murren, brummen

## N

*Närsch* Närrchen
*Nast* Ast
*näumer* jemand
*näumis* etwas
*näume* irgendwo
*necht* gestern Abend vor Mitternacht
*neh* nehmen
*neidig* verdrossen
*Nemtig* subst. *die Nemtig*, vor einigen Tagen
*nidsi* unter sich, abwärts; von nid, der Stammsilbe in nieder und *si* = sich
*niede* unten
*niemes* niemand
*niene* nirgends
*no und no* nach und nach
*no* noch
*Nöchi* Nähe
*notno* nach und nach
*numme* nur
*nümme* nicht mehr, nimmer
*nüt* nichts

## O

*o* zusammengezogen aus *au*, auch
*Obe* Abend
*obsi* über sich, aufwärts
*öb* ehe, bevor

*öbber* jemand
*öbbe* etwa
*öbbis* etwas
*öbsch*, *öbsche*, etwa
*oed* schwach vor Nüchternheit
*Oehli* Ölpresse, Ölmühle
*Örliger* grobes Zeug aus weißer Wolle
*Oser* Büchersack

## P

*Pappe* Brei
*pepperle* mit dem Schnabel klappern
*pfetze* kneifen
*Pfnüsel* Schnupfen
*Pfulben* Kissen
*Phatest* Mutwille, Laune, Phantast
*Plunder* Kleidungsstücke, alles was zum Anzuge gehört
*Plunni* Apollonia
*Plütschi* Bock
*poppere* rasch und leise klopfen. Dimin. *pöpperle*
*Popperment* Operment., Arsenik
*Preste* subst. Gebrechen
*presten* fehlen

## R

*Räf* Raufe für das Viehfutter. Daher sprichwörtlich: das Letzte im Räf haben, dem Tode nahe sein
*Rampft* Rand, Rinde; diminut: *Ränftli*
*rause* kleine Gräben für das Wasser ziehen
*reble* sich kraftlos hin und her bewegen
*Reckholder* Wacholder
*Ribi* Reibmühle
*Richter* Gemeinderat; weiter Haarkamm
*Rickli* Bandschlinge, mhd. ric
*Rife* Reif
*ring* leicht adv.
*ringer* müheloser, leichter, lieber
*Rinke* dimin. *Rinkli*, Spange Schnalle, mhd. rinke, ringge
*Ruchgras* Waldmeistergras, athorantum odoratum
*Riste* gehechelter Flachs od. Hanf, in Büscheln zusammengedreht
*Rübeli* Halbsammet
*rublig* rauh
*Rufe* Schorf, Ausschlag, Kruste auf heilenden Wunden, mhd. rufe
*Rummechrüsliger* Winteräpfel
*Rung* subst. unbestimmte kurze Zeit; -mal, *Ei Rung*, einmal. Dimin. *Rüngli* ein Zeitlein
*runke* gurren

## S

*Sägese* Sense, mhd. sagisen, segense
*schaffig* arbeitsam
*Scheie* hölzerner Gartenzaun
*schellewerche* scharwerken, fronen, Zwangsarbeit verrichten
*schetteren* das Lärmen von auf- oder zugeschlagenen Läden
*Schicht* Arbeitsraum der Schmelzer am Hochofen
*Schiehuet* Strohhut
*Schiewürmli* Glühwürmchen
*schla* schlagen

*schliefe* schlüpfen, schliefen
*schmähle* schmälen, Vorwürfe machen
*schmecke* schmecken und riechen; daher ahnen, wittern
*Schmehle* Grashalm
*Schmuris* Speise von Mehl und Eiern
*Schmutz, Schmützli* Kuß (Schmatz)
*Schnatte* Wunde, Wundmal, mhd. snate
*schnaue* schnauzen
*Schnitz* gedörrte Obstschnitzel
*Schnöre* Rüssel, Schnauze
*Schoch, Schocheli* Ausdruck des Gefühls der Kälte beim Schauern
*Schoch* Haufen, dimin. *Schöchli* kleiner Heuhaufen
*schöchle* häufeln, vom Heu
*Schrunde* rissige Haut
*schuch* scheu
*schufle* schaufeln; auch Pique im Kartenspiel
*Schufle-Bueb* Pique-Bube
*Schüre* Scheuer
*schütte* schütten, im Sinne von heftig regnen
*Schwälmli* Schwälblein
*Seigel* Leitersprosse
*seihe* säen
*semper* der nicht alle Speisen mag, verwöhnt, mäkelig
*Setzer* der auf dem Hochofen das Erz einsetzt
*si* sich; adj. sein
*sieder* präp. seit; adv. unterdessen
*siederie* seither
*Simse* Vorschuß unter den Fenstern (Gesimse)
*sinne* Weinfässer ausmessen und bezeichnen. Subst.: *Sinner*
*Sinsel* Gesimse
*sölli* sehr
*sott* sollte; *sottisch* solltest
*spächte, spöchte* spähen
*Spo* Span
*Spöthlig* Spätling, Spätjahr, Gegensatz zu Frühjahr
*Stab* außer der gewöhnlichen Bedeutung Gerichtsstab auch der Stab der Ortsgerichte, welcher bei Gerichtsverhandlungen und öffentlichen Versteigerungen als Amtszeichen gebraucht wurde; deshalb soviel wie öffentlicher Ausruf
*Stabhalter* der zweite Vorgesetzte in Landgemeinden
*Stapfle* Stufe; dimin. *Stäpfeli*
*Störzli* dimin. von *Storze* Krautstengel, Habermarkstiel
*Stotze* starke Beine und Schenkel
*Strauh* Stroh
*strehle* strählen, kämmen; von *Strehl*, Kamm
*Strickete* Strickzeug
*Strübli* Strauben, gewundenes Backwerk
*Stubete, Z'Stubete* auf Besuch
*Stud* Pfosten, Säule, mhd. stuodel
*Stupfle* Stoppeln
*stüüre* bringen, senden
*sufer* sauber
*Sunneblueme* Margereten oder Gänseblume, chrysanthemum-leucanthemum
*sy* sein, verb.

## T

*Tafere* Wirtshausschild, taberna
*tage* tagen
*talpe* tappen
*Taue* Feldmaß, ein Morgen; mhd. tage-wan, tauwen. Davon:
*Tauner* Tagelöhner
*Tentsch* Schleuse bei der Wasserleitung; lat. tenere
*Togge* Strohfackel, mhd. tocke, nhd. Docke: Bündel, Puppe
*tole* dulden, vertragen; *mer tolten is* wir dulden uns
*toll* schön; insbesondere was mit großem Aufwand verschönert ist; mhd. tol, dol: unsinnig, toll; stattlich, ansehnlich
*Töpli, Tope* Tatze, Schlag auf die Hand; mhd. tape
*Todtebaum* Sarg
*Tragete* Traglast
*Trem, Tremel* Balken; nhd. trame, drame
*Trieme* die gedrehten Endfäden des Aufzugs am Webstuhl; sie werden zum Aufhängen der Trauben und zum Binden benutzt
*trinke, Tubak trinke* Tabak rauchen
*Trog* Truhe
*Trostle* Drossel
*trüheie* fett werden, stark werden; von Truhe. Ursprünglich: sammeln, zurücklegen, „Unrecht Gut truhet nicht"
*Trumm* Einzahl von Trümmer, mhd. drum = Endstück, Splitter
*trümmle* sich auf einem Punkt herumbewegen; unstät gehen; lat. tremulare. Davon:
*trümmlig* schwindlig
*Tschäube, Tschäubbeli* kleiner Strohbüschel, Warnungszeichen an verbotenen Wegen, dimin. von *Schaub*, Strohbund; mhd. schübel, schubel, Heubüschel; schübelen: stopfen, häufen
*Tschope* hemdartige Jacke mit Ärmeln, mhd. schoube, Schaube
*tunke* tauchen, lat.: tingere
*Tünkli* Brotschnitte in der Suppe
*Tüpfi* Töpflein

## U

*übercho* bekommen, einholen
*Uding* Unding; adv. sehr, überaus
*Uerthe* Zeche, Abrechnung überhaupt; mhd.: urte, ürte
*ufe* hinauf
*Umhang* Vorhang
*umluege* sich umsehen
*umme* hin, herum; unterscheide:
*ummen, umne* (*umme*) um ihn, den, einen
*ungheit* unangefochten
*Unrueih* Perpendikel an der Uhr, Unruhe
*unwäg* untüchtig
*urig* lauter Dinge einer Art beisammen; so viel davon, daß man die andern nicht bemerkt
*use* hinaus
*usehökele* heraushaken (mit gekrümmten Fingern)
*üse* unser

## V

*ver-* in der Zusammensetzung mit dem Verbum, oft statt er-, *vert-* statt ent-

*vergäutsche* durch Schwenken ausgießen; durch Schwanken ausfließen

*vergelstere* erschrecken; mhd. vergalstern, verzaubern

*verglichlige* adv. vergleichsweise

*verluege* sich über dem Zuschauen vergessen, sich verschauen

*verheie* zerbrechen, verderben; mhd. verhien, schänden, zerstören

*verreble* langsam zugrunde gehen

*verstune* irre werden

*Vertäfer* Getäfel

*vertörle* Kurzweil treiben

*verzwazzle* verzweifeln

*visperle* kleines Geräusch machen; sich mit solchem bewegen

*Vogt* Schulze, Vormund

*Volchspiel* bewegte Volksmenge

*Vorles* Vorlese; an manchen Orten hatten einzelne Personen, etwa der Vogt, Witwen und Waisen das Vorrecht, einige Tage früher als die andern den Wein zu lesen.

## W

*Wägese* Pflugschar; mhd. wagese

*Wagle* Wiege

*wahle* wogen, verwandt mit wallen und Welle

*warbe* das Gemähte zum Trocknen auseinanderschütteln; mhd. warp, Drehung, Wendung

*Wase* Rasen

*Wesme* Gras, Rasen

*Wasserstelzli* Bachstelze

*weder* als

*weger, wegerli* wahrlich, Comparativ von wahr

*weichen* weich werden

*weidli* hurtig

*Weihe* Kuchen, die man beim Backen des Hausbrotes mit Speck, Rahm oder Zwiebel belegt

*weihen* wehen

*Welle* subst. Reisig-, Strohbündel usw.

*welle* verb. wollen

*Wentzle* Wanze

*Werchtig* Werktag

*Weserei* Verrechnungsstelle bei den Eisenhütten; daselbst errichteter Weinschank

*wette* binden, zusammenfügen; an das Joch spannen

*Wetterleich* Wetterleuchten; *im Wetterleich* blitzschnell

*wibe* ein Weib nehmen

*Wied* gedrehte Weide zum Binden; altd. bei der wide, beim Strang

*wil* weil; solange als

*windeweh* Wind und Weh, Ausdruck für ein Unruhgefühl

*Wintergfriest* Frostbeulen

*woane* wohin

*wolfel* wohlfeil

*wott* wollte

*wottsch* wolltest

*Wuhr* Wehr, zur Ableitung des Wassers in einem Bachbett

*Wuli* Name der Gänse beim Locken und in der Kindersprache

*Wundervitz* Neugierde, Neugieriger

*wütsche* sich schnell bewegen, wischen

## Z

*Zeiche*, *alle Zeiche fluche*, alle Verwünschungen aussprechen

*Zeine* Rundkorb; mhd. zein: Reis, Rute

*Zeiner* Schmied, der das Stabeisen in Stangen streckt

*Zibertli* getrocknete weiße Pflaumen, Zibarten, Prünellen

*Ziebeleweihe* Zwiebelkuchen

*Zieger* Kräuterkäse

*Zimmis* = *Immis* Imbiß

*zimpfer* jungfräulich, zimperlich

*Zinkli* Hyazinthen

*Zirinke* Aurikel

*Zistig* Dienstag

*Zit*, fem. Zeit; neutr. Uhr. Daher: *Zitli* Taschenuhr

*zitli* adv. früh, rechtzeitig

*zottle* zotteln, nachlässig gehen und tun

*zsendane* überall, zur Hand hin

*Züber* Zuber, hölzernes Wassergefäß

# Nachwort

Was wir an deutscher Dichtung besitzen, reicht tausend Jahre zurück und noch einige mehr. Es ist ein Erbe von unerschöpflichem Reichtum; und in diesen Tagen erweist es aufs neue eine Eigenschaft dazu, die es uns arm Gemachten um so teurer hat werden lassen. Es ist unzerstörbar, wie jenes andere hohe Erbe, welches heil in unseren Händen geblieben ist, das Erbe der deutschen Musik.

Aber unzerstörbar und unerschöpflich, – da muß schon etwas an ihnen sein, wenn ein paar kleine Geschichten, wenig mehr als Anekdoten und nur wie beiläufig erzählt, zu solchem Erbe rechnen, seit sie zuerst erschienen sind. Doch Kannitverstan, Unverhofftes Wiedersehen, Der Schneider in Pensa und andere mehr, sie tun es. Es kennt sie, seit er lesen oder auch nur zuhören lernte, eigentlich jeder Deutsche, wie er Grimms Märchen kennt; und nur diesen vergleichbar liebt sie, schätzt sie, verehrt sie seit jener ersten Bekanntschaft jegliches Alter und die Einfalt sowohl wie der höchste Kunstverstand.

Zwar könnte einer entgegnen, es sei doch nichts einfacher, als eine solche Geschichte niederzuschreiben, wie Kannitverstan, ihrer Art seien ja immer noch an allen Bierbänken zu hören und er kenne so viele Dutzend davon wie er Finger an einer Hand habe. Der mag sich nur getrost hinsetzen und einmal versuchen, solches Einfache so zu erzählen, wie es Johann Peter Hebel erzählt hat, oder er mag es sich nur einmal genauer ansehen. Da wird er alsbald finden, daß es zwar wirklich noch keine hundert Zeilen lang ist. Aber schon wie die Sätze aneinanderhängen, eines stillen gleichmäßigen Atems einherfließend, und wie doch fast mit einem jeglichen ein neuer, tieferer Blick in die geheimnisvolle Unfaßbarkeit des Lebens schlechthin, in die Ganzheit dieser Welt aufgetan wird, das sollte ihn doch sehr bald unnachahmlich dünken, und so schlicht es sich gibt, als zugleich von einem begnadeten künstlerischen Genius geführt, wenn auch wohl wie unbewußt und ohne besondere Absicht auf das, was wir nun einmal Kunst nennen; wie sonst nur das Märchen zu erzählen weiß, mit dem alterslosen Munde des Volkes raunend. Es ist der Mund, dem eines Tages gegeben ist, seine Stimme für ungezählte andere zu erheben. Was sie nun zu sagen vermag, das weiß und spricht von den Einsichten und Erfahrungen von Geschlechtern, die vorher waren und anderen auch, die nachher sein werden, von ihrer Lust und ihrem Weh.

Wir sind, um bei Kannitverstan zu bleiben, in Tuttlingen und in Amsterdam, in der kleinen und in der großen Welt, im armseligen und im prächtigen Leben. Es geht von den Tulipanen und Sternblumen in des reichen Kaufherren Fenster über den Hafen voller Schiffe bis ins ferne Indien und auch wieder zurück über eine Totenlade bis an den Tisch in der Herberge, mit dem Stück Limburger Käse darauf für den Handwerksburschen, und den mit einem Male tröstlichen Gedanken an ein großes Haus, ein volles Schiff und ein enges Grab.

Gleich allen echten Künstlern mag Hebel übrigens selber im Geheimen wohl gewußt haben, was ihm zuweilen gelang, wenn er schon nach seiner Art kein Wesens daraus machte. Wie es auch Goethe von sich bekannte, ist er manchmal „an seinen eigenen Kohlen aufgebrannt". Der württembergische Gesandtschaftssekretär Koelle, den er als den Adjunkten des Rheinländischen Hausfreundes unvergeßlich gemacht hat, – er trug ihm nämlich hier und da ein paar Anekdoten für den Kalender zu, – erzählt, wie Hebel ihm einmal das Unverhoffte Wiedersehen vorgelesen, und wie es ihn bis zum Zittern der Stimme und feuchten Augen abermals überwältigte.

Auch heute noch, fast anderthalb Jahrhunderte nach ihrer Entstehung, geht es uns beim Lesen vieler dieser Geschichten ebenso. Es hat noch andere Gründe. Hebel hat auch seinen Kalender als eine moralische Anstalt betrachtet. Dessen Leserschaft, kleine Leute, Handwerker und Bauern zumeist, die außer der Bibel und dem Gesangbuch oftmals kaum etwas Gedrucktes im

Hause hatten, nicht nur zu unterhalten und zu belehren, sondern zugleich in den Grundsätzen der christlichen Sittenlehre zu bestärken, lag ihm, dem Kirchenmanne, sehr am Herzen. Mancher seiner Erzählungen hat er darum gleich zwei oder drei moralische Nutzanwendungen angehängt. Aber bei ihm verdrießt der aufgehobene Zeigefinger nicht. Auch donnert er nicht, im Alleinbesitz der Wahrheit, Verdammnis über die anderen, wenn er seinen Lesern erzieherisch zusetzen will; und das will er ja eigentlich immer. Es ist vielmehr, als täte er sich, nach stattgehabtem Vortrage, zu ihnen an den Tisch nieder, am liebsten zu einem Schoppen heimischen Weins, und überlegte freundväterlich mit ihnen, wie denn nun den Übeln dieser Welt am besten und auf die verständigste Weise zu steuern wäre.

Ganz unwiderstehlich aber gelingt ihm das eigentlich erst dann, wenn er auch auf diese Überlegung mit dürren Worten verzichtet und ihren Gewinn lieber aus dem Gang seiner Geschichte und der Haltung ihrer Gestalten hervorleuchten läßt. Auf Goldgrund gemalt wie auf den Bildern der alten Meister scheinen sie dann hervorzutreten, und jetzt sind Barmherzigkeit, Bruderliebe, Redlichkeit, Treue, Bescheidung und Uneigennützigkeit nicht mehr bloße Forderungen einer Sittenlehre, sondern erweisen sich als Grundeigenschaften des Menschenherzens überhaupt, ihm so natürlich und angemessen, wie der Brust das Atmen und den Füßen das Gehen. Darum eignet er sie mit pädagogisch-verschmitzter Vorliebe Leuten zu, die für seine Kalenderleser nach Abkunft und Tagewerk nicht weither sind, wie der getreue Knecht Jobbi in der Seltsamen Kriegsfuhr oder Franz Anton Egetmeier, Schneidermeister zu Pensa in Sibirien, jedoch gebürtig aus Bretten im Neckarkreis.

Anima naturaliter christiana, die Seele des Menschen sei von Natur aus christlicher Beschaffenheit, hat ein Kirchenvater erklärt. Der Kirchenrat in Karlsruhe ist vermutlich seiner Ansicht gewesen. Doch seinen Lesern in Brassenheim und Schwetzingen, die kein Lateinisch konnten und es vermutlich auch sonst nicht mit theologischen Begriffen hatten, gibt er es nicht nach der Schrift, sondern nach dem Leben; dem Leben anderer Leute, das aber ebensogut das ihre sein könnte. Und da lautet nun, wiederum auf das „herrliche Gemüt“, den Schneider in Pensa und seine kriegsgefangenen Landsleute bezüglich, jener lateinische Grundsatz etwa so: „Er freute sich, wie er ihnen Gutes tun wollte und liebte sie schon im voraus ungesehenerweise, wie eine Frau ihr Kindlein schon liebt und ihm Brei geben kann, ehe sie es hat.“

Es wären noch viele andere Stücke mehr von Hebel hier zu nennen, nicht wenige vor allem von seinen Gedichten, die es gleichfalls verdienten, jedermann bei uns vertraut von Jugend auf zu sein und so geläufig wie Claudius' Abendlied und Mörikes „In der Frühe“, oder „Wir singen und sagen vom Grafen so gern“ von Goethe. Aber es hat da seinen Haken. Seine Gedichte sind in der Mundart geschrieben, der alemannischen obendrein. Die aber versteht auf ein erstes Lesen hin keiner, der nicht darin aufgewachsen ist. Er wird sie so wenig verstehen, wie das friesische oder das westfälische Platt, obwohl das auch deutsche Mundarten sind.

Oder wußten Sie, Leser aus Erfurt oder aus Köln, was Gumpistöpfel sind? – daß dieses Wort nämlich in den ersten zwei Silben das seit dem frühen Mittelalter aus dem Lateinischen compositum eingedeutsche Wort Kompost enthält und daß es Äpfel meint, die man durch Einlegen in Sauerkaut säuerlich weich werden läßt? Oder daß Hurlibaus eine Kanone bedeutet, wie noch im Deutschen des 15. Jahrhunderts, aus hurlen gleich kollern und bausen gleich schwellen gebildet? oder auch nur, daß Mumpfel ein Mundvoll heißt, und näumis etwas, Richter auch einen Kamm, Togge eine Strohfackel und Zitli eine Taschenuhr bezeichnet? Es war nicht zu wissen ohne ein kleines alemannisch-hochdeutsches Wörterbuch, wie es nun auch für unsere Auswahl unentbehrlich ist.

Dabei ist dies Alemannisch eine grunddeutsche Sprache, wenn die darin geschriebenen Gedichte auch ins Hochdeutsche nicht übersetzbar sind, ohne ledern oder glatt zu werden. Hebel hat sich selber daran versucht, in späteren Jahren, nach dem großen, freudigen Dank, den er sich mit seinen Versen „für Freunde ländlicher Natur und Sitten“ allerorten sogleich erworben. Aber er ist so wenig glücklich damit geworden, wie die Leser, und wie die zahlreichen Übersetzer nach ihm und deren Leser es auch nicht haben werden können. Es ist eine Sprache, so anheimelnd, so waldvertraut, und auch dem noch befremdet zögernden Auge und Ohr so geheimnisvoll bekannt, wie es für uns der duftende Atem der Wald-Erdbeere ist.

Der ist uns auch unerklärbar mit all seinen weckenden, erinnernden, bestätigenden Kräften, mit denen er uns das Herz sättigt und ist auch nicht künstlich zu machen. Denn das vermag eben doch keine noch so gewitzte Chemie zusammenzubrauen, wie es unsereinem zumute wird, wenn wir in einem Schlag von Walderdbeeren kauern.

Auch unsere Augen haben da ein Fest. Das Rot und Grün da gibt es auf den Bildern von Altdorfer und Grünewald; aber es ist nichts gegen die unnennbare Verzauberung, die uns mit jenem Dufte überkommt. Da sind, wie in jener wurzeltiefen Mundart, unsere Ahnen zugegen, alle unsere alte Waldlust und Frömmigkeit im goldgrünen Tann. Wir sind zuhause dort. Auch wer sich gerne sträubt gegen zuhause und der Ahnen, der eigenen, immerwährende Gegenwart, auch Herr Weltweit und Anderfreund, der lieber Lunch sagt statt Frühstück und Flanells statt Hosen, – vor dem Dufte dieser Frucht vergißt er es ein Weilchen und ist doch aus Darmstadt oder aus Dresden daheim. Über Hebels alemannischen Gedichten wird es ihm nicht anders ergehen. Es gibt auch Musiken bei uns, die diesen Duft verströmen, – Schuberts Forellen-Quintett ist eine davon oder Schumanns „Aus der Heimat hinter den Blitzen rot", – und haben sie denn ihresgleichen in der ganzen Welt?

Es soll aber damit nicht etwa behauptet sein, daß es diese Frucht nur bei uns zulande gebe. Es kann sie einer in Italien schüsselweise verspeisen, wie droben in Estland, aber er wird darüber doch den Markt von Siena vergessen und die Türme auf dem Mauerkranz von Reval und alsbald wiederum zuhause sein. Nicht an einem bestimmten Ort, sondern in allem Bereich sichtbarer und unsichtbarer Dinge, die das seelenhafte Wort inbegreift: von Stimmen umwoben, die er einst vernommen und anderen, die verstummt sind seit vielen hundert Jahren, aber immer noch mit Geisterklarheit vernehmlich geblieben sind, und von Gesichtern angeblickt, die ihm einmal nahe gewesen, und andern, brüderlich vertrauten, auch wenn sie aus dem Reich der Schatten herzutreten.

Straw-berry, Stroh-Beere, nennen die Engländer, Fraise die Franzosen die kleine Frucht. Aber gibt es ein tiefsinnigeres Wort für sie als das unsere: Erd-Beere? Strohbeere will uns nicht für sie gefallen, und fraise, das kann ja auch Gekröse heißen oder den wenig liebsamen Fleischfetzen meinen, den die Truthähne unter dem Halse hängen haben. Duft der Erd-Beere, – bleiben wir dabei, von seiner Süße scheint uns der herztiefe Atem der alemannischen Mundart überzuströmen wie die Gedichte, die Hebel in ihr geschrieben hat, und wohl nur ein Mann seiner Art hat schreiben können.

Es gibt unter den lebenden deutschen Dichtern nur einen, der ein gleich beschaffenes Deutsch sprechen kann, wenn auch hochdeutsch und mit kristallenen Körnern attischen Salzes durchlichtet. Es ist Hebels großer Landsmann Emil Strauß. Ich weiß jetzt nicht einmal, ob ich noch sagen darf: sprechen kann, denn er war hochbetagt, und leidend, als zuletzt von ihm zu vernehmen war, und seine Stadt Freiburg liegt in Müll und Asche. Er ist es auch, der die schönste Auswahl der poetischen Werke Hebels gemacht hat. Aber sie ist lange vergriffen. Dort steht auch, in einer unvergleichlichen Darstellung, einem kleinen Wunderwerke beschreibender Prosa, aus brüderlich verbundener Liebe und tiefem Erkennen geboren, alles zu lesen und zu beherzigen, was über Hebel zu lesen und zu beherzigen ist. Neben ihr muß keine andere Darstellung mehr nur versucht werden. Schreiben wir also nur die wenigen Daten seines äußeren Lebens hier noch einmal untereinander und wünschen jedem unserer Leser, daß ihm doch noch einmal das kostbare Stück Lebensbeschreibung von Straußens Hand begegnet.

Johann Peter Hebel ist am 10. Mai 1760 zu Basel geboren. Sein Vater stammte aus Simmern im Hunsrück. Er hatte das Weberhandwerk dort gelernt, aber dann war er der Trommel gefolgt und hatte eine Zeitlang unter einem Schweizer Söldnerführer Iselin Kriegsdienste getan. In dessen Hause zu Basel, wo sie eine Magd war, hat er auch seine Frau kennen gelernt.

Sie kam aus Hausen unweit Lörrach in der badischen Markgrafschaft. Das ist auch Hebels eigentliche Heimat geworden, denn sein Vater starb schon ein Jahr nach seiner Geburt, und die Mutter kehrte mit ihm in ihr Zuhause zurück. Er ist dort in die Schule gegangen und später auch, von einem Gönner betreut, auf die Lateinschule in dem nahen Schopfheim. Zeitlebens ist er in seinem Herzen dort daheim geblieben. Seine Gedichte und die meisten seiner Erzählungen sind aus jener Landschaft und ihrer Geschichte gediehen.

Heranwachsend kam er, wiederum als ein Freitischler, an das Karlsruher Gymnasium, und von dort ging er als Student der Theologie auf die Universität zu Erlangen. Aber eine eigene Pfarre sollte er nie in seinem Leben beziehen, so innig er sich das auch lange Zeit hindurch gewünscht hat. Sein Examen war nicht sonderlich ausgefallen. So wurde er zunächst nur Helfer bei einem Pfarrer in seiner alten Heimat, wo er die Schulkinder unterrichtete. Ein paar Jahre danach ward er als Praezeptor an das Gymnasium zu Lörrach berufen. Dort lernte er im Hause eines Freundes auch die junge Gustave Fecht kennen und wohl, nach seiner Weise, auch lieben. Fünfunddreißig Jahre hindurch blieb er ihr im Herzen verbunden, wovon seine Briefe ein wehmütig schönes Zeugnis geben. Geheiratet haben sie einander nicht.

Acht Jahre blieb Hebel in Lörrach, dann wurde er Subdiakonus am Gymnasium zu Karlsruhe. Mit dem Lehramt war ihm dort auch das Predigthalten zur Dienstpflicht gemacht. Mit immer steigendem Ansehen versah er beide Ämter, ward im Laufe der Zeit Kirchenrat und Direktor seiner Anstalt und, der einst so knapp durch das Examen gekommen, am Ende sogar Prälat und Ehrendoktor der Heidelberger theologischen Fakultät.

Fünfunddreißig Jahre hat er in Karlsruhe gelebt, als ein Hagestolz, aber so liebenswert und menschenfreundlich, so heiter umgänglich und seinen Abendschoppen und seine Pfeife Tabak, seine Gelehrsamkeit und seinen Frieden mit Gott und der Welt liebend, wie ihn seine Schriften vermuten lassen.

In jenen Karlsruher Jahren erst sind auch seine alemannischen Gedichte entstanden, als ein Gruß und ein Dank an die immerdar unvergessene und sehnsüchtig geliebte Heimat unter dem Röttelner Schloß. Auch die Erzählungen und Betrachtungen, die später in dem Schatzkästlein des Rheinländischen Hausfreundes zusammengefaßt worden sind, hat er in Karlsruhe gemacht. Es hatte eine Bewandtnis eigener Art damit, nicht unwert, hier noch verzeichnet zu werden.

Der Badische Landkalender, so hieß der spätere Rheinländische Hausfreund auch noch im ersten Jahre, in welchem Hebel ganz allein für seine Beiträge sorgte, mußte von den Einwohnern der badisch-durlachischen Lande gekauft werden. Es bestand also dort ein regelrechter Kalenderzwang. Aber Kalender, die ein jeglicher kaufen muß, die werden nicht immer gerne gekauft, wie man weiß, und mancher späht, das Wechselgeld noch auf der Hand, umher, ob nicht anderswo auch andere zu haben wären. So kamen immer mehr fremde Kalender ins Ländchen, solche schweizerischer Abkunft vor allem. Hebel mag das verdrossen haben, – nicht etwa die schweizerische Abkunft, denn halb war er ja auch ein Basler gewesen. Vielleicht aber fand er sich in seiner Hausväterischkeit angesprochen, zu der wir eine liebenswürdige Neigung hier und da an ihm bemerken. Denn der Badische Landkalender war Eigentum und ward herausgegeben und verlegt von eben dem Karlsruher Gymnasium, als dessen Direktor er wirkte. Er hatte schon vorher zuweilen mitgearbeitet. Eines Tages setzte er sich hin und gab ein „unabgefordertes Gutachten über eine vorteilhaftere Einrichtung dieses Kalenders" bei dem vorgesetzten Konsistorium ein. Das Volk durch einen Kalender belehren und gar bessern zu wollen, ohne eigentlich mit seinen Sitten und Vorlieben vertraut zu sein, davon wollte er nichts wissen. Ein Mann von Geist und Laune, so meinte er, der zugleich ein vertrauter Kenner und Freund des Volkes wäre, und der selber auf dem Lande lebte, dem müßte, gegen ein erkleckliches und aufmunterndes Honorar, die Bearbeitung des Kalenders in die Hand gegeben werden.

Nun lebte er zwar selber längst nicht mehr auf dem Lande; dennoch sah das Konsistorium just in ihm selber den rechten Mann und übertrug ihm die alleinige Herausgabe des Kalenders im Sinne seiner Vorschläge.

Lob und Preis solchem Konsistorium, denn ohne seine Einsicht und auch ohne jenes aufmunternde Erkleckliche hätten wir vermutlich nie zu hören bekommen, wie es mit Kannitverstan und mit dem Bergmann zu Falun in Schweden und auch mit dem Heiner und dem Brassenheimer Müller gegangen, und die deutsche Prosa wäre um einige der schönsten, tiefsinnigsten und auch heitersten Stücke ärmer geblieben, die sie nun, so lange sie noch währen mag, zur unerschöpflichen Freude unser aller aufzuweisen hat.

Zwölf Jahre lang, mit dem zu solchem Amte gehörigen mancherlei Ärger, hat Hebel den Rheinländischen Hausfreund herausgegeben. Dann war er es müde geworden, müde wohl überhaupt, denn nicht sehr lange, nachdem er dieser Aufgabe Lebewohl gesagt, im Jahre 1826, ist er zu Schwetzingen auf einer Reise an einem Leiden verschieden, das ihn schon des längeren gepeinigt hatte.

Noch vielerlei anderes hatte er geschrieben, Rätsel in Versen zum Beispiel für seine abendliche Tafelrunde ein gutes Hundert, reizende Reimereien, aber sie mögen in dieser Auswahl ebenso entbehrlich sein wie seine Nacherzählungen der biblischen Geschichten, die seine letzte umfangreichere Arbeit gewesen sind.

Und nun sagen wir noch einmal: den Finger der einen Hand auf die Hexameter des Gesanges von dem Flüßlein Wiese im badischen Wald, und der anderen in dem kleinen Wörterbuch, – lasse sich keiner die Mühe verdrießen! Der Gewinn ist die Bekanntschaft mit ungeahnter Lieblichkeit und gesättigter Herzenspracht einer Mundart, die aufs erste so unzugänglich erscheinen will. Sie ist es nicht, denn sie ist ja auch eine deutsche. Es wird sich erweisen, schon das nächste und übernächste Gedicht wird vertrauter klingen, und die allerschönsten werden alsbald die Lust erwecken, sie fortan zu jenen zu zählen, die man sich immer wieder einmal aufs neue zu eigen machen wird.

Es ist eine Sprache, dieses unser Deutsch, auch das wird sich abermals erweisen, von unbegreiflichem Reichtum immer noch, zart und mächtig zugleich mit allen seinen Mundarten in der fort und fort fruchtenden Tiefe unseres Lebens auf dieser Erde wurzelnd. Es ist eine Erd-Sprache vor vielen anderen, wenn auch vielleicht keine Weltsprache. Vielleicht, sagen wir; und wenn wir mitansehen, wie es mit Weltsprachen gehen kann, nämlich daß sie eine Neigung haben, auf den nüchternsten Tagesbedarf für jedermann in aller Welt zurückzuschrumpfen, so scheint es uns fast ein Glück. Es bleibt unsere Sprache.

Juli 1945 Paul Alverdes

## Inhaltsverzeichnis

Die vorliegende, von Paul Alverdes herausgegebene Ausgabe erschien zum erstenmal im Jahre 1945. Um die innere Geschlossenheit des Nachworts, das alle Auflagen dieses Buches begleitet hat und inzwischen selbst zu einem zeitgeschichtlichen Zeugnis geworden ist, nicht anzutasten, wurde es auch für diese Sonderausgabe unverändert übernommen.

# Hanserbibliothek

*Achim von Arnim, Erzählungen in einem Band.*

Herausgegeben von W. Migge. 752 Seiten. Leinen 24,– DM.

*Clemens Brentano, Werke in zwei Bänden.*

Herausgegeben von F. Kemp unter Mitwirkung von W. Frühwald. Insgesamt 1312 Seiten. Leinen 39,80 DM.

*Daniel Defoe, Romane in zwei Bänden.*

Herausgegeben und mit einem Nachwort von N. Miller. Insgesamt 1440 Seiten. Leinen 39,80 DM.

*Jean Paul, Werke in drei Bänden.*

Herausgegeben von N. Miller. Nachwort von W. Höllerer. Insgesamt 2676 Seiten. Leinen 48,– DM.

*Heinrich von Kleist, Werke in einem Band.*

Herausgegeben von H. Sembdner. 888 Seiten. Leinen 15,– DM.

*Kommt, Kinder, wischt die Augen aus, es gibt hier was zu sehen.*

Die schönsten deutschen Kindergedichte. Gesammelt von Herbert Heckmann und Michael Krüger. 400 Seiten mit 30 Abbildungen. Leinen 25,– DM.

*Friedrich Nietzsche, Werke in zwei Bänden.*

Aufgrund der Ausgabe von Karl Schlechta herausgegeben von Ivo Frenzel. 2. Auflage 1973. Insgesamt 1553 Seiten. Leinen 39,80 DM.

*Friedrich Schiller, Werke in drei Bänden.*

Herausgegeben von H. G. Göpfert. Nachwort von G. Fricke. Insgesamt 2428 Seiten. Leinen 38,– DM.

*Mark Twain, Werke in zwei Bänden.*

Herausgegeben von Klaus-Jürgen Popp. Insgesamt 1236 Seiten. Leinen 38,– DM.

*Oscar Wilde, Werke in zwei Bänden.*

Herausgegeben von R. Gruenter. Insgesamt 1360 Seiten. Leinen 38,– DM, Leder 78,– DM.